高等院校经济学管理学系列教材

公司治理

Corporate Governance

吴 炯 ◎ 著

图书在版编目(CIP)数据

公司治理/吴炯著.—北京:北京大学出版社,2014.9
(高等院校经济学管理学系列教材)
ISBN 978-7-301-24610-8

Ⅰ.①公…　Ⅱ.①吴…　Ⅲ.①公司—企业管理—高等学校—教材　Ⅳ.①F276.6

中国版本图书馆 CIP 数据核字(2014)第 185365 号

书　　　名	公司治理
著作责任者	吴　炯　著
责 任 编 辑	杨丽明　王业龙
标 准 书 号	ISBN 978-7-301-24610-8/F·4013
出 版 发 行	北京大学出版社
地　　　址	北京市海淀区成府路 205 号　100871
网　　　址	http://www.pup.cn　新浪官方微博:@北京大学出版社
电 子 信 箱	sdyy_2005@126.com
电　　　话	邮购部 62752015　发行部 62750672　编辑部 021-62071998 出版部 62754962
印　　　刷	河北滦县鑫华书刊印刷厂
经 销 者	新华书店
	730 毫米×980 毫米　16 开本　23 印张　413 千字 2014 年 9 月第 1 版　2018 年 6 月第 3 次印刷
定　　　价	52.00 元

未经许可,不得以任何方式复制或抄袭本书之部分或全部内容。
版权所有,侵权必究
举报电话:010-62752024　电子信箱:fd@pup.pku.edu.cn

前　言

"能攻心则反侧自消,自古知兵非好战;不审势即宽严皆误,后来治蜀要深思。"这幅"攻心联",也称"宽严联",悬挂于成都武侯祠,是后人对诸葛亮用兵、理政经验的总结。毛泽东对此联大为推崇。治国如斯,治理公司也概莫能外。在我们看来,"攻心"即是实现激励相容,是制度设计的基本准则,而"宽严"则强调定位,是制度设计的基本前提。本书从制度设计的视角讨论公司治理问题,遵从"攻心"和辨识"宽严"是串联全书的两条基本理念。在这两条理念的指引下,我们希望能够完成一本有思想、成体系的公司治理教材。

遵从"攻心",是本书的第一项特点。本书所指公司治理是针对公司制度中对利益相关者保护的不完备之处,有关公司剩余控制权配置及行使的制度系统。公司治理,是利益相关者间达成的一套实现利益共赢的制度系统,其构建和运行要满足全体利益相关者的激励相容要求。"能攻心则反侧自消"应用在公司治理上就意味着,良好的公司治理制度设计能让有"反侧"之心的机会主义行为者(常常指的是经理和控制股东)出于自身利益的考虑维护公司的整体利益。

辨识"宽严",是本书的第二项特点。十余年的公司治理研究和教学工作使我们体会到,没有什么"最优的""规范的"或者"现代的"公司治理模式。公司治理的制度设计必须遵守权变原则,把定位作为公司治理的起点。具有不同股权结构、不同经理制度、不同外部环境等因素的公司,所建立的公司治理制度是不同的。"不审势即宽严皆误"对公司治理的启示是,不审时度势,轻信于市场机制的"宽",或者盲从于政府监管的"严",都是错的。目前一些教材的内容只适用于上市公司,甚至是上市公司中的一小部分,而大多数公司如果按照这样的思路去治理,将是张冠李戴,后果是灾难性的。

此外,本书在写作上作了以下几方面努力:第一,理论基础的夯实。本书从制度设计的观点出发讨论公司治理问题,现代企业理论提供了基本的研究工具。因而,本书在结构上安排了必要的企业理论知识的讲解。把握这些知识,才能对公司治理不仅知其然,而且能知其所以然。另外,本书在写作中也注重理论知识的更新,注意经典知识和最新科研成果的平衡,尽量稳健地引入最新研究成果。第二,知识结构的模型化。本书以图表形式描述的概念模型的数量,远远超过同类教材,其中绝大部分图表为首创。模型化的表述,有利于知识结构的系统化,能完整、有序地反映公司治理的运行逻辑。这种深入浅出的表达方式,也有利于读者轻松掌握公司治理理论。第三,本土案例的开发。本书共设计了46篇案例,每章以引导案例开篇,以讨论案例结束,章节中还安排了若干小案例。其中多数是中国本土较新的案例,并且是本书首先开发的。第四,"小贴士"的嵌入。鉴于公司治理理论是一门综合学科,所涉及知识比较庞杂,为保持叙述主线的清晰,各章节中嵌入了若干"小贴士",涉及法律常识、历史典故、公司实践、理论术语、学术基础等。

全书共分三篇,6章。第一篇讨论公司治理的基本制度系统。第1章涉及什么是公司治理(what)以及为什么要公司治理(why)两大问题,其中突出了公司治理的制度内涵。第2章讨论怎样构建和运行公司治理的制度架构(how),包括哪些利益相关者(who)在什么条件下(when)会成为公司治理的主体或客体,以及连接公司治理主、客体的渠道(where)等问题。第二篇讨论两大公司治理问题及相应治理系统。第3章和第4章分别讨论公司治理的两大问题——代理型和剥夺型公司治理问题,前者产生于股东与经理的委托—代理关系,后者产生于全体股东与控制股东的委托—代理关系。这两章都按照理论基础、问题表现、制度策略的结构展开。在这里,我们突出了经理制度是解决代理型公司治理问题的主要制度安排,股东大会制度主要处理剥夺型公司治理问题。但是,完全将其理解为一一对应的关系是不妥的,这样的章节安排主要出于叙述上的方便。第三篇讨论公司治理的运行枢纽与环境基础。所谓公司治理的运行枢纽指的是董事会制度,董事会是处置各类公司治理问题的专门机关。第5章不仅介绍了董事会的治理、董事的治理,以及独立董事制度,还重点讨论了董事会的定位问题。事实上,作为公司治理的运行枢纽,董事会的定位就反映了公司治理的整体制度定位。第6章从市场环境系统、监管环境系统和服务环境系统三方面全面介绍了各类外部公司治理机制,它们也是内部公司治理制度设计的外部因素。这里强调公司制度是社会文明的产物,是社会经济文化协同发展的内生物。

笔者长期从事公司治理理论的研究与教学工作。2001年起在西南交通大学攻读博士学位,研究领域即为公司治理理论。2004年获得管理学博士学位后,来到东华大学旭日工商管理学院,教授MBA以及学术型硕士、博士研究生的公司治理课程。其间曾在美国波士顿大学访学,专攻公司治理理论。近年来,在《管理科学学报》《南开管理评论》《管理学报》《中国工业经济》《管理工程学报》等期刊发表公司治理研究论文三十余篇,也主持、参与了国家社科基金、教育部规划项目等公司治理研究课题近十项。随着教学经验的增加,以及科研成果的积累,对公司治理的理解也逐渐系统化,而现有的教材已难以表达笔者的理论思想,这就是创作本书的初衷。当然,受到笔者学术水平限制,本书在认识上和表述上的不足在所难免,衷心地希望得到学界同仁、企业家以及广大读者的批评指正。

目　　录

第一篇　公司治理的基本制度系统

第1章　公司治理及其制度内涵 (3)
 章首语 (3)
 引导案例　落马 (3)
 1.1　公司治理初窥 (4)
 1.2　从企业的契约性质看公司治理的制度内涵 (11)
 1.3　从公司的制度特征再论公司治理的制度内涵 (21)
 讨论案例　王小宝的苦恼 (30)
 讨论问题 (32)
 参考文献 (32)

第2章　公司治理的制度架构 (34)
 章首语 (34)
 引导案例　通钢事件——改制不能承受之重 (34)
 2.1　公司治理制度系统的角色定位 (35)
 2.2　公司治理制度系统的结构搭建 (54)
 2.3　公司治理制度系统的模式比较 (63)
 讨论案例　大午集团治理——家族继承与"私企立宪制" (75)
 讨论问题 (81)
 参考文献 (81)

第二篇　两大公司治理问题及相应治理系统

第3章　代理型公司治理问题与经理制度 (87)
 章首语 (87)
 引导案例　黄代云：我给刘永好打工14年 (87)
 3.1　理论基础：委托—代理理论 (90)
 3.2　代理型公司治理问题 (104)
 3.3　经理制度 (121)
 讨论案例　分手 (141)
 讨论问题 (148)

参考文献 …………………………………………………………………… (148)

第4章　剥夺型公司治理问题与股东保护 ……………………………………… (150)
　　章首语 ……………………………………………………………………… (150)
　　引导案例　别了,股权分置! ……………………………………………… (150)
　　4.1　理论基础:产权理论 …………………………………………………… (152)
　　4.2　股权与股权结构 ……………………………………………………… (163)
　　4.3　剥夺型公司治理问题 ………………………………………………… (184)
　　4.4　股东大会制度 ………………………………………………………… (208)
　　讨论案例　雷士风波 ……………………………………………………… (216)
　　讨论问题 …………………………………………………………………… (219)
　　参考文献 …………………………………………………………………… (219)

第三篇　公司治理的运行枢纽与环境基础

第5章　董事会制度的定位与建构 ……………………………………………… (225)
　　章首语 ……………………………………………………………………… (225)
　　引导案例　央企董事会嬗变 ……………………………………………… (225)
　　5.1　董事会的功能范畴与功能定位 ……………………………………… (229)
　　5.2　董事会治理 …………………………………………………………… (243)
　　5.3　董事治理 ……………………………………………………………… (274)
　　5.4　独立董事制度 ………………………………………………………… (287)
　　讨论案例　国美夺权战 …………………………………………………… (297)
　　讨论问题 …………………………………………………………………… (302)
　　参考文献 …………………………………………………………………… (302)

第6章　公司治理的环境基础 …………………………………………………… (306)
　　章首语 ……………………………………………………………………… (306)
　　引导案例　为何来到中国就不安分? …………………………………… (306)
　　6.1　市场环境系统 ………………………………………………………… (307)
　　6.2　监管环境系统 ………………………………………………………… (333)
　　6.3　服务环境系统 ………………………………………………………… (347)
　　讨论案例　安然事件:一场"完美风暴" ………………………………… (357)
　　讨论问题 …………………………………………………………………… (360)
　　参考文献 …………………………………………………………………… (361)

第一篇

公司治理的基本制度系统

第1章 公司治理及其制度内涵

》》章首语

作为开篇第一章,本章重点解决两个问题:什么是公司治理?为什么要公司治理?

在"公司治理初窥"之后,本章从企业的契约性质出发,强调公司治理的目的是弥合公司制度的不完备之处。随后,针对现代公司制度的具体特点,从公司制度的演进规律中,挖掘出代理型和剥夺型两类公司治理问题。这两类问题构成了支撑本书内容的两个支柱。

在本章的学习中,请重点体会公司治理的制度内涵,以及公司治理的定位要求。

》》引导案例

落　马

从 2009 年起,《法人》杂志每年都会发表一篇由王荣利先生撰稿的《中国企业家犯罪报告》,2012 年起更名为《中国企业家犯罪媒体案例分析报告》,由北京师范大学中国企业家犯罪预防研究中心发布。以下是摘自 2011 年报告的信息:

■ 在 76 例基本确定犯罪罪名的国企企业家犯罪案例中,受贿罪 45 例、贪污罪 24 例、挪用公款罪 11 例、行贿罪 7 例、巨额财产来源不明罪 5 例、职务侵占罪 5 例、挪用资金罪 3 例、私分国有资产罪 2 例、内幕交易罪 3 例……

■ 在 59 例基本确定为存在贪污罪、受贿罪、职务侵占罪、私分国有资产罪等国企企业家犯罪贪腐案例中,这些罪名下的贪腐总额达 19.9468 多亿元,每案平均贪腐高达 3380.82 多万元。

■ 在 109 例基本确定犯罪罪名的民营企业家犯罪案例中,"涉黑"案件 17 例,其他案件 92 例。在这 92 例案件中,各类诈骗罪共 41 例、违反经营管理类 22 例、非法吸收公众存款罪 10 例、非法经营罪 4 例、虚报注册资本罪 3 例、抽逃出资罪 3 例、虚假出资罪 1 例、虚开增值税专用发票罪 1 例、各类行贿罪共 18 例……

■ 案例之一:侯行知,男,61 岁,重庆市能源投资集团公司原董事长,曾获重庆市"国企贡献奖"、全国"五一劳动奖状"。2011 年 12 月 19 日一审判决中,法院认定,1996年至2011年4月,侯行知在担任重庆市经济工作委员会副主任、重庆市人民政府副秘书长、重庆市能源投资集团公司董事长期间,单独或者伙同其子索取及收受他人给予的财物共计625余万元,故以受贿罪判处无期徒刑,剥夺政治权利终身,并处没收个人全部财产。

■ 案例之二:蔡达标,男,40岁,广州市真功夫餐饮连锁有限公司董事长,曾获"优秀民营企业家""东莞市十大杰出青年"称号。2011年3月17日广州市公安机关展开侦查,蔡达标一直潜逃,4月22日被抓捕归案。检方指控其涉嫌职务侵占罪、挪用资金罪、抽逃注册资本罪。

■ 案例之三:刘襄,男,生产"瘦肉精"的商户。3月15日,媒体报道了河南省某家食品企业把含有瘦肉精的猪肉加工成肉制品流入消费市场,随后刘襄等人被抓获。2011年7月25日,河南省焦作市中级人民法院开庭审理了本案,并判决刘襄构成以危险方法危害公共安全罪,判处死刑,缓期两年执行,剥夺政治权利终身。

资料来源:王荣利:《2011年度中国企业家犯罪报告》,载《法人》2012年第2期。

列出这些案例并非危言耸听,而是要强调:

第一,公司制度是不完美的,存在着滋生经理人贪腐、大股东掏空、侵害社会公益等不法或不良行为的空间。为了避免这些行为的发生,需要设计一套制度系统去填补原来的制度盲点。那么,这套制度系统的构建和运行活动,就是公司治理。

第二,以上三个小案例具有明显差异,案例一反映了经理人对公司的利益盗取,案例二涉及了股东之间的利益矛盾,案例三则是关于公司对其他利益相关者的利益侵害。这表明公司治理问题所具有的多样性。同时,该案例也显示了公司治理问题的表现与公司基本制度特性紧密相关。国企企业家的落马往往与贪腐案相联系,民营企业家的落马又更多地与其他各种经济犯罪相关。这强调了公司治理定位的重要性,即构建公司治理这套制度系统的前提是对公司制度本身的权变性分析。

1.1 公司治理初窥

通过多年的教学和实践经验发现,许多人在初次接触到公司治理这个概念的时候,总会困惑于"公司治理与公司管理的差别在哪里"?回答这一问题,还直接牵涉公司治理的两个十分重要而又常常被人忽视的前提。

1.1.1 公司治理与公司管理

对企业性质的研究是近些年来的学术热点,然而早在经济学的奠基之作《国富论》里,亚当·斯密的至少两处重要论断已经涉及了制度性质问题:其一是关于劳动分工的讨论,其二是对公司制企业的委托—代理现象的发现。前者属于公司管理,后者才属于公司治理。

事实上,《国富论》开篇就是从劳动分工开始的。亚当·斯密通过对一家雇佣了10个人的扣针制造工厂的研究发现,一枚小小的扣针竟然需要18道工序,当这18道工序在这10个人间分配开来后,一人一天的产量可达到4800枚。但是,如果没有工厂,更没有分工,亚当·斯密估算的情况是,"如果他们各自独立工作,不专习一种特殊业务,那么他们不论是谁,绝对不能一日制造二十枚针,说不定一天连一枚也制造不出来"[1]。单论这种分工活动,就属于公司管理的范畴。

亚当·斯密还对当时形态初成的股份公司进行了讨论,不过他的观点是悲观的。他发现股份公司中的股东往往并不参与经营,而将公司的经营控制权交给了董事。但是,"这种公司的董事管理的不是他们自己的钱而是别人的钱,因此,我们不能期望他们会像私人合伙企业中的合伙人那样尽心尽力"[1]。这一段表述在整整200年后的1976年,被詹森和麦克林理论化为委托—代理问题。[2]这一问题及其处置就属于公司治理的范畴。

亚当·斯密对企业的探索是从企业的人员集合性开始的,那么,我们也先从"人"开始区分公司治理与公司管理。尽管目前组织结构变革出现了扁平化的趋势,但是从基本形态上看仍难以摆脱"金字塔形"的构架。这个金字塔的底层是支撑公司基本任务的一般操作性员工,然后受到管理幅度的限制,出现了一层一层的管理人员,到了顶层则是少数甚至唯一的高级经理人。这个金字塔内的人员就是公司管理所覆盖的范围;而公司治理所涉及的人员则囊括在图1-1 所示的那个倒置的金字塔之内。刚刚还高高在上的公司高级经理在公司治理系统内却处于被治理的最底层。其上是直接控制他的控制股东,而在控制股东之上则是公司最广泛的非控制股东,一般是各种中小股东。这里需要增加几点说明:第一,高级经理、控制股东、非控制股东三种身份的人并不一定会全部存在。比如,控制股东常常本身就是公司的经理人。又比如,由于股权分散或股权制衡,公司可能根本就没有控制股东。第二,在许多其他著作中,人们往往认为公司高级经理之上是董事会,而后才是股东。这一说法没有错误,不过要清楚,董事会是为了解决他们之间的治理问题而后天塑造的。另外,现实中的董事会成员往往就包括经理人和股东本人,至少是他们的代表人。即便是所谓的独立董事,也是来自股东的选聘。第三,在更广泛的范畴,在利益相关者学派看来,公司的主人翁不仅包括股东,还包括债权人、人力资本提供者、战略伙伴等利益相关者,他们是公司治理人员系统中的最高层。

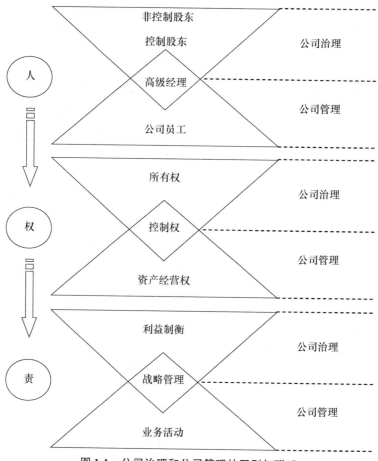

图1-1　公司治理和公司管理的区别与联系

公司治理和公司管理在人员构成上存在的区别,直接导致了他们所拥有的公司权力具有区别。在公司治理理论的发展历程中,第一本公司治理专著是伯利和米恩斯在1932年出版的《现代公司与私有财产》。他们通过对当时美国最大的200家公司的观察发现了"两权分离"命题——伴随着现代公司规模的扩大,公司股权越来越分散,股东对公司财产的控制越来越困难,从而导致了公司权力中心由股东向经理转移。公司所有权"名义"上保留在股东手中,但所有权上附着的实际控制权被经理获得了,或者至少获得了其中的一部分。[3]这种权力的配置活动,以及对配置后出现问题的处置活动,就属于公司治理范畴;而在公司管理系统内发生的集权、分权等活动,并非直接来自公司所有权。公司所有权是企业契约中没有特别规定的活动的决策权。[4]但是,对企业经营管理活动的决策权,包括对企业法人资产的经营权,是按事先规定赋予经理人的。这些经营管理决策权沿着管理层级进行的分权、授权工作,自然是公司管理的内容。

责、权是一对需要相互平衡的关系。平衡起来相对简单的是公司管理系统的责权匹配。公司的各级员工之所以可以获得对公司部分财产的经营管理权,是因为由此才能真正地承担起各类业务工作。当职业经理人获得大量控制权,而分散的股东的所有权看起来仅仅是"名义上"的时候,公司治理的职责就是要制衡经理,维护股东的利益。当存在一个强势的控制股东或控制股东群体的时候,公司控制权就在股东之间不平衡分配了,这时的公司治理职责是制衡控制股东,保护全体投资者的利益。

图1-1还反映出,公司管理的金字塔与公司治理的倒金字塔存在着重叠。重叠意味着关系的模糊,模糊就带来了问题。公司治理活动的难点就发生在重叠部分。"人"系统的重叠是高级经理,于是公司治理的核心任务就是解决高级经理以及可以控制经理的控制股东的代理问题;"权"系统的重叠是控制权,从而可以发现公司治理理论早期就是从权力制衡来界定的;"责"系统的重叠是战略管理,于是李维安等提出公司治理要从权利制衡走向决策科学。[5]

1.1.2 公司治理的两项前提

一、法人独立

一般企业的组织形态有两种,一是自然人企业,二是法人企业。前者主要指的是个体业主企业和合伙制企业,后者主要指的就是公司。本书既然称为公司治理,自然讨论法人企业的事情。由于种种原因,大多数人至今其实对公司的法律性质不甚清楚,也就无法正确认识公司治理。

案例1-1

盗取"自己"公司资金的老板

2004年11月底、12月初的几天,多家网站的新闻头条都被一篇类似"廉政公署追查创维黄宏生"标题的文章占据。创维彩电此时在国内市场的发展势头正如日中天。此条爆炸新闻立刻在网上引发了大讨论,网友们基本都猜测黄宏生事发是因为陷入了什么行贿案、什么诈骗案。其中一条网络传闻是,"指控的罪名涉及多项贪污,其中一项指称黄宏生涉嫌行贿一名曾受雇于执业会计师楼的前会计师,以伪造会计记录,协助公司在香港联合交易所上市"。然而,高效的香港廉政公署不久正式公布消息,黄宏生被控罪名只有一项——盗取公司资金罪。

立刻,网上的讨论又开始了。不曾料想的是,网友们都普遍同情黄宏生。

大概是因为当时创维彩电的经营佳绩的确有目共睹吧。一些网友想起了已经身陷囹圄的红塔集团的褚时健，他们认为，"国有企业对经理的激励不够，这算逼良为娼。如果是民营企业就不会出现这种情况"。但是，很快有人发言了，"创维就是民营，黄宏生就是私人老板，一起被抓的有一个是黄宏生的弟弟"。

网友们沉默了，私人老板怎么要盗取自家公司资金？人家自家左口袋出右口袋进，廉政公署为什么要抓人？

要回答案例 1-1 中网友的疑惑，必须理解"法人独立"的道理，必须读懂这句话——"公司是企业法人，有独立的法人财产，享有法人财产权"，即《公司法》第 3 条规定。

法人指的是具有民事权利能力和民事行为能力，依法独立享有民事权利和承担民事义务的组织，是社会组织在法律上的人格化。所谓法人，字面的意思是法律上被当作人，是与真正的自然人相对应的。有些人常常炫耀自己是某某公司的法人，这是一个笑话，不仅不是炫耀，反而把自己放在了"非人"的一类。

而在公司法人含义中最重要的是"有独立的法人财产，享有法人财产权"。公司在独立的法人财产的基础上运营，具有独立的生命和市场主体资格。虽然法人财产来自股东所投入的资产，但一旦完成从资产到股本的转换，原来资产上的产权就产生了分离。股东仅保留股权，而公司则获得全部资产的主要支配权，所谓法人财产权。

可见，法人财产权的关键含义是"独立"二字。"独立"将公司与其股东区分开。股东从"独立"中获得的好处有：与法人独立相匹配的股东所担责任的"有限"，防止其他股东对公司事务的侵扰和对利益的攫取，以及法人制度运营中对交易成本的节约等。但是与此同时，股东也要尊重这个"独立"，不得侵犯法人财产权。

在案例 1-1 中，黄宏生与妻子共持股近四成，是创维的大股东、"大老板"。但是尽管如此，也不可以直接把公司的钱拿来自己用，否则就直接"盗取"了另外六成股权的利益，也直接"盗取"了债权人、工人等利益相关者的利益，侵犯了公司的法人财产权。以下"小贴士"说明，即使是只有一个股东的一人有限公司，也要把法人财产与股东个人财产区分开。

小贴士 1-1

一人有限公司的独立性

《公司法》关于一人有限责任公司的一些规定：

一人有限责任公司，是指只有一个自然人股东或者一个法人股东的有限责任公司。一人有限责任公司应当在每一会计年度终了时编制财务会计报告，并经会计师事务所审计。一人有限责任公司的股东不能证明公司财产独立于股东自己的财产的，应当对公司债务承担连带责任。

以上关于法人独立的解释从两个角度阐释了公司治理的一个前提：第一，公司与股东或者其他利益相关者在法律前面是平等的"人"，"人人平等"是公司治理制度构建和运行的基本原则。公司二字中的"公"，既体现了法人财产的一定范围内的"公共"属性，也体现了公司治理的"公平、公开、公正"原则。第二，法人财产由法人所有，但对其控制和使用的却是实实在在的人，比如大股东或者经理人。这个矛盾就是公司制度的弱点，也就是公司治理的着眼点。

二、经理革命

公司的法人制度，保障了独立的公司财产权，而公司财产的独立给予了职业经理发挥企业家才能的舞台，促成了专业的经理阶层的出现。也只有当职业经理制度引入公司制度体系后，才称得上现代公司制度。

小贴士 1-2

经理革命的源头

1841 年，在美国马萨诸塞——纽约西部的一条铁路上发生了一次撞车事故，死了 1 人，伤了 17 人。这次不太严重的车祸成了企业管理体制改革的一个重要契机。事故发生后，社会舆论纷纷抨击无能的铁路资本家管理不了现代高技术的企业组织。在州议会的推动下，该铁路公司实行改革，选拔一批有管理才能的专家担任领导，而资本家则成了只领取红利的股票持有者。世界著名的"经理革命"就这样诞生了。不久，经理革命风靡世界，成为资本主义企业管理的一种重要形式。

资料来源：张维迎、盛斌，《论企业家——经济增长的国王》，三联书店 2004 年版。

经理革命的起源来自于公司对企业家才能的需求，是经营管理活动专业化分工的结果。专职经营的经理与提供资本的股东分离后，也带来了问题。经理与股东不可能处处"一条心"，股东的目标是相对单一的"赚钱"，而经理的私人需求较多，甚至是"能歇就歇会儿"。问题的困难还在于，股东没有充分的信息了解经理的行为，甚至小股东们根本没有积极性去获取这些信息。这就是所谓的委托—代理问题。

所以，我们将经理革命作为公司治理的另一前提。第一，由职业经理人经营管理公司是社会经济发展的效率要求和基本规律；第二，经理人的代理问题是公司制度的薄弱环节，是公司治理的重要内容。

案例 1-2

书上说的用不着？

张立强五年前在美国获得 MBA 学位后，就回国接手了他父亲创办的医疗器材公司。五年间，他买来最新的技术专利，贷款扩大生产规模，走南闯北将产品覆盖到全国。基本是自己一手一脚，将公司从百人小厂发展为拥有三大产品事业部、员工 1500 人的行业知名企业。完善了公司的组织结构后，他开始考虑公司治理问题。此前他是公司唯一的执行董事，现在公司规模大，于是他打算设立一个董事会。可是，董事会的职责是什么呢？他找出早年读 MBA 时的教材，翻看起来。但是，很快就糊涂了。

书上说，董事会的职责是监督经理。他想了想，这个经理就是他自己，自己还需要监督吗？他父亲的眼神就是最强大的监督。书上说，董事会还要保护股东的利益。他想了想，这个股东还是他。他和他父亲一共占了公司 90% 的股份。另外的股东是他的几个亲戚和地方上有关系的人物，他们是不想惹、也惹不起的。书上说，董事会要对公司重大决策进行批核和监督。他想了想，在这个地方还有谁有实力对他的决策指手画脚？

书上错了吗？

也许张立强和他看的那本书都错了。目前，一些教程非常强调"规范"公司治理机制，"健全"公司治理模式。这往往会误导读者，以为有所谓"最佳"公司治理制度。其实，公司治理也要坚持基本的权变原则，把定位作为公司治理的起点。本书将法人独立和经理革命作为公司治理的两项前提，也在于其定位功能。在案例 1-2 的企业中，完成经理革命了吗？在可预期的未来需要经理革命吗？如果答案都不是很坚决，那么就不需要在管制经理上下"猛药"了。同样，法人独立的价值主要体现在保护股东还是保护债权人？如果仅局限于后者，那么通常的多数公司治理手段也就不适用于该公司了。只有了解公司治理的定位前提，才能活学活用理论知识。这也是本书选择从制度设计的角度来认识公司治理的用意所在。

1.2 从企业的契约性质看公司治理的制度内涵

目前的研究已经充分证明了企业的契约本质,以及这个契约的不完备特性。而公司治理就是为了填补这个不完备的"缺口"的制度系统。

1.2.1 理论基础:企业的契约性质

经济活动包含两个层面的内容:一是人与自然之间的技术关系,称之为生产活动;二是人与人之间的社会关系,称之为交易活动。交易是在交易双方的讨价还价中通过一定的契约形式得以完成的。契约可理解为一个合法的双边交易中双方就某些相互权利义务达成的协议。它可以是口头的或文字的、明示的或隐含的、短期的或长期的……

一、企业、市场与交易成本

经济学是一门研究资源调配的科学。在新古典经济学那里,基于"阿罗—德布鲁范式"的一系列严格的假设条件,价格机制的充分运行可以完成资源配置的帕累托最优。企业,因而只是市场中的最小交易单元,是一个使利润最大化的"黑匣子",内部的交易因素被忽视了。而第一个打开"企业存在之谜"的是科斯,他也开创了企业契约理论的先河。

科斯在1937的《企业的本质》一文中提出:"如果生产是由价格机制来调节的,那么生产就可以在没有任何组织机构存在的情况下进行,对此我们要问,为什么还会存在企业?"[6]当时,理论界对"企业为何存在"问题关注不足,人们感兴趣的是价格机制的各种课题,亚当·斯密有关企业的价值在于实现了基于劳动分工的专业化生产的观点(参见本书1.1.1节的内容),成为"标准答案"。于是,科斯的问题就有了挑战,既然价格机制可以调配资源,那么分工就可以在市场上完成,又为什么要存在企业?

对此,科斯的回答是:资源的配置有两种方式,除了企业外部的市场交易方式外,还可以通过企业内部的行政协调方式完成;在市场机制下,生产是由价格运动引导的,而价格运动引导生产是通过一系列市场交易来协调的。在企业内部,资源配置通过权威和命令来进行;然而,制度的实施会发生成本。市场机制下的交易会发生交易成本,企业正是为了节约交易成本而存在。所以,企业是市场的替代物,权威机制是价格机制的替代物;当然,企业权威制度的运行也会发生组织协调成本,并显然企业规模越大,这种成本越高。于是,企业规模成长就停止在两种成本边际相等的位置。

交易成本的发现对新古典经济学的企业理论作出巨大修订,那么,什么是交易成本呢？在《企业的性质》一文中，科斯还没有明确使用交易成本这个术语，但将其内涵确定为"使用价格机制的代价"。在1960年的《社会成本问题》中，科斯对交易成本的外延进行了补充："为了进行市场交易，有必要发现谁希望进行交易，有必要告诉人们交易的愿望和方式，以及通过讨价还价的谈判缔结契约，督促契约条款的严格履行，等等"[7]。后来，在张五常、威廉姆森等学者的完善下，交易成本被认为是为了达成交易目的而发生的确定交易对象、谈判并签订合同、监督合同履行及违约纠纷处置等成本的总和。

二、企业的契约本质

当企业使用权威来替代价格进行资源配置时，交易成本就被大大地节约了，主要原因在于市场上的一系列短期契约被企业这个长期契约所替代。

首先，假如一项生产活动需要 n 个人分工完成，那么如果没有企业，完全依靠市场交易，这 n 个人只要有利益往来，就要签订契约，最多需要两两签约，签约数达到 $n(n-1)/2$。而当企业存在时，企业或者某一生产要素的提供者就可以充当中心签约人，分别与每个人签约即可，签约数仅为 $n-1$。市场契约最多可以是企业契约的 $n/2$ 倍。图1-2显示了一个仅有4人参与的生产活动。当通过市场协调时，需要签订的契约可达6项，而他们若联结为企业，可以仅缔约3次即可。契约数量的减少直接节约了附着其上的交易成本。

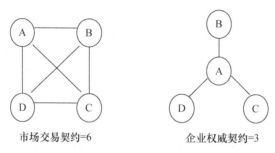

图1-2 企业契约与市场契约的数量对比

其次，企业里的契约与市场上的契约相比，一般执行期比较长。这避免了市场交易的不断签约活动，也直接减少了契约数量。而长期契约的好处更在于，能促进"双赢"的努力。假如有 A 和 B 两个市场伙伴，他们之间的合作将产生收益 $P+Q$，其中 Q 仅能来自他们两人之间，其他交易无法产生。Q 可能来源于他们之间重复交易的交易成本节约，比如他们之间有过往来，相互之间的信息比较对称，交易前后的信息成本就会较低；Q 也可能来源于他们之间新的专用交易的收益，比如 A 将与 B 交易的产品的仓库设置在 B 而不是其他交易伙伴的附近，从而降低 A 与 B 合作的运行成本。这两种情况产生的收益 Q 的共同特点是，都无法用市场定价，因为市场上没有相同的"产品"销售。那么，长期契约的好处就在于:在第一种情况下,A 和 B 为了获得更多次的 Q,会约束自己,控制各种偷懒、欺诈、自私等机会主义行为的发生,以保证双方的长期关系不至于被破坏。在后一种情况下,只有长期契约才能保证 A 投资专用的仓库。因为在短期多次契约中,也许在第一次交易时,B 会同意与 A 分享 Q,但当 A 一旦完成投资,B 完全有可能独占 Q。考虑到被"要挟"的风险,只有长期契约的保证,A 的专用性投资才能发生。

在科斯的理论中,企业这个长期契约替代市场上的一系列短期契约所产生的交易成本节约,是企业存在的价值。进而,科斯赋予了企业契约的本质。在科斯之后,企业的契约观被不断发展。阿尔钦和德姆塞茨指出,通过市场的交易与企业内部的交易别无二致。企业其实是一种专门收集、整理和出售信息的市场,企业的契约安排是一种能与中心的代理人进行再谈判的简单契约结构。阿尔钦和德姆塞茨第一次提出,企业的本质是一系列契约的联结(nexus of contracts)。[8]张五常认为,企业与市场的不同,不是长期契约对短期契约的替代,也不是一个契约对一系列契约的替代,更不是企业替代了市场,而是生产要素契约替代了中间产品契约,是要素市场替代了产品市场。[9]

三、企业契约的不完备性

综上,企业乃是一系列契约的联结的观点一步步得以巩固。与此同时,契约的一个特性得到了重视,即契约的不完备性。世上的契约很难做到完备,人们无法准确描述与交易有关的所有未来可能出现的状态,以及每种状态下契约各方的权利和义务。因为在一个不确定性的世界里,要在签约时预测到未来所有可能出现的状态几乎是不可能的;即使预测到,要准确地描述每种状态也是很困难的(甚至可能找不到描述某种状态的语言);即使描述了,由于事后的信息不对称,当实际状态出现时,当事人也可能对为什么会是这样争论不休;即使当事人之间是信息对称的,法庭也可能不能证实;即使法庭能证实,执行起来也可能成本太高。[4]所以,我们工作生活中见到的合同往往以这样的文字结束:"未尽事宜,双方友好协商解决",或者"本合同由××拥有解释权"。

企业契约相比较市场契约而言,不完备程度会更为严重,因为企业契约的长期性导致其面临更多的不确定性,契约中留有"缺口"才更理性。此外,从契约的内容是关于交易方权利义务的协定的角度看,契约的不完全性也导致对企业资产的决策权可以分为两种不同的类型:一类是具体的权利,它是契约明确规定的活动的决策权。比如,经理的聘任合同中可以写明,经理具有人事决定权,有权任免部门经理及以下人员。另一类是剩余的权利,是契约中无法说明其决策权归属的剩余下来的权利,也称剩余控制权。再比如,在关键时刻公司的副经理突然辞职了,而此刻这一位置容不得半刻的空置,但此前公司并未规定这类情况的处置原则,那么,副经理的任命由谁决定就属于剩余控制权的范围。诸如此类的突发情况会很多,由于这些突发事件难以预测,发生后的事件走向及对企业的影响难以评估,或者准确地说是预测、评估的交易成本过高,于是相关的决策权只有剩余在企业所有者手中。因此,在格罗斯曼和哈特看来,剩余控制权等同于企业所有权。[10]

所以,剩余控制权是因为契约的不完备性而产生的。围绕着剩余控制权存在两个层面的问题:一是如何配置的问题,即由谁在什么情况下掌握剩余控制权,形成的不完备契约的"缺口"的交易成本最低的问题。二是配置后的权利应用问题,主要是相关配套制度的优化问题,也就是针对既已成形的不完备契约"缺口"如何进一步弥补的问题。在目前的研究惯例中,威廉姆森等对治理结构(governance structure)的研究偏重于前一问题。威廉姆森认为各种经济组织形式下的契约安排在处理不同属性的交易行为时,会有成效上的差异。所以,各种经济组织形式的本质,是不同的剩余控制权配置方式,也是针对不同交易行为的治理结构。[11]而本书所讨论的公司治理(corporate governance)涉及的是后一问题,是针对既定的现代公司式的剩余控制权配置形态,如何通过种种手段去填补这种企业制度的缺陷。

小贴士 1-3

企业契约性质的核心含义

企业契约性质的知识是公司治理的理论基础。如果对以上理论分析不感兴趣,请牢固理解以下这一小段总结:

学者对企业存在价值的研究,是从企业与市场的比较展开的。研究发现,企业和市场都是配置经济资源的方式,其配置行为都是通过一定的契约来完成的,而契约是交易活动中有关各方权利义务的协议。不同的是企业契约在一定的规模下更能节约交易成本,不足的是企业契约的不完备性比较突出。这造成在企业契约中,有更多的决策权归属是无法事前明确界定的。这一权利称为剩余控制权。如何配置剩余控制权,配置后的配套制度如何优化,以减少不完备契约的缺陷,就是公司治理的任务。

1.2.2 公司治理的概念及其制度内涵

在以上关于企业契约性质的推演中,其实已经可以总结出公司治理的概念,即针对公司制度中对利益相关者保护的不完备之处,有关公司剩余控制权配置及行使的制度系统。

第一，公司治理的目的是弥合公司制度的不完备之处。

其实，从企业的契约性质中推演出来的概念应该是企业治理，即针对企业制度中对利益相关者保护的不完备之处，有关企业剩余控制权配置及行使的制度系统。公司作为企业制度的一种形式，公司治理也只是企业治理的一种情况。厘清公司治理与企业治理的区分和联系很重要，它强调公司治理的根本来源是企业契约的不完备性，而不同的企业制度的契约"缺口"会有差别，所以若要把握好公司治理问题，就需要把公司制度的特殊性从一般企业中独立出来。

从当事者的角度看，公司制度的不完备性来自利益相关者之间所签契约的不完备性。所以，公司治理各项活动的直接指向是对各类公司利益相关者的保护。但出于同样道理，利益相关者的保护也有一个事前定位的问题。比如，对于公众上市公司，将公司治理等同于保护中小股东并不为过，而对于知识型公司，公司治理的新任务是要强化对投入了专用性人力资本的知识员工的保护。

第二，公司治理的任务围绕着如何配置和行使剩余控制权展开。

从所涉及内容的角度看，公司制度的"缺口"在于利益相关者无法就一部分活动的决策权作出明晰的划分，这些未被事先分配的权力就是剩余控制权。所以，公司治理任务就围绕着剩余控制权展开，并包含两个层面的内容：一是剩余控制权的配置问题，即谁在什么状况下有权控制公司的问题。比如，公司正常经营时是股东还是职工控制公司？在什么情况下债权人可以控制公司？对于这些问题大家似乎会有现成的答案，我们的脑海中似乎有了根深蒂固的概念——股东是公司所有者，公司不能清偿债务时债权人可以提出破产清偿的要求。这其实反映出，在公司制度漫长的优胜劣汰历程中，在不断试错后，公司剩余控制权的配置已有了主流的方案，并通过公司法、证券法等法律法规明示出来，从而使人们觉得这不是一个公司微观层面的问题。但是，所谓的主流方案和法律规范，仅仅是对人们关于剩余控制权配置的共识部分的规定，是一种通用契约。除此之外，每家公司还有一些有自身特色的特殊契约，反映在公司章程等管理条例中。以下小贴士中的第 6 到 11 项都与剩余控制权配置有关。当然，这对反映各家公司特色的章程也提出了公司治理定位的前提要求。

小贴士 1-4

《公司法》中关于公司章程的一些规定

第八十一条 股份有限公司章程应当载明下列事项：

（一）公司名称和住所；（二）公司经营范围；（三）公司设立方式；（四）公司股份总数、每股金额和注册资本；（五）发起人的姓名或者名称、认购的股份数、出资方式和出资时间；(六) 董事会的组成、职权和议事规则；(七) 公司法定代表人；(八) 监事会的组成、职权和议事规则；(九) 公司利润分配办法；(十) 公司的解散事由与清算办法；(十一) 公司的通知和公告办法；(十二) 股东大会会议认为需要规定的其他事项。

毕竟公司制度演化已久，公司剩余控制权的配置问题在较多方面已达成共识，进而有关剩余控制权的另一层面问题，即行使问题，成为公司治理实践的主要内容。所以布莱尔[12]和张维迎[4]提出，公司治理狭义地讲是指有关公司董事会的功能、结构、股东的权力等方面的制度安排。在这个概念中，董事会成为公司治理的枢纽。而董事会是由股东大会选举出来的董事组成的，代表公司行使其法人财产权的会议体机关。它一方面是剩余控制权配置的结果，另一方面承担着行使剩余控制权的职责。董事会的许多行动决策，如怎么进行决策控制、怎样激励约束经理、如何平衡股东冲突等等，也就成为公司治理活动的重点。当然，其他治理机构，如股东大会、监事会等也要行使控制公司的责任。而在行使剩余控制权时，公司治理的难点变成了当事人之间的信息不对称性。

在目前的文献中，还有一个与剩余控制权同时出现的概念，即剩余索取权。剩余索取权也来自契约的不完备性，是指对企业剩余收入的要求权。剩余收入是企业收入中扣除所有事前明确规定的契约支付的余额，简单地理解基本是扣除了原材料成本、固定工资、利息等固定支付的利润部分。在早期，经济学家是以剩余索取权而不是剩余控制权来定义企业所有权，但随后学者们认识到剩余控制权的定义更为明确。不过，这样的分歧并不重要，因为效率最大化要求企业剩余索取权的安排和剩余控制权的安排对应。[4]一方面，由于两种权力的对应配置是公司治理的基本原则，另一方面，剩余索取权的安排可以看作是剩余控制权配置和行使中连带的问题。所以，为了表达的简洁，我们对公司治理的界定中就不存在剩余索取权了。

第三，公司治理是一套制度系统。

从名词概念上讲，公司治理是一套制度系统。公司是一系列契约的联结，而这一系列契约存在不完备的"缺口"，公司治理就是填补这一"缺口"的。当我们把公司理解为一种制度系统后，嵌入到公司契约中的公司治理自然也具有制度性的本质；从动词概念上讲，公司治理是这套制度系统的构建和运行过程。于是，公司治理的构建重点是不同制度安排的组合，公司治理的运行重点是不同行动方案的选择。

将公司治理理解为制度"系统"，意味着这是个广义制度的概念。广义制度由正式制度、非正式制度和相关执行机制构成。公司治理的正式制度包括外部的公司法、证券法等法律法规,以及内部的公司章程、管理制度等规章规范。外部制度对公司的治理活动是一种规制力量,对公司治理提出了"合规"的要求。内部制度则是公司治理的制度构建工作的主体;非正式制度是人类社会长期实践中形成的文化的一部分,包括价值信念、伦理规范、道德观念、风俗习惯及意识形态等。它是公司治理的重要环境因素,渗透到公司中,与正式制度一样激励和约束着人们的行为;执行机制是为了确保上述制度得以实施的相关安排。

将公司治理理解为制度系统,还意味着这套制度具有关系契约性质。关系契约是对不完备契约的一种反应。既然契约是不可能完备的,交易各方也就不用对权责明晰过分追求,而仅就各方的关系处理建立一个契约框架即可,包括合作目标、基本行为原则、意外情况的处理程序和准则以及争论解决机制等内容。这个框架式的契约就是关系契约。[13]显然,对应于填补"缺口"的公司治理制度而言,其具有关系契约的性质。费方域认为,"公司治理的本质是一种关系合同","合同各方不求对行为的详细内容达成协议,而是对目标、总的原则、遇到情况时的决策规则,谁享有决策权以及解决可能出现的争议的机制等达成协议"[14]。

1.2.3 公司治理理论的发展

一、公司治理发展阶段

本书将公司治理理论的发展历程简单概括为三个阶段:公司治理问题提出阶段、公司治理思想形成阶段、公司治理理论构建阶段。

公司治理问题本质上就是企业契约的不完备问题。随着企业规模的扩大,严格说是随着企业契约的订立人数的增加,以及公司制度的出现,公司治理问题逐渐浮出水面。1720年英国发生的南海泡沫事件,是当时公司治理乱象的典型代表(案例1-3)。亚当·斯密在1776年出版的《国富论》中,也表达了对公司治理问题的担忧,"这种公司的董事管理的不是他们自己的钱而是别人的钱,因此,我们不能期望他们会像私人合伙企业中的合伙人那样尽心尽力。就像富人的管家,他们容易把注意力投向枝节问题而不是放在维护主人的名誉上;并且,他们很容易忘却这一点。因此,在股份公司的业务管理中,漫不经心和浪费总是无所不在"。[1]鉴于随后各国公司法对公司制度重大缺口的弥补,以及大型股权分散型股份公司的普及程度有限等原因,此阶段公司治理问题是间断的、可控的。理论上也仅提出了一些问题和表述了一些观点,还未进入理论研究阶段。

案例1-3

南海泡沫

1711年,英国政府为了向南美洲进行贸易扩张,专门成立了一家公司——

南海公司,公司因拥有1170万英镑的英国国家债务而成为英国国债最大的债权人。1720年1月,南海公司向英国政府提出利用发行股票的方法来减缓国债的压力。为了迅速筹集还债资金,英国政府决定把南海公司的股票卖给公众。南海公司拿到这个特许权以后就开始造势,说这个地区发现了金矿、银矿、香料等等。很快人们开始相信南海公司海市蜃楼般的利润前景,在英国人超乎寻常的狂热下,股价开始猛涨。从1720年3月到9月之间,南海公司的股票价格一度从每股330英镑涨到了1050英镑。

当时英国大量的民间企业同样需要筹集资本,当人们看到南海泡沫起来后十分赚钱,就纷纷组织公司,并背着政府偷偷地发行股票。英国议会在1720年6月通过了《反金融诈骗和投机法》,禁止民间组织公司。《反金融诈骗和投机法》被民间俗称为"泡沫法",它的意思是说,"泡沫法"认定了民间股票是泡沫,政府用这部法律去打击民间股票的发行,但同时却助长了南海泡沫的形成。

当人们争先恐后地购买股票的时候,最早的内幕交易者,包括财政部长在内的许多官员卖掉了所持有的股票。大举抛售,引发了南海泡沫的破灭。财政部长在内幕交易中赚取了90万英镑的巨额利润,也换得了银铛入狱的下场。而那些不知情的投资人,包括大名鼎鼎的牛顿损失了大量的财富。牛顿在损失2万余英镑后写道:我能计算出天体运行的轨迹,却难以预料到人们的疯狂。然而,比牛顿损失更大的则是英国政府的信用,以及初生不久的股份公司制度。从那以后,整整100年里,英国没有发行过一张股票。

资料来源:根据相关资料整理。

从1932年伯利和米恩斯的《现代公司与私有财产》到1977年钱德勒的《看得见的手》,大致框定了公司治理理论发展第二阶段的边界。此阶段内,相关的公司治理思想相继形成。伯利和米恩斯从对现实世界的观察开始,发现了股权结构日益分散而导致的公司所有权与控制权相分离的现象,并指出一方面股东可以从股份制中获得巨大利益,另一方面其负面影响也十分巨大,掌握了实际控制权的公司经理常常作出有悖股东利益的损人利己的事情。对此,理论界认为这是第一次系统地研究公司治理理论的开山之作。1977年钱德勒的分部门、分行业考察进一步详细描述和证实了这一问题。在这一阶段中,企业理论得到充分发展,科斯、威廉姆森、阿尔钦、德姆塞茨、克莱因的思想对随后的公司治理理论建构起到了重要的铺垫作用。

以1976年詹森和麦克林发表的《企业理论:经理行为、代理成本与所有权结构》为标志,公司治理理论进入理论体系系统建构阶段。有趣的是同在1976年,"corporate governance"一词正式地被人们有意识地提出,其含义也于同年借用"democratic government"一词被系统阐释。[15]

小贴士 1-5

corporate governance 的由来

1972 年 12 月 New York Times 第一次出现 corporate governance and discipline 的提法。在一篇文章中,作者鉴于当时股东针对董事责任的诉讼越来越多,提出审计委员会应增加外部董事以监督公司内部人。而 corporate 和 governance 放在一起是有意或无意就不得而知。

1976 年,在一次参议院会议上,参议员西尔特第一次正式使用"corporate governance"一词,并将它作为发言稿一章的标题,指出公司治理处理的是董事会与经理、股东的关系。

1976 年,在一篇名为"The Taming of the Giant Corporation"的学术论文中,纳达尔等人第一次系统阐释了 corporate governance 的含义,建议用国家的民主治理方式来治理公司。不过,在这里他们用的术语是 democratic government。

资料来源:Ocasio, W. and J. Joseph, Cultural Adaptation and Institutional Change: The Evolution of Vocabularies of Corporate Governance, 1972—2003[J], Poetics, 2005, 33(3): 163—178.

詹森和麦克林的研究将"伯利—米恩斯命题"纳入一个完整的委托—代理模型中,该模型不仅说明了问题的产生背景、问题的演进方向,也提供了解决问题的基本方针,一度成为公司治理研究的基本范式。随后,公司治理理论不断深化。哈特从剩余控制权角度解释了委托—代理等公司治理问题存在的根本原因在于契约的不完备性;[16]拉波特、洛佩兹、施莱弗和维什尼在 2000 年前后的一系列文章中指出,公司治理的主要问题还不是詹森和麦克林所界定的股东与经理的冲突,而是控制股东和其他股东之间的冲突;布莱尔则表达了另一种公司治理逻辑,认为公司治理的主体不只是股东,公司治理要符合全体利益相关者合作的原则。[12]

近 40 年的公司治理理论系统研究的兴盛,与现实世界中的公司治理问题频出相呼应。布莱尔将上世纪八九十年代公司治理研究兴起的背景归纳为 5 个方面:美国与日本、德国竞争中的反思,敌意接管、杠杆收购和公司重组的冲击,经理高薪引发的不满,大型公司裁员造成的恐慌,东欧多国转轨对公司治理的需求。[12]1997 年发生的亚洲金融危机形成了公司治理研究新高潮。在此之前,东亚、东南亚一些国家的繁荣顷刻之间变成了泡沫,之前的世界范围内向日本、韩国等模式学习的风向,瞬间变为了反思。2002 年,美国第 7、世界第 16 大的安然公司几乎一夜之间在财务丑闻中倒闭,连锁效应般地,世通公司、泰科公司等相继爆发财务舞弊案。曾标榜为最完善的美国公司治理模式遇到了重大危机,亡羊补牢般的《萨班斯—奥克斯莱法案》随即出台。2008 年全球金融危机爆发,公司治理问题再次登上了各类媒体的头条。华尔街一些公司的高官一面领着高薪,一面将公司带向破产之路,不仅普通公众强烈不满,连美国总统都提出谴责。

公司治理的理论构建过程与我国经济体制改革基本同步,我国对公司治理理论的需求更为迫切。在我国,不是完善公司治理制度,而是从头建立公司治理制度,甚至是从头建立企业制度。对于国有企业,转轨建立现代企业制度是一个公司治理课题;对于民营企业,家族、泛家族系统与企业系统的融合是一个公司治理课题;对于上市公司,服务公众、藏富于民是一个公司治理课题。

公司治理理论发展到今天,已经成为经济学、财务学、金融学、管理学、法学等学科的研究热点。在这个领域还有大量现象未被解释,还有许多关系未被厘清,构建完整的公司治理理论体系和分析框架的工作任重道远。

二、公司治理概念的其他视角

(1) 侧重于公司治理目的的定义

许多公司治理的经典定义着重从公司治理的问题所在出发,典型的代表是哈特,他认为在以下两个条件成立的情况下,公司治理问题将产生:第一,组织成员,包括股东、经理、员工、消费者之间,存在着代理问题或者利益冲突问题;第二,交易成本之大使得这些问题不能通过合约来解决。[16]也就是说,只要承认契约的不完备性,公司治理问题就会产生。当然,在哈特看来,契约的不完备性有两个前提:一是存在代理问题,二是处理代理问题会产生交易成本。对于绝大多数的公司,这两个前提的存在是不言而喻的。只有少数情况,比如紧密的家庭企业、合伙经营的早期,公司治理问题不会显现。

公司治理的另一个经典定义也强调公司治理的目的,施莱弗和维什尼将公司治理理解为投资者保护其回报的一系列方法。[17]施莱弗和维什尼没有从契约的角度,而是从当事人的角度强调,避免投资人在公司合作中的潜在代理损失是公司治理的目的。而在我们看来,契约的不完备性与当事人的代理损失,描述的是一个事物的两个侧面。对其详细区分涉及不完全契约理论和完全契约理论的学术流派之争,这里不予赘述。

此外,在以上两个经典定义中,虽没有使用"利益相关者"一词,但是,哈特的"组织成员"以及施莱弗和维什尼的"投资人",都是一个较广泛的概念,并不仅限于股东和经理。

(2) 侧重于公司治理任务的定义

本书将公司治理任务界定为公司剩余控制权配置及行使,这与布莱尔[12]

和张维迎[4]的观点基本一致。他们均认为,公司治理狭义地讲是指有关公司董事会的功能、结构、股东的权力等方面的制度安排,广义地讲是指有关公司控制权和剩余索取权分配的一整套法律、文化和制度性安排,这些安排决定公司的目标,谁在什么状态下实施控制,如何控制,风险和收益如何在不同企业成员之间分配等这样一些问题。这个定义在此前的讨论中多次被引用,简单地说,他们的广义定义突出剩余控制权的配置工作,他们的狭义定义更强调剩余控制权的行使工作。

津加莱斯写给《新帕尔格雷夫经济与法大词典》的定义是,公司治理是当事人围绕着合作所创造的准租,而关于其事后谈判的一系列相互约束。[18]这里的准租来自于当事人关系形成后的不可逆转的投资的沉没。而由于契约的不完备性,这笔准租在事前和事后的衡量会存在巨大差别,也构成了当事人讨价还价的空间。为了合作的建立和持续,当事人有必要在事前就预见性地配置各自在未来谈判中的权责和地位,这就是公司治理。这种谈判权责和地位的安排,就是剩余控制权配置和行使的具体化。

本书将公司治理的制度设计任务分为剩余控制权的配置和行使两个层面,这与郑志刚对公司治理内涵的认识比较一致。郑志刚认为公司治理一方面需要通过产权安排向投资者提供投资的激励,以解决合约不完全的问题,另一方面则需要通过治理机制的设计和实施向经营者提供努力工作的激励,以解决信息不对称问题。公司治理因此可以区分为治理结构(产权安排)和治理机制(各种公司治理机制的设计与实施)两个层次。[19]

(3)侧重于公司治理性质的定义

本书将公司治理确定为一套制度系统,这在以上的概念中已有反映,比如布莱尔[12]和张维迎[4]的狭义、广义定义都认为公司治理是一系列制度安排,而且不仅包括法律、规章等正式制度,也包括文化、伦理等非正式制度,还包括各种相关的执行机制。

公司治理制度的关系契约性质,被费方域诠释得最为清楚。[14]此外,津加莱斯[18]关于公司治理的谈判机制的认定也说明了其关系契约性质。

1.3 从公司的制度特征再论公司治理的制度内涵

1.3.1 企业制度的演进路径与演进逻辑

企业制度是企业组织行为规范的一般模式,包含三个层面的内容——产权制度、组织制度和经营管理制度。其中,企业的产权制度是界定和保护参与企业的个人或组织的财产权利的制度安排;企业的组织制度是企业组织形式的制度安排,规定着企业内部的分工协作、权责利的关系;企业的经营管理制度是企业在生产经营活动中所采取的管理模式和方法的具体化描述。显然,企业的产权制度是组织制度和经营管理制度建立和运行的基础,企业制度因而又可以理解为以产权安排为核心的企业组织和经营管理制度。本书中所称企业制度,一般指的是狭义的企业产权制度。企业制度在人类经济社会发展历程中有着如下的演进路径:

一、古典企业:个人业主制和合伙制

个人业主制企业是企业制度最初始的形态,起源于家庭作坊式的手工工场,是指由自然人个体出资兴办和经营控制的企业。它可由投资者一人经营,也可由投资者家庭经营,其全部财产都归一个人或一个家庭所有。这种企业不具有法人地位,没有法人资格,是自然人企业。业主要对企业负债承担无限责任,业主的个人资产与企业资产不存在绝对的界限,当企业资不抵债时,债权人可以对业主的个人财产和家庭财产提出索赔要求。

个人业主制企业最显著的制度优越性表现在:一方面,自负盈亏和无限责任的巨大压力,要求业主必须尽心尽力、精打细算,赚的每一分钱都是自己的,亏的每一分钱也都是个人和家庭负担;另一方面,企业所有权、控制权、经营权的高度统一,有利于业主发挥个人能动性和创造力。所以,从意愿调动和行动力赋予两方面看,个人业主制是最完美的激励企业家精神的企业制度。此外,业主制企业的优点还包括:企业组织形式简单,经营管理成本较低;企业经营的制约因素少,经营管理灵活;法律登记手续简单,易于创立和解散。

个人业主制企业难以规避的缺陷在于:一方面,所有者只是一个人或一个家庭,企业资产来源有限,而且受到偿债能力限制,借贷款难度也大,企业难以获得扩张规模的资金支持。另一方面,经营者也只是一个人或一个家庭,也许在企业的小规模阶段,其人力资本还可以支撑简单的非专门化的经营管理活动,但当企业规模略有扩张后,限制在个人或家庭范围内的人力资本就很可能会影响到决策的质量。所以,个人业主制企业存在着缺乏支撑企业发展的物力和人力资本的重大缺陷。此外,业主制企业的缺点还包括:无限责任的风险压力下,高风险、高前景的行业往往是业主制企业的投资真空区;受到业主经营意愿、健康状况、人身限制、继承者能力等的影响,企业的生命力较弱,寿命有限。

面对个人业主制企业在规模扩张上的能力缺陷,企业制度"顺理成章"地演化出了合伙制企业。合伙制企业是由两个或两个以上自然人共同出资兴办、通过签订协议而联合经营控制的企业。同个人业主制企业一样,合伙制企业也不具有法人地位,合伙人才是民事主体,并对企业债务承担无限责任。一般意义上,合伙制企业运行在共同出资、共同经营、共享利润、共担风险的契约关系之下。合伙人原则上拥有平等参与企业决策的权力,以及平等承担企业责任的义务。但是,除了普通合伙人,即从事企业经营管理并承担无限责任的合伙人之外,现实世界还演变成多种权利义务组合形式的合伙人——仅承担有限责任的有限合伙人、不参加具体管理的合伙人、秘密合伙人、匿名合伙人、名义合伙人等。

合伙制企业中的"合"字,表现出它的制度优越性来自于对业主制企业物力和人力资本匮乏的部分解决,合伙制企业相对而言更易集中资本、更易集思广益。但是,"合"所固有的缺陷也破坏了业主制企业的根本优势,完美的激励机制不复存在。当企业所有权和经营管理权由于"合"而不再具有排他性后,产权边界的模糊导致产生了外部性问题。每名合伙人没有全部承担他的行动引起的成本或收益,或者反过来说,每名合伙人要承担其他合伙人的行动引起的成本或收益。特别是在无限责任制度下,外部性产生巨大的连带风险。这决定了合伙制企业扩大规模的能力极其有限。另外,合伙经营时决策上的分歧和不及时,造成合伙制企业还必须面对大量的协调成本。此外,业主制企业的高风险、弱生命力等缺陷也同样存在于合伙制企业之中。

总之,业主制企业发展中遇到的物力和人力资本限制问题,并不能在古典企业制度中找到答案,企业制度的演进呼唤根本性的变革。

二、公司革命与现代公司制度出现

所谓的现代公司指的是有限责任公司与股份有限公司。在古典企业制度向现代公司制度的演进路径中,还出现过无限责任公司和两合公司。它们的存在透露出企业制度的演进逻辑。

无限责任公司是由两个以上股东组成,股东对公司债务负连带无限责任的公司形式。作为一种"人合"组织,它反映了合伙制企业中的普通合伙性质。所以,在英美等国直接将其视为合伙企业;在无限责任公司之后,发展出两合公司。两合公司是指由无限责任股东与有限责任股东所组成,其无限责任股东对公司债务负连带无限清偿责任,有限责任股东对公司债务以其出资额为限负责的公司形式。一般情况下,有限责任股东只是分享盈利而无权参与管理,无限责任股东则要负责公司的经营管理。有限责任通过降低一部分股东的风险,在"人合"的基础上实现了"资合",对企业的规模发展提供了一定的保证。两合公司在性质上近似于匿名合伙企业,在英美等国并不承认其法人地位,仅视为合伙企业。而在我国,公司法也未确立无限责任公司和两合公司的法律地位。

无限责任公司和两合公司这两种企业制度所提供的证据表明,是有限责任制度的出现将企业制度从"古典"阶段引入到"现代"阶段。有限责任制度的价值用"革命性"来表达,毫不为过。所谓有限责任,在《公司法》"总则"第3条中的规定是,"公司以其全部财产对公司的债务承担责任。有限责任公司的股东以其认缴的出资额为限对公司承担责任;股份有限公司的股东以其认购的股份为限对公司承担责任"。其含义是:第一,公司作为独立法人,在其法人财产的限度内承担债务责任,直至公司破产。第二,股东的责任范围在其出资额之内。即便公司资不抵债,债权人依照法律规程清算公司资产后,仍不能清偿债权,债权人也不能要求股东承担已出资额之外的赔偿。

有限责任意味着有限的风险,有限责任制度的最大优点就是将股东的风险上限限定在出资额上。而在实行无限责任的合伙制度中,合伙人的风险是不确定的、连带性的。哪怕是与自己无关的决策带来的债务,自己个人和家庭的财产也将被当作追讨对象。但在有限责任制度下,投资者的被连带"嫁祸"的后顾之忧被解除了,让投资者可以放心投资。此外,有限责任制度也有利于外部资本市场的发展。一方面,有限的风险降低了成立公司的社会信任成本和人身依赖性,促进了资本的社会化。另一方面,将股票的价格脱离股东的价值,仅与公司价值联系,进而有利于股票价格的客观衡量。有限责任制度有利于投资的增长,满足了社会化大生产的巨额资本需求,化解了古典企业制度无法解决的资本规模问题。早在1911年法学家巴特勒就评价,"有限责任公司是当代最伟大的发明,其产生的意义甚至超过了蒸汽机和电的发明"[20]。所以,有限责任制度的出现是一场"公司革命",催生了现代公司制度。在公司制度出现的早期,投资公司的利润是巨大的(见小贴士1-6),一旦投资公司的风险被限定了,公司制度的优越性就更引人注目。

小贴士1-6

哥德堡号传奇

17世纪早期,欧洲各国相继成立了东印度公司,用以与我国等印度以东的亚洲国家进行贸易往来。1600年成立的英国东印度公司被认为是世界第一家现代公司。瑞典也成立了东印度公司,其麾下有一艘大船,叫哥德堡号。

1745年9月12日,完成了两年半远洋任务的哥德堡号满载着购自中国的货物,驶进哥德堡港。距港口还有900米,欢迎英雄的人们都清晰地看到水手的面容的时候,哥德堡号撞上一块礁石并迅速沉没。沉船以后,由于货物价值巨大,马上进行了打捞。当然,只能打捞起很小一部分,大约是8%。但是,仅这8%就弥补了这条船所有的亏空,还使股东分得了14.5%的利润。

资料来源:根据相关资料整理。

有限责任制度的出现还推动了第二项公司革命的力量,即经理制度革命带来的公司经营管理的专业化。有限责任将股东的风险上限确定后,股东不仅降低了相互监督的必要性,也降低了直接参与经营管理活动的积极性。这就为职业经理人登上历史舞台排除了障碍。事实上,只有当有限责任制度革命和经理制度革命同时完成后,现代公司制度才算完整。钱德勒就将现代公司定义为,由一组支薪的中、高层经理人员所管理的多单位企业。[21]职业经理出现的必要性在于,随着技术、市场和交通通讯的发展,企业规模日益扩大,并伴随着技术和管理过程的复杂化,企业的经营管理成为一项专业要求很高的工作。

经理革命是一次伟大的劳动分工,至此企业家的职能分解了。在古典企业那里,企业家不仅要承担商业风险,还要从事商业决策。而职业经理出现后,决策活动中最需要专业能力的部分被职业经理分担。一项决策活动按照流程大体可以划分为四个阶段:决策制定、决策审批、决策执行和执行监督。其中,决策制定和决策执行可称为决策管理,决策审批和执行监督可称为决策控制。[22]古典企业演进到现代公司,一方面是股东风险的降低,另一方面是企业家职能的分工,股东或其代理人保留决策控制权,职业经理获得决策管理权。

可见,企业制度的演进遵循两个目标:一是解决企业发展对物力资本的需要,二是解决企业发展对人力资本的需要。从优胜劣汰的制度进化逻辑看,现代公司制度是市场选择的结果。现代公司制度的出现有赖于所谓公司革命的"变异",其中,有限责任制度革命解决了物力资本需求问题,经理制度革命解决了人力资本需求问题。

三、公司制度的特点

现代公司的雏形可以追溯到十四五世纪的欧洲,在人们的交易活动中出现了股东有限责任、经理专业经营的契约关系。一些人将资产委托给他人经营,自己仅承担这部分出资额的有限责任,而收益则按照事先的约定进行分配。随后,在地理大发现的推动下,海上贸易迅猛发展。面对海上贸易活动的高风险性、高专业性特征,公司制度的优势展露无遗。1600年,英国成立的东印度公司已具备了现代公司的主要特征,被认为是世界第一家现代的股份有限公司。也有人查证,1553年英国成立的莫斯科公司是世界第一家股份公司,标志着公司制企业的开始。

按照我国《公司法》,公司主要指的是有限责任公司和股份有限公司,除此之外,还有两种特殊的形式,即一人有限责任公司、国有独资公司。有限责任公司是指依法设立的由一定人数(我国的规定是50人之内)的股东出资组成,每个股东以其出资额为限对公司承担责任,公司以其全部资产对公司债务承担责任的企业法人。股份有限公司是指将全部资本划分为等额股份,股东以其认购的股份为限对公司承担责任,公司以全部财产对公司债务承担责任的法人。有限责任公司和股份有限公司的定义中具有相同的关键词,如"有限责任""法人"等。这表明两种公司制度具有相同的本质特征,但仍有一定的差别,见表1-1 所示:

表 1-1　有限责任公司和股份有限公司的差别

	有限责任公司	股份有限公司
信用基础	人资两合。资金的联合、股东间的信任	典型的资合,与股东的人际信用无关
股东构成	人数受限、相对稳定	人数众多、流动性强
募股方式	可不分为均等的份额,只能发起成立	分为均等的份额、可公开募股
股份转让	具有一定的封闭性,股份转让受限制	股票自由转让
信息披露	财务和经营状况不向社会公开	财务和经营状况具有公开性

有限责任公司和股份有限公司的制度差别表明,在企业制度的演进路径上,股份有限公司更为先进一些。所以,在本书随后的讨论中,为避免表述上的杂乱,如无特别说明,所称公司均指股份有限公司,或者说是具备全部特征的标准的股份有限公司。所谓具备全部特征的标准的股份有限公司是一种理想状态,起到设置标杆的作用。现实中的公司,包括各种股份有限公司和有限责任公司,往往并不处于理想状态的制度模式下,但其公司治理的定位都可依据该标杆作出调整。

那么作为标杆的公司具有哪些制度特征呢?克拉克概括了四点:一是投资者的有限责任;二是投资者股份的自由变更;三是法人性质;四是集中管理。[23] 首先,对于有限责任不再赘述,此前已有太多解释。其次,对于投资者股份的自由变更,显然指的是股份有限公司的情况。在有限责任公司,如果向股东以外的人转让,一般必须经过全体股东过半数的同意。股份自由变更的关键意义在于,给予了股东控制风险的权力,进一步降低了投资风险。再次,对于法人性质,1.1.2 节已有解释,这里不再重述。最后,所谓集中管理指的是以下三层含义,反映了现实公司运作的基本情况:一是经理掌握日常的经营控制权,二是董事会决定公司整体发展方向,三是股东几乎放弃公司事务的决策权。

1.3.2　公司制度的"缺口"与公司治理问题

企业治理的根源是企业契约的不完备性,那么,作为公司治理根源的"公司"制度的主要"缺口"在哪里?

一、经理制度革命的副作用与代理型公司治理问题

相对于古典企业,经理革命为公司引入了一类新的契约关系,即股东与经理的契约关系。股东作为委托人,经理作为代理人。为了营利,股东将公司的各种资源交给专业的经理人运作,包括资金、设备、人员等。经理也向股东承诺

他会如何行动,同时也会提出自己的个人目的,比如,薪资、福利等。这就构成了委托—代理契约。

一方面,与所有契约一样,委托—代理契约不能全面刻画委托人、代理人的权利和义务。更重要的是,契约上的既定条款的履行情况也是难以证实的。要知道,委托人与代理人存在着信息的不对称,对于专业性更强的职业经理更是拥有大量的私人信息。经理人说他尽心尽责了,股东如何证实?经理人提供的企业内外情报,股东可以完全相信吗?另外,经理人的一些个人目标,根本不会明示,比如,盗取公司利益、享受权力欲、养老享清闲。于是,委托—代理契约下存在着产生于目标差异和信息不对称的委托—代理问题。常见的委托—代理问题包括过度的在职消费、经营行为短期化、盲目投资或根本不投资、过高的薪资报酬等等。有关详细论述留待第三章。

委托—代理问题可以看作是经理革命的副作用,在我们享用着经理革命的好处时,也要处理它带来的问题。这一问题就是公司制企业面临的一类公司治理问题,本文应用宁向东的定义,称其为代理型公司治理问题。[24]它产生于股东与经理之间的关系,核心是如何控制经理。这也是公司治理理论研究早期关注的问题,在一些较早版本的公司治理专著中,仅讨论代理型公司治理问题。

如何解决代理型公司治理问题呢?其实,"解决"是不可能的。因为它来自于经理革命,是经理革命的副作用。只要选择了职业经理制度,就必然要承担代理成本。所以,现在的问题是在认可经理掌握资产经营权的前提下,如何控制经理,尽可能地降低代理成本。在公司制度的发展历程上,演进出了董事会制度等控制经理的制度安排。董事会作为全体股东的代表,掌握着决策控制权,与经理的决策管理权相制衡,并拥有对经理的选择、激励和约束的权力,直接引导经理行为。

二、有限责任制度革命的副作用与剥夺型公司治理问题

相对于古典企业,有限责任制度革命改变了出资人之间的契约内容,扩大了出资人契约的规模。在有限责任契约下,股东之间的关系建立在资本联合的基础上,股东间人际信任的重要性下降,股东仅以其出资额为限对公司承担责任。它使得股东的投资风险大大降低,促成了资本的极大集中。

有限责任的定义是清晰的,法律执行是清楚的。但是,与责任相对应的权力,在股东之间的契约中却存在不完备性。一个简单的事实是,当一名股东拥有51%的股份时,他承担了51%的公司责任,但在一股一票的多数情况下,他的权力却是100%。如果要对他的权力"打折","折扣"是多少才合适呢?哪个契约能算清楚?

权责对称的基本管理思想反映,当责任和风险有限的时候,其所有者的权

利和利益也必须"对称地有限",否则外部不经济的恶果难免会出现。而现实中,这种权利和责任不对称的情形普遍存在。在这种不对称情形中,被称为控制股东的一方,往往享受的权利大于承担的责任,而被称为中小股东的一方往往要为控制股东承担风险(当然,也有一些控制股东就投资额来说本身就是中小股东,这时危害更大)。控制股东可以通过金字塔结构完成关联交易,可以通过交叉持股稀释他人的股权,也可以分置股权实现同股不同权。当公司经营尚可的时候,控制股东的行为是"攫取",当公司难以为继的时候,控制股东则"享受"有限责任,一走了之。

这种控制股东剥夺其他股东的问题,就是有限责任制度革命的副作用,也是公司制企业面临的一类公司治理问题。在一些文献中称其为第二类代理问题,反映了非控制股东与控制股东之间的委托—代理矛盾。宁向东称其为剥夺型公司治理问题。[24] 它产生于股东与股东之间,核心是如何管制住控制股东。这也是公司治理理论研究最近十年来关注的焦点,也是中国公司治理的重点和难点,一些学者甚至提出"公司治理就是保护中小股东"[25]。

如何解决剥夺型公司治理问题呢?同样,这个"解决"是不准确的。因为它来自于有限责任制度,是有限责任制度革命的副作用。只要存在着控制股东,控制股东的权责就无法做到完全对等。那么,如何降低剥夺型公司治理问题的危害呢?出路就是让所有的股东的权利都是有限的,或者反过来说,就要让公司独立自主起来,不要成为个别股东的"奴隶"。让公司独立自主起来,就要让公司像自由的自然人一样,成为一个享有法定权利和承担法定义务的主体。而这正是法人资格的定义。于是,"法人资格就像'面纱'一样隔开了股东"[26],让个别股东不能随心所欲地控制公司。如果个别股东要插手公司,那么"揭开面纱"原则就不承认该公司的独立法人资格,就要让这些股东丧失其有限责任的保护伞。

三、公司治理的制度内涵

综上,经理制度和有限责任制度的革命促成了现代公司制度的确立,但其本身也有副作用,即诱发了公司治理问题。[27] 这就是说,公司治理之所以是"公司"治理,是公司制度本身的"缺口"所造成的。进而,公司治理的制度内涵是:公司治理是对公司制度的治理,是不断演进中的公司制度的自我保障机制。[28]

首先,产生代理型公司治理问题的根源是公司制度本身,产生剥夺型公司治理问题的根源也是公司制度本身。公司治理不是对人的治理,也不是对事的治理,而是对现代公司这种企业制度的治理。

其次,公司制度建立在两次公司革命的基础上,是对公司革命成果的制度化。但是,这两次革命是有副作用的。于是,在现代公司的制度安排上,一方面强调这两次革命成果的应用,另一方面求助于公司治理来解决公司化进程中的负面影响。

再次,公司治理的直接功能不是实现决策科学化,也不是促成资本集中化,而是保证现代公司制度的建立、完善和发展,从而间接地实现融资、投资和运营的科学化。

最后,公司治理的首要任务是找到公司制度的"缺口",即定位。以上用了一个具备全部特征的标准的股份有限公司作为标尺,解释了其制度中的主要"缺口"及对应的治理任务。但如果这家公司没有用职业经理,或者这家公司的某位股东承担了额外责任,比如家族荣耀,那么,这家公司的治理任务就有不同的侧重。此外,如果这是一家特殊的公司,比如知识型企业,或者家族公司,是否其公司制度中还有其他的"缺口",需要事先定位。

四、公司制度特点的再认识

了解了公司革命对公司制度的正负面影响后,可将克拉克所概括的公司四个基本特征,即投资者的有限责任,投资者股份的自由变更,法人性质,集中管理[23]合并为两对。前三个特征合并为一对,即"股东责任有限"特征和"法人资格独立"特征。集中管理特征可分解为"经理控制"特征和"控制经理"特征,并作为一对。

我们把前三个特征合并为一对的原因在于:首先,有限责任特征和股份自由变更特征的作用是基本一致的,都降低了股东的风险,并促成了公司规模的扩大,于是可以认为股份的自由变更是股东有限责任的进一步保证。因此,可以将股份自由变更的内容包含在有限责任特征之中。其次,最重要的是,公司的有限责任制度和独立法人制度是不能分开的。我们知道,责任要和权利对应,风险要和收益对应,否则各种外部不经济的事件就必然产生。所以,与股东的有限责任对应的股东权利就应该是有限的,即"股东不能像支配自己的私人财产那样不受限制,而只能通过法定的程序,或者投票,或者监督,或者抱怨,行使对企业的所有权"[26]。那么如何保证股东不会在享受有限责任的时候却拥有无限权利呢?公司"发明"了独立的法人资格。也就是说,股东的有限责任和公司的法人资格是一对对称的权责对应关系。那么,在现实中有没有公司将有限责任特征和独立法人特征分开(或者部分分开)的呢?当然有,而且有很多。于是,我们就不得不面对各种各样的剥夺型公司治理课题,比如,在中国股市上见怪不怪的大股东占款问题。

现代公司具有集中管理的特征,一方面实施经理控制制度,强调经理人对公司决策管理权的获得,另一方面实施控制经理制度,强调董事会等治理机制拥有对经理的决策控制权。所谓经理控制,反映出由职业经理具体经营公司既是公司发展的效率要求,也是大势所趋。所谓控制经理,必须设计和运行相应的制度保障,以减弱代理型公司治理的危害。

由此可见,公司制度在进化中有着自我修复的功能。公司制度体系既要体现公司革命的益处,也要能处理公司革命副作用所带来的公司治理问题。图1-3 反映了两次公司制度革命、两类公司治理问题和两对公司制度特征之间的关系。

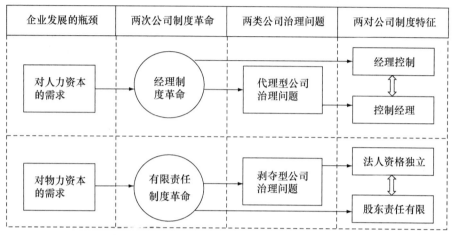

图 1-3　公司制度特征与公司治理的制度内涵

讨论案例

王小宝的苦恼

第一部分(讨论完第一部分后,才能进入第二部分)

去年春节的中学同学聚会上,王小宝遇到了张富根和金辉吉,他俩是他高中时的死党。十年前,王小宝高中毕业考上名牌大学,现在在一家跨国企业任职,年薪 30 万。张富根没考上大学,但他做生意的父亲发了财,现在他是"富二代",又被金辉吉称为"高富帅"。其实,他既不高又不帅,但现如今男人只要有钱,就会变得又高又帅。金辉吉从小很聪明,但因为考试作弊背了处分,勉强上了所一般大学。这几年,每次王小宝遇到金辉吉,都会发现他又换了新单位。名片上,不是什么什么经理就是什么什么总监。

聚会中,张富根向所有同学炫耀,自己马上要开一家酒店,投资在 500 万到 1000 万之间,自己已经有 500 万,现在欢迎同学们入股。他说,这是帮同学赚点零花钱。同时,他还强调,酒店经理就是自己人——金辉吉。私下里,张富根和金辉吉找到王小宝,表示特别欢迎好朋友入伙,并有特别优待。王小宝前两年倒卖了两套房子,不仅手头有 200 万闲钱,而且这个学工科的他也自诩有商业头脑,最近正在寻找投资对象。

几番讨论下来,事情就定了。酒店总投资1000万,张富根出了300万,王小宝200万,张富根的母亲200万,其他股东共10人差不多平摊了剩下的300万,其中还有金辉吉的10万。酒店董事长是张富根,王小宝是副董事长,金辉吉是总经理兼董事。董事会里还有张富根的母亲,另外还有一人是当地某人物的外甥,叫卢子国,算他入股了50万。王小宝在外企的工作没辞,但换了一个比较自由的岗位。他们约定,每月第一个星期六召开董事会。这个时间安排,是王小宝坚持的。此外,王小宝还把自己的小舅子安排进了酒店,任副总经理。另一个副总,是金辉吉推荐的,此人刚从一家五星酒店退休,据说有丰富的酒店经营和管理经验。酒店位置不错,能看见当地最著名的风景,离商业区也不远。在选址上,卢子国是出了力的。另外,酒店紧邻张富根父亲的公司。张富根向王小宝粗算,每天来自张富根父亲公司的业务量,就足以保本。

半年前,酒店开业了,生意出奇的好。可是,王小宝却越来越苦恼。请问,你能预估出王小宝的苦恼从何而来?

第二部分(讨论完第一部分后,才能进入第二部分)

原本王小宝对金辉吉的能力就不放心,后来得知他推荐的那个副总是他的表叔后,对他的人品也产生了怀疑。王小宝推荐了自己的小舅子,是没错。可这是光明正大的,而金辉吉的动作有点小偷小摸了。随后,王小宝对金辉吉的做法也越来越不满。眼看着旅游淡季到了,金辉吉没有作任何战略安排。一楼的那间商铺,本来说好出租给便利店或者土产店,现在却开了服装店。每次看到服装店老板娘跟金辉吉嘻嘻哈哈,王小宝就觉得有猫腻。王小宝对酒店买的那辆商务车也有意见,说是为了服务贵宾,但现在却似乎成了金辉吉的专车。金辉吉的那个副总表叔好像来养老的,要么见不到人,要么把自己搞得像个顾问。自己的那个小舅子也不争气,怎么看他都像个大堂侍应。即便这样,按照销售额提成,金辉吉一个月工资能拿3万多。而王小宝在外企拼死拼活也才3万,太让王小宝生气了。

请问,王小宝该怎么办?

第三部分(讨论完第二部分后,才能进入第三部分)

王小宝也跟张富根交流过金辉吉的事,张富根对此并无太大反应。其实,王小宝的最大苦恼就来自张富根。虽然酒店生意很好,但并不挣钱。首先,张富根父亲公司介绍过来的业务一律优先安排而且打六折。平时问题不大,但旅游高峰期的赚钱机会全部给错过了。而且回款太慢,积压下来的应收账款越来越多。其次,酒店的采买、广告等业务都包给张富根父亲公司做,其要价比市场价格还高。再次,张富根的亲戚朋友进酒店工作的人数太多,而且还占了许多关键岗位。最后,虽然王小宝知道刚开业就分红不太好,但张富根从来不提分红的事让王小宝很不安。相比照的是,那个卢子国自从在开业时出了力之后,基本没出现过,即便经过酒店去张富根父亲公司,也很少进来。但每个月的董事会车马费却基本都被他拿走了。

请问,王小宝该怎么办?

>> 讨论问题

(1) 公司治理与公司经营管理有何区别?请不要仅使用本书开篇处所铺垫的知识,综合全章内容,尝试更全面、更深刻地回答这一问题。

(2) 如何理解公司治理的首要工作是定位?尝试从契约不完备"缺口"的差异处,区分公众上市公司、国有企业、家族企业的公司治理目标的差异?

(3) 1.2.2 节给出了一个公司治理定义。事实上,不同学者对公司治理含义有不同侧重的理解。请查找文献,选出一个你更接受的定义。

(4) 如果把有悖于股东意愿的代理问题都理解为管理腐败,你能列举出哪些管理腐败?

(5) 控制股东剥夺公司利益的行为隐蔽而多样,你能列举出哪些?

>> 参考文献

[1]〔英〕亚当·斯密. 国民财富的性质和原因的研究(上卷)[M]. 郭大力等译,商务印书馆,1972.

[2] Jensen, M. C. and W. H. Meckling. Theory of the Firm: Managerial Behavior, Agency Costs and Ownership Structure[J]. Journal of Financial Economics, 1976, (4): 305—360.

[3]〔美〕伯利,米恩斯. 现代公司与私有财产[M]. 甘华鸣等译,商务印书馆,2005.

[4] 张维迎. 所有制、治理结构及委托—代理关系——兼评崔之元和周其仁的一些观点[J]. 经济研究, 1996, (9): 3—15.

[5] 李维安,牛建波等. CEO 公司治理[M]. 北京大学出版社,2011.

[6] Coase, R. H. The Nature of the Firm[J]. Economica, 1937, 16(4): 386—405.

[7] Coase, R. H. The Problem of Social Cost[J]. Journal of Law and Economics, 1960, 3(1): 1—44.

[8] Alchain, A. A. and H. Demsetz. Production, Information Cost and Economic Organization[J]. Academia Economic Review, 1972, 62(5): 777—795.

[9] Cheng, S. The Contractual Nature of the Firm[J]. Journal of Law and Economics, 1983, 26(1): 1—21.

[10] Grossman, S. and O. Hart. The Costs and Benefits of Ownership: A Theory of Vertical and Lateral Integration[J]. Journal of Political Economics, 1986, 94(4): 691—719.

[11] Williamson, O. E. The Economics of Governance[J]. *American Economic Review*, 2005, 95(2): 1—18.

[12] Blair, M. Ownership and Control: Rethinking Corporate Governance for the Twenty-first Century [M]. *Washington: The Brookings Institution*, 1995.

[13] Macneil, I. R. *The NewSocial Contract: An Inquiry into Modern Contractual Relation* [M]. New Haven: Yale University Press, 1980.

[14] 费方域. 什么是公司治理?[J]. 上海经济研究, 1996, (5): 36—39.

[15] Ocasio, W. and J. Joseph. Cultural Adaptation and Institutional Change: The Evolution of Vocabularies of Corporate Governance, 1972—2003 [J]. *Poetics*, 2005, 33(3): 163—178.

[16] Hart, O. Corporate Governance: Some Theory and Implications[J]. *The Economic Journal*, 1995, 105: 678—689.

[17] Shleifer, A., and R. Vishny. A Survey of Corporate Governance[J]. *Journal of Finance*, 1997, 52: 737—783.

[18] Zingales, L. Corporate governance[A]. In: Newman, P. (Ed.). *The New Palgrave Dictionary of Economics and the Law*[C]. London: Stockton Press, 1998.

[19] 郑志刚. 对公司治理内涵的重新认识[J]. 金融研究, 2010, (8): 184—198.

[20] Orhniai, T. *Limited Liability and the Corporation*[M]. London & Canberra: Croom Helm, 1982.

[21] 〔美〕钱德勒. 看得见的手——美国企业的管理革命[M]. 重武译, 商务印书馆, 1987.

[22] Fama, E., and M. C. Jensen. Separate of Ownership and Control[J]. *Journal of law and Economics*, 1983, 26: 301—325.

[23] Clark, R. C. *Corporate Law*[M]. Boston: Littlie Brown and Company, 1985.

[24] 宁向东. 公司治理理论(第2版)[M]. 中国发展出版社, 2006.

[25] 郎咸平. 公司治理[M]. 社会科学文献出版社, 2004.

[26] 张维迎. 产权、激励与公司治理[M]. 经济科学出版社, 2005.

[27] 吴炯. 现代公司制度的内涵延伸及治理：一个分析框架[J]. 改革, 2006, (11): 86—91.

[28] 吴炯. 从公司治理起源看其制度治理内涵[J]. 经济管理, 2007, (19): 86—88.

第2章 公司治理的制度架构

▶▶ 章首语

本章第一节从公司的契约结构着手对公司重要参与者——进行界定,以区分出谁是公司治理的行为主体、谁是行为客体。随后,本章刻画了公司治理制度系统的结构搭建,说明了受托责任体系在公司治理系统中的粘合作用,以及内外部治理系统的构成情况。这是对公司治理制度系统的总体把握,是进行公司治理实践必须掌握的知识。最后,本章对常见的公司治理模式进行了比较,包括英美模式与德日模式的比较,股东至上模式与利益相关者模式的比较。

▶▶ 引导案例

通钢事件——改制不能承受之重

通钢事件是指发生在2009年7月24日,吉林省通化市通钢集团通化钢铁股份公司(以下简称"通钢")部分职工反对国有企业改制的大规模群体性事件。一度导致拥有三万人的工厂停产,其间总经理陈国君被抗议者群殴致死。

- 2005年,通钢股权改制方案实施,建龙集团入股通钢,下岗和提前退休的人数超过万人,引起大量上访。
- 在通钢亏损上亿元的情况下,建龙集团2009年3月退出通钢。但后来由于钢材市场回暖,通钢扭亏为盈,建龙集团再次提出参股,此举激怒了通钢在职和退休职工,致使事态失控。
- 2009年7月22日,吉林省国资委召集通化钢铁副总经理以上干部开会并宣布,建龙集团增资,持有通钢集团65%股份。
- 2009年7月23日,吉林省国资委部分领导、建龙集团部分高管到通钢召开重组大会,当即遭到近百名通钢公司员工的包围抗议。
- 2009年7月24日8时35分,通钢召开干部大会,宣布重组方案,并任命陈国君担任通钢总经理。同时,上千名通钢公司职工和职工家属在通钢办公大楼前集会,高举"建龙侵害国有资产,从通钢滚出去"等标语,高喊"建龙滚出去"等口号;10时01分,现场的通化市政府领导的随行人员遭到殴打;11时30分,一些人对陈国君进行了第一次殴打,陈国君躲进焦化厂旧办公楼二楼化验室;16时38分左右,聚集人群撞开焦化厂旧办公楼二楼办公室房间的防盗门,搜出陈国君,实施第二次殴打,现场的防暴警察在接到命令后,多次试图冲过人群救人未果;17时15分,吉林省国资委主任李来华在遭到聚集人群石块攻击的情况下,宣布终止建龙集团重组并控股通钢集团的决定;19时,现场聚集人数已达万人,7个高炉已经全部停产,厂区五个门已被封堵;23时,白山市警察抢出陈国君。陈国君被送至通化市医院,经抢救无效死亡;晚间电视台发布公告称:"根据广大职工愿望,经省政府研究决定,建龙将永不参与通钢重组,希望广大职工保持克制,维护企业正常生产秩序,尽快撤离。"至夜,通钢恢复生产,鞭炮齐鸣。

- 2009年8月5日,通钢集团董事长安凤成被免职。
- 2010年4月15日,通钢第二炼钢厂工人纪宜刚作为本案唯一被告人一审被判处无期徒刑。
- 2010年7月16日,首钢宣布以25亿元现金获得通钢77.59%的股权,从而控股通钢。

资料来源:根据相关新闻资料整理。

通钢事件是一个极端案例,但是性质相仿的改制悲剧并不少见。各种冲突——职工与经理、职工与股东、经理与股东、原国有股东与新控制股东、股东与债权人,不胜枚举。

在这些事件中,冲突的起因缘于两个问题上的含混不清:一是企业是谁的?二是企业"主人"如何当家做主。在通钢事件中,一位长期反映国有资产流失问题的老职工一字一顿地问记者:"通钢究竟是谁的?"

对这两个问题的回答构成了本章第一、第二节的内容。这里再次提醒,公司治理制度设计的前提是公司治理的制度定位,不同的公司运营情景和制度环境决定了不同的公司治理定位。本书将提供公司治理定位的权变指导,以及一些标杆公司制度的公司治理设计思路。而具体的公司治理实践,则需要随情境而调整。

2.1 公司治理制度系统的角色定位

如果说,企业的本质是一系列契约的联结[1],那么,缔约方,即公司的各类参与者,包括股东、经理、雇员、债权人、战略伙伴等等,在公司中处于什么地位?在公司治理活动中承担什么角色?对这类问题的回答,有利于把握公司治理制度系统的架构图谱。

2.1.1 公司的契约结构

一、权利分离与公司契约结构的简化模型

公司治理理论研究的起点是伯利和米恩斯[2]在1932年提出的"两权分离"

命题,随着研究的深入,该命题被不断深入和修正,其含义已有所更新。图 2-1 从企业制度演进的过程来理解权利分离现象:

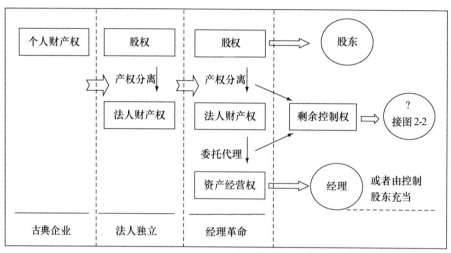

图 2-1 公司契约结构的简化模型之剩余控制权的产生

首先,在古典企业里,出资人个人的财产所有权与企业财产权之间没有界限。随后,有限责任制度革命发生,相呼应的法人独立制度也出现,现代公司制企业登上历史舞台。同时,权利的第一次分离发生,个人财产权被拆分为股权和法人财产权。

个人财产权指的是股东投资之前,对投资品的完整的产权,也称为原始产权。比如,你有一笔钱,你可以排他性地占有它,拥有占有权,或称控制权;在此基础上你还拥有使用权,在法律允许范围内,你可以存银行,也可以用它交学费;你还拥有收益权,这笔钱在银行产生的利息、你学到的知识技能当然归你所有;你还拥有处分权,你可以用它献爱心,捐给慈善机构。但是,当这笔钱被投资到公司里以后,你就不再拥有完整的产权,产权分离了,一部分留在你手里的,成为股权,另一部分成为法人财产权。

作为股东,所拥有的股权包括查阅公司章程、股东会议记录和会计报告的知情权,就公司的经营管理问题提出自己的建议的提案权,出席或委托代理人出席股东大会并表达自己的意见的表决权,要求公司分派股息或其他应得收益的收益权,利用法律的武器维护自身权利的诉讼权。所以,股权的对象是股东名下的股票,是一种"价值"形态的归属关系;而法人财产权则是一种"实物"形态的归属关系。[3]当股东的投资进入到公司后,这些资产的使用就由公司充分支配。公司不仅拥有日常经营管理活动中的资产使用权,而且还拥有资产处置权,包括承租、转让等权利。

股权与法人财产权的分离,本质上是个人财产权中的各项权能的分离,出现了"一物两权"的产权结构。[4]首先,对于同一笔财产,当其成为股本后,股东保留该财产价值形态上的股权,公司法人保留该财产物质形态上的法人财产权。其次,两种形态的权利并行且分离。股东对其股票的分割和转让,是独立于公司物质资产的价值运动,不影响法人财产的完整性,也不影响法人支配其财产的独立性。同时,在一定范围内,法人无需股东同意可独立经营管理法人财产。最后,在理想情况下,一物两权并不存在权能上的冲突。法人主要获得了对实物的占有权、使用权和处分权,股东主要保留了价值形态上的收益权。

其次,随着公司经营管理的专业化,经理革命造成了公司权利的第二次分离。严格说,这次分离在性质上并不同于第一次产权分离,而是基于委托—代理关系的分权活动。公司法人仍名义上保留法人财产权,并设立董事会等专职机构代表法人行使法人财产权,但大量的关于财产的经营决策权交给了经理人,从而出现了资产经营权从法人财产权中分离出来的第二次权利分离。

毫无疑问,资产经营权从法人财产权中分离的根本原因是公司经营对决策科学化、管理专业化、经营职业化的需求。分离的结果是:关于资产经营的决策管理权,包括决策制定和决策执行构成资产经营权,由经理人承担;相应的决策控制权,包括决策审批和执行监督保留在法人财产权中,由法人代表承担。注意,当一个公司存在控制股东的时候,经理人往往由控制股东充当,或者职业经理成为控制股东的代言人。

基于股东财产的两次权利分离过程如图 2-1 所示。这里仍需作两点说明:第一,所谓两次权利分离,描述的是一种理想模式,是标准的现代公司的情况。但是,现实中被称为公司的"公司",有没有完成经理革命呢?可能并没有。还有一些所谓的公司,法律上是一个独立的法人,但实际上却被控制股东控制,"揭开面纱"后会发现法人财产与个人财产的边界并不清晰。在这些情况下,图 2-1 的某些部分就要遮去,相应的公司治理制度就应该重新定位。第二,两次分离的结果是掌握在董事会等机构中的法人财产权并不丰富。于是,权利分离现象变成了股东个人财产权与经理经营管理权之间的分离,恰好对应伯利和米恩斯[2]所发现的所有权与控制权之间的两权分离命题。

这两次权利分离活动,以契约的形式确定,图 2-1 也是反映"企业是契约的联结"的简化模型。假如,这两类契约是完备的,公司制度就是完美的。但是,契约不可能完备,因为:第一,一方不能预测。在一个充满着不确定性的世界中,人们不可能预料到未来的所有情况。第二,双方不能统一。即便能够预料到某些情况,缔约各方也难以用一种共同的语言将这些或然情况写入契约,过去的经验也无助于事。第三,第三方不能证实。即便缔约各方可以就未来的计划达成一致,他们也很难把这种计划写入契约并且得到第三方(比如法庭)的证实。

具体到两次权利分离中,契约的不完备性表现在权利分离边界上的一些模糊契约中。首先,对于股权与法人财产权的分离。原则上,股东保留了价值形态上的收益权,法人获得了对资产实物的占有权、使用权和处分权。但是,他们各自权利的控制不是完全的。股东通过分红实现收益权,但是,什么时候分红,分多少,契约根本无法规定。法人拥有公司资产的使用权、处分权,但股东仍保留部分权利,比如,《公司法》第104条规定,公司转让、受让重大资产或者对外提供担保等事项必须经股东大会作出决议。这里的"重大"二字,以及第102条中关于股东提出"临时"提案的规定,说明股权与法人财产权分离的模糊性和契约规定的不完备性。此外,在这次权利分离中,股东之间的权利分布问题是公司制度的隐患。一些控制股东、内部股东天然地在知情权、提案权、收益权和诉讼权上拥有优势,而对这种不公平的处置是无法在契约安排上做到完备的。

小贴士 2-1

股东的权利

《公司法》关于股份有限公司股东大会的一些规定:

第九十八条　股份有限公司股东大会由全体股东组成。股东大会是公司的权力机构,依照本法行使职权。

第一百零二条　……单独或者合计持有公司百分之三以上股份的股东,可以在股东大会召开十日前提出临时提案并书面提交董事会;董事会应当在收到提案后二日内通知其他股东,并将该临时提案提交股东大会审议。临时提案的内容应当属于股东大会职权范围,并有明确议题和具体决议事项。

第一百零三条　股东出席股东大会会议,所持每一股份有一表决权。但是,公司持有的本公司股份没有表决权。股东大会作出决议,必须经出席会议的股东所持表决权过半数通过。但是,股东大会作出修改公司章程、增加或者减少注册资本的决议,以及公司合并、分立、解散或者变更公司形式的决议,必须经出席会议的股东所持表决权的三分之二以上通过。

第一百零四条　本法和公司章程规定公司转让、受让重大资产或者对外提供担保等事项必须经股东大会作出决议的,董事会应当及时召集股东大会会议,由股东大会就上述事项进行表决。

其次,资产经营权从法人财产权中分离出来的契约的不完备性更加明显。经理拥有对公司资产的日常经营权,这里的"日常"如何规定?在重大事件中,经理拥有决策管理权,董事会拥有决策控制权,这又涉及边界的确定问题。再加上信息不对称,资产经营权的契约又遇到了执行过程中的不完备问题。

在权利分离的过程中,契约的不完备性就导致了一些关于资产的权利无法直接配置。这些无法在契约中明确其归属而剩余下来的权利,就是剩余控制权。而根据哈特的观点,谁拥有了剩余控制权,谁就拥有了企业所有权。[5]但有以下三个问题,图2-2展示了我们对这三个问题的思考:

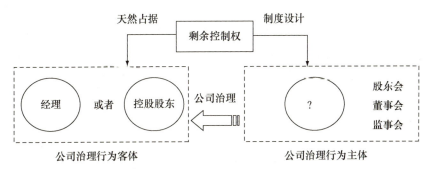

图2-2 公司契约结构的简化模型之剩余控制权的分配

首先,谁最可能实际获得剩余控制权? 假如,这是一个"标准"的现代公司,一个职业经理和一群享受有限责任的股权分散的股东,谁会实际获得剩余控制权呢? 考虑到剩余控制权的本意是分配"剩下"的权力,那么,毫无疑问,实际控制着实物资产运作的经理就获得了这"剩下"的权力。因为对于股权分散的股东而言,保持"理智的冷漠"和"多样化流动性投资"是最佳的个体决策。又假如,这是一个有着一位控制股东的公司。显然,"理智的冷漠"和"多样化流动性投资"不是控制股东的选择,寻求控制权收益才是理性行为。于是,控制股东最可能获得了其他中小股东"剩下"的权力。图2-2显示,经理人和控制股东具有占据剩余控制权的天然优势。

其次,谁最应该拥有剩余控制权? 这个问题很复杂,正如本章引导案例中一位通钢老职工问记者的话:"通钢究竟是谁的?"该问题留到下一节集中讨论。但是,有一点必须说明。在剩余控制权配置中,存在一些应该获得权利的企业缔约人,但源于个人行动成本的考量或者制衡力量的博弈等原因,而没有实际获得权利,进而妨碍了公司的建立和发展。这时,就应该有着某种制度的设计,使得他们可以拥有剩余控制权。这种制度设计,就是公司制度演化中出现的董事会等制度。

最后,实际获得者和应该拥有者不一致,怎么办? 答案很简单,公司治理。事实上,一个常被引用的公司治理定义是:谁从公司(或管理层)的决策中受益? 谁应该从公司(或管理层)的决策中受益? 当在"是什么"和"应是什么"之间存在不一致时,一个公司的治理问题就会出现。[6]而把"受益"理解为更深层面的权利的占据,公司治理问题就产生于剩余控制权的实际获得者和应该拥有者的不一致。更进一步,剩余控制权的实际获得者就是公司治理的行为客体,其应该拥有者就是公司治理的行为主体。

二、公司利益相关者的契约结构

图2-1将公司契约的订立者简化为股东和经理,但显然作为一系列契约联结的公司,其契约结构要复杂得多。图2-3是考虑了公司主要利益相关者的契约结构图。在经济学中,契约指的是两个愿意交换产权的主体所达成的合意。[7]在公司契约中,股东作为交易一方,付出的是股权资本,得到的是红利;债权人付出的是债权资本,得到的是利息;客户付出了应付款,得到了产品;供应商付出了投入品,得到了应收款;雇员付出了人力资本,得到了报酬。

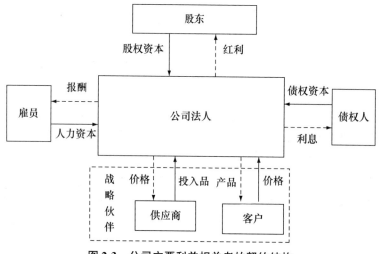

图2-3 公司主要利益相关者的契约结构

图2-3是对布莱尔[8]研究的发展。一方面,要将公司作为单独的市场成员参与市场交易契约的情形去除。首先,对于许多购买公司产品的客户和向公司销售物质的供应商而言,他们仅仅与公司达成市场契约关系,契约的特点是短期的、多次的、相对完备的。他们是公司生态圈内的利益相关者,但并不是公司核心圈内的利益相关者,连接他们与公司的是市场契约而不是企业契约。但是,有些客户和供应商,处在公司经营链的上下游位置,他们通过资本、协议,甚至情感的连接,成为战略性的经营伙伴,往往还会成为同一个企业集团的成员。这时,他们之间的契约就部分具有企业契约的特征。

其次,关于雇员需要作一个区分。在较早的研究中,人们认为职工对公司付出的是"劳动"。但是,随着雇员素质的不断提高,以及研究的深入,人们发现许多雇员付出的不是简单的劳动,而是人力资本。人力资本是体现在人身上的,通过前期投入得到的,可以带来未来满足或者收入的技能和生产知识的存量。[9]劳动与人力资本的差别在于:劳动力来自天赋资源,不需要成本的商品形态的物化过程。劳动还有同质性,即各人所拥有的劳动力并没有质的差别。[10]所以,雇员与公司的契约关系有两类:一类是拥有异质化知识技能,或者针对公司有前期成本投入的雇员,他们与公司缔结企业契约,是公司的主要利益相关者。另一类雇员,在当今社会越来越少,是那些同质化的仅具有基本技能的劳动力,他们与公司仅能订立临时性的、市场化的契约。显然,职业经理人在性质上属于第一类雇员,但其获得的资产经营权使其与一般雇员又有所不同,其重要身份是公司治理的行为客体。

另一方面,需要留意一系列契约的联结点。这个联结点按照阿尔钦和德姆塞茨的观点,称为中心签约人。[1]在1.2.1节已说明由于存在中心签约人,企业契约才能实现缔约数量少的优点。当阿尔钦和德姆塞茨把研究目光放在古典企业那里,他们认为资本家最适合做中心签约人。但公司制企业的情况呢?图2-3简略地将这个联结点称为公司法人。从法律角度讲,公司作为法律上的"人"与不同的利益相关者签订企业契约。但是,这个法人还是需要自然人代理其行使职责。那么,谁是公司契约的签约人呢?其实,图2-1和2-2所显示的模型就是为了回答这个问题。将图2-1和2-2融入图2-3得到一个完整的公司契约模型,见图2-4所示:

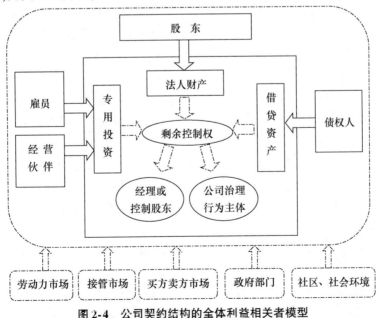

图2-4 公司契约结构的全体利益相关者模型

首先,将公司法人作为中心签约人符合现实法律的要求。各种各样的与公司交易的契约中,法律生效的条件是法人章的签盖。法人章包括公章、财务专用章、合同专用章、发票专用章等,也包括法定代表人章。其次,谁会是代表法人的自然人呢?在古典企业那里,没有法人,阿尔钦和德姆塞茨认为资本家就是中心签约人。[1]在公司制企业那里,哈特认为,企业所有权等同于剩余控制权,[5]这间接说明掌握了公司剩余控制权的人就是公司的中心签约人。最后,谁会获得剩余控制权呢?这里于是又有了谁实际获得和谁应该获得的问题。毫无疑问,在现实世界里,是经理人或者是控制股东实际获得了至少一部分的剩余控制权。这一点已在法律上被确定,即《公司法》规定,公司法定代表人在董事长、执行董事或者经理中产生。而关于谁应该获得剩余控制权的问题,详细讨论于下一节。

此外,在图2-4中,还刻画了公司的其他利益相关者,他们影响着公司的行为,也被公司行为所影响。他们包括处于劳动力市场、买方卖方市场上的未与公司达成企业契约关系的雇员、消费者、供应商,也包括接管市场上的公司收购者,他们通过收集股权或投票代理权取得对企业的控制,达到接管和更换不良管理层的目的,还有管制公司的各级各类政府部门。此外,社区居民、社会团队、大众传媒、学者专家等也对公司运营产生作用。

2.1.2 股东的核心地位

以下两小节专门讨论谁应该获得剩余控制权的问题,这是当前一个学术热点,至今仍有意见分歧,本书选择两个大家普遍接受的视角进行简要说明:第一个视角是剩余索取权,其逻辑是,剩余控制权必须与剩余索取权相对应,而剩余索取权的归属是可以观测到的。第二个视角是资产抵押,其逻辑是,个人资产越容易被质押的人,越有积极性掌握公司控制权。

剩余索取权指的是关于企业剩余收入的那部分索取权,而剩余收入是企业总收入中扣除了企业契约中注明的工资、利息等应付款项以及各种企业运营税费之后剩下的收益。在正常经营,所有契约都可以履行的情况下,职工的工资不拖欠,没有过高的应付账款,可以付清所有债务,没有做伤害消费者、社区环境的事情,则所谓的剩余收入就大致等同于图2-3所示的红利,进而股东就实际成为剩余索取权的控制者。当股东获得了剩余索取权后就必须获得剩余控制权。想象一下,假如剩余控制权给了每月领取固定工资的人,会发生什么?如果公司经营情况不错,那么他们在保证获得工资后,还会不会努力工作?理性的经济人是不会的。如果公司经营收入不足以支付其工资,他们也许会努力工作,但是也要防备他们作出变卖公司财产的短期化行为。所以,只有领取剩余收入的股东,才有积极性努力工作,剩余控制权放在他们手上才能实现公司收益的最大化。剩余控制权必须与剩余索取权相匹配也符合权责对等的基本管理原则。股东获得有风险的红利，就应该获得控制公司的权利。其他利益相关者获取契约确定的固定收益，也应该对等地放弃相应的权利。所以，剩余控制权配置的过程也是一个风险分配的过程。

在图2-3的模型中，企业契约的各方订立者投入了各种资产，构成了一个公司。如果发生某些不愉快的事情，雇员最后的武器就是退出，他可以带着他投入的大部分人力资本退出。债权人也可以部分退出，等本次合同期满后一拍两散。但是，股东却无法退出，因为他们的资产已经变成了法人财产，他们没有占有权了。所以，公司成立后，股东就变成"人质"，其资产被抵押在公司处。进而，股东就被绑定成了一个风险承担者，甚至要为别人的行为承担责任。在这种情况下，相对于那些可以随时"脱身"的利益相关者，股东最有积极性作出最佳决策，股东掌握剩余控制权才不太会发生"豪赌"的事情。

以上从剩余索取权实际归属和资产被抵押程度两个角度说明，股东拥有公司剩余控制权有其当仁不让的理由。但是，这一推理也有必要的前提假设：一是其他利益相关者可以获得约定收益，二是其他利益相关者没有退出壁垒。此外，公司制度的演进和市场经济的发展，也逐渐弱化了股东在公司中的控制作用。一方面，有限责任制度的实施限定了股东的风险，股东仅以其认缴的出资额为限对公司承担责任。当股东承担了他所能承担的有限责任后，仍不能偿还全部债务或者给付完整工资，那么债权人和雇员就事实上只能获得剩余收入了。另一方面，证券市场的发展使得股份公司中的中小股东虽然不能退出股份，但可以比较自由地转让股份。大量股东与公司的关系逐步弱化和间接化，一些股东非但不是风险承担者，反而变成风险逃避者。

2.1.3 其他治理力量

一、理论基础：资产专用性

在论述其他企业参与者的"主人翁"地位之前，需要铺垫一个重要概念——资产专用性。它是2009年诺贝尔经济学奖获得者威廉姆森的理论体系中的知识内核。资产专用性是指在不牺牲生产价值的条件下，资产可用于不同用途和由不同使用者利用的程度，[11]或者说是指某项资产能够被重新配置于其他替代用途或是被他人使用而不损失其生产价值的程度。一项资产投资具有资产专用性后，意味着该资产的完整价值被"锁定"在这一项投资活动中，若投资关系中断，则该资产投资到其他领域，其价值将大打折扣。比如，一家软件企业为一家制造企业开发了一套ERP系统，它是在通用模板上针对该制造企业需求进行过二次开发后的定制方案，售价25万。如果系统开发完成后该制造企业突然毁约,该软件企业的损失大小就要看这项投资的资产专用性程度了。如果资产专用性程度高,说明具针对性的二次开发的比重大,该方案即便转用于其他企业,也有大量价值"沉没"了。这时,新买家绝不会出价25万,而要远低于25万,至于到底低多少就由其专用性程度决定。所以,在资产专用性的影响下,一项资产的价值体现在契约关系中。专用性程度高的投资依附于特定的契约关系,而通用性的资产可以自由地调配到其他契约关系中。

资产专用性有五类表现形式:第一,场所的专用性。源于对仓储、运输等物流成本的节约,一些投资只能在一定的地点才具有更高的价值。于是,炼钢厂要么靠着矿山,要么靠着港口,要么靠着造船厂等产业链中的上下游企业。第二,物质资产专用性。一些资产的物理或工艺特性只适用于专门的交易。大量的工装模具都具有这种专用性,它们往往只能用来生产某一类专门的产品。第三,人力资本专用性。它体现人们所拥有的专门技能、知识、信息只能用于特定的行业甚至企业。一些企业家商而优则仕,却处处碰壁,一个主要原因是他之前积累的商业经验、为商之道、关系网络并不适合官场。第四,特定资产的专用性。它是根据客户要求特意进行的投资,比如各种定制化服务。第五,品牌的专用性。这是为了提升品牌形象和声誉而进行的无形资产投资。

专用性投资发生后,在交易契约中就出现了所谓的可占用准租———一项资产的最优使用者与次优使用者使用这个资产时所产生的价值的差额。[12]资产的专用性越强,准租也越多。在上面的ERP项目的例子中,原来的买家撕毁合约,不愿出价25万,要求降价。如果这时开发已经完成,则软件企业最低可以接受多少钱呢?假如这个方案卖给其他买家,最多可得到15万的报价,换句话说,就是这项投资中去除专用性的部分后只值15万。那么,只要原买家出价高过15万,哪怕不足以补偿研发成本,理性的卖家也不会跳出合同。于是,这项投资的准租就是25-15=10万。所以,准租是事前合同约定的价格与事后专用性投资方不会退出合同的最底限之间的差额。

一项交易涉及资产专用性后,专用性投资一方就受到了对方重新签订契约的要挟或者敲竹杠。在契约的不完备性下,要挟的可能性是存在的,比如声称质量不过关,必须重新谈判,否则就单方面毁约。而要挟的本质就是对准租的重新分配。要挟的存在显然对专用性投资一方不利,当然,对于另一方也不见得就能得利。因为有预见的投资者很可能为了避免损失,事前不进入契约,原本有利于双方的交易根本不会发生。那么,如何管制住要挟问题呢?是否可以在契约中就约定各种应对方案?显然,这是不可能的,因为未来不可预知。于是,最有效率的解决方案就是让专用性投资一方掌握至少一部分的剩余控制权,掌握重新谈判的主动权。

案例 2-1

通用—费雪的"要挟"事件

1978年,克莱因等人研究了通用汽车公司收购费雪车身制造公司的案例,揭示了资产专用性导致要挟进而推动企业一体化的理论。该案例如此经典,深刻阐释了不完备契约、资产专用性、一体化、要挟、机会主义、交易成本等重要概念,到今天仍被不断讨论。2006年,96岁的科斯还提供了重要观点。

1919年,通用汽车公司和费雪车身制造公司签订了一个为期10年的合同。合同规定通用以成本加上17.6%的利润的价格,将车身业务交给费雪,但这一价格不能高于费雪提供给其他厂商的价格。

1919年契约的由来:通用公司希望费雪公司为其提供封闭式金属车身,对此费雪必须进行高度专用化的投资。费雪公司预计到投资后有被通用敲竹杠的风险,通用也许会在车身的价格和数量上要挟自己,以求更多地攫取准租。为了避免这种情况的出现,费雪要求在契约中设立一些条款,包括要求通用将所有的封闭式金属车身业务都交给费雪,而且合同期要在10年以上。但是,如此一来,通用公司又被绑定,反过来成为被要挟的对象。因为如果费雪改变价格和供货量,通用也不能调换供应商。后来经过多次谈判,1919年契约达成,合同期10年,采用成本加成的定价方法。更重要的是,通用还收购了费雪60%的股份,并成立一个为期5年的信托机构管理新费雪公司,在信托机构中,通用和费雪各占50%的投票权。5年后信托机构终止,通用在费雪董事会中占据一半席位,在执行委员会中占据了七分之二席位。

1919年契约的走向:尽管双方通过契约、持股、董事会席位拉近关系,但仍无法阻止要挟的发生。通用认为,由于采取成本加成制,费雪公司采取一种相对没有效率的、偏向劳动密集型的技术,提高了通用的购买成本。费雪还拒绝将其工厂建在通用的组装厂附近,通过成本加成赚取运输利润。1926年,通用难以忍受这种敲竹杠行为,遂将费雪完全收购。后来的费雪新工厂成为世界上最大的车身工厂。

资料来源:根据相关资料整理。

二、雇员的治理力量

雇员以其投入的人力资本参与到公司契约中,其治理力量充分反映在人力资本的特性上。雇员也是剩余收入的分配者,人力资本也处于被抵押的地位。

首先,人力资本有一项独特的产权特点,即人力资本与载体的不可分离性。人的健康、体力、经验、生产知识、技能和其他精神存量的所有权只能不可分地属于其载体——活生生的个人。[13]这项特性使得人力资本成为一种主动资产,它的所有者完全控制着资产的开发利用,决定它是积极发挥还是彻底关闭。这就决定了,人力资本的运用只可"激励"而无法"挤榨"。即便在奴隶社会里,奴隶也需要激励。而激励的本质,就是利益分享和风险共担,也就是分享剩余索取权。一方面,在雇员群体中,高层经理的人力资本最为丰富和重要,于是现实中的高层经理的剩余索取权相对最多。另一方面,随着知识经济的发展,职工的素质或者称人力资本存量越来越高,于是现实中分享企业剩余的雇员群体越来越广泛、分享比例也越来越高。当雇员事实上获得剩余索取权后,剩余控制权自然也应该对应配置。

小贴士 2-2

拿"奖金"的奴隶

有证据表明,在世界一些地方的奴隶制社会时期,不时会出现奴隶把自己赎买成平民的事件。这与我们对奴隶制社会的印象多少有点冲突。如果奴隶在成为奴隶之前就有钱赎买自己,为什么会成为奴隶?看来钱是当奴隶期间挣来的,可是奴隶不是属于奴隶主的财产吗?它的劳动收获不也是奴隶主的吗?原来,奴隶不但会跑,而且事实上控制着他自己劳动努力的供给。奴隶主固然有权强制奴隶劳动,但强制地调度奴隶的劳动,即使支付极其高昂的监控和管制成本,也不能尽如其意。为了节约奴隶制的运转费用,一部分奴隶主只好善待奴隶,而且只好实行定额制,允许奴隶将超额部分归己,于是一些能干的奴隶因此拥有自己的私产,直到积累起足够的私家财富,最后赎买自由身份。

资料来源:改编自周其仁[13]和巴泽尔[14]的论文。

其次,人力资本也是一种容易被质押的财产,这与人力资本的专用性特征密切相关。人力资本的专用性主要来自于"干中学",即雇员在工作中针对特定公司和岗位的需要而逐渐积累下来的,包括关于特定机器设备的操作技能、关于特定生产流程的应用知识、关于特定团队和组织的交往信息,等等。一个拥有专用性人力资本的人若要退出公司,会给退出者本人带来损失,因为这种特异能力在公司外部得不到市场评价,是一种难以进入市场交易的资源押出。[15]专用性人力资本创造了准租,公司雇员也面临着其价值被公司攫取的风险。所以,从资产专用性的角度看,雇员的人力资本又是可以被部分分离和部分抵押的。回到本章引导案例中,在通钢改制前,国有企业的"铁饭碗"也有一个好处,即职工无需真正"当家做主"也愿意进行专用性人力资本投资。而当通钢改制时,一切用市场契约交易,职工在没有谈判权的前提下,其专用性人力资本所创造的准租面临着被完全攫取的风险。这大概就是国企改制一直没有处理好的问题。此外,雇员的某些个人投资也存在着被抵押和被攫取的风险,比如为上下班方便购买的住房、以同事为范围建立的人际网络等。

所以,无论基于拥有剩余索取权的事实依据,还是基于承担被抵押风险的理论依据,雇员都应该具有重要的治理权利。在世界范围内的公司制度安排中,可以发现大量雇员参与公司治理的实例。在德国,根据《共同决定法》的规定,在大多数有2000名以上员工的公司的监督董事会(一些文献称为监督委员会,或简称为监事会)里,职工所占席位要达到50%;在西班牙的蒙德拉贡,有一大批工人合作社,全体员工既是劳动者又是所有者;在世界范围内,交通运输业是最经常采用雇员所有权的行业之一,而且一般来说这些企业的所有人都是司机。[16]基于这些事实和理论基础,一些学者得出雇员与股东共同治理的结论。但是本书认为,以上只能说明雇员可以成为公司治理的行为主体。而要真正分配剩余控制权给他们,还有一个收益与成本权衡的问题,即要回答在什么状况下可以容忍剩余索取权与控制权的分离,以及专用性人力资本投资的损失。另外,即便分配剩余控制权,还有一个方法选择的问题:是职工代表进入董事会,还是强化工会或职工代表大会的权利?

三、债权人的治理力量

西方国家的公司治理模式可以大致分为两类,即英美模式和德日模式。其中,德国和日本的模式被拉波特等四位学者(简称LLSV)直接称为以银行为中心的模式,银行在公司的融资和治理中都占有重要地位。这不同于美国的以市场为中心的公司治理模式,融资大多由股东完成,控制权市场扮演核心的治理角色。[17]所以,当我们在接受大量美国学者所传递的公司治理知识时,必须清楚地知道,在世界许多地方,债权人也发挥着重要的治理力量。特别是,由2007年美国次贷危机引发的全球金融危机,伤害了不计其数的债权人,也击垮了众多的公司帝国,引起了人们对债权人在公司中地位问题的郑重思考。

公司的债务主要来自三个方面:一是来自银行公司贷款,二是来自公司债券,三是来自商业活动的赊欠。在以下的讨论中,为表述简便,我们仅以银行为对象。与股东一样,债权人也为公司投入了物质资本,它也是公司经营资产的组成部分。一般情况下,人们认为与股东获得的有风险的剩余收入不同,债权人的收益是固定的,合同规定的利息是多少就是多少。同时,与股东将自己的个人财产被"抵押"成了法人财产不同,合同期满后债权人可以拿回自己的投资。所以,传统认为股东而不是债权人成为公司的"主人"。

但是,以上推论是有前提的:一要保证公司经营正常,没有还本付息的困难。如若不然，债权人也就成为公司剩余的索取者，借贷资本也事实上被抵押了。因为在股东有限责任制度安排下，股东以其投资额为限承担责任。这也就是说，股东对债权人的最高担保限额就是其出资额，当债务超过了这个最高限额，债权人还可以清算出多少补偿，就是一个不确定值。追偿部分就具有了剩余收入的性质，补偿缺口部分就真正被抵押了。二要保证公司资产被平等经营。鉴于股东在公司治理中的传统上和事实上的核心地位，公司资产受到股东聘任的经理甚至控制股东自己的控制。而一方面，股东和债权人的目标是不一致的，至少在对待经营风险上是不一致的，股东显然更偏好风险。另一方面，当债权人把资金注入公司后，在合同期内，就失去了大部分的占有权、使用权和处分权。因而，债权人就处于一个被"虐待"的地位，要为股东的经营承担风险。三要保证出资人具有平等的风险连带关系。在古典企业，经营风险被绑定在股东身上，是确定股东地位的依据。而在公司制企业，有限责任制度和法人制度就像一道"防火墙"，限制了股东的风险上限，自由买卖的股票市场成为股东消除风险的"灭火器"。此消彼长，债权人的风险就突显出来，债权人的公司治理需要就加强了。

在实践层面，债权人成为公司治理重要主体的例子也比较普遍。在日本，银行深深涉足相关公司的经营事务中，形成有日本特色的主银行制体系。在主银行制体系下，一家公司的全部或大多数金融服务固定地由一家银行提供。与此同时，主银行对企业拥有相机介入治理的权利，甚至可以持有企业的股份。在德国，执行全能银行制，银行持有工商企业股份的情况十分普遍。同时，德国银行还间接持股。德国许多个人投资者都把所持有股票的投票权转让给银行行使。这样一来，德国银行在工商企业中具有相当大的治理权利。日本和德国以银行为中心的公司治理模式的形成有其特定的社会经济文化背景，值得我们借鉴，但不可复制。归根结底，公司治理制度设计的前提是制度定位。

四、战略伙伴的治理力量

在公司所在的供应链位置的上下端，分别是公司的供应商和客户。它们影响着公司的经营，也受到公司经营所影响。但是，公司在与它们的交易活动中，其实达成了两类有性质差异的契约关系：一类是市场契约关系，进行着即期的市场买卖。一次交易的建立和完成，既无法预测下一次的交易，也不受此前可能有的交易的影响。另一类具有企业契约的特点，公司之间建立了类似于企业内部的工序关系。这些契约具有长期性、不完备性、要素交易性的特点。[18]在案例2-1中，通用汽车公司和费雪车身制造公司在一体化之前，达成的就是这样的具有企业契约性质的契约。对于前者，这些供应商和消费者构成了公司的买方卖方市场。对于后者，则成为公司的战略伙伴。除了这种纵向关系的战略伙伴，公司还有一些横向的战略伙伴。比如，在一些公司的战略联盟中，本是竞争

第 2 章　公司治理的制度架构

关系的市场主体,通过共同开发新产品、分享技术和渠道、共建合资公司等缔结了企业契约关系。

是什么使公司与其战略伙伴联结在一起?是资产专用性。威廉姆森[19]的治理结构理论对这个问题有充分的思考。当双方的交易不涉及专用性资产时,市场契约可以处理双方关系。交易的资产没有专用性,意味着卖方是众多的,买方也是众多的,资产的品质性能是一致的。商誉既是选择交易对象的原则,也是市场管制机会主义行为的方法。即便需要长期进行交易也不必签订长期契约,因为可以随时继续或者变更交易安排。但当双方交易专用性资产时,市场契约就会出现问题。我们知道,专用性资产创造出的价值是可占用准租。准租或者至少一部分准租的创造来自于专用性资产的投资方,但是当投资完成后,这部分准租就面临被另一方攫取的风险。所以,当这类交易是通过市场契约来实现的时候,面对着契约的不完备特征,理性人是不敢进行专用性投资的。为此,企业契约关系或类企业契约关系及相应的治理规则被发明出来,威廉姆森[19]的治理结构理论将其细分为第三方治理、双边治理和统一治理三类,见图 2-5 所示:

图 2-5　资产专用性、交易频率和交易治理方式

小贴士 2-3

公司治理与治理结构

公司治理对应的英文是 corporate governance。在 corporate governance 引入中国之初,公司治理结构、法人治理结构,以及简称为治理结构的译法更为人们所熟知。这与中国学者早期把 corporate governance 狭义地理解为一套组织结构有关。但是,随着研究的深入,corporate governance 的内涵被认识成一种制度、一组关系性契约、一套动态的机制……目前,许多公司治理的国内文献仍在使用"治理结构"一词,但是,它们可能讨论的就是公司治理的组织机构子系统,或者认为是约定俗成的概念而沿用了这种称呼。

然而,在交易成本经济学里,的确存在着与治理结构对应的概念,即 governance structure。而且它与 corporate governance 有着密切的关系,它们共同嵌入于经济组织制度建设的完整图谱之中。governance structure 负责制度的定位和选择,corporate governance 与制度的优化和运行有关。

governance structure 是威廉姆森交易成本理论的核心概念,他建构的企业理论体系可称为"作为治理结构的企业理论"[20]。这套关于企业本质的理论体系是通过对各种经济组织形式的分立比较挖掘出来的,即治理的对象不限于单一的企业形式。[21]在面对多种形式经济组织的分立比较中,威廉姆森强调"经济组织的问题其实就是一个为了达到某种特定目的而如何签订合同的问题"[19]。不同的契约联结成不同的经济组织制度,市场和企业是不同的经济组织制度,古典企业与现代公司也具有不同的制度特征。而不同的经济组织制度对属性各不相同的交易有着不同的交易成本节约功能。所以,制度建设的前提是制度的选择和定位,而治理结构就是配置于各种交易活动的备择组织制度。[22]

corporate governance 问题延展于伯利—米恩斯的"所有权与控制权分离"命题,针对的是现代公司的特有现象。公司治理是对公司制度的治理,是不断演进中的公司制度的自我保障机制。[23]于是,治理结构的核心任务是"匹配",是选择最优的契约制度来处理属性不同的交易活动。而公司治理的重点则在于进一步优化既定的契约制度。前者基本属于一阶节约(使基本配置适当),后者基本属于二阶节约(调整边际)。[22]前者强调公司治理的制度定位,后者是基于制度定位的公司治理制度建构。

图 2-5 说明,当双方交易涉及资产具有专用性时,企业契约性质的关系被建立。第一种情况是资产专用性程度较高,但双方交易频率较低。此时,采用第三方治理的契约结构,即借助于第三方的仲裁者来帮助解决争端和评价绩效。比如,通过一个双方可信赖的中间人来完成交易。第二种情况是资产专用性程度较高,而且交易频率也较高。此时,采用双边治理的契约结构,通过长期的权利配置契约来决定双方的再谈判地位。各种介乎于企业与市场之间的中间型组织都属于此类,比如公司间的交叉持股、战略联盟等等。在案例 2-1 中,通用公司和费雪公司最初就达成了这种契约关系。第三种情况是资产专用性程度很高。此时,若有一定频率的交易,最佳的契约模式就是统一治理,就是所谓的企业一体化,就是完全的企业契约。

此外,图 2-5 还受到外部环境的不确定性的影响。对于非专用性交易来说,因为新的交易安排容易达成,所以无论不确定性程度如何,市场契约仍适用。对于非标准性交易,则情况有所不同。只要投资的专用性不能被忽略,环境的不确定性就将导致契约不完备部分的"缺口"变大,交易关系的风险性相应增加。原来的第三方治理契约和双边治理契约被要求设计得更精细、更巧妙、更复杂,是更具有企业契约性质的混合契约。而当不确定性达到一定程度后,第三方治理契约和双边治理契约就会被取代,或者牺牲有价值的专用性投资使用市场契

约,或者放弃交易各方的独立性并承受组织成本的增加。其结果如图2-6所示:

		资产专用性	
		低	中、高
不确定性	低	市场治理	混合治理
	高		统一治理

图 2-6 资产专用性、不确定性和交易治理方式

在图2-5中的第三方治理契约结构和双边治理契约结构以及图2-6中的混合治理契约结构(尽管小贴士中已区分了治理结构和公司治理,但为避免误解,还是用"治理契约结构"代替"治理结构")之下,交易双方不再是市场上的买卖关系,不再是简单的供应商和客户,而是本书所称的战略伙伴。战略伙伴关系是依赖专用性投资而建立起来的,专用性资产将战略伙伴锁定在一起。由于专用性资产所创造的准租无法通过市场估价体系客观衡量,一方面对于其投资者具有剩余收入的性质,只有其他确定性契约报酬给付后才可以对其衡量,另一方面随时有被合作方剥夺的风险。所以,专用性资产投资者希望拥有对其交易关系进行治理的权利,也就是剩余控制权,就很正常了。

将战略伙伴之间的互相依存、相互制约表现得最充分的模式在日本。法人相互持股是日本公司股权结构的基本特征,1989年日本个人股东的持股比例为22.6%,法人股东持股比例为72%,有人甚至基于此特征将日本称为"法人资本主义"[6]。在美国,汉斯曼发现了许多由农民所有的生产者合作社、消费者所有的供电企业、营销商所有的服务和供给合作社。[16]

五、利益相关者的治理角色区分

利益相关者是表面看起来很简单,细究起来很复杂的概念。

所谓利益相关者,就是其利益与公司相关的人,或者公司利益与其相关的人,即弗里曼所称,利益相关者是那些能够影响企业目标实现,以及能够被企业实现目标的过程影响的任何个人和群体。[24]甚至利益相关者的英文书写也表达了它的含义,利益相关者(stakeholders)就是对公司持有(hold)赌注(stake)的人。但是,在弗里曼的定义下,股东、债权人、雇员、战略伙伴是利益相关者,一般的消费者和供应商、临时雇工、短期贷款人等是利益相关者,连当地社区、政府部门、环境保护主义者等也被视为利益相关者。如此宽泛的范围,将导致实践中的"和稀泥"。正如沃克和马尔所说,所有的利益相关者都可能是十分重要的,但没有人说过他们同等重要。[25]于是,利益相关者理论面临的一个难题就是对众多的利益相关者进行分类和界定。

20世纪90年代中期涌现一批关于利益相关者界定的文献,普遍采用多维细分的方法。其中,米切尔等人的合法性、权力性、紧急性三属性评分法影响力颇大,此外还有威勒等的社会性和紧密性二维度的四象限界定法[27]等。同时,也有一些方法比较简单地对利益相关者作了区分,如贾生华和陈宏辉[28]通过文献整理发现了,以是否存在交易性合同为划分依据的交易契约型利益相关者与公众型利益相关者,以是否主动投资和自愿承担风险为划分依据的自愿利益相关者与非自愿利益相关者,以与企业是直接联系还是间接联系为划分依据的首要利益相关者与次要利益相关者。

可见,一方面利益相关者的界定和分类标准在学术界并未统一,但另一方面在一些原则上还是有一致性意见的:(1) 不同的利益相关者与企业的关系有强弱之分;(2) 利益相关者的重要性与其"沉没"在公司中的资产有关;(3) 利益相关者的重要性与其承担的风险有关;(4) 不同的利益相关者与企业的契约关系有所不同;(5) 环境变化后,利益相关的重要性会发生转变。

如果基于剩余控制权分配的视角,应用这些特征来划分利益相关者,可以将其分为内部利益相关者和外部利益相关者两类。内部利益相关者具有收获剩余收入而非确定收入的特点,具有投资被质押或锁定在公司中的特点,进而承担风险较大,与公司达成企业契约而非市场契约。外部利益相关者的情况刚好相反,具有获取确定收入、投资可无碍抽回、交易风险小、市场契约等特点。

表 2-1 内部利益相关者和外部利益相关者

		内部利益相关者	外部利益相关者
外在表现	收益类型	剩余收入(对应剩余索取权)	确定收入
	抵押性	被抵押或锁定在公司里	投资抽回成本低
	交易风险	风险较大	风险较小
	契约性质	企业契约	市场契约
示例	英美模式正常经营时	股东	其他利益相关者
	英美模式破产程序中	债权人	其他利益相关者
	英美模式知识型企业	股东、专才	其他利益相关者
	德日模式正常经营时	股东、主银行、雇员、战略伙伴	其他利益相关者

表 2-1 解释了内部利益相关者和外部利益相关者的性质差异,也给出了在不同情境下的内、外部利益相关者划分的实例。这些例子说明:第一,内、外部利益相关者不会确定指向某一类公司参与者。在不同的情境下,其身份会发生转换。这再次说明了公司治理定位的重要性。第二,鉴于公司治理的理论知识多数来自于英美国家的制度环境,以及多数公司治理实践(包括中国)在向英美模式"看齐",示例中的第一种情况,即英美模式(股东至上模式)中正常经营状态下的一般工商业公司,成为公司治理研究的"理想形态"。理想形态是一种理

论存在,以其为基点便于进行不同情境下的公司治理定位。第三,在多数情况下,股东都是公司的内部利益相关者。第四,有一个群体,包括雇员、债权人、战略伙伴,是内部利益相关者还是外部利益相关者,要相机而定,不妨称其为相机利益相关者。第五,除了股东和相机利益相关者,剩下的利益相关者很难成为公司内部利益相关者。他们构成了公司治理的外部环境要素,包括处于劳动力市场、产品市场上的同质化的资源提供者,接管市场上的公司收购者,以及各级各类政府部门,还有社区居民、社会团队等。他们构成了公司运行的基础,也或多或少地"锁定"在与公司的关系中,或多或少地投入了专用性产品。

2.1.4 公司治理的行为主体与行为客体

公司治理的行为主体与行为客体如图2-7所示。其中,经理人或者控制股东是公司治理的行为客体。因为在公司剩余控制权的分配中,具有"天然"占据剩余权力优势的是经理人或者控制股东,进而利用权责不平衡而钻公司制度"空子"的也正是他们。全体利益相关者成为公司治理的行为主体。但是,鉴于性质的不同,内部利益相关者通过分享剩余控制权获得公司治理的权力,外部利益相关者则通过市场和环境的渠道间接表达诉求。在多数情况下,股东是当仁不让的内部利益相关者。注意,这里的股东指的是全体股东,是一个群体概念。在某些条件下,某类雇员、债权人、战略伙伴等所谓相机利益相关者也会成为内部利益相关者。

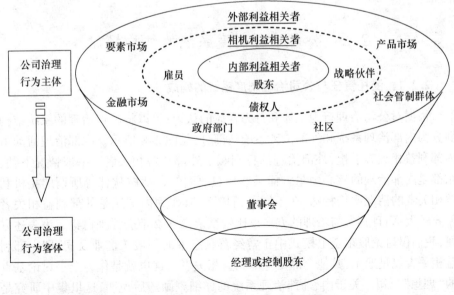

图 2-7 公司治理的行为主体与行为客体

这里,我们将公司的经理或者控制股东列为公司治理的行为客体,是因为其具有天然占据剩余控制权的条件,容易侵占其他公司参与者的利益。但是,这并不是否认他们应该拥有获取部分剩余控制权的权利。事实上,职业经理人拥有大量的专用人力资本,控制股东拥有大量的物质资本抵押,他们获得剩余控制权的理由是相当充分的。在治理经理或者控制股东行为的同时,也不能剥夺他们的正当权利。从这一层面看,公司治理的行为主体并不排斥经理或者控制股东,这从经理或者控制股东基本会进入公司董事会的现实例子可以得到证明。

现在的问题是,董事会在公司治理系统中的角色是什么？董事会的一重身份是公司内部利益相关者的信任托管机关,多数情况下被认为是股东的受托人。内部利益相关者对公司的治理是通过董事会完成的,一些内部利益相关者的剩余控制权是通过获取董事会席位而实现的。比如,我国《公司法》第45条规定,"两个以上的国有企业或者两个以上的其他国有投资主体投资设立的有限责任公司,其董事会成员中应当有公司职工代表"。从这一角度看,董事会当然是公司治理的行为主体。然而,董事会还被认为是公司的法人代表,也就是说,对职业经理(或者控制股东所充当的经理)行为负责的是董事会,至少要承担领导责任。这一重身份将董事会确定为公司治理的行为客体。另外,董事会是承载公司治理功能的运行机构,本身也需要维护和更新、约束和激励,也是公司治理的客体。总之,董事会的双重身份决定了它是公司治理系统的运行枢纽。

2.2 公司治理制度系统的结构搭建

2.2.1 受托责任与公司治理制度系统的构成

根据对公司治理行为主体和行为客体的认识,可以将公司治理的系统结构划分为内部治理系统和外部治理系统两部分,见图2-8所示。内部治理活动由内部利益相关者承担,外部治理的权利赋予外部利益相关者。一般情况下,股东都是内部治理的核心力量。而某些雇员、债权人、战略伙伴等所谓的相机利益相关者的情况比较特殊,在不同的情境下,其作为内部还是外部利益相关者差异较大,而且其参与治理的方式也比较复杂,2.3.2节会详细讨论。为表述方便,我们仅讨论股东至上模式中正常经营状态下的一般工商业公司,即内部利益相关者仅是股东,其他全部是外部利益相关者。这也就是作为全书讨论基点的"理想"公司。关于内、外部治理系统的详细刻画随后说明,这里集中研究是什么将公司治理的行为主体和客体联系在一起。

第 2 章　公司治理的制度架构

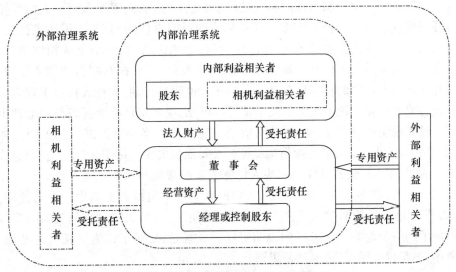

图 2-8　公司治理的制度系统结构

图 2-4 描绘了公司的各方利益相关者关于其资产交易的契约结构,反映出股东等利益相关者的公司治理行为主体的资格,以及经理(包含充当或控制经理的控制股东,以下经理和控制股东统称为经理)的客体地位。这种治理角色的区分也刻画了公司内各类资产交易的委托—代理关系。公司治理行为主体成为委托人,行为客体就是代理人。当股东等将其财产交予经理经营时,经理对外代表公司是代理人,但对内相对于股东就是受托人。经理是受股东之托对股东投入的资产进行管理的人,因而要负起受托责任,或称信托责任。公司治理中的受托责任,是指受托人对委托人负有的保障公司生存和发展,促进公司资产保值增值的责任。图 2-8 反映了这种委托—受托关系。股东将法人财产,利益相关者将专用性资产的占有权、使用权和处分权交给公司,公司进一步将其交给经理。反过来,经理要对公司尽到受托责任,公司要对股东等利益相关者尽到受托责任。这里的公司的权利义务,通过公司的法人代表,即董事会来实现。经理和董事会的受托责任可以分为两类:一类是忠实义务,一类是勤勉义务。前者是指如果经理和董事的利益与公司的利益相冲突,一定要以公司的利益为优先。后者是指经理和董事在执行其职务时需要保持应有的关注和勤勉。

所以,是受托责任体系将公司治理的行为主体和行为客体联系在一起。那么,如何保证受托责任被履行了呢？诚然,受托责任体系的根本运行起点是委托人对受托人的信任,公司制度的胜利也是社会信任制度和文化进化的结果。但是,没有控制的信任无法持续。从这个意义上看,公司治理系统就是受托责任的控制系统。而控制管理的起点是信息的获得。所以,董事及经理人的受托责任的实现取决于在公司运作过程中形成的说明责任的实现。[6]说明责任,是指受托人有义务向委托人报告其行为、行为的原因、行为的结果或预期结果。说明责任制度是公司权利分离体系中的反馈机制,实现权利制衡的制度保障。受托人获取了行动的权利后有义务向委托人说明其行动,委托人付出了资源后有权力要求受托人说明资源的使用情况。可见,说明责任是受托责任的治理机制。没有说明就没有治理,而说明就是信息披露。案例2-2讲述了中国航油(新加坡)公司由于从事石油衍生品期权交易而损失5.5亿美元,随后公司总裁陈久霖被判刑入狱的事件。一些人将陈久霖的获刑与5.5亿美元损失联系在一起。其实,这不是钱的事。从陈久霖的六宗罪中可以各提炼出一个关键词:"虚假""违背""隐瞒""不汇报""欺骗""诱使"。这些关键词将陈久霖的罪行指向了同一个地方——未尽到说明责任。也就是说,对于作为受托人的经理、董事,愚蠢仅是错误,说谎却是犯罪。

案例 2-2

不是钱的事

中国航油(新加坡)股份有限公司,是"依托中国,走向世界"的石油类跨国企业。公司1993年设立,2001年在新加坡交易所主板挂牌上市。公司业务范围是石油实业投资、国际石油贸易、进口航油采购。1997年以来,公司营业额和利润年均按三位数增长。2003年实现营业额76亿美元;实现利润约3500万美元。公司净资产从1997年的16.8万美元增加到1.28亿美元,增幅高达800倍。2002年和2003年,公司两度入选新加坡"1000家最佳企业"。2002年8月,被新加坡证券投资者协会评为新加坡上市公司"最具透明度"企业,公司总裁陈久霖被《世界经济论坛》评选为"亚洲经济新领袖"。2003年4月,在美国应用贸易系统机构举办的"行业洞察力调查"活动中,入选亚太地区最具独特性、成长最快和最有效率的石油公司。2004年,被评为新加坡最具透明度的上市公司。陈久霖也成为整个新加坡的"打工皇帝",2002年收入达490万元新币,折合人民币2350万元。

经国家有关部门批准,新加坡公司在取得中国航油集团公司授权后,自2003年开始做油品套期保值业务。在此期间,陈久霖擅自扩大业务范围,从事石油衍生品期权交易,这是一种像"押大押小"一样的金融赌博行为。陈久霖和日本三井银行、法国兴业银行、英国巴克莱银行、新加坡发展银行和新加坡麦戈利银行等在期货交易场外,签订了合同。陈久霖买了"看跌"期权,赌注每桶38美元。没想到国际油价一路攀升,陈久霖"押了小点开盘后却是大点"。

2004年10月以来,新加坡公司所持石油衍生品盘位已远远超过预期价格。根据其合同,需向交易对方(银行和金融机构)支付保证金。每桶油价每上涨1美元,新加坡公司要向银行支付5000万美元的保证金,导致新加坡公司现金流量枯竭。

2004年10月20日,中航油集团向外部投资者出售了中航油(新加坡)15%的股权,价格大约一亿美元。但是,在出售股权时,中航油集团和中航油(新加坡)都没有向外界披露中航油(新加坡)的财务状况。2004年11月公布第三季度业绩时,中航油(新加坡)仍然对投资者和审计委员会隐瞒了损失。2004年11月30日,中航油(新加坡)宣布,因为投机性石油衍生合同交易而遭受重大损失。截至2004年11月29日,该公司估计其所遭受的损失(包括实际损失和潜在损失)总额大约5.5亿美元。消息一经公布,中航油(新加坡)的股票价格迅速下跌至每股不足1新元并被暂停交易。

2005年6月8日在新加坡举行的中国航油(新加坡)股份有限公司债权人大会上,中航油提交的债务重组方案几经周折,终于经债权人表决通过,使得公司免遭清盘,中航油迈过了新加坡事件后最艰难的一道坎。次日,该公司总裁陈久霖在新加坡地方法院出庭,接受预审听证。

2006年3月21日,陈久霖被判4年3个月监禁及33.5万新元罚款。6项指控为制作虚假的2004年度年中财务报表、违背公司法规定的董事职责、在2004年第三季度的财务报表中故意隐瞒巨额亏损、不向新交所汇报公司实际亏损、欺骗德意志银行和诱使集团公司出售股票。另外,原中航油前财务总监林中山被判罚15万新元及两年监禁。中航油前董事顾炎飞、董事主席荚长斌及非执行董事李永吉分别被罚款15万、40万、15万新元。

2006年3月29日,被停交易一年多的中航油新加坡公司在新加坡交易所复牌。2007年2月6日,国资委在北京宣布了中航油巨亏事件的处理决定,直接责任人陈久霖被"双开"(开除党籍、开除公职),负有领导责任的荚长斌被责令辞职。

资料来源:根据相关资料整理。

2.2.2 内部治理系统的构成

内部治理系统是公司治理制度体系的核心,是内部利益相关者之间配置和行使剩余控制权的制度安排。图2-9反映了我国《公司法》所规定的内部治理的组织架构。另外,无论是公司实践还是理论研究,监事会都存在被虚化的现象,所以,图中的监事会用虚线绘制。更重要的是,公司治理的制度建构需要以定位为前提,而定位需要确定一个基点,正如此前所说,本书在理论研究中将股东至上模式中正常经营状态下的一般工商业公司作为基点。那么,将图2-9中的虚线去掉就是英美等国采用的基点模式。事实上,中国的公司制度的建立和改革也基本遵循着股东至上的逻辑思路。[29]

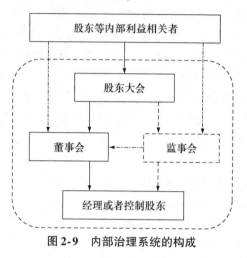

图2-9 内部治理系统的构成

小贴士2-4

"老三会"和"新三会"

在中国国有企业和集体企业中有一个"老三会",指的是党委会、职工代表大会和工会。"老三会"在党委负责制及党委领导下的厂长经理负责制时期发挥着重要作用。1994年底国务院颁布《关于选择一批国有大中型企业进行现代企业试点方案》,股东大会、董事会和监事会被要求逐步建立。改制后,"新三会"与"老三会"并存。如何处理好"新老三会"的关系,成为一项重要课题。特别是,股东大会与职工代表大会、董事会与党委会、监事会与工会如何协调配合成为一项理论上的难题。

公司制度下,一方面由股东投资形成的法人财产由经理或者控制股东实际经营,另一方面经理或者控制股东又具有占据剩余控制权的天然优势。这时,股东就需要行使对经理或者控制股东的治理。但是,股东群体是庞大的,股东的利益诉求是有差异的,多头领导违背基本的组织原则。特别对于上市公司而言,大量的股东仅仅是证券市场的参与者,很难将其定为内部利益相关者。于是,就需要一个机构能将万千股东的意见汇聚为一个声音,股东大会应运而生。然而,股东大会不可能完成日常的管制活动,因为这个群体过于庞大,治理成本过高。于是，董事会以股东的受托人的身份出现了。董事会对经理的治理活动分为两类：一是保留在董事会手中的未赋予经理的决策控制权的行使，决策控制权的大小与经理革命的程度有关；二是对经理及自己行为的监督控制。对于这两类活动的分工，世界上不同的国家有不同的安排。在英美模式中，两项工作均由董事会完成。在德日模式中，将监督责任部分分离出来，交由监事会处置。在中国，形式上与德日模式相近。在这个意义上，董事会制度包含着监事会的设置。另外，在中国的内部治理系统中，法律上将雇员也列为内部利益相关者，职工被认为应当进入监事会，也有权进入董事会。具体规定请参见小贴士2-5。但是在实际执行中，职工董事和职工监事的就任和履职情况并不理想。一篇名为《被边缘的民主》[30]的文章，对中国A股上市公司的职工董事、职工监事情况进行了调查，发现：截至2011年7月末，只有43家A股上市公司配置了职工董事，占2039家公司的2.11%。其中，担任职工董事的工会主席占比34.09%，纪委书记占比15.91%，此外还有大量的职能部门负责人。职工监事人数稍多，达33.67%。但这是不是因为《公司法》规定"职工代表的比例不得低于三分之一"，而非自愿行为呢？

小贴士 2-5

作为内部利益相关者的职工

《公司法》有关职工进入董事会、监事会的一些规定：

第四十四条　有限责任公司设董事会，其成员为三人至十三人……两个以上的国有企业或者其他两个以上的国有投资主体投资设立的有限责任公司，其董事会成员中应当有公司职工代表；其他有限责任公司董事会成员中也可以有公司职工代表。董事会中的职工代表由公司职工通过职工代表大会、职工大会或者其他形式民主选举产生。

第六十七条　国有独资公司设立董事会……董事会成员中应当有公司职工代表。董事会成员由国有资产监督管理机构委派；但是，董事会成员中的职工代表由公司职工代表大会选举产生。

第七十条　国有独资公司监事会成员不得少于五人，其中职工代表的比例不得低于三分之一，具体比例由公司章程规定。

第一百零八条　股份有限公司设董事会，其成员为五人至十九人。董事会成员中可以有公司职工代表。董事会中的职工代表由公司职工通过职工代表大会、职工大会或者其他形式民主选举产生。

第一百一十七条　股份有限公司设监事会，其成员不得少于三人。监事会应当包括股东代表和适当比例的公司职工代表，其中职工代表的比例不得低于三分之一,具体比例由公司章程规定。监事会中的职工代表由公司职工通过职工代表大会、职工大会或者其他形式民主选举产生。

在股东为核心利益相关者的逻辑下,公司的内部治理体系的要旨在于明确划分股东、董事会、监事会和经理人各自的权利范围,及其对应的责任和利益,从而形成四者之间的制衡关系。

第一,股东通过股东大会以股权的形式行使权利。股权之上除了获取红利的收益权,还保留对董事、监事的选择权,对并购、增资等重大事项的审查权和否定权,以及对公司行为的知情权、提案权和诉讼权等。

第二,董事会是公司的法人代表,负责确立并阐述公司的使命、宗旨、价值观,确保公司的经营符合法律法规和道德规范的要求;在经理人负责资产经营的前提下,主要保留决策控制权,负责决策审批和对执行情况的监督。在职业经理不到位的情况下,也可负责决策制定和决策执行等决策管理权;董事会对经理人的评估、选择、激励负重要责任。在监事会虚化的情况下,董事会要承担主要监控责任;董事会要维护法人的独立性,确保全体股东的公平公正权利;董事会要履行说明责任,有义务真实、完整、全面地向股东及其他利益相关者披露公司信息。

第三,监事会可以认为是董事会制度的组成部分,负责对董事会和经理人的行为进行监督,检查其违反法律法规和公司规章的行为,并要求其纠正。

第四,经理人受聘于董事会,负责公司的日常经营管理活动,在董事会的授权范围内,可以行使决策管理权。控制股东充当经理人时,也要受到董事会和监事会的监管。经理人要向董事会、监事会尽到说明责任。

2.2.3 外部治理系统的构成

无论是提出公司治理问题的亚当·斯密,还是形成公司治理思想的伯利和米恩斯,都对公司制度持比较悲观的态度。但是公司制度日渐强大,今天成为世界经济的支柱,这其中的原因不仅包括公司内部的治理结构和治理机制的完善,更来自于外部治理环境的优化。在一定意义上,公司制度是社会文明的产物,是社会经济文化协同发展的内生物。

图2-10描述了公司治理的内外部系统构成。图中的中心部分就是上一节介绍的内部治理系统,这里描绘的是中国的法律规范模式。其外由两圈虚线所构成的环形之中是公司可能的内部利益相关者,包括股东、雇员、债权人、战略伙伴等。他们是公司内部治理主体的备择对象,根据治理模式、公司经营状态、自身专用性投资情况等因素,决定是否进入内部治理系统。对于股东至上模式

中正常经营状态下的一般工商业公司,即本书所讨论的基点公司,股东整体作为治理行为主体,经理人或控制股东作为治理行为客体,进入内部治理系统。不能进入内部治理系统的其他成员,作为外部市场的组成要素,参与到外部治理系统中。图 2-10 最外一圈是公司治理的外部系统,由市场(资本与控制权市场、产品市场、经理与劳动力市场)系统、法律法规系统、政府系统、中介机构系统、公众监督系统、社区系统、文化系统等构成。

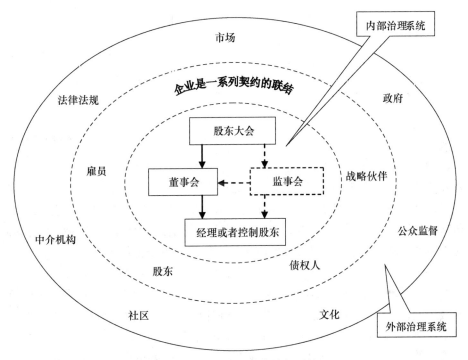

图 2-10 公司治理的内外部系统

(1) 资本市场与控制权市场。有效的资本市场能充分将公司的经营绩效反映在证券价格的高低涨落上,它是股东"用脚投票"的结果。进而,资本市场起到了"信号"治理的效果。对内,向经理和董事会传达股东对公司经营的意见,影响公司的价值和资本运营行为,决定经理股权激励的收益,迫使经理和董事会忠实和勤勉工作;对外,它是控制权市场运转的基础。当股东纷纷抛售股票而拉低股价后,投资银行家和战略投资者就可以用较低的成本实现对公司的控股,进而接管公司,并按照自己的意见改组董事会和更替经理人。

小贴士 2-6

用 脚 投 票

用脚投票对应的是用手投票。用手投票指的是股东以其股权比重,采用举手表决或其他投票方式,在大股东大会上表达个人意见,参与公司事务,甚至有机会直接在董事会上表决决策。而用脚投票,是另一种表达股东意见的方式,若同意公司的行为,则继续持有股票,若不看好公司前景,则转让股票选择离开。这就是用"脚"来表达对公司的意见。

其实,用脚投票最初被用来反映一地居民对当地税负、公共服务等的评价而选择迁移或定居的情况。如今,用脚投票被理解为一种公司治理机制。不仅股东在用脚投票,而且雇员可以通过离职来用脚投票,顾客可以通过中断购买来用脚投票……

(2) 产品市场。在"顾客是上帝"的经济环境下,公司的最终裁决者是消费者和竞争者。消费者的选择和竞争者的压力产生重要的治理力量。产品市场所提供的信息——产品的价格、销售量、市场占有率、利润等,可以为股东对公司治理和经营绩效作出基本的判断,提供内外部治理的依据。问题严重时,隐含着破产清算的威胁。同时,产品市场也为控制权争夺提供了信息基础。

(3) 经理与劳动力市场。经理人凭借其人力资本获得职位,更获得优越的报酬。而经理人市场就是显示和交易经理人人力资本的市场。在有效的经理人市场上,只有那些有才能、有品德的经理才能获得高报酬的职位。而那些记录不佳,特别是在公司并购中"下课"的经理的定价将一落千丈。董事,包括独立董事的声誉也是在经理人市场中反映出来的。一般的劳动力市场也产生一定的治理力量。近年来,我国劳动力市场出现了"民工荒"问题,那些产业和技术落后、压榨工人的公司必将在职工的"用脚投票"下被淘汰。

(4) 法律法规。法律法规在公司治理中的作用至少体现为两个层次:一是通过公司法、证券法、破产法等,直接规范包括公司治理制度安排在内的公司制度体系的构建;二是通过合同法、劳动法、税法等,对公司与其利益相关者的缔约行为进行约束。在拉波特等[31]的开创性贡献后,人们发现在各国法律体系的发展中,逐步形成了一些既有共性也有差异的有关公司治理的法律规定与司法原则。重要的是,不同系别的法律法规,产生了对投资者权益保护的不同结果。

(5) 政府。政府在公司的治理行为中扮演着三重角色:其一,政府是公共服务的提供者。相关公司治理法律法规的完善要靠政府负责,政府也是建立和维护公开、公平、公正市场秩序的主导者。其二,政府是公司行为的监管者。政府在法律法规框架下也具体承担着一部分公司行为的管制和救济的任务,确保公司的行为不会危害市场秩序、不会侵害人民利益。在中国特色的环境下,政府还负责行政监管和党纪监管。其三,政府是国有资产的代理人。国有企业仍然是我国经济结构中的重要力量,政府及其派出机构要履行国有资产代理人义务,确保国有资本的保值增值。当然,第三个角色属于内部治理的范畴。

(6) 中介机构。公司与外部利益相关者之间存在着信息不对称问题,减少信息不对称带来的道德风险和逆向选择问题,是中介机构存在的原因。第一类中介机构是金融中介,指的是证券公司、保险公司、投资信托等机构投资者。它们通过专业的服务,一方面汇集中小投资者的资本,另一方面有条件直接面对公司管理层。第二类中介机构是信息中介,包括审计机构、金融分析机构、证券评级机构等。它们以提供信息服务、提高信息质量为己任。此外,为公司服务的一些机构,比如提供董事和高管责任险的机构,也能推动公司治理的完善。[32]

(7) 公众监督。公众监督中有两方面的治理力量非常强大:一是新闻媒体,二是学者。媒体一方面作为声誉机制的重要载体,约束着公司及其经理和董事的行为,另一方面,形成舆论压力纠正公司的行为。学者是社会的良心,是社会文明进步的重要推动力量,有时间、也有能力去批判公司运营环境,揭露公司治理丑行。

(8) 社区。企业作为其所在社区的一分子,必须承担相应的社会责任,包括对周边环境的保护,对社区就业、税收的贡献,对社会问题解决的参与等。近年来,我国连续几个重大化工项目在社区群众的抗议甚至群体事件中"下马",反映了这一治理力量日趋强大。

(9) 文化。文化是公司治理的非正式制度系统,决定了公司全体利益相关者的道德伦理、行为规范、思维方式和价值观念等。世界不同公司治理模式甚至可以用文化边界来划分。我国文化下的差序格局、宗法制度、缘分理念、家长作风、裙带关系、儒家精神等等,是解释我国公司治理特征的重要入口。

2.3 公司治理制度系统的模式比较

2.3.1 公司治理模式的国际扫描

公司治理模式在这里指的是在一定的环境背景下一国为解决公司治理问题而制定的一系列制度安排和采用的一系列行动手段的总称。由于世界各国经济发展水平、文化传统、法律制度、政治体制及经济制度的差异,因而演化出多样化的产权结构、融资模式和资本市场,进而形成了不同的公司治理模式。[33]学术界对公司治理模式的界定分歧不大,主要是粗细划分程度的差异和名称表达上的差异。代表性的观点有:莫兰德将全球典型的公司治理模式分为两类,一是盎格鲁-撒克逊世界里以美、英为代表的市场导向型,二是以德国为代表的欧洲大陆国家以及日本等国的网络导向型;[34]拉波特等人进一步将其划分为四类,即盎格鲁-撒克逊模式(美国、英国为代表)、法国模式(法国、西班牙为代表)、德国模式(包括日本、韩国、中国台湾等)和斯堪的纳维亚模式(北欧四国);[34]中国学术界比较流行三分法,比如宁向东划分的市场控制型、关系控制型、家族控制型。[36]其中前两类与莫兰德对西方发达国家的划分一致,增加的家族控制型是东南亚国家以及意大利等国采用的模式,具有与中国文化和经济水平相似的背景。本书认同家族控制型模式的客观存在,但不认为家族控制是公司制度的另一个定位维度,它不是并列于而是包含于市场控制型和关系控制型这两类基本的公司治理模式之中的。

一、市场控制模式

市场控制型公司治理模式,又称市场导向模式、外部控制模式,由于其以英国和美国为主要代表,又被直接称为英美模式。英国、美国公司的股权分散程度较高,商业银行不被允许持有公司股份,机构投资者也具有较强投机性。于是,直接来自股东的管制力量较小,公司被职业经理人所控制,代理型公司治理问题相当严重。这种情况下,英美模式中的外部治理机制发挥重要作用。资本市场的信号功能、控制权接管威胁,以及经理人市场的人力资本定价机制,从外至内发挥重要的公司治理作用。

(一) 成因背景

从社会文化角度看,英美国家以自由平等和契约精神为价值判断标准。崇尚个人主义,主张自由竞争,强调市场机制的经济协调作用;推崇公平公正的社会秩序,反对各种形式的垄断;尊重私人财产权。[37]这些都是造成英美国家主观推崇股东至上、客观形成股权分散格局的社会文化背景。

英美国家的法律制度与其社会文化形成相互强化的作用。英美国家有关公司制度体系构建的法律法规,规定了股东至上的公司制度框架,如公司法中关于股东会、董事会等权力机构设置及其制衡关系的规定;有关金融管理的法规成为公司股权分散的强制条件,比如,美国1933年反思经济危机后出台的《格拉斯—斯蒂尔法案》,要求商业银行不得从事投资银行业务,不得经营7年以上贷款等;反垄断法等法规进一步强化了股权分散化和流动性的特点,比如,美国的《投资公司法》规定,保险公司在任何一个公司的持股率不能超过5%,养老金和互助基金不能超过10%,否则就会面临非常不利的纳税待遇。

案例 2-3

道奇诉福特汽车公司

这是公司法上一个里程碑式的案例,充分反映了美国的"股东至上"的社会文化和法律制度。福特汽车公司由亨利·福特掌控,持有58%的股份,道奇兄弟共持有10%。1908年开始,福特公司每年支付固定分红120万美元,1908年开始还派发特别分红,每年约为1000万美元。但是,1916年财政年度终结后,福特宣布不再派发特别分红。此时,公司有1.12亿美元的盈余,其中包括现金5250万美元。福特解释其不支付特别分红的一个原因是:公司股东赚了太多的钱了,到了回报消费者的时候了,打算把每辆车的售价从440美元降到每辆360美元。而福特公司当时还正在计划再建一条生产线,如果把公司盈余拿来分红,就不得不从未来的资金中获得业务拓展资金,就没办法降低汽车售价了,也就没办法实现让汽车走进寻常百姓家的良好愿望了。

道奇兄弟不满福特的做法,一怒之下向法院提起了诉讼,要求福特公司支付特别红利。法院支持了道奇兄弟的诉讼并判决公司支付1930万美元的特别分红。高等法院认为商业公司的组建和存续主要是为了股东的利益,董事权利的行使应该围绕着这个目的进行而不是动摇甚至改变这个目的。对消费者慷慨大方在道德上固然是好的,但是用别人的钱来慷慨大方就多少变了味儿。

资料来源:根据相关资料整理。

(二) 公司契约结构

企业是一系列契约的联结。在股东至上的文化和制度下,英美国家的公司契约结构以股东契约为中心,股东是内部利益相关者,掌握主要的公司剩余控制权(有天然优势的经理除外)。其他成员是外部利益相关者,在正常的经营状况下,对公司的影响基本只能通过外部治理渠道。股东至上的契约结构在融资结构中也体现出来,英美国家公司的股权资本居于主导地位,资产负债率低,一般在35%—40%。[38]而股东的持股结构具有的特点是:个人股东持股比较高,但股权较分散而且流动性很强,机构投资者持股比例也较高,但在法规限制下单个机构投资者也不会对一家公司高比例持股。在这样的结构下,股东无力对公司实施监控,因为每个股东都人微言轻。同时,也不愿对公司实施监控,因为对于小股东而言,监控的成本会大于收入,股东会选择理智的冷漠,而且监控作为"公共品",股东还会有"搭便车"的个体考虑。于是,英美国家公司治理的主要矛盾是,股东被赋予了至上的治理权利,但股东又无力或不愿行使这一权利。进而,"所有权与控制权分离"成为英美国家公司制度的主要缺口,代理型公司治理问题也就成为英美国家公司治理的核心问题。而治理手段的重心方面，也以外部市场为主。

从公司化制度特征角度看：在经理革命方面，英美模式适用的假设前提是经理人职业化，经理人代理公司行使主要资产经营权利；在有限责任制度和法人制度革命方面，英美国家高度维护法人独立，法人独立既是公司治理的起点，也是公司治理的目的。

（三）公司治理制度系统

（1）以董事会为核心的内部治理系统。原则上，股东大会是公司最高控制权机构，但由于英美国家公司股东更多地选择"用脚投票"，股东大会在多数时候被虚置。从剩余控制权是契约中被剩下的权力的角度看，自然董事会获得了更多的控制权，成为公司治理的核心。英美国家董事会的特点主要有两方面：首先，设置了较多的专业委员会，面向不同的职能要求。其中，审计委员会被《萨班斯—奥克斯利法案》要求必须设置，主要负责审计、核查和信息披露等监督职能；执行委员会承担决策控制职能，以及董事会闭会期间的事务；薪酬委员会主要负责对经理人的激励约束，可以认为是治理经理的委员会；提名委员会中"提名"二字主要针对董事，可以认为是治理董事的委员会。此外，公司根据自身要求，还可以设置其他若干委员会。其次，英美董事会中独立董事的比重很大，确保了董事会乃至公司法人的独立。在英美国家，独立董事在董事会中所占比例基本在多数以上，审计委员会、薪酬委员会等监管导向的专业委员会基本由独立董事组成。英美国家的职业经理人制度发达，首席执行官，即所谓的CEO，不仅是公司日常经营管理活动的负责人，也承担大量的决策制定工作。CEO制度是经理革命的进一步深化。英美公司治理模式的内部系统如图2-11所示：

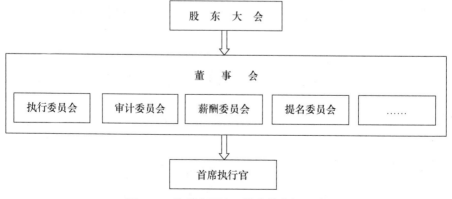

图2-11　英美公司治理模式的内部系统

（2）强大的市场治理。英美国家的资本市场、产品市场、劳动力市场极其发达,强大的外部治理降低了内部治理的难度。而其中的控制权市场和经理人市场起到突出作用,是英美公司治理模式的特色。控制权市场的治理机制是,根据资本市场的信号,潜在控制权人通过收集股权或者委托投票权取得对公司的控制,达到接管公司的目的,同时更替不良的经理人和不佳的业务单元。控制权市场的运行基础是资本市场的有效性,只有股票价格能充分反映公司绩效,能区分出经理人的强与弱、勤与怠,控制权市场才能有序运转。良好的控制权市场使经理人面对着"下课"的风险,持续的外部威胁推动经理人的勤勉和忠实。另外,控制权市场形成了公司整体的"优胜劣汰"环境,对调整一国经济结构和促进产业升级具有重要作用;经理人市场的充分运行也是英美国家的基本特征。在这里,经理人的人力资本被定价和交易。声誉,人力资本的信号,是激励和约束经理人的重要治理力量。此外,独立董事也在经理人市场上被识别和评估,经理人市场也是独立董事制度运行的基础。

(3)信息披露机制完善。除了强大的市场治理,英美国家的其他外部治理基础也比较完备,这保证了信息披露,也就是说明责任的履行处于较高水平。首先,公司信息披露的法律法规完备,对信息披露的类别、时机、质量均有明确规定;其次,信息中介发展成熟而且独立性较强,各类审计机构、金融分析机构、证券评级机构各司其职;最后,自由民主精神也保证了新闻媒体和学者等的舆论监督的有效性。

二、关系控制模式

关系控制型公司治理模式,又称网络导向模式、内部控制模式,由于其以德国和日本为主要代表,又被直接称为德日模式。德国、日本的公司股东构成中,银行股东、法人股东所占比例较大,公司内部经理、员工在经营决策中也有一定话语权。英美模式下的外部人转变为内部利益相关者,公司外部的关系网络在公司内部形成一个治理网络。相对于英美模式,德日模式外部治理内部化了,市场治理变为关系人治理。

(一)成因背景

在文化方面,德国、日本都以集体主义的价值观为导向,强调群体协作,服从权威,尊重秩序。在社会发展上,同为二战战败国,又同时在政府的集中管理下迅速崛起。这两方面相辅相成,造成了公司内部的合作很紧密,公司之间、公司与银行之间的协作也很牢固。进而,在公司内部创造了日本的终身雇佣制、年功序列制和德国的共同决定制,在公司之间形成了企业集团、金融财团等共同行动组织。

在法律制度方面,德日国家的公司法仍然采用股东大会中心主义的制度体系。但是股权结构与英美模式有所不同,银行股东、法人股东所占比例较大。

董事会也被设立为公司治理的运转枢纽,但是从董事会中单立监事会,专职负责监督事宜。德日国家的金融法规也与英美不同。对商业银行的管制比较宽松,德国银行可以从事信贷、信托、证券投资等全能业务,日本银行可以持有工商企业部分股份。对机构投资者也没有英美模式下的分散投资要求。相反,德日国家对证券市场的管制却非常严格,公司上市直接融资的审批制度严苛,而且股票发行和交易的税收很高。至于公司债市场,也仅对少数特许企业和特许行业开放。此外,德日国家对公司法人之间的相互持股十分宽容。对 1990 年日本非金融企业的一项调查发现,存在相互持股关系的公司高达 92%,其中相互持股率达到 10% 以上的公司占 70% 以上。[33]

(二) 公司契约结构

在德日国家的公司契约中,股东的身份更加多样化,内部利益相关者的构成变得复杂。表 2-2 数据显示,德日国家中流动性的以投资为目的的个人股东、机构投资者所占比例远远低于美国。另外,在美国商业银行持股和工商公司持股接近于零的情况下,日本的两项数据是 13.3% 和 31.2%,德国是 10.3% 和 42.1%。可见德日国家的银行和经营战略伙伴,通过股东身份的转换,成为内部利益相关者。促使银行与公司利益相依的另一原因是,银行是公司资金的主要来源,公司不太依赖股票市场的直接融资,资产负债率较高,一般在 60% 左右。[38] 此外,德日国家公司雇员参与公司决策事务十分普遍,雇员成为内部利益相关者。这不仅来自于文化上的对"主人翁"地位的认同,也有相应的法律支持。

表 2-2 美、日、德三国公司股东结构

	美国	日本	德国
个人与家庭	47.9%	22.2%	14.6%
商业银行	2.6%	13.3%	10.3%
其他金融机构投资者	41.9%	22.5%	20.0%
工商公司	1.1%	31.2%	42.1%
政府和公共部门	0.3%	0.5%	4.3%
外国投资者	6.2%	10.3%	8.7%

资料来源:宁向东:《公司治理理论》(第 2 版),中国发展出版社 2006 年版。

从公司化制度建设角度看,在经理革命方面,德日模式强调经理人职业化,经理人主导公司经营管理,但经理人大多以内部晋升为主,个别来自法人股东,激励约束机制也来自公司内部;在有限责任制度和法人制度革命方面,德日公司的法人独立特征比英美公司略弱,公司行为受到银行、战略伙伴的影响较大。

(三) 公司治理制度系统

(1) 董事会功能分立的治理系统。德日公司都采用双层董事会制度,但是权利制衡模式有所不同。在德国模式中,股东大会直接选举监督董事会,但其中一定比例的席位由雇员担任。监督董事会也称为监督委员会,或者简称监事会。监督董事会决定执行董事会的人选,执行董事会也称管理委员会,或者简称董事会。监督董事会对执行董事会行使监督职责,不仅监督执行董事会及其成员的行为,也要查核公司的决策制定和执行情况。执行董事会承担较多的决策制定工作,也负责决策执行管理,即经理班子的一部分功能被执行董事会承担。执行董事会对外代表公司法人。执行董事会与监督董事会建议不一致时,可以提交股东大会裁决。德国的内部公司治理系统如图 2-12 所示。在日本模式中,股东大会同时产生执行董事会和监督董事会,前者一般称为董事会,后者一般称为监事会。如果不设监事会,仅设立独立监察人(即监事)也可以。监事会或监事负责监督职能。日本的执行董事会与经营层高度结合,决策管理和决策控制均是董事会的职责。董事会中大部分成员由公司内部中高层经营管理人员组成,具有股东身份的仅占 9.4%,而在上市公司中具有股东身份的董事更只有 3.9%。[33]另外,执行董事会的规模极大,30 人以上的构成很常见,为便于组织,往往会形成多层结构。日本的内部公司治理系统如图 2-13 所示。

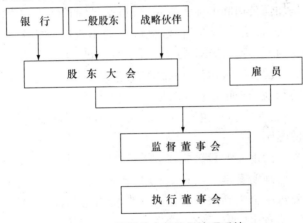

图 2-12　德国的内部公司治理系统

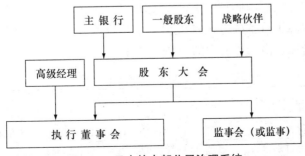

图 2-13　日本的内部公司治理系统

(2) 银行主导公司治理。银行是德日公司融资的主要渠道,公司债权比例高于股权比例,而且银行同时还持有公司股票,兼具债权人和股东双重身份。于是,利益的关联以及信息渠道的畅通,使得商业银行在德日公司成为主要治理力量。除此之外,德国银行的另一项治理优势在于,德国的个人股东倾向于将股票的投票权交予银行代理。这样,银行即便直接持股额不高,但其投票权比例很高。1992年的一项调查发现,德国银行在最大的24家上市公司年度股东大会上的实际投票权平均为60.95%。[33]凭借这一优势,银行在德国公司监督董事会中占据重要席位;日本的银行治理优势在于其主银行制的应用。所谓主银行是指公司选定一家银行作为主要往来银行,并从该银行获得贷款作为资金的主要来源,一般该银行也持有公司一定比例的股票。日本的主银行制不是简单的借贷关系,而是围绕主银行建立起来的较为密切的公司与银行、公司与公司的法人联合体。主银行是公司外部董事的主要来源,在公司财务危机时直接指导经营。

(3) 企业集团模式下的交叉持股。德国和日本的工商公司之间交叉持股现象十分普遍,战略伙伴结成以资本为纽带的企业集团模式。公司间的交叉持股的主要动机是加强公司间的业务联系,通过交易的长期化和稳定化降低交易成本,提高公司利润。交叉持股后,法人股东会出现在对方公司的董事会中。日本还有一种称为"经理俱乐部"的非正式会议制度,集团内的法人代表在此完成信息沟通、意见交流、决策讨论。集团化的治理好处在于,一家公司的失误会波及关联公司的利益,进而法人股东之间会形成相互监督、相互促进的关系。但是,交叉持股也会形成相互包庇的恶果,也是造成利益输送和掏空等剥夺型公司治理问题的温床。

(4) 雇员参与治理。德日公司中,雇员参与治理极其普遍,参与程度也很深。德国的代表性制度安排是所谓共同决定制度,或称参与决策制度,制度设计的目标是保障每一个受到决策影响的人都能有参与决策的权利。制度的起点是1848年的《德意志国家工商业管理条例》,到如今《共同决定法》已几经修改。共同决定制度下,不同雇员规模的工商业公司的监督董事会中,职工代表必须达到一定比例,少则要达到30%,多则要达到50%;在日本,终身雇佣制、年功序列制保障了员工的专用性人力资本投资的安全。而内部晋升制度让董事会的大部分席位由公司内部的中高级经理人员担任。

表2-3 市场控制模式与关系控制模式比较

		市场控制模式	关系控制模式
	代表国家	美国、英国	德国、日本
成因背景	文化背景	人格独立、契约精神	集体主义价值观
	经济背景	市场经济的领跑者	二战废墟上起飞
	法制背景	限制各种垄断	支持利益相关者扶持

(续表)

		市场控制模式	关系控制模式
	代表国家	美国、英国	德国、日本
契约结构	内部利益相关者构成	股东	股东、银行、雇员、战略伙伴
	股东构成	股权分散、流动性强	法人持股为主、流动性弱
	资本结构	权益资本为主	债务资本为主
	公司化制度	经理职业化、法人独立	经理职业化及法人独立略弱
治理系统	主导力量	市场治理	利益相关者关系网络
	内部治理	独立的董事会枢纽	双层董事会、关系治理
	外部治理	基础扎实、市场治理	外部治理内部化

表2-3 对两种公司治理典型模式作了比较分析,我们认为一国的经济、文化、制度等背景决定了公司的契约结构,契约结构所体现的公司治理主客体分布和公司化制度,最终产生出不同的公司治理系统。这再一次提醒我们,公司治理的制度定位很重要。

2.3.2 利益相关者治理模式辨析

一、股东至上与利益相关者合作

20世纪80年代之前,有关企业治理问题的探讨是放在"所有与控制"的框架之下的。在当时的学术背景下,股东至上基本上是唯一的治理逻辑。围绕着"企业是资本家的企业"这个命题,许多学者在不同的假定条件下给出各自的解释。

(一)利益相关者合作理论对股东至上理论的冲击

利益相关者合作理论的"擎大旗"者当属布莱尔。布莱尔1995年的专著《所有权与控制——面向21世纪的公司治理探索》较系统地提出了"共同治理"的思想,即企业要重视所有利益相关者的利益,公司治理也需要全体利益相关者的参与。[8]事实上早在布莱尔之前,有关利益相关者的问题已得到学界的关注,而布莱尔的出现则推动了研究高潮的形成。布莱尔这一学派支持利益相关者合作、反对股东至上的原因可简单归纳为以下几点:

(1)股东至上模型的缺陷。首先,股东至上理论基本都是建立在雇主—雇员的框架之下的,先验地确定了雇用和被雇用的关系。而现代企业契约理论告诉我们,企业的本质是一系列契约的联结。同时,在市场经济条件下,缔结契约的前提是产权主体的平等性和独立性。这说明企业的全体利益相关者既有参与企业治理的愿望,也有参与企业治理的资格。其次,随着整个社会经济文化的发展,各种利益相关者各自和相对的条件也发生了变化,进而一些传统的股东至上模型的假设和参数发生了变化。于是,即使应用传统的模型,股东至上也不一定是必然的结果。

　　(2) 现实情况对利益相关者合作的支持。利益相关者合作理论的最有力武器是现实世界的支持。首先,传统的股东至上理论是英美学者构建在英美国家环境之上的,而英美治理模式只是世界范围内众多治理模式的一种。事实上,日本以及以德国为代表的欧洲大陆国家的公司治理模式是非常接近于利益相关者合作的。比如,日本的终身雇佣制、年功序列制、企业间相互持股制,使得企业的决策活动不得不考虑雇员和关联企业的利益;德国的共同决定制度要求监督董事会成员中有三分之一到二分之一的雇员席位。其次,即使是在股东至上的"根据地"美国,情况也发生了变化。从现有资料看,从 20 世纪 80 年代末截止到 1996 年,美国有 29 个州修改了公司法,新的公司法要求企业为全体利益相关者服务,[39] 另一个事实是,1999 年 5 月,世界经济合作与发展组织(OECD)通过了《公司治理原则》,它将"公司治理的框架应当确认利益相关者的合法权利,并鼓励公司和利益相关者在创造财富和工作机会以及保持企业财务健全而积极地进行合作"作为五项基本原则之一。[40]

　　(3) 利益相关者合作的意义。利益相关者合作满足了企业的本质属性——一系列契约的联结,赋予了利益相关者平等、自主的企业治理权,由此带来以下几点好处:第一,随着股票市场的发展,股东投资的专用性程度日益下降,"用脚投票"日益便捷。相形之下,公司其他利益相关者与公司的联结更加紧密。因而,公司其他利益相关者参与治理的动机更强,也有助于企业的长期稳定发展。第二,同样由于股东投资的专用性程度的下降,其他利益相关者的资产被"套牢"的风险就相对提高。于是,利益相关者合作可使其他利益相关者与企业签订一份"保险合同",进而有助于其他利益相关者的专用性资产投资。第三,利益相关者合作使得其他利益相关者成为公司的"主人",从而减少各自的偷懒行为,以及监督成本。第四,公司各种利益相关者观察公司经理阶层行为的角度和数据是不同的。因而,利益相关者合作并共同参与治理,可以减少信息的不对称程度,进而减少代理成本。

　　(二) 股东至上理论的反击

　　利益相关者合作的观点一经提出,就遭到股东至上理论的强烈反对。

　　(1) 利益相关者界定的模糊。利益相关者合作理论的一个弱点是关于利益相关者的界定。米切尔等人曾归纳了迄今经济学家对利益相关者的定义,发现竟达二十七种之多,[26] 就是说,关于谁是利益相关者在学术界并没有得到共识。其中最宽泛的定义来自弗里曼,他认为利益相关者是那些能够影响企业目标实现,以及能够被企业实现目标的过程影响的任何个人和群体。[24] 面对这样的定义,正如马尔特白和威尔金森所说,"任何宽泛的定义都简单地导致关怀和后果一类的虚伪套话,这些套话不可能导致直接的干预和有目的的行动"[41]。

(2) 共同治理的缺陷。在利益相关者合作的理想下,共同治理模式被倡导出来。它寻求平衡各利益相关者间的关系,实现利益相关者的"共同富裕",并以此来安排利益相关者在公司治理中的权利。但是,该模式存在一个无法解决的利益相关者利益加总的问题,即不能在企业决策时对应该以什么样的目标为决策目标作出明确的回答。[42]因为不同利益相关者之间的偏好和目标差异很大,甚至截然相反。比如,股东与职工在分配公司盈余上可能有矛盾,股权与债权人在经营危险性上可能有矛盾,供应商与客户在产品定价上可能有矛盾,社区、政府可能还会提出非经济上的要求。这时,公司如何确定问题?当公司的全体"主人翁"发出不同的声音的时候,公司由一个经济组织变成了政治组织。另外,在这种情况下,原本就难以处理的代理问题更加无法解决,用毕夏普的话来说就是,"让经理对所有的利益相关者负责,相当于让他们对谁都不负责"[43]。

(3) 现实的"反讽"。正当利益相关者合作的支持者以现实的武器攻击股东至上模式的支持者时,现实又跟他们开了一个玩笑。多尔发现日本资本主义区别英美模式的四个基本特性(向雇员利益倾斜、关系交易、倾向合作而非竞争、政府裁决私有利益冲突)均有不同程度的改变。[44]同时,另一个利益相关者社会的代表德国也有向股东至上模式发展的迹象。

二、利益相关者合作的实现模式

利益相关者合作的诉求合情合理,股东至上的辩驳有理有据,两者之间似乎存在着不可调和的矛盾。其实,所谓的矛盾大多是庸人自扰,真实世界提供了至少三种利益相关者合作模式,同时也没有违背股东至上的经济运行规律。

(一) 状态依存,相机治理

股东至上强调公司的剩余控制权为股东所有。但是,这一判断存在着前提条件,即在公司正常状态下,公司剩余控制权为股东所有。所谓正常状态指的是红利之外的其他契约支付均有保障的状态。如果公司处于债务及其利息无法偿还的状态,公司就应该由债权人所有。如果公司连职工的工资都不能支付,职工就应该是所有者。案例2-4说明在公司资不抵债的时候,股东不是一个合格的所有者,债权人的决策才能符合社会最优的利益要求。而这也是世界通行的经济法则。这就是一种依存于公司的不同状态而相机治理的模式。它满足了利益相关者共同治理的要求,但是这种共同治理不是在同一种状态下的"群雄割据"。如果我们认为公司总体还能正常经营的话,在状态依存的相机治理的制度框架下,将公司治理指南简化地定为股东至上,完全没有问题。

案例 2-4

为什么债权人说了算

假定一个企业在破产后，盘存 1000 万元的资产，同时负债是 1200 万元。现在企业面临一项投资决策：以盘存资产中的 500 万元投资一个项目，这个项目有 10% 的可能性创造 1000 万元的价值，有 90% 的可能性创造的价值为 0。从社会最优的角度考虑，投资 500 万元，但创造的预期收入仅有 100 万元，因而应该拒绝投资这个项目。但如果此时股东拥有企业的控制权，他很可能选择这个项目。因为如果选择清算，作为剩余收益人的股东的收益为 0（假定只承担有限责任）；而如果选择投资，至少存在 10% 的可能性创造 1000 万元的价值，在偿还债务后获得 300 万元的剩余收入。选择投资，股东的预期收益将是 30 万元，远远大于 0。因此，如果股东控制企业，一定会选择投资。对于债权人，投资 500 万元的预期收入仅仅为 100 万元。如果选择在投资后清算，预期的清算收入只有 600 万元；如果选择现在清算，他将获得的清算收入为 1000 万元。股东的道德风险行为显然造成了对债权人利益的损害。因此，从社会最优的角度，企业的控制权应该从股东转移到债权人。

资料来源：张维迎：《产权、激励与公司治理》，经济科学出版社 2005 年版。

（二）身份转换，股权治理

在德日国家的关系治理模式中，银行、战略伙伴成为公司治理的主导力量。这一证据被利益相关者合作理论的拥趸用来反对股东至上理论。的确，这是利益相关者理论的胜利，但也绝不是股东至上理论的失败。因为很明显在德日模式中，银行、战略伙伴都有一个身份转换的过程，都或多或少地持有公司一部分股份，那些有发言权的利益相关者常常也是公司最大的股东。在这种情况下，是股东在治理还是利益相关者在治理？我们称其为利益相关者身份转换的股权治理。在其他实践领域，有专才的知识型员工获得技术入股，将人力资本折算为物质资本，也是一种身份转换的股权治理方式，员工持股制、管理层收购也具有这方面的特征。身份转换的股权治理，将各类利益相关者转变为统一的股东身份，保证了公司治理体系的简洁化，维护公司治理逻辑的一致性。更重要的是，尽可能地降低利益相关者之间的目标冲突，解决利益相关者利益加总的问题。

（三）系统互补，协调治理

学术界有一种观点认为，虽然所有利益相关者与公司的关系都很重要，但是这些利益相关者与公司是处于不同的经济系统之内的。[45] 其中，由股东参与的才是治理体系,而债权人参与的是财务体系,雇员参与的是就业体系,战略伙伴参与的是供应链体系。由于这些经济体系都是互补的,因此也会受到公司治理体系的影响。这些经济体系,也是通过各种形式的契约联结而成,也存在着剩余权力的分配与行使问题。但是,这些问题的处置不必都上升到公司产权制度层面,在各自的体系内也可以治理得当。我们称其为利益相关者系统互补的协调治理。这方面的典型例子是美国的工会制度。在美国的公司治理体系下,除了身份转换的股权治理外,雇员的参与度很低。但我们丝毫不能得出美国职工权益保护弱的结论,在劳资关系体系中,工会代表职工的利益,同样管制着公司的行为、调整着公司的制度,起到与公司治理系统异曲同工的妙用。

可见,要实现利益相关者合作的目标,并不需要全体利益相关者与股东分配同样的治理手段、处理同样的治理问题。我国公司法设计了职工董事制度,希望职工与股东同时以董事的身份和权利治理公司。但是,现实世界给出了相反的回应。只有2.11%的公司有职工董事,而且其中还有一部分是公司法要求必须设职工董事的特殊国有企业。大概这种制度来自于德国职工参与监督董事会共同决策的经验吧。但是,德国的监督董事会并不是公司法人代表,执行董事会才是,监督董事会的基本职责仅是监督,而且执行董事会不完全听命于监督董事会,它可以要求股东大会解决它们之间的冲突。在这个意义上,德国职工参与治理类似于系统互补的协调治理机制。

所以,现实世界里在股东至上的公司治理逻辑下,可以实现利益相关者合作的目标。在本书以后章节,我们以一个"理想"公司为论证基点。这是一个股东至上模式中正常经营状态下的一般工商业公司,也就是将利益相关者状态依存的相机治理、身份转换的股权治理、系统互补的协调治理,从理论分析中简化掉。这种简化,不仅使论证更清晰,也使具体应用中的定位有了一把标尺。

〉〉 讨论案例

大午集团治理——家族继承与"私企立宪制"

寒风,掠过河北徐水农村零星没有收割的枯败的玉米和一垄一垄泛着绿意的麦田。

大午集团,在农田深处(所在地亦称大午城)。2008年12月18日,集团举行第三届董事会换届选举。财经媒体、政经刊物的记者,以及公共知识分子,都有到场。原因简单,一路走来,孙大午作为私营企业主与社会公共人物的形象,不断交叉乃至模糊,却依然引人注目。

孙大午并不是因为他的"私企立宪制"才广为人知的。2003年,他因为涉嫌"非法集资"而被判处有期徒刑三年,缓刑四年。牢狱之灾改变了大午集团两件事,第一是因为服刑原因,孙大午不再担任自己的私营企业大午集团的董事长,暂时把董事长一职交给20多岁的长子孙萌;第二,这也促使孙大午开始考虑,如何选拔和培养企业接班人来保证企业的持续发展。他觉得,最好是对此有一个制度保障,随后创立了这一套"私企立宪制"。

"私营企业不姓私,它是一种生产经营形式,是私的积累,公的发展。"——从大午温泉城到大午中学的路上,白底红字的灯箱上是孙大午的"格言"。

一、"立宪"为"私"

选举开始前,大午中学阶梯教室里,工人们唱厂歌《做一个勤恳实在的大午人》。工人中的大多数来自周边村庄,脸上常有春种秋收留下的极深的皱纹。正是这样的661位工龄在三年(含)以上的员工,有权从13位原董事会成员中选出11位成员,以及从14位新候选人中选出4位成员,组成大午集团15人的新一届董事会。

"现在金融危机,一些民工回家了。南来北往的民工们,他们在用脚投票。我们现在在这个企业,有机会用手投票选领导……"孙大午高调宣称,实行四年的"私企立宪"是"民主选举,民主决策,民主监督"。工人们给了他热烈的掌声。

长期从事"三农"研究的中国社科院学者于建嵘回过头来,告诉《中国企业家》:"多一些参与总是好事,多接受一点老百姓的监督是好的,但是与民主制度无关。民主一定与公共权力相关。"

尽管被贴上"中国企业家的良心"的公众标签,归根到底,孙大午,还是一个私营企业主。中国民营企业家走过的路、吃过的苦、受过的伤,他大都经历,或许更甚。

八九岁时,每晚挎一篮瓜子和烟卷到赌场里去卖;十三四岁时徒步到二百里外的北京倒卖自行车;从部队转业到信用社后,私下与人合伙,雇用货车贩猪。一车猪赚出了一年的工资……庆幸的是没有被政府部门察觉,免于"投机倒把"的罪名。

1985年,妻子刘慧茹承包了村里用大喇叭广播了三个月也无人承包的3000亩"憋闷疙瘩"——一片荒废的果园、一座荒弃的砖窑和数十个坟包地(那时《土地法》还没有出台)。此后,孙大午辞去了信用社的工作,和妻子一起创业。企业由小到大的发展过程中,"投毒、放火、毁机器、毒打、暗杀、绑架都经历了"。

和所有的民营企业一样,贷款很难。大午集团自创了"粮食银行"——公司向农民借余粮。农民要粮食还粮食,不要粮食还钱。2003年5月27日,因"涉嫌非法吸收公众存款",孙大午被徐水公安拘捕,直到11月1日,以"判三缓四"的罪犯身份走出监牢。其间,孙大午待过"单间小号",也曾和死刑犯同室。

"那3000亩土地的合法性解决了吗?"大午集团第三届董事会换届选举当

天,快到子夜时分,《中国企业家》记者问孙大午。

"模糊状态。"他以四个字疲惫作答。夜,很安静,呼吸之间,能够感受到一个褪去所有公共光环的企业家,内心最深处最大的焦虑。

孙大午还有很多作为企业家的焦虑。民企传承问题,"唯此为大"。孙大午并不免俗。出狱后,孙大午从紧张、亢奋的"公共"状态,部分回归了一个家族企业创业者的角色。大儿子孙萌已是代理董事长,但并不想干——驾驭不了,太累。自己则被剥夺了当董事长的权利。怎么解决问题,所有权是绕不开的坎。"搞股份制怎么搞?我和我妻子多少股份?两个儿子多少?两个弟弟多少?内侄女多少?元老们多少?……"孙大午觉得股份制根本就是一个陷阱,"上亿资产,我拿钱给大家分,最后我还成为坏人。我把钱分给大家,最后还得搞成内讧"。妻子问孙大午能不能想一个办法,企业永远这样下去,不要搞股份制,两个儿子孙萌、孙硕有本事的去创业,没有本事的享福。

孙大午想到了英国的君主立宪制度、隋朝的三省六部制(皇帝的诏书由中书省代起草,门下省审计通过,尚书省执行)、福特的AB股(B股只可以分红,不可以选举;A股是家族内部的,有选举权)……从而设计了大午集团的"私企立宪"制度。

企业里有三会:监事会、董事会、理事会,职能分别是分权、确权、限权。监事会行使监督权,产权归监事会所有;董事会行使决策权;董事会成员,由职工民主选举产生,董事长、总经理由董事会民主选举产生;董事会每年的投资额度不能超过去年的盈利总额加折旧;理事会行使执行权……

"孙硕有点自卑",父亲说到儿子的时候,声音里总是带着暖意,"私企立宪,有1/3是为他们设计的。他们哥俩(儿子孙萌、孙硕)认可这个制度"。还有1/3,为克服家族企业的弊病,"做到一定的规模后,争功诿过、争资产、争权力"。最后1/3,"大部分私营企业,80%都存在富不过三代的问题。我想探出一条路——让资本说话,也让工人说话"。

"私企立宪"四年,大午集团产值翻了二番多。不过,就在第三届董事会选举结束的第二天早晨,在大午温泉餐厅,记者见到了前一天被民主选举进入董事会的饲料公司经理刘金虎,他央求一起吃早饭的客户,跟董事长说说自己的待遇太低了。大午集团内部也有中层认为,照目前集团的状况,优秀的职业经理人,进不来,留不住,而三权分立又在根本上弱化了经营者的激励机制。

孙大午一再强调,他追求的是家族和睦,企业长期稳定发展。他设计的"私企立宪"制度,成功与否,还有待时间检验。

二、大午集团的"私企立宪制"主要内容

集团设董事会、理事会,监事会独立,由企业产权人主持监事会,对企业的经营和决策进行监督。由此，企业的决策权、经营权和所有权三权分立，互相制约。

董事会由企业内部人员选举产生的董事组成，行使决策权，但无权干涉经营。

理事会由各单位一把手和子公司办公室主任组成，执行董事会的决策，行使经营权，理事长也即总经理，由选举产生。

董事长也由选举产生，和其他企业不一样的是，大午集团对于董事长进行限权，第一是调动财产的权力不能超过集团上一年盈利总额加折旧；第二是董事长除了受监事会监督，还要尊重总经理的经营权，并且无权解聘总经理。

监事会主要由家族成员组成，所有权作为一个集体存在，由后代继承，不进行财产分割，监事会可聘用会计、律师等对董事会、理事会进行监督，监事会无权决策，也无权任免董事长、总经理，但是有监督权、组织选举权以及弹劾权；监事会世代继承，监事长由家族内部选举产生，家族成员每月除工资外，可以拿相当于工人平均工资1—3倍的补贴，这是产权拥有者一个象征性的受益权。监事会家族成员在教育、医疗方面享有充分保障，监事会可以提取上一财年利润10%作为监事会专用资金，主要用于公益事业。

"私企立宪制"立的"宪"就是对三权的限制，三项权力严格分开，包括家族成员在内，拥有所有权(监事长)就不能参与决策，也不能调动自己的资产，而拥有决策权(董事长)就没有所有权和经营权。

按照规则，董事任期2年，董事长和总经理任期4年，均可连任。

三、选举程序

观察大午集团的董事长产生过程，会发现其与西方代议制民主颇为相似，选举在过程上是由两次预选、一次正式选举和"代议制"的内阁任命选举所组成。

选举的第一步是推荐候选人，在大午集团，这依据厂区和工人集散方便，分六个区域进行。所有员工都有预选选举权，不分年限。选举方式为：五人以上(含五人)联名推举候选人，也可自荐。第二步是此次预选的一个复选，第一轮预选工作结束后，由工作时间三个月以上的员工以无记名投票的形式按所限名额，从第一次入选的名单中投票选出董事会候选人。

第三步就是正式选举，它将决定谁会成为新一届董事会成员，正式选举只能由工作三年以上的职工、工作两年以上的技术员、工作一年以上的业务员、公司班组长以上干部等"资深员工"参加。在上一步复选结束以后，公司会发给这些拥有正式选举权的人一本小册子，帮助他们了解董事会候选人的个人情况和竞选纲领，在正式选举中，每一位候选人还将进行5分钟竞选演说。这一次选举将决定新的董事会成员,为了保持集团的稳定性,上一届董事会成员在新一任选举后留任三分之二,也就是得票最低的三分之一前任董事将会"下台"。

第四步才是对新一届董事长、总经理的选举,它由新一届董事会成员及监事长、副监事长选举产生,监事会保留优先提名权。副董事长由董事长在董事会成员中提名产生。副总经理由总经理在董事会或理事会成员中提名产生,需经"三会"联席会议通过。此外,各子公司一把手也由董事会内部选举产生,原则上由董事会成员兼任。

四、公共企业家

大午温泉城营业两年,领班祁建峰,只见过一次监事长陪官员——县委组织部的官员——那还是一年前的事,"但是,经常见到他陪朋友——哪个大学的教授——他们在那里聊天,有时聊到晚上十二点、一点"。

秦晖、秋风、茅于轼、陈志武……孙大午是企业家中为数不多的敢将这么多公共知识分子称为朋友的人。而秋风在孙大午入狱时就称他是一个"有公共精神的企业家"。

孙萌,办公桌上摆着妻儿的照片,也摆着2007年夏天和父亲一起看望柳传志时的照片。对于自己童年时处于创业期的父亲,孙萌能想起的东西很少,只记得父亲教导他的是,"一个人富不算富,有本事把整个村庄富起来,把这一带富起来"。

"你安安心心地把你的企业管理好,社会上的问题,有专家学者在研究那些东西",长大后,儿子开始"教导"父亲,"我们不太支持他搞这些东西。好像我们达不到他的境界"。

弟弟二午对"私企立宪"是赞同的。他1992年带着50万元积蓄进入大午公司(1996年改为集团),经大众民主选举位列董事会成员,又经董事们的精英选举,连任董事长。过去他和哥哥也一直争吵,"我一直认为,这么多年,他对这个企业的经营并不是很上心。说他对政治感兴趣吧,不是那么好听。怎么说呢,他对大局很感兴趣吧。那时'三农'问题什么的,他一直在奔跑……然后(集团)大事小事都要请示他,而他决策非常不及时,甚至影响企业效益"。

那时确实没有什么能够阻挡孙大午对于"三农"问题的讨论。2003年3月13日,他到北大作《十八年感受三农——来自底层的声音》演讲,直言"中国农村问题的实质是权力和资本对农民劳动权利的限制和剥夺",并痛陈基层管理弊病。直到因"非法吸收公众存款"被判罪后,在公共表达上,孙大午才"不再像以前那样,太尖锐,太直白了"。

"我有两个梦想,第一个梦想,我想建一个大午城,一座世外桃源,第二个梦想,安得淳风化淋雨,遍沐人间共和年";"哪怕还能把这个历史的车轮推进一步一寸,我们也得推"。这些孙大午当年在北大演讲时激昂的话语,已经不复耳闻。无论对媒体还是对于其他企业家,现在孙大午侃侃而谈的都只是大午集团的"私企立宪",甚至能够做到三个小时内绝不跑题。但是,偶然间,孙大午还是会不自觉地说出一些深思熟虑的话来——改革是从农村开始的,但是现在城市市场化了,农村还是计划经济。家庭联产承包责任制,交足国家的,留下自己的,不是计划经济?一人一亩三分地,不是耕者有其田,是居者有其田,不是计划经济?限制粮食收购价格,而钢铁煤炭化肥价格随便涨,不是计划经济?他说,市场经济下,土地宜耕则耕,宜种则种,宜商则商,如此方能达到资源配置最大化,土地、资本、劳动力均要流动起来。

知父莫如子。儿子孙萌认为父亲,"从根本上,他改不了"。

孙大午常常需要面对的质疑是,为何热衷于思考社会制度,为什么做不到低调发财?他说:"作为企业(家),时时刻刻感受到政府机构、制度法规的束缚。总得有人说这些事情。我感觉这不是一个吏治腐败的问题,而是一个制度层面的东西。"早在2002年年底,孙大午和杜润生交流时就说:"我现在资产两个亿,名利两个字我都淡化了,没有野心,也没有私心,我在思索怎样多承担一些社会责任,忧国忧民才是企业家,为国为民才是企业家精神。"

54岁的孙大午,自称是"毛泽东时代成长起来的人",从小受的教育就是共产主义思想,所以会"以共同富裕为理想"。"我有一种倾向,愿意实现欧洲的那种生活。就是富人可富,但是他不可以在天堂,穷人可以穷,但是他不可以在地狱。现在我们生活城乡差距太大,贫富差距太大。"

现在,"私企立宪"外,孙大午醉心的另一件事情是考古。徐水釜山研究会有六七十个人,孙大午任会长,"政府拨了20万元,都花完了,现在经费我们出"。研究会经过考证,确认徐水釜山是炎黄二帝"合符釜山"的釜山。"画龙合符,每一个部落图腾最完美的一块都在合符上得到体现。合符也意味着忠孝文化、家族起源。"孙大午,认为自己的考古研究,有文化传承的价值。考古之前,他还修过孔庙。"他现在搞釜山文化,和企业可以说是没有什么关系的,但是,对社会,是有意义的。"孙二午认为哥哥在做大事,而他自己在做小事,"保证给工人开工资"。究竟是企业家,还是梁漱溟、晏阳初一样的乡村改革者?孙大午自己不是很在意,"没有想过,那都是别人评的。所有的评论都会随时间烟消云散"。

五、大午集团发展情况

大午集团位于河北省徐水县郎五庄村,资产3.7个亿,年销售额4个多亿,职工2000人,学校有3000师生。集团始建于1985年,从养1000只鸡、50头猪起步,经过25年的自我积累、滚动发展,现已成为集养殖业、种植业、加工业、工业、教育业、旅游、建筑业为一体的大型科技型民营企业。大午集团下辖8个子公司,17个分厂,分别是大午饲料有限公司、大午种禽有限公司(年孵化3000万只小鸡)、大午食品有限公司、大午肥业有限公司、大午农业育种公司、大午中学、大午温泉度假村、建筑公司,集团直属有技校、医院、车队等单位。

私企"君主立宪制"实施6年来,企业稳定发展,"政通人和",进入了一个良性发展的循环阶段,企业效益以每年30%的增长速度递增。

资料来源:《大午集团治理——家族继承与"私企立宪制"》,载李维安、牛建波:《CEO公司治理教程》,北京大学出版社2011年版。

➡ **讨论以下问题:**

1. 大午集团的董事会、理事会、监事会,对应于一般公司的什么组织机构?
2. 如果不照搬目前公司治理的通行模板去理解,大午集团的公司治理系统的结构形态及其权利配置是怎样的?

(提示:大午的创新精神极其令人赞叹,大午是真正懂得公司治理的人。人们有意识的公司治理建设的起点在美国,最开始公司治理就被理解为将政治系统中的民主治理搬到公司制度中。而美国是共和制的政体,世界上还有君主立宪制。)

3. 大午集团的"私企立宪"的优劣何在?"私企立宪"的应用前景如何?请从公司治理的制度内涵和制度定位的角度思考。

(提示:1.3节说明,公司治理是对公司制度的治理,是公司制度的自我保障机制。那么,家族企业有什么样的制度要求和制度缺口?)

>> 讨论问题

(1) 应用本章知识,为引导案例中的通钢公司提供改制建议。
(2) 案例2-2说明责任的重要性。请查阅更多信息,思考是什么"激励"陈久霖如此大胆?为什么陈久霖的行为没有被及时制止?如果是民营企业,陈久霖会出现吗?
(3) 如何评价我国《公司法》规定的公司治理内部系统的优劣?
(4) 我国的外部治理基础需要不断改进。你认为目前最重要、最紧迫的任务是什么?
(5) 我国的环境背景决定,我国的公司治理实践应该如何从英美模式和德日模式中取长补短?

>> 参考文献

[1] Alchain, A. A. and H. Demsetz. Production, Information Cost and Economic Organization[J]. *Academia Economic Review*, 1972, 62(5): 777–795.

[2]〔美〕伯利,米恩斯. 现代公司与私有财产[M]. 甘华鸣等译,商务印书馆,2005.

[3]张银杰. 公司治理——现代企业制定新论(第二版)[M]. 上海财经大学出版社,2012.

[4]牛国良. 企业制度与公司治理[M]. 清华大学出版社,北京交通大学出版社,2008.

[5] Hart, O. Firms, *Contracts, and Financial Structure*[M]. Oxford: Oxford University Press, 1995.

[6]李维安,武立东. 公司治理教程[M]. 上海人民出版社,2002.

[7]柯武刚,史漫飞. 制度经济学——社会秩序与公共政策[M]. 商务印书馆,2000.

[8] Blair, M. Ownership and Control: *Rethinking Corporate Governance for the Twenty-first Century*[M]. Washington: The Brookings Institution, 1995.

[9]〔美〕西奥多·W·舒尔茨. 人力资本投资[M]. 吴珠华等,中国经济出版社,1987.

[10]黄来纪,谢仁海. 推行人力资本出资形式需研究的几个法律问题[J]. 社会科学,2006,(2):138—142.

[11] Williamson, O. E. Transaction—Cost Economics:The Governance of Contractual Relations[J]. *Journal of Law and Economics*, 1979, 22:233—261.

[12] Klein, B, R. Crawford, and A. Alchian. Vertical Integration, Appropriable Rents and the Competitive Contracting Process[J]. *Journal of Law and Economics*, 1978, 21:297—326

[13]周其仁. 市场里的企业:一个人力资本与非人力资本的特别合约[J]. 经济研究,1996,(6):71—80.

[14] Barzel, Y. An Economic Analysis of Slavery[J]. *Journal of Law and Economics*, 1977, 20(1):87—110.

[15]杨瑞龙,周业安. 一个关于企业所有权安排的规范性分析框架及其理论含义[J]. 经济研究,1997,(1):12—21.

[16]〔美〕亨利·汉斯曼. 企业所有权论[M]. 于静译,中国政法大学出版社,2001.

[17] La Porta, R., F. Lopez-de-Silanes, A. Shleifer, and R. Vishny. Investor Protection and Corporate Governance[J]. *Journal of Financial Economics*, 2000, 58, 3—27.

[18]吴炯,胡培,任志安. 企业边界的多重性与公司治理结构[J]. 经济科学,2002,(6):92—98.

[19]〔美〕奥利弗·E.威廉姆森. 资本主义经济制度——论企业的签约与市场签约[M]. 段毅才等译,商务印书馆,2002.

[20] Williamson, O. E. The Theory of the Firm as Governance Structure: From Choice to Contract[J]. *Journal of Economic Perspectives*, 2002, 16(3):171—195.

[21] Williamson O. E. The Economics of Governance[J]. *American Economic Review*, 2005, 95(2):1—18.

[22]〔美〕奥利弗·E.威廉森. 治理机制[M]. 王建、方世建等译,中国社会科学出版社,2001.

[23]吴炯. 从公司治理起源看其制度治理内涵[J]. 经济管理,2007,(19):86—88.

[24] Freeman, R. E. Strategic Management: A Stakeholder Approach [M]. Boston: Pitman, 1984.

[25] 〔美〕沃克, 马尔. 利益相关者权力[M]. 赵宝华等译, 经济管理出版社, 2003.

[26] Mitchell, R. K., B. R. Agle, and D. J. Wood. Toward a Theory of Stockholder Identification and Salience: Defining the Principle of Who and What Really Counts[J]. *Academy of Management Review*, 1997, 22: 853—887.

[27] Wheeler, D., M. Sillanpaa. Including the Stakeholders: The Business Case[J]. *Long Range Planning*, 1998, (2): 201—210

[28] 贾生华, 陈宏辉. 利益相关者的界定方法述评[J]. 外国经济与管理, 2002, (5): 13—18.

[29] 田志龙. 经营者监督与激励——公司治理的理论与实践[M]. 中国发展出版社, 2001.

[30] 萧伟. 被边缘的民主——中国 A 股上市公司职工董监事调查[J]. 董事会, 2011, (9): 42—47.

[31] La Porta, R., F. Lopez-de-Silanes, A. Shleifer, and R. Vishny. Legal Determinants of External Finance[J]. *Journal of Finance*, 1997, 52: 1131—1150.

[32] Gillan S. L. Recent Developments in Corporate Covernance: An Overview[J]. *Journal of Corporate Finance*, 2006, 12(3): 381—402.

[33] 高闯. 公司治理: 原理与前沿问题[M]. 经济管理出版社, 2009.

[34] Moerland, P. W. Alternative Disciplinary Mechanisms in Different Corporate Systems [J]. *Journal of Economic Behavior and Organization*, 1995, 26(1): 17—34.

[35] La Porta, R., F. Lopez-de-Silanes, A. Shleifer, and R. Vishny. Law and Finance[J]. *Journal of Political Economy*. 1998, 106 (6): 1113—1155.

[36] 宁向东. 公司治理理论(第 2 版)[M]. 中国发展出版社, 2006.

[37] 陈文浩. 治理理论(第 2 版)[M]. 上海财经大学出版社, 2011.

[38] 李维安. 公司治理学[M]. 上海人民出版社, 2005.

[39] 崔之元. 美国二十九个州公司法变革的理论背景[J]. 经济研究, 1996, (1): 35—40.

[40] OECD. 对 OECD《公司治理结构原则》的注释[J]. 经济社会体制比较, 1999, (5): 41—48.

[41] 〔英〕约瑟芬·马尔特白, 罗伊·威尔金森. 利害相关者社会与英国的公司治理[J]. 经济社会体制比较, 1999, (3): 73—77.

[42] 张维迎. 产权、激励与公司治理[M]. 经济科学出版社, 2005.

[43] Bishop, M. Watching the Boss[J]. *Economist*, 1994, (1): 3—5.

[44] 〔英〕罗纳德·多尔. 股票资本主义: 福利资本主义[M]. 李岩等译, 社会科学文献出版社, 2002.

[45] 鹤光太郎. 转轨中的日本公司治理结构[J]. 经济社会体制比较, 2001, 4: 32—41.

第二篇

两大公司治理问题及相应治理系统

第 3 章　代理型公司治理问题与经理制度

章首语

代理型公司治理问题主要指的是股东与经理间的委托—代理问题。本章首先从委托—代理理论入手,说明委托—代理问题的起因、分类表现、契约结构和处理原则,这是全章知识展开的基础。随后,针对经理代理问题的具体表现,建立了处置代理型公司治理问题的制度设计架构,归纳了相关治理策略组合原则。在治理经理代理问题的制度体系中,最核心的就是经理制度本身,这是本章的第三个知识点。对此,主要介绍经理的聘任选拔制度、绩效管理制度和激励约束制度。

引导案例

黄代云:我给刘永好打工 14 年

新希望总经理黄代云——连续 3 年进入福布斯中文版 A 股非国有上市公司最佳总经理榜单;在同一家上市公司连续担任了 5 届总经理;带领一家上市公司从一亿元资产起步,历经 14 年,公司成为资产上百亿的优质企业……

一、跳槽新希望

记者:当初到民营企业新希望时,您放弃国有企业常务副总经理职务,令外界跌破眼镜吧?

黄:的确,在上世纪 90 年代,在国有企业干就等于吃上"皇粮",不仅收入稳定,而且国企身份让人觉得骄傲自豪。而我凭借自己的努力,职位已经这么高了,突然放弃会让外人很不理解。

记者:那时您已 46 岁,再重新换工作,您会担心跳槽换环境工作不顺吗?

黄:一开始也会有这样的顾虑,毕竟,人在一个环境呆久了,容易产生惯性。而且我在金路集团干得风生水起。1997 年春节刚过,新希望集团董事长刘永好第一次找到我时,就筹备新希望股份公司上市事宜进行咨询,我对他明说,帮助新希望上市没问题,但是要来公司可能就做不到了。我想给自己的职业发展之路留点空间、余地。

记者:那是什么原因促使你最终决定到新希望呢?

黄:1997 年 7 月,刘永好再次向我发起邀请,还设家宴款待我。当时,我带着老婆和他们家人一起去了新津的老君山。一天接触下来,老婆投票我去新希望,理由是觉得刘永好人品很好,没有不良嗜好,他的家人对人也十分和善,跟着这样的老板,让她不担心我人会变坏。而选择某些企业,可能钱会多赚,但人品可能也会丢了。

记者:那你又是如何打算的?

黄:在国企干到上市公司老总也就到头了,而且在国企干,最大的问题是不具有自主权。而去新希望这样的民营企业,或许能换一种活法。最终,实践证明,来新希望,是我这么多年职业生涯中最重要而又最正确的一次选择。

二、一干14年

记者:为何你能连续三年进入福布斯中文版A股非国有上市公司最佳总经理榜单?

黄:我想,首先是新希望平台好;其次,我自身拥有将近20年的上市公司管理经验,对资本市场更为熟悉。

记者:职业经理人参与家族企业管理,你觉得最难的是什么?

黄:如何帮助家族企业建立一套完善的现代企业管理制度。而实现上市,是帮助民营家族企业从家族化管理到规范化管理的最好形式。刚来新希望的时候,我就对刘永好说,新希望上市不是一个圈钱的融资平台,而是一个规范运作的平台。

记者:作为一名职业经理人,最重要的品质是什么?

黄:认真做事,坚守职业经理人的操守,以及尽量取得老板的理解支持。我想,从1997年来到新希望,中间经历过5届董事会,我依然担任总经理,这种坚守在中国证券市场上也很少见。

记者:一家上市公司要想良性发展,最需要的是什么?

黄:首先是证券市场大环境规范;其次,上市公司寻求自身高速发展的同时,不能偏离方向,损害中小股东利益。例如,新希望就有一套透明、规范,不搞利益输送的内控制度。在我进入新希望的一两年就形成了这套制度的雏形,随后用四五年的时间来逐步完善,2007年基本形成。

记者:在新希望14年间,您最大的收获是什么?

黄:我想,不仅仅是帮助新希望上市公司从1个多亿的资产增长到100多亿的资产,还搭建了一个现代企业制度,制定了一套业界认可的内控制度。

三、职业终点站

记者:目前,新希望整体上市是业界非常关心的话题。整体上市后,新希望将怎样发展?

黄:整合以后新希望集团不应该是一个数量上的大杂烩,而是一个发挥农牧等资产优势的强势企业,如今随着新希望整体资产上市逐渐明朗,六和农牧资产的注入,首先是新希望的内控制度可能在新的环境下更为完善,预计半年到一年内能完成。

其次,六和与新希望之间应强强联合、优势互补,六和的完善产业链将拉动新希望的养殖、饲料等业务,而新希望在全球市场的布局、社会影响力等方面也值得六和借鉴。我相信两家整合应体现一加一大于二的效应。做好这样的大文章需要人事安排融合、企业规范治理、资本市场对接、团队整合优势等取长补短。

记者:新希望总经理会是你职业生涯的终点吗?今后还有去其他公司的打算吗?

黄:今年我已经60岁了,让我重新去打拼,可能性不大。我曾有很多机会可以选择做一个小老板,但是,在中国不缺老板,缺的是高素质的职业经理人。目前,职业经理人团队壮大、完整,老板能不能成功,一定程度上需要一个优秀的职业经理人团队的帮助。所以,我这生,注定以一个优秀职业经理人为打拼目标。但是,这些年,我一直也在超负荷工作,我也想歇歇,颐养天年了。

记者:如果您退了,谁将出任新总经理?

黄:这10多年,新希望早已培养出一大批有进取精神、能力较强的管理干部,谁来接班并不是难事。但是,现在谈这些还为时尚早。我想,等新希望大重组后,我再选择退居幕后。(注:2011年11月29日,新希望集团重组完成,黄代云不再担任上市公司总经理,转任副董事长)

四、黄代云说

与老板相处之道——在一些企业制度不完善的家族企业,职业经理人的生存状态或许真的全凭老板一个人说了算。但在新希望,或许我运气好,我遇到了一个心胸宽广、开明睿智的老板。在工作中,我曾对老板拍过桌子,我是一个做事认真的人,在作重大决策时很少掺杂个人私心杂念。同时,我敢于直言,放开手脚去做事。但是我和老板毕竟是上下级,争吵后还是会言归于好,我们之间并没有因争吵而产生情感上的裂痕。如果不是老板对我的宽容,可能以我的性格,碰壁几次后我就会退让,不会在新希望这个平台上呆这么久了。

用人标准——我选人标准看嘴功更看做功。我非常注意手下员工的人品,我认为阳光正向、不拉帮结派、不玩弄权术阴谋的人才是最重要的。干部能力大小没有关系,能力差点可以配助手,但对假公济私的人,我会下狠手。这些年,我处理了二三起这样的事件,还让一个人因职务犯罪坐牢。

多年感悟——在新希望多年,坦率地讲,老板明智、开明、心胸开阔,我是一个性格很直的人,和老板同龄,个性上有棱有角的职业经理人,连续在同一上市公司做五届总经理,实属不易。作为一名职业经理人要认真做事,带领团队取得成效,会让老板对自己产生信任。

工作之外——尽管我和老板是同龄人,但是因为兴趣不同,我们私下往来相对较少。例如,刘永好喜欢旅游,我喜欢打麻将。老板性格外向,我在工作之外愿意当宅男。老板非常反感谁抽烟,而我又有烟瘾,于是只好折中,我不当着老板的面抽烟。老板娘李巍老师是个很谦和的人,我曾和她一起去外地出过几次差,她一点架子都没有。而老板的女儿刘畅作为一名富家女,更是拥有勤奋、有爱心等同龄人少有的品质。2003年左右,老板曾把刘畅安排到乳业公司,托付我带她一段时间。毕竟,老爸亲自去带,女儿可能产生一定逆反心态。而我和老板同龄,她也一直很尊重我。我教她比较多的是,积累更多基层管理经验以及如何加强团队的融合。

资料来源:张亦帆:《黄代云:我给刘永好打工14年》,载《成都商报》2011年8月12日。

论及经理制度时,人们较多地从股东的视角,讨论对经理的治理制度、治理方法,甚至治理策略。而本章引导案例却特意选择了一个基于经理自身视角的访谈资料。这并无意挑战公司治理的传统逻辑,仅提醒读者,股东与经理是平等的合作关系。公司治理尽管存在行为主体和行为客体之分,但是根本上不是谁治理谁,而是治理人们合作中的契约制度。

这个案例反映出在一个良好的经理人制度下,实现经理与股东的目标一致性是公司治理的目的所在;经理与股东要相互信任、相互尊重;股东要授予经理行动的权力,经理要对股东尽到受托责任,甚至在这个家族控股公司中,培养家族接班人也是职业经理的受托责任;经理不仅要对控制股东尽受托责任,更要对全体股东尽责,不能损害中小股东的利益;经理的继任选聘制度是经理制度体系的一部分,经理自身素质,特别是品行素质很重要。遗憾的是,本案例没有关于经理人激励约束机制的讨论。

3.1 理论基础:委托—代理理论

公司是作为一系列契约的联结出现的。但是,这一联结存在着"缺口",需要公司治理制度去填补。在此前讨论中,我们将造成"缺口"的原因归结为契约的不完备性,并基于此,从剩余权力配置的角度,即产权理论的角度,公司治理的制度系统被论证出来。在企业理论领域,还有一个学派从另一视角看待这个"缺口",强调信息的不对称性对交易的影响,即所谓的委托—代理理论。产权理论关心的是怎样的权力配置可以使交易成本最低,而委托—代理理论关心在既定的委托—代理权力关系下怎样使用权力可以使交易成本最低。所以,这两大理论共同构成了公司治理的理论基础,分别涉及权力的配置和行使,或者分属郑志刚所定义的治理结构和治理机制两个层次。[1]本章的目的是理解代理型公司治理问题,并建立相应的经理人制度。这就需要委托—代理理论作为基础,为此第一节专门介绍这一理论的核心知识。

3.1.1 委托—代理关系

一、委托—代理矛盾三要素

委托-代理关系是指委托人委托代理人根据委托人利益从事某些活动,并相应授予代理人某些决策权的契约关系。而由于三项要素的存在,委托—代理契约中必须安排相应的激励机制。这三项要素是可支配剩余、目标冲突和信息不对称。[2]

(1) 可支配剩余是委托—代理关系形成的基础。比如,家族公司之所以聘请职业经理,是因为职业经理比家族经理能创造更多的利润。而职业经理之所以供职于这家公司,在于获得的报酬高过其他市场开价,也高过工作成本。可支配剩余就是公司收益同时满足委托人和代理人基本要求后的剩余部分。可支配剩余就是委托—代理关系的净收益,是建立委托—代理关系的前提。在充分竞争的市场上,可支配剩余是专用性投资的结果。

(2) 目标冲突是委托—代理问题出现的主观原因。当可支配剩余没有被最大限度地创造出来的时候,委托—代理问题就出现。问题产生的条件之一是委托人与代理人的行为目标不一致。比如,对于公司的股东,其目标一般很清晰,就是赚钱。而经理的目标可能是为自己赚钱,甚至更偏好于满足权力欲、贪恋体面的在职消费、享受悠闲的生活,等等。对于经理,努力工作、严格管理的成本是自己的,收益却要分给股东。相反,享清闲、贪私利的收益归自己,成本却要股东分担。可支配剩余成为"公共品",代理人分享比例越低,其供给就越不足。所以,目标冲突的根本表现是可支配剩余的分配。

(3) 信息不对称是委托—代理问题出现的客观原因。如果委托人可以完全监控住代理人的话,目标冲突并不是委托—代理问题产生的充分条件,因为委托人可以强制性地约束代理人的行为。但在现实的客观世界里,环境是难以预见和观察的,人与人之间难以做到信息对称,而且代理人恰恰又是掌握信息优势的一方。这就使委托—代理问题的出现成为必然。事实上,虽然在法律上,当A授权B代表A从事某种活动时,我们称A是委托人,B是代理人。但在经济学文献中,一般称有信息优势的一方是代理人,另一方是委托人。在公司治理的两大问题中,委托—代理的这两类界定没有矛盾。在代理型公司治理问题中,委托人是股东,代理人是经理,经理代表股东经营资产,经理有信息优势;在剥夺型公司治理问题中,委托人是中小股东(严格讲是股东整体),代理人是控制股东,控制股东代表全体股东控制公司,控制股东有信息优势。代理人的信息优势不仅在于其行为无法被委托人观察,也在于代理人的行为与行为结果之间没有完全的联系,受到随机因素的干扰。比如,股东要求经理努力工作,然而经理有没有努力委托人看不到,而且想把经理的努力与公司绩效完全挂钩也很困难,因为公司绩效要受到很多随机因素的影响。

二、委托—代理问题

一个委托—代理关系以其缔约为标志分为事前和事后两个阶段。在事前,委托人设计契约,契约中安排双方权利义务,特别要包括代理人应承担的受托任务,以及委托人给予代理人的激励计划。然后代理人作出是否缔结契约的决定;在事后,代理人执行契约,尽到受托责任,同时委托人履行激励计划。

委托—代理关系中的不对称信息分为两种类型:一种是有关于代理人的自身特征的信息。比如,公司招聘经理时,他说他有开拓创新的精神,你信还是不信?这种信息不对称,称为隐藏特征,或者称隐藏知识。另一种是有关于代理人的行为的信息。比如,经理声称他每时每刻都在努力为公司的事情奔忙,你信还是不信?这种信息不对称,称为隐藏行动。

表 3-1 委托—代理问题的类型

		信息不对称的类型	
		隐藏特征	隐藏行动
信息不对称的阶段	事前(缔约前)	逆向选择问题	×
	事后(缔约后)		道德风险问题

根据信息不对称发生的阶段和信息类型,委托—代理问题可以分为两类(见表3-1所示):一类是逆向选择问题,一类是道德风险问题。一些文献将事前的信息不对称造成的问题称为逆向选择问题,将事后的信息不对称造成的问题称为道德风险问题。还有一些文献认为隐藏特征的问题就是逆向选择问题,隐藏行动的问题就是道德风险问题。[3]这两种分类在关于事后的隐藏特征问题的归属上存在分歧。事后的隐藏特征问题所描述的现象是:缔约后代理人开始执行契约,这时代理人获得了委托人不了解的信息,这更多的是环境及其变化的信息。代理人根据这一信息采取行动。委托人能观察到代理人的行为,但不知道其行动背后的信息因素。比如,经理人知道了某类市场投资已近饱和的信息,但是股东并不了解这个信息,经理如果为了某些私利而隐瞒信息继续投资,则出现了委托—代理问题。对于这类委托—代理问题,如果委托人仅关心经理行为的结果,仅根据结果激励约束代理人,那么就可以用道德风险的理论模型

进行处理,这类问题可称为隐藏信息的道德风险问题。如果委托人关注代理人的每次行动,激励约束代理人的每次行动,就可归为逆向选择问题,用逆向选择理论模型进行处理。基于此,我们将委托—代理问题简单归纳为,主要发生在事前的隐藏特征的逆向选择问题和主要发生在事后的隐藏行动的道德风险问题。

三、委托—代理契约

委托人与代理人的关系通过委托—代理契约联结。委托—代理契约的目的除了陈述双方权利义务完成委托事项外,重点是面对委托—代理问题,委托人如何在一些可观察和可证实的变量的基础上设计出一套能使委托人收益最大化的激励方案。这一激励契约是委托—代理理论所关心的内容。

可见,委托—代理契约的目标是委托人收益的最大化。此前有关可支配剩余的论述说明,委托人的收益至少要不小于自己亲自行动的收益。这个可支配剩余也要求代理人进入契约后的收益不小于成为代理人的机会成本。代理人的这一要求被称为参与约束,这是委托—代理契约构建的必要条件。这说明,委托人和代理人只有在双方都不会损失的情况下才会缔结契约。

代理人接受委托—代理契约的另一个条件是代理人必须情愿遵守契约。也就是说,委托人所期望代理人作出的行动,必须与契约中的激励机制相一致。这被称为激励相容约束。比如,股东希望经理能抓好研发工作以应对新技术带来的机遇与挑战。这时,如果经理的薪资与销售利润挂钩,就是激励不相容。相容的激励,应该与申请专利数、新产品开发量、新产品销售额等挂钩。当然,前提是经理是渴望高薪资的。激励相容的内涵是,委托人所希望的代理人的行为,只能通过代理人自己的效用最大化行为实现。

案例 3-1

分粥与激励相容

故事说,有 7 个人住在一起,每天共食一大锅粥,粥每天都是不够的。

一开始,他们抓阄决定谁来分粥,结果是只有分粥的人碗里的粥最多。抓阄分粥,变成抓阄吃粥。

于是决定,每周 7 天每天轮转着由一人分粥。结果一周下来,只有一天是饱的,就是自己分粥的那一天。

经过几轮分粥,大家发现有一人还算心不太黑,大家就决定由这相对道德高尚的人出来分粥。强权就会产生腐败,大家开始挖空心思去讨好他,贿赂他,搞得乌烟瘴气。

后来,有人捡到本公司治理的书,模仿着其中的股东大会、董事会和监事会,搞了个分粥全体大会、分粥决策委员会和分粥监督委员会。但是,每每发生的扯皮、攻击,让粥吃到嘴里全是凉的。

最后,终于想出来一个好方法,轮流分粥,但分粥的人要等其他人都挑完后拿剩下的最后一碗。为了不让自己吃到最少的,每人都尽量分得平均,就算不平,也只能认了。大家快快乐乐,和和气气,日子越过越好。

最后一种方式就是激励相容的制度安排。

委托—代理契约以可观察和可证实的变量为构建基础来设计激励方案。比如,股东不知道经理有没有努力工作,但是每股收益与经理努力相关联,而每股收益是可观察的,这就可以用每股收益作为考核变量设计薪资方案。这里的变量除了可观察,还必须可证实,即可以被第三方(通常是法庭)证明并强制实施。[4]一般地,代理人的个人努力程度即使可以被委托人观察到,也往往不可证实。例如,股东发现经理总是上午不在办公室,经理倒是坦白在家睡觉,可是理由是前一晚通宵筹划战略或者陪客户,股东即使不信又能如何。所以,委托—代理契约还要求必须以可证实的条款为内容。以下小贴士说明,"商业判断规则"被执行的一个重要原因是商业判断很难被证实。

小贴士 3-1

商业判断规则

美国在长期的司法实践中逐步概括出了一项所谓的商业判断规则。这项规则说明,只要是董事会基于合理信息、善意和诚实而作出的决议,即便事后看来是不正确甚或有害的,董事也可以免于承担法律责任。也就是,除非原告能提出董事会违反受托责任的反证证明,否则法院不会对公司决策指手画脚。

商业判断原则是法院回避对商业经营进行实质审查的一种策略。从法院的立场看,法官不是商人,不具有商人从事经营活动所必备的技能和经营判断能力,要求法官就经营判断的正确性进行判断未免勉为其难,故法院长期以来不愿对未波及欺诈、非法及利益冲突的经营判断进行事后诸葛亮式的实质审查。

委托—代理理论一般假设委托人具有完全的谈判能力,以至于代理人对于委托人的契约只能要么接受,要么离开。[4]

3.1.2 道德风险问题

狭义的委托—代理问题习惯上专指事后的隐藏行动的道德风险问题。目前关于道德风险问题的研究已经比较深入,本书仅对道德风险模型的构建思路及其推演结果作一介绍,以帮助读者理解道德风险问题及其解决方法的实质。

一、信息对称情况下的激励方案

首先从最简单的情况入手,先假定信息是对称的,委托人可以观察到代理人的努力水平。比如,假定代理人的努力水平就是每年新开多少家门店。委托人和代理人面对的收益关系如图3-1所示。曲线 I 是代理人收入水平和努力水平的无差异曲线。它显示代理人是不喜欢努力工作的,除非获得一定的收入作为补偿,而且对补偿的要求是边际增加的。图中的直线 m 代表的是代理人努力工作所创造的价值,简单假定这是线性关系。

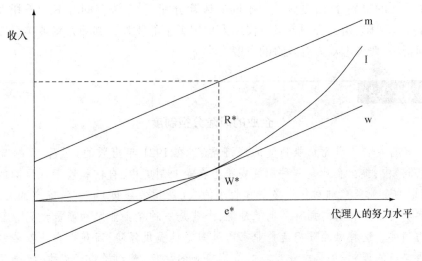

图3-1　信息对称情况下的委托—代理关系

现在的问题是,委托人如何激励代理人。首先,根据委托—代理契约的目标——委托人效用最大化,找到委托人所希望的代理人最佳努力水平。而代理人激励相容约束原则说明,这个最佳努力点也是代理人所自愿实现的。就是说曲线 I 以下的范围是代理人无法接受的交易区间。进而,m 与 I 之间的区间是委托人的收益区间。于是,委托人所希望的代理人的最优努力水平在 e^* 点。离开这一点,m 与 I 之间的垂直距离都会缩短,即委托人的收入会减少。这时,代理人的收入是 W^*,委托人的收入是 R^*。

那么,如何激励代理人将努力水平提升到 e^* 点呢?注意,这里假设代理人的努力水平是可以被委托人观测到的。第一个方案是,给代理人一个强制合同,声称只有当代理人的努力水平达到 e^*,才会得到工资 W^*,否则分文不给;另一个方案是,将代理人的工资合同设计成图3-1中的直线 w,代理人拿计件或计时工资,而且干不好还要扣工资。两种方案下,均衡点 e^* 都能实现。

二、信息不对称情况下的激励方案

股东关心的是公司价值的增加,而这由经理努力和环境因素共同决定,但这两方面都是不能被观测和证实的。这种情况下,委托人如何激励代理人?

先考虑两种极端方案:一种叫工资合同方案,即代理人无论干得如何都得到一笔固定工资;另一种叫租金合同方案,即代理人付给委托人固定租金后获得剩余的全部收益。显然,工资合同方案下代理人是没有努力工作的动机的,租金合同方案则可以调动代理人最大的工作动力。那么是不是说,信息不对称时,最佳的激励制度就是租金合同方案呢?事情没有那么简单,还要考虑双方,特别是代理人愿不愿意接受和执行这个激励计划。事实上,这两种方案不仅显示了不同的报酬分配,更显示了不同的风险分配。[5]工资合同方案下委托人承担了全部风险,租金合同方案下代理人承担了全部风险。哪种方案被接受以及如何折中,要考虑双方对风险的态度。

小贴士 3-2

企业的风险分担制度

奈特是较早研究企业制度的经济学家,在 1921 年出版的《风险、不确定性与利润》中,提出企业是一种制度安排。在企业制度中,自信和敢于冒风险的人(所谓的企业家),通过保证多疑和胆小的人(所谓的雇员)有一份确定的收入,而换取对企业剩余的拥有。也就是说,企业是一种在企业家和雇员之间分配风险的制度。这种风险分担让企业家通过向雇员提供保险,而获得企业权威。而按照科斯的理解,正是企业权威对价格机制的替代,节约了市场成本,提高了生产效率。于是,企业制度存在的前提之一就是"人们不仅在有效控制他人的能力和决定应该做什么上的智力上存在差异,而且在根据个人主见行事和风险承担能力上也存在差异"[6]。

如果双方对风险都持着无所谓的态度,或者说都是风险中性者,那么租金合同方案被执行。但是,现实世界里代理人往往是规避风险的,而委托人可以通过多元化投资而成为风险中性者。委托—代理理论的多数模型也都假设委托人是风险中性的,代理人是风险规避的。小贴士 3-2 从理论上解释了为什么"胆大的才能当老板"。当代理人是风险规避者时,只有在承担风险后得到相应的收入补偿,即风险成本的补偿,才愿意承担风险。图 3-2 表述了信息不对称情况下代理人的风险规避性对激励契约的影响。曲线 U 是代理人收入水平和风险承担水平的无差异曲线。它显示代理人是规避风险的,除非获得一定的风险成本补偿,而且对补偿的要求是边际增加的。图中的直线 n 代表的是代理人承担风险所创造的价值,简单假定这是线性关系。这意味着,代理人越承担风险,越努力工作,创造价值越高。此外,假定代理人不接受这项工作,而从事其他工作可以得到收入 W。W 是代理人参与约束中的市场机会成本。

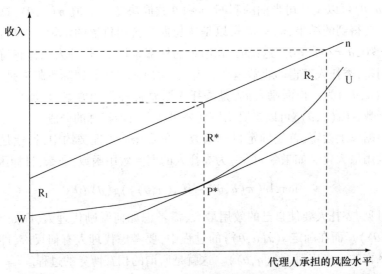

图 3-2　信息不对称情况下的风险与激励

先考虑两种极端方案：如果采用工资合同方案,代理人没有必要承担风险。满足委托人收益最大化、代理人参与约束、代理人激励相容约束的博弈结果是,代理人拿到等于市场机会的固定工作 W,委托人获得的剩余收入是 R_1。如果采用租金合同方案,代理人承担全部风险。这时,代理人如果可以获得风险成本补偿,那么委托人得到的租金为 R_2。假设这个 R_2 是委托人不能接受的,而提出了较高的租金要求,那么租金合同方案不可行,除非双方各自承担一部分风险。P^* 点是最佳的交易点。通过一个利益共享、风险共担的激励计划,委托人的效用最大化目标(这里假定委托人是风险中性的)得以实现,代理人的效用也不低于其他市场机会。

三、基本模型建构

以上推演了道德风险问题委托人与代理人的博弈关系,接下来作更充分的讨论。本节以下分析针对的是这样一个普遍问题：假设委托人想使代理人按照委托人的利益选择行动,但委托人不能直接观测到代理人选择了什么行动,能观测到的是另一些变量,这些变量由代理人的行动和其他外生的随机因素共同决定,那么委托人如何根据这些观测到的信息来奖惩代理人,以激励其选择对委托人最有利的行动。[3]

这里,把以上问题中所涉及的变量用数学方法表达出来。假设 A 是代理人所有可以选择的行动,而 $a \in A$ 就是代理人的一个特定行动。比如,可以用 A 代表经理每天用于工作的时间;令 θ 是外生的随机变量,θ 分布的密度函数为 $g(\theta)$,可以把 θ 理解为市场供需情况;a 和 θ 共同决定一个可观测的变量 $x(a,\theta)$,$x(a,\theta)$ 可以是公司当期的利润,a 和 θ 共同决定一个值 $\pi(a,\theta)$,这是委托人真正要得到的结果,$\pi(a,\theta)$ 可以是从长期看公司价值的增量。一般情况下,$\partial \pi / \partial a > 0, \partial^2 \pi / \partial a^2 < 0$。这说明,在给定的外部条件下,代理人工作越符合委托人的期望,委托人获得的收益越高。当然,代理人工作的边际贡献率是下降的。令 $s(x(a,\theta))$ 为一份激励合同,是委托人激励代理人的方案,是那个可观测变量的函数,$s(x(a,\theta))$ 可以是股东根据公司利润付给经理的分成。

根据以上设定,首先确定目标函数。在委托—代理契约中,目标是使委托人的效用最大化。如果令 $v(\cdot)$ 为委托人的期望效用函数,那么,目标函数为:

$$\max_{a,s(x)} \int v(\pi(a,\theta) - s(x(a,\theta))) g(\theta) d\vartheta$$

可见,委托人要使自己的效用最大,需考虑如何激励代理人,即如何确定 $s(x(a,\theta))$。而在确定 $s(x(a,\theta))$ 的过程中,要考虑代理人有何反应,即代理人以什么样的 a 来应对 $s(x(a,\theta))$。这就是所谓的相互博弈的过程。

其次,要确定代理人的参与约束。参与约束要求代理人从接受合同中得到的期望效用不能小于不接受合同时能得到的最大期望效用。假设,$u(\cdot)$ 为代理人的期望效用函数。同时,令代理人行为的成本为 $c(a)$,并满足 $c' > 0, c'' \geq 0$。$c' > 0$ 反映了代理人的投入越多,成本越高,代理人本意上是不会多付出的。这与此前的设定 $\partial \pi / \partial a > 0$,即代理人投入对委托人的积极贡献,构成一对矛盾。这也就说明了委托—代理模型本质上是一种激励模型。另外,用 $\bar{u}$ 表示代理人不接受契约时能得到的最大期望效用,这由代理人面临的其他市场机会决定。进而,代理人的参与约束为:

$$\int u(s(x(a,\theta))) g(\theta) d\theta - c(a) \geq \bar{u}$$

再次,确定代理人的激励相容约束。激励相容的内涵是,委托人所希望的代理人的行为,只能通过代理人自己的效用最大化行为实现。即,在给定的激励合同下,代理人总是选择使自己期望效用最大化的行为。这里,令 a 是委托人所希望的代理人的行为,而 a' 是代理人可选择的任何行为。那么,代理人的激励相容约束是:

$$\int u(s(x(a,\theta))) g(\theta) d\theta - c(a) \geq \int u(s(x(a',\theta))) g(\theta) d\theta - c(a'), \quad \forall a' \in A$$

最后,整理目标函数和约束条件,一个道德风险模型的基本分析框架为:

$$\max_{a,s(x)} \int v(\pi(a,\theta) - s(x(a,\theta)))g(\theta)d\vartheta$$

$$\text{s.t.} \int u(s(x(a,\theta)))g(\theta)d\theta - c(a) \geq \bar{u}$$

$$\int u(s(x(a,\theta)))g(\theta)d\theta - c(a)$$
$$\geq \int u(s(x(a',\theta)))g(\theta)d\theta - c(a') \ \forall a' \in A$$

四、基本分析结论

以上是道德风险模型的基本分析思路，这里提供一个参数化的例子[3][7][8]。通过对它的求解来寻找道德风险模型的基本启示。

假定代理人的产出函数取线性形式，$\pi = ma + \theta$。其中，a 是一维的努力变量，m 是努力的边际贡献，θ 是均值为零、方差等于 σ^2 的正态分布随机变量，代表外生的不确定性因素。因此，$E\pi = E(ma + \theta) = ma$，$Var(\pi) = \sigma^2$，即代理人的努力水平决定产出的均值，但不影响产出的方差。另假设这个产出可以被委托人完全观察到，委托人仅依此即可设计激励计划。这个激励计划也采用线性函数形式，$s(\pi) = \alpha + \beta\pi$。其中 α 是代理人的固定收入，β 是代理人分享产出的份额。$\beta = 0$ 意味着代理人不承担任何风险，$\beta = 1$ 意味着代理人承担全部风险。假定委托人是风险中性的，委托人的期望效用等于期望收入，即 $Ev(\pi - s(\pi)) = E(\pi - \alpha - \beta\pi) = -\alpha + (1 - \beta)ma$。进而，该模型的目标函数为：

$$\max_{\alpha, \beta, a} Ev = -\alpha + (1 - \beta)ma$$

将代理人努力的成本等价于货币成本，即 $c(a) = ba^2/2$。其中，$b > 0$，是成本系数，代表代理人对努力的回避倾向。b 越高意味着代理人对努力的回避性越强。于是代理人的实际收入为 $w = s(\pi) - c(a) = \alpha + \beta(ma + \theta) - \frac{b}{2}a^2$。不同于委托人，假定代理人是风险规避的。代理人的期望效用是期望收入以及收入的方差的函数，即 $Eu = Ew - \frac{1}{2}\rho Var(w)$。其中 ρ 是反应代理人风险回避倾向的参数。应用期望和方差的统计特性，上式可写成 $Eu = \alpha + \beta ma - \frac{b}{2}a^2 - \frac{1}{2}\rho\beta^2\sigma^2$。这里的 $\frac{1}{2}\rho\beta^2\sigma^2$ 是风险成本，并令 $\bar{w}$ 为代理人的保留收入。进而，代理人的参与约束为：

$$\alpha + \beta ma - \frac{b}{2}a^2 - \frac{1}{2}\rho\beta^2\sigma^2 \geq \bar{w}$$

对于给定的 $s(\pi) = \alpha + \beta\pi$，代理人最大化其收入，一阶条件意味着，代理人的激励相容约束为：

$$a = \beta m/b$$

进一步,整理模型为:

$$\max_{\alpha,\beta} Ev = -\alpha + (1-\beta)ma$$

$$\text{s.t.} \quad \alpha + \beta ma - \frac{b}{2}a^2 - \frac{1}{2}\rho\beta^2\sigma^2 \geq \bar{w}$$

$$a = \beta m/b$$

求解,得到:

$$\beta^* = \frac{m^2}{m^2 + b\rho\sigma^2} > 0$$

$\beta^* > 0$ 意味着代理人要承担其行为的风险,意味着激励就是利益分享、风险共担。另外 β^* 是 ρ、b 和 σ^2 的递减函数,是 m 的递增函数:

(1) 随着 ρ 的上升,β^* 将会下降——代理人的风险回避倾向越强,委托—代理契约中的风险性激励的比例越低。反过来,如果代理人是风险中性的,即 $\rho=0$,最优的契约方案是代理人承担完全的风险。再极端地,代理人是风险偏好的,则委托人获得固定的收入。

(2) 随着 b 的上升,β^* 将会下降——代理人的努力回避倾向越强,委托—代理契约中的风险性激励的比例越低。

(3) 随着 σ^2 的上升,β^* 将会下降——代理人行动结果受外界因素影响越大,或者说绩效测量的噪音越高,委托—代理契约中的风险性激励的比例越低。

(4) 随着 m 的上升,β^* 将会上升——代理人努力的边际贡献越高,委托—代理契约中的风险性激励的比例越高。

3.1.3 逆向选择问题

在公司治理领域,道德风险问题主要涉及的是经理的激励约束机制,而逆向选择问题则与经理的选任机制有密切关系。案例 3-2 讲述了逆向选择问题的基本表现和解决方式。

案例 3-2

海归经理求职

张荣华,FW 公司的董事长兼总经理。梁鸿村,FW 公司常务副总经理。两人把客户送走后,在酒店的咖啡吧醒酒、聊天。说着说着,聊起了两年前梁鸿村应聘 FW 公司的事情。那时,梁鸿村刚从美国回国。此前他拿到了 BU 大学的 MBA 文凭,还在当地一家公司担任了 1 年多的部门经理。

"张董啊,两年前你可救了我,哥们我差点海龟变海带,还是晒干的海带,我已经连吃三天方便面了!"

"怎么会,当时你很优秀啊!浑身上下阿玛尼,我还以为是来收购我的。"

"借的,阿玛尼是借的。"梁鸿村狡黠地笑笑,"刚回国那会儿,我真把自己当人才,有学历有资历。可一面试,谁能把你认出来啊!我开价年薪30万,人家都说我是狮子大开口,其实这远没到我在美国的工资。结果那些刚毕业的书呆子倒是一个一个被聘了。他们倒真便宜,有一小子月薪6000就签了"。

"我告诉你,这叫劣币驱逐良币。"

梁鸿村接着说,"我毕业的那个BU大学,美国排名四五十,刚好国内不知名。有一次面试,我前面那位,西太平洋大学的,说唐骏是他同班同学,结果被录用。我后面那位,说自己是MIT的,尽然不知道我们两所学校只隔一条河,也被录用。真是骗子当道。"

"那你不是还有从业经历吗,在美国干了五年,还当了一年多部门经理。"

"可谁信啊!"

"所以,你就借了一身阿玛尼。你不也是骗子吗!"

梁鸿村大笑了起来。

"我可不是因为你的名牌打扮才要你的",张荣华急忙辩解,"主要是跟你聊完,发现你挺有才,而且你在美国的经验完全用得上,你完全不用转行。"

"没有阿玛尼,你会真的听我聊?"

"想想倒也是。"张荣华呷了一口咖啡,"不过,还有两点也坚定了签你。"

"说说看。"

"你说你回国是照顾老妈,不想总出差。"

"这可是别人回绝我的主要原因啊!"

"我是这么想的。我们这个行业很窄,在本地就这么十来家。所以,你必须好好干,不能骗人,否则你的牌子就砸了。"

"对呀!另一个原因呢?"

"当时我定了三种工资方案,结果你选了那个合同期长,而且底薪最小、主要靠业务提成的方案。"

"所以,你就觉得我是有能力的?!"

张荣华和梁鸿村对视一笑。

一、逆向选择问题的基本表现

逆向选择问题是委托—代理人关系中的隐藏信息特征问题,一般发生在签约之前。在逆向选择问题的研究方面,有三位经济学家作出了突出贡献,并分享了2001年的诺贝尔经济学奖,他们是乔治·阿克劳夫、迈克尔·斯宾塞和约瑟夫·斯蒂格利茨。

逆向选择问题的提出主要归功于阿克劳夫,他所提出的"柠檬市场"理论概括了逆向选择问题的基本表现。[9]他的研究源自对二手车市场的考察,美国口语用"柠檬"来指代"缺陷车"或"二手车"。二手车交易市场上,买家和卖家关于车子质量的信息是不对称的。卖家拥有信息优势,知道自己所要出售的车子的真实质量。而作为普通消费者的买家,一般情况下对车子的内在质量难以了解,只能通过观察外观、听卖家介绍和进行简单测试来判断车子的质量信息。但是这些信息常常是无效的,因为卖家都会将那些明显的缺陷掩盖。极端情况下,买家在二手车市场上见到的都是同样的车。当然他心里知道这里有保养得当的好车,也有出过事故并做过大修的坏车,并对所有车的平均价值有一个估算。举一个最简单的例子,假如二手车市场上各种质量的车平均分布,其中最好的车值20万,最差的车值10万。同时,卖家不太诚实,所有的车都被整修成了最好的车的样子。这对于买家,一意味着他不知道谁好谁坏,二意味着他估计这些车的平均价值是15万。这时,一辆车出价18万,买家会买吗?他不会买。事实上,所有高过15万的报价,都不能成交,而低于15万的才有可能成交。于是,低质量的车子将高质量车子挤出交易市场。而再进一步,既然15万以上的车都不可能进入市场了,买家的心理价位进一步跌,比如跌倒13万。进而13万以上的车又被挤出了市场。一步一步下来,只有最差的那些车可以成交。最极端的,整个市场消失了。

这就是逆向选择问题:缔约前,代理人的特征被确定。代理人知道自己的特征,委托人不知道。缔约的障碍是,委托人如何让代理人说真话从而消除信息劣势。

在案例3-2的故事里,梁鸿村回国未遇到伯乐,就是碰到了逆向选择问题。由于信息不对称,他的学识和才能不能被人察觉,那些缺乏竞争力的反倒把他挤出了市场。张荣华说的"劣币驱逐良币"也有同样的逆向选择含义。刻画逆向选择问题是容易的,但如何解决呢?梁鸿村的故事可以给我们很多启示。

二、逆向选择问题的解决方式

解决逆向选择问题就是设计一种让人们说真话的机制。对于有委托人所需要的特征的代理人来说,真实表露自己的信息是有利的。更关键的是,对于那些不具备这些特征的代理人而言,要让其说谎的成本大于其获得。这就是要满足委托—代理契约中的激励相容约束。

(1)信号传递机制。2001年诺贝尔经济学奖的另一得主斯宾塞贡献了信号传递机制,他是从学历文凭的作用谈起的。斯宾塞认为即便接受教育不能积累人力资本,获得学历文凭也是有价值的。其内在逻辑是:在劳动力市场上信息不对称,雇主无法辨别谁有真材实料,这就是逆向选择问题。而这时若有人能拿出一个含金量高的文凭,他就有可能脱颖而出。这个文凭就像一个信号,告诉雇主,我是有能力的人。能力不在于我接受了教育,而在于有本事拿到文凭。因而同样有本事干好工作。因为只有有能力的人才可能获得文凭,而没有能力的人根本没有可能拿到文凭,或者要付出高得多的成本。[10]

同样的道理,也能说明我国小学生的奥数热问题。现在的现象是,我国许多城市的小学生,特别是临近小升初的小学生,纷纷在课外参加各种各样的奥数班和各种各样的奥数竞赛。而同时,对奥数的质疑和批评此起彼伏,一些专家特别激动,认为奥数百害而无一利,只能降低学生的全面素质。其实这些专家错了,小学生学奥数在多数情况下根本无关于素质,就是为了得到获奖证书,这些证书是他们在升学筛选中提供的信号。现在实行9年制义务教育,各地取消小升初的升学考试。然而,从就业市场上一级一级传递来的压力,逼迫初中仍然要在暗地里选择好学生。可是,没有了考试,怎么解决逆向选择问题呢?小学生只有传递自己聪明、刻苦的信号。而在所有的信号中,最客观、最能拉开差距的就是奥数。

回到案例3-2,梁鸿村在解决求职中的逆向选择问题时,有没有采用信号传递机制?当然有。首先,他把MBA文凭作为信号,但是没有起到作用。一方面,他的那个文凭还不够硬,大学还不太知名,不足以让人"肃然起敬"而把他当人才。另一方面,"骗子"破坏了文凭的信号作用。从这个意义上说,骗子必须要受到严惩,提高其行骗的成本,否则,这个社会的运转系统就完全被破坏了。随后,梁鸿村选择通过工作经历来展示其才能,可再次受到了信息不对称的困扰,无奈之下他选择了"一身阿玛尼"作为信号。这个信号传递出,只有能力强才能有过高职位和高薪资,只有高薪资才能"一身阿玛尼"。

(2) 信息甄别机制。2001年诺贝尔经济学奖的第三位得主斯蒂格利茨和他的团队提出了信息甄别机制。其内容是,委托人事先设计出一系列契约,代理人当然会选择其中对自己最有利的契约,而这一选择也就透露出了自己的特征。如果委托人事先设计的契约符合激励相容条件,双方就实现了共赢。[11]

保险市场是委托—代理问题频发的地方,也是委托—代理理论最能发挥用武之地的地方。一家保险公司遇到的逆向选择问题是,不同类型的人风险是不一样的,保险公司要避免为高风险的人提供高保险,但如何识别投保人的类型呢?应用信息甄别机制,保险公司的精算师一般会设计多种保险合同,适应于不同人群,投保人必须根据自己的真实情况选择才对自己有利。比如有两份大病保险合同,一份是1年后生效合同,一份是3年后生效合同,后者的赔偿金是前者的数倍。所谓1年生效,指的是如果在合同签订日起的1年内生病,保险公司不负责赔偿。面对这样的合同,对自己健康没有信心的投保人只敢选择前一份保单,他怕自己投保后没到3年就生病,结果不仅得不到赔偿,还把保费搭进去。而那些身体已经有问题的,更是不敢签任何一种合同。

在案例3-2里,就采用了信息甄别机制。他设计了三种工资方案,每种方案的固定薪资和绩效薪资的比例不同,而且对应的合同期长短不一。从案例可见,张荣华希望招聘来的助手是对自己能力有信心、敢冒风险的人,对于这样的人,他才会长期合作。而梁鸿村的选择透露出了他的信息,也恰好满足张荣华的要求。

(3)声誉机制。严格说,声誉机制不是针对逆向选择问题的,对于道德风险问题的解决同样有效。此前那些通过可以度量的变量来保证代理人不偷懒和讲真话的激励方法,可以称为显性激励。而声誉机制就是一种隐性激励机制。它是促使代理人基于维持长期契约关系的考虑而放弃眼前机会主义行为的机制,对代理人的激励约束不是来自于契约规定和法律制裁,而是未来合作机会的延续或中断。[12]假如经理人市场是有效的,这意味着经理人的人力资本可以被市场定价。那么,关注自己职业生涯的经理人就不会对自己现在的股东偷懒和说谎,维持好的声誉就是维持高的定价。声誉机制实现了激励相容。

声誉机制生效的关键是存在重复博弈,即委托—代理关系不是一次性的。所谓的"59岁现象",即临退休前晚节不保的腐化行为,就是因为马上要"游戏结束了",声誉已经没有激励约束作用了。重复博弈,并不是说代理人仅与同一个委托人签约。它可以是一个委托人群体,委托人群体的边界就是声誉信息传递的边界。经理人市场的质量,就在于经理信息传递的质量。比如,人们发现越边远的地方民风越纯朴,其实其中的逻辑是,越边远的地方越封闭,越封闭的环境下声誉机制越有效。

在案例3-2中,为什么梁鸿村说他"回国是照顾老妈,不想总出差"后,张荣华坚定了聘用梁鸿村的信心?因为张荣华判断梁鸿村只会在本地工作,而在本地他们那个行业圈子很窄,进而声誉机制很有效。所以,他说:"你必须好好干,不能骗人,否则你的牌子就砸了。"

3.2 代理型公司治理问题

对于公司制企业,主要面对两类公司治理问题:一是产生于股东与经理之间的委托—代理矛盾,二是非控制股东或者说股东整体与控制股东之间的委托—代理问题。在一些文献中,把后者称为第二类代理问题,本书称其为剥夺型公司治理问题。本章所讨论的代理型公司治理问题仅指第一类,即涉及股东与经理的治理冲突,这也是公司治理的传统研究领域。

3.2.1 代理问题与治理目标

经理代理问题的形成,在前两章已有充分论述,这里作简单说明。首先,经理或经理阶层的出现起源于经理制度革命,经理受托于股东掌握资产经营权,是解决企业家人力资本短缺问题的根本方法。所以,是经理制度革命形成了让股东与经理共赢的委托—代理关系。其次,有限责任制度和法人制度的变革降低了投资风险,为股权分散格局的形成创造了条件。股权分散造成了股东对经理监督力下降的事实,股权分散加大了股东与经理之间信息的不对称程度。如前所述,要构成委托—代理矛盾,应具备可支配剩余、目标冲突和信息不对称三项要素。而公司以上两项制度特征决定了可支配剩余和信息不对称的客观存在,那么,这里的目标冲突表现在什么方面呢?

一、经理代理问题的冲突表现

经理在股东的委托下经营管理公司,履行受托责任是经理应尽的义务。而所谓经理代理问题就是对受托责任的违背。从受托责任的性质上,经理的受托责任分为忠实义务和勤勉义务。前者指经理必须忠诚于股东,行为要符合股东的最佳利益。后者是指经理在经营管理活动中必须投入足够的精力,保持足够的关注和勤勉。从受托责任的内容上,可以分为四个领域:一要履行说明责任。这是受托责任体系的内在组成部分,是受托责任体系运转的支撑子系统。二要维护股东利益。资本的逐利性说明股东最为关注的是公司的经济效益,经理要把公司利益最大化作为一项行为宗旨。三要分担股东风险。利益与风险共存,也是一对矛盾。经理在追逐利润的同时必须要考虑风险因素。四要支持股东偏好。一方面经理不能将自己的偏好凌驾于股东,另一方面不能激化股东与其他利益相关者的矛盾。根据受托责任的性质和内容,我们将经理代理问题的具体表现刻画成图3-3所示的格局。

(1) 说明责任履行中违背忠实义务。这表现为刻意地发布错误信息,以获得自己的私利。其中最为严重的是"做假账"、发布虚假公告等扭曲甚至颠倒是非的行为。这里,不妨再回顾一下案例2-2,中航油总裁陈久霖被判有罪的六项指控:制作虚假的2004年度年中财务报表、违背公司法规定的董事职责、在2004年第三季度的财务报表中故意隐瞒巨额亏损、不向新交所汇报公司实际亏损、欺骗德意志银行和诱使集团公司出售股票。再整理一下六项指控的关键词:"虚假""违背""隐瞒""不汇报""欺骗""诱使"。可见,虚假信息的发布是一项严重的经理代理问题,甚至是罪行。此外,经理人基于自己利益的盈余管理也是一种违背忠实义务的行为。所谓盈余管理请见小贴士3-3。盈余管理在

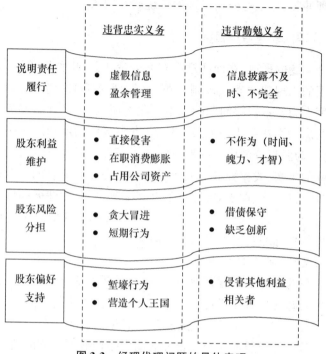

图 3-3 经理代理问题的具体表现

性质上不同于做假账,它还是遵循着既定的法律规范和会计原则,是一种有限度的信息操纵。在一个足够长的时段里,盈余管理并不增加或减少实际盈利,只是改变实际盈利在不同会计期间的分布。经理代理问题中的盈余管理,常常与获得奖金报酬和聘任合同有关。比如,经理发现当公司实际盈余低于年度绩效奖的规定额时,会增加操控性应计利润来提升报告盈余。

小贴士 3-3

盈余管理

盈余管理是指公司管理层有目的地干预对外财务报告过程,以获取某些私利的披露管理行为。[13] 盈余管理的手段包括会计方法的选择和应用、应计项目的管理以及交易时点的控制等,它通过提前或推迟确认收益、支出调整报告盈余。

盈余管理的特点是:(1) 盈余管理的对象是包含公司会计收益信息的对外财务报告;(2) 盈余管理在不违背相关政策法规及会计准则的情况下进行;(3) 盈余管理的目的是为了误导其他会计信息使用者对企业经营业绩的理解;(4) 盈余管理是公司经理和董事等内部人实现自身利益的最大化的手段。

常见的盈余管理有:基于资本市场动机的盈余管理,比如股票发行前的盈余管理；基于契约动机的盈余管理，比如经理为获得绩效奖励而进行的盈余管理；基于政治成本动机的盈余管理，比如应对垄断管制的盈余管理。

（2）说明责任履行中违背勤勉义务。所谓"报喜不报忧"，一般情况下，经理没有主动发布信息的意愿。首先，信息的公布也意味着将公司的战略弱点、经营技巧，以及经理的能力素质公布于众，将公司暴露在控制权市场、产品市场上竞争者的"火力"之下，将经理自己毫无装饰地陈列在经理人市场上。其次，信息披露也是一件花费成本的事情。"多一事不如少一事"，成为经理人推卸说明责任的主要原因。

（3）股东利益维护中违背忠实义务。根本上来说，股东将其资产委托给经理，就是要求经理人用他的专业技能为其"赚钱"。但是，现实中经理人不忠实于这个基本原则的行为常常会发生，并且具有多种表现：第一种情况是直接侵害，这里指的是各种直接盗取、挪用公司资产的所谓贪腐行为，包括侵吞、窃取和骗取公司财物，接受贿赂和收受回扣，等等。第二种情况是在职消费膨胀，这里指的是超过商业惯例和社会共识的利用职位特权获取的物质利益享受。包括超标准的公务用房、公务交通工具、超额的公款吃喝娱乐、公款旅游，等等。第三种情况是占用公司资产，这里指的是使用公司资产为经理获取个人利益的种种隐蔽性的侵占公司利益行为，包括以公司资产为他人债务提供不当担保，利用公司信息从事内幕交易，直接或间接与公司进行关联交易，出售公司资产粉饰经营绩效，等等。

（4）股东利益维护中违背勤勉义务。各种形式的不作为是此类代理问题的基本特征，包括时间投入上的不作为、经营管理才智发挥上的不作为、管理魄力上的不作为等勤勉不足问题。这些不作为问题隐蔽性强，难以被证实，具有"慢性毒药"的侵蚀功能，特别是最后一种"老好人"问题。另外，在所有代理问题中，不作为是最常见的问题，是比例最高的问题。已有研究发现经理更喜欢享受宁静的生活。[14]

（5）股东风险分担中违背忠实义务。随着职业经理的出现，委托—代理关系的形成，完成了企业家职能的分离。而企业家才能中的一项核心要素就是对风险的管理。同时，股东之所以成为公司的核心利益相关者也在于其对风险的承担。所以，为股东分担风险，即控制管理公司风险，是经理受托责任的必然内容。然而，在现实中背离风险责任的经理代理问题非常常见，或者是贪大冒进的极端偏好风险问题，或者是行为短期化的延迟风险问题。当经理本人不承担行为责任，同时又受到高提成绩效奖励诱惑时，前一种问题更易产生，比如案例2-2 中航油总裁陈久霖在期货交易中的"豪赌"。此类问题在国有企业最为常见,干好了拿高薪、走仕途,干坏了换一地当"官";对于后一种行为短期化问题,在存在任期的经理制度中更易发生。经理行为只着眼于任期指标,任期内不出事是其行为的原则,结果却将风险或更大的风险转嫁到了下一任。当然,任期制度本身也是产生其他各类代理问题的催化剂。

(6) 股东风险分担中违背勤勉义务。既然受托于股东管理公司风险是经理的义务,那么在这方面违背勤勉义务的行为就是,经理降低经营难度从而逃避风险责任。这方面的常见行为有两类:第一类是降低债务比例,摆脱财务"硬"约束。一些经理常常自夸其低债务经营状况,吹嘘其财务管理能力。其实,已有文献说明,这只不过是经理无能的表现。[15]第二类是一心守成、缺乏创新。一些经理只会在自己熟悉、擅长和既成的领域经营、投资,哪怕是没有市场前景的领域,或者是不符合股东战略方向的领域。这其实是经理缺乏创新精神和逃避风险责任的表现。

(7) 股东偏好支持中违背忠实义务。当经理偏离股东利益最大化的行动指南,而按照经理人自己的非经济类的意愿行事时,就会发生违背股东偏好的代理问题。这种代理行为并非直接侵占股东利益,但也会产生极大的间接影响。第一类行为称为堑壕行为,或者称为防御行为、壁垒行为,是指经理为维护自身职位的安全而采取的行为。主要包括抵制并购和接管威胁的对外的防御行为,也包括控制投资范围、控制资本结构、控制董事会构成、控制对自己的聘任契约安排等对内的防御行为。第二类行为称为营造个人王国。人们有追求自身价值实现的需要,而对价值的认识,有人关注的是权力的拥有,有人重视的是别人的评价,有人寻求其他个人理想的实现。当经理以这些需要作为人生目标时,就会在公司运作中追求经济效益以外的东西,而将公司营造成自己的个人王国。比如,不断扩大公司规模以满足自己的权力欲,滥发工资和滥用公关费以扩大个人的人际网络,按照自己兴趣而非经济目标进行投资,等等。

(8) 股东偏好支持中违背勤勉义务。不可否认,在某些问题上,股东与其他利益相关者存在着分歧。这时,实际上代理着企业契约的中心签约人的经理,应该尽力调和利益相关者之间的矛盾,这是经理应当承担的一种责任。忽视这一责任,甚至利用利益相关者的矛盾,也是一种严重的代理问题。各种打着股东名义的侵占职工利益、拖欠债权人债务、破坏社区环境、伤害消费者权益等行为,都是不能容忍的。

二、经理代理问题的理论解读——J-M 模型

之前本书提出,公司治理理论的发展大致分为三个阶段——公司治理问题提出阶段、公司治理思想形成阶段和公司治理理论构建阶段。最后一个阶段开始的标志,是1976年詹森和麦克林发表的《企业理论:经理行为、代理成本与所

有权结构》一文。在这里,一个完整的委托—代理模型(简称 J-M 模型)被开发出来,经理代理问题的产生背景、演进方向,以及治理目标被系统讨论。[16]

小贴士 3-4

资本结构与公司治理

公司治理是一门交叉学科,经济学、法学、管理学从不同视角揭示着公司治理的"秘密",而财务和金融学同样在公司治理研究中占据着重要的舞台空间。财务和金融学特别重视资本结构对公司治理的作用。作为公司治理理论体系建构起点的 1976 年詹森和麦克林发表的《企业理论:经理行为、代理成本与所有权结构》一文,就是从资本结构角度挖掘出了委托—代理关系的本质问题。资本结构,简单地说,就是股权与债权的比例,以及不同股权和不同债权的内部比例。在财务和金融学家看来,不同的融资工具代表着不同的收入流分配和控制权安排,不同的资本结构意味着不同的所有权配置[12]。而公司治理就是有关公司权力配置和行使的制度系统。所以,资本结构优化是公司治理理论的重要课题。遗憾的是,鉴于本书以制度设计为主题,未能将其列为重点。

J-M 模型将委托—代理问题聚焦在"代理成本"上,并认为当公司资金不完全来自于经理本人时,他将追求额外的私人利益(图 3-3 所示的各种情况),因为他只承担这些活动成本的一部分,但是这将导致公司价值的下降。由此产生的损失称为代理成本,它由剩余损失、监督支出和保证支出构成。剩余损失是委托—代理问题的核心,是指代理人未采用最大化委托人福利的决策,而导致的委托人福利的损失。监督支出来自委托人,是监测和控制代理人行为而付出的努力。保证支出,又称为管束支出,是代理人的自我约束,是代理人向委托人确保其行为可靠性而花费的代价。

假设在一个仅靠股权融资的公司里,影响经理行为的税收调整、股东意见、绩效激励、动态决策等外部因素都不存在,也暂不考虑监督支出和保证支出。令 $X = (x_1, x_2, \cdots, x_n)$ 表示经理追求非金钱收益的行动,包括在职消费、营造个人王国、不作为而享受闲暇等,对于每一个 x_i 给经理带来的边际效用都为正; $C(X)$ 表示从事 X 行为时公司所支付的成本;$P(X)$ 表示 X 行为给公司带来的收益;$B(X)$ 为公司净收益,$B(X) = P(X) - C(X)$;如果这时经理拥有公司 100% 的股份,即公司由全资股东经营,则其最佳行为是 X^*。显然有,$\frac{\partial B(X^*)}{\partial X^*} = \frac{\partial P(X^*)}{\partial X^*} - \frac{\partial C(X^*)}{\partial X^*} = 0$;当然,更常见的情况是经理只拥有部分股权,这时经理

的最佳行为是 $\hat{X}$；于是，令 $F \equiv B(X^*) - B(\hat{X}) > 0$，表示经理追求非金钱收益给公司或者说全体股东带来的成本，它是经理在非金钱收益上的支出流的当期市场价值。接下来的分析过程请见图 3-4 所示：

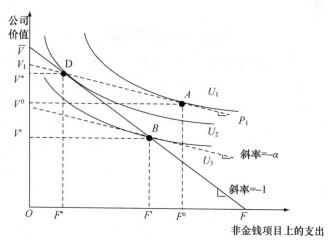

图 3-4　外部股权与剩余损失

首先，考虑全资股东任经理的情况。图 3-4 中纵坐标反映了公司收益的市场价值，横坐标代表了经理为了非金钱收益所花去的公司支出。线段 $\overline{V}F$ 代表了经理行为的预算约束。当经理花费的非金钱数量为 0 时，$\overline{V}$ 就是公司产生的现金流量的最大市场价值。如果经理为了非金钱收益而耗费掉 1 单位的公司利益，则全资股东经理的金钱收益也就将相应地降低 1 单位，因此其预算约束线的斜率为 -1。当他把公司所有的金钱收入都用于非金钱利益时，$F = \overline{V}$。也就是说，全资股东任经理时，在职消费掉的完全是自己的利益，偷懒浪费掉的完全是自己的时间。所以，我们见到个体户是最勤劳的经营者。当然，即便在个体户眼里看到的也不完全都是钱。现实中的经理既追求金钱收益也追求非金钱利益，这两者形成无差异曲线 U。若他是全资股东经理，则实现效用最大化的点是 D，在那里，U_2 与 $\overline{V}F$ 相切，即全资股东经理在获得金钱利益 V^* 的同时享受非金钱利益 F^*。

其次，考虑全资股东经理出售了 $(1-\alpha)$ 比例的股权给外部股东而自己仅保留剩余 α 部分的情况。如果外部股东确信经理仍然像全资控股时消费非金钱项目，则会出价 $(1-\alpha)V^*$。而此时，经理为了非金钱利益而耗费掉 1 单位公司收益时，他个人仅仅承担了成本的 α 部分，因此预算约束线的斜率为 $-\alpha$，即 $V_1 P_1$。如果把经理收到的外部股东支付的款项作为他在出售后的财富的一部分,预算约束 V_1P_1 肯定穿过 D 点,因为只要他愿意,他可以拥有与全资股东时相同的财富和非金钱消费水平。

但是,面对预算约束 V_1P_1,理性的经理会移动到 A 点,在这点上,V_1P_1 与 U_1 相切,而 U_1 代表了更高的效用水平。企业的价值就从 V^* 下降为 V''。与此同时,理性的外部股东会预见到公司价值的下跌,出价绝对会低于 $(1-\alpha)V^*$,结果导致经理的预算约束线下移,但斜率不变。当预算约束线移动到 V_2P_2,使得 U_3 与 V_2P_2 相切于 B,且 B 通过 $\overline{V}F$ 时,便达到均衡状态 $B(F',V')$。结果,外部股东只愿意支付 $(1-\alpha)V'$,原全资股东经理获得的利益为 $W=(1-\alpha)V'+\alpha V'$ $=V'$,少于最初的货币收益 V^*。

这里的 (V^*-V') 就是剩余损失,反映了公司市场价值的减少。它产生于外部股东的出现,准确讲是产生于代理关系。在本例中,因为不存在监督和保证支出,剩余损失就是代理成本的全部内容。代理成本不仅降低了公司的价值,经理个人的效用也受到影响,反映为效用曲线从 U_2 下降到 U_3。

最后,图 3-5 显示了进行委托人监督和代理人保证活动后的代理成本变化。此时,新的预算约束线变为 ECB,而不是 $\overline{V}F$。在监督和保证活动下,经理的非金钱支出给公司带来的成本被控制在 F' 之下的水平。监督和保证的支出为 M,体现为 ECB 与 $\overline{V}F$ 之间的距离。这里假定监督和保证活动增加,F 就减少,而且以一种递减的速度减少,也就是 $\partial F/\partial M<0$ 且 $\partial^2 F/\partial M^2>0$。图 3-5 说明,存在监督和保证活动后,有效减少了 F 的消费,从 F' 减少为 F''。同时,公司价值从 V' 上升到 V'',(V^*-V'') 是新的剩余损失。

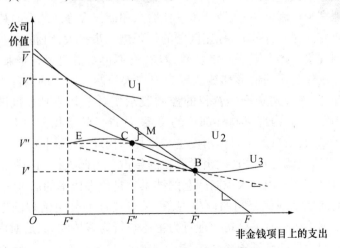

图 3-5　监督、保证与代理成本

J-M 模型解释了一些重要含义:第一,为了避免代理成本,在外部投资者不能预知经理事后行为的情况下,应该给予经理一定的股权性激励,从而可以弱化代理问题。第二,监控和保证活动具有必要性,有利于剩余损失的减少。适度的监控和保证活动可实现代理成本的最小化。第三,监控和保证活动往往也被内部人主动选择,因为它们可以约束经理的自利行为,从而促使经理更多地通过增加公司收益来提升自己的经济利益(同时也就增加了股东的利益)。这也可以解释为什么企业家愿意公开账务、外部审计等便于外部投资者低成本监控的原因。[4]第四,在 J-M 模型后,公司治理活动有了一个具体明确的指标,就是降低代理成本。

三、代理型公司治理问题的其他相关理论解读

代理型治理问题是公司治理理论的传统研究重点,迄今已有若干研究主题被开发,反映了不同的研究视角和切入点。

(1) 代理型治理问题的表现——内部人控制问题

代理型公司治理问题的种种直观表现也被总结为内部人控制问题。内部人控制问题指的是公司的内部人员(主要是经理)获得了与其剩余索取权不相称的剩余控制权,以至于公司的权利制衡关系被扭曲的状态。内部人控制问题的定义来自青木昌彦,最早的研究针对的是苏联和东欧各国在公司私有化改造中的一种特有现象。[17]在这些国家的经济转轨过程中,国有企业经理首先通过中央计划机关的放权活动在计划经济末期已拥有事实上的公司控制权。随后,利用中央计划当局突然解体后留下的真空,经理进一步加强自己的权力。而在私有化的改造中,这些经理联合职工等其他公司内部人更凭借着股权优势,事实上合法地完全控制公司,大肆侵害其他股东和债权人等外部人的利益。

随着研究的深入,内部人控制问题的外延进一步扩大,内涵也进一步明晰。内部人控制现象不再专限于经济转轨情境,也不再专指向国有企业,任何内部人事实上控制住公司的情形都被认定为内部人控制。所谓的内部人也不再专指经理,实际掌握公司资产经营权的控制股东相对于其他股东也被称为内部人。而在内涵方面,内部人与外部人的关系,从责任的受托方向上与委托—代理关系别无二致,信息的不对称角度也与委托—代理关系相同。内部人控制力的来源,在本质上就是对公司剩余索取权的侵占。内部人控制问题的表现就是各种道德风险问题。内部人控制问题的结果就是代理成本的居高不下。所以,内部人控制问题是现代公司的内生现象,是对代理型公司治理问题的现象表述。甚至根据第 2 章有关公司治理行为主体与行为客体的划分,对内部人的治理构成了公司治理的全部内容。

(2) 经理的治理防御——管理堑壕理论

从外在表现上看,代理型公司治理就是关于公司经理的治理。于是,经理也开发出一系列称为管理堑壕(managerial entrenchment),或者称为管理防御、管理壁垒的反制手段。所谓管理堑壕就是指经理在公司内外部治理环境中,进行的有利于维护自身职位安全及减轻被管制压力的行为。管理防御的动机仅仅是维护经理自身的利益,这就对公司运行产生冲击并且危及股东利益,从而产生大量的代理成本。所以,管理防御是一种严重而独特的代理问题,赋予了委托—代理关系治理和反治理的博弈色彩。

管理堑壕首先在经理的持股行为中被发现。研究发现,当经理持有较低比例股份时,市场监管等治理力量会迫使其追求股东利益最大化,但是当经理拥有较高比例的股份时,就可能根据个人私利而行动了,因为足够的投票权保障了其职位和薪酬的安全。[18][19]在这个角度上,管理堑壕理论在股权结构研究中有所扩展,大股东持股的此类负面效应被定义为堑壕效应。

管理堑壕的危害体现在对治理机制的屏蔽上,随后的研究发现,除了持股方式之外,经理堑壕行为具有其他多种方式:第一,反接管防御。一些接管和并购活动是有利于公司价值提高并符合股东利益的。但是,多数的接管将导致经理的职位不保。于是,众多反接管措施被经理开发和使用,诸如毒丸计划、绿色邮件、驱鲨策略、诉诸法律等。这些反接管措施往往假借维护公司利益、保护品牌价值之名,实则仅保护了经理的利益而侵害了广大股东。当然,在经理能保住自身职位的情况下,也可能发生迎合并购的情况。这样,他可以获得更多的基于公司规模的报酬,也满足更高的权力欲。第二,巩固公司对自己的依赖。经理可以进行专属性投资,锁定与公司的关系。所谓专属性投资,是指与经理本人专长相关的投资,在该领域经理没有竞争者。专属性投资能不能为股东带来利益不是经理关心的问题,经理在意的是可否将公司抵押成"人质",是否可以排挤走职位竞争者。专属性投资还存在于社会关系的投资上,当公司的政治关联、客户资源聚焦在经理身上时,经理就有了强大的保护伞。与专属性投资的道理相类似,经理也可以选择长期项目投资,成为这个项目上的不可或缺者,长期垄断职位。此外,"武大郎开店"也是一种管理堑壕。一些经理偏好任用能力低于自己的人,对潜在的接班人排斥、贬低,以此巩固自己的地位。第三,操纵资本结构,降低经营风险。一般来说,股东希望公司能利用财务杠杆来实现收益最大化,但债务的硬约束却加大了经理的绩效压力和职业风险。所以,融资领域的堑壕行为特征是,经理往往偏好股权融资而尽可能地避免负债融资。此外,经理的堑壕行为还表现在,新任经理在试用期内会沿袭前任的经营战略而寻求顺利"上位",经理会为了应付绩效考评而进行盈余管理,经理还会使用操纵董事人选、影响自己的聘任契约等手段。

（3）经理特质的治理含义——高阶理论

在我们对经理问题的研究中，经理都被抽象成一种符号。他们是公司的高级经营者，受托于股东，掌握着公司的资产经营权，同时有着相对于股东的私人信息和个人偏好。在这个符号化的经理概念里，似乎所有的经理都是同质的理性经济人。显然，这并不是事实。当科学一层一层拨开理论假设的包装，经理个性化的特质因素对其行为的影响成为研究重点，高阶理论随之推出，成为经理代理理论的重要补充。

高阶理论（Upper Echelons Perspective）来自汉姆布瑞克和梅森，他们反对过去把战略决策仅看作纯经济技术分析的做法，而考虑了决策者自身的行为因素，以人的有限理性为前提，从公司高级经理的人口统计学特征角度，寻找其认知模式和工作绩效的差异性。[20] 高阶理论认为，经理的个人特质（人口统计学特征，及其决定或影响的价值观、人格等）规定着他们对公司经营环境的认知和分析倾向，也决定着他们对公司战略的选择，进而通过战略选择影响了公司绩效。由于经理个人特质存在差异，因此，不同的经理即使面对相同的经营环境也会作出不同的选择，进而取得不同的绩效。高阶理论还发现，经理团队的集体人口统计学特征对现实具有更强的解释力和预测力。经理团队中的个体构成和结构分布，影响了集体决策过程，决定了公司经营绩效。

高阶理论在公司治理研究和实践中具有广阔的应用空间。首先，有助于解决经理选聘活动中的逆向选择问题。经理的某些个人特质是否具有信号功能，拥有何种信号功能，成为关注的重点。比如，经理的军旅经历是否会影响其认知模式，该认知模式是否适合于某类情境下的决策活动，也许一个统计分析就能给出答案。其次，高阶理论有助于揭示不同特质的经理更可能表现出的哪种不同类型的代理问题，有助于公司治理定位。比如，经理任期变长后，会越来越腐败，还是会越来越保守？这也可以通过相关的实证分析给出答案。最后，高阶理论对团队行为的分析，有助于解决经理班子和董事会各自的搭建问题，也有助于理解经理与董事会的配合问题。显然，这方面的话题很多，已有的研究成果也很丰富，但这里不予列举，仅强调一个重点，即公司治理有一个制度定位的前提，面对不同偏好的经理，就意味着面对表现不同的代理问题，就决定了不同的治理策略。

（4）经理身份另解——管家理论

管家理论（Stewardship Theory），一度也被译为乘务员理论，它从社会人、自我实现人的人性假设出发，认为经理具有对尊严、信仰和自身价值实现的追求，是值得信赖的，进而经理与股东的目标是一致的。经理就像管家一样，本身具有尽到受托责任的意愿,对经理的治理不是监控,而是提供服务和建议,合作是公司治理的重点。[21][22]管家理论相信"性本善",认为经理受社会动机和成就动机的驱动,以实现公司(股东)福利最大化为首要目标,在维护公司利益的前提下,实现个人利益并满足成就需要。

管家理论的提出并非理论空想,也有大量的现实基础。比如,在大量对家族企业的研究中,发现代理理论无法解释家族经理与家族董事间的相互信任、利他主义现象,也无法解释家族企业的非财务目标为何可以被执行。又比如,基于公司发展历程,代理理论和管家理论有不同的适用性。一项对风险投资公司的研究发现,在公司创立早期,管家理论更具解释力,而随着公司的成熟,经理的行为更能在代理理论中找到依据;[23]此外,不同文化下代理理论和管家理论的适用性也不同。日本的高忠诚、高信任文化,往往能促发经理人的管家倾向。

代理理论和管家理论在理论起点上的相悖性,导致了不同的理论含义和实践指向,孰是孰非争议不断。不仅各自都有一套成熟的理论基础,而且也都有一系列的实证结果的支撑。要解决这样的理论纷争,必须摆脱"非此即彼"的思维模式影响。在复杂的公司治理实践中,也许并不存在占绝对优势的理论,某一理论的优势可能只是相对于具体的条件而言。因此,解决复杂的公司治理实践问题关键是找到适合于理论的条件。现实中的情况并不像代理理论或者管家理论所描述的那样简单。现实中的经理既是经济人,也是社会人,现实社会既存在竞争也有合作,利益方面既有冲突,也有一致的地方,人类行为既需要控制,也离不开合作。[24]在此认识的基础上,理论界进行多种形式的整合尝试。我们的理解是,代理理论和管家理论描述了两种极端情境,真实世界的公司治理处于将两端串接起来的连续图谱上。公司治理实践的前提是公司治理定位。当然,定位需要一个坐标基点。本书与绝大多数公司治理文献一样,将代理理论作为这个基点。另外,我们认为将人假设成"坏人"而设计的制度至少不会太坏,但以为天下人都是"雷锋",以此为基础的制度一定会造成天下大乱。

3.2.2 代理型公司治理问题的治理系统

一、代理型公司治理问题的治理架构

代理型治理问题是公司治理的两大问题之一,对经理代理问题的处理是传统公司治理的核心内容。第二章所描述的公司治理制度系统也是处置经理代理问题的基本框架。图3-6是对这个框架的简单描述,其中突出对经理代理问题的治理线索。

首先,治理代理问题最核心的制度安排是对经理制度本身的安排,它包含在内部治理层次之内,包括权力配置制度、经理选聘制度、绩效考评制度、薪酬激励制度等等。经理的行为框定在这套制度体系之内,与其说对经理的治理,不如说是对经理制度的治理。

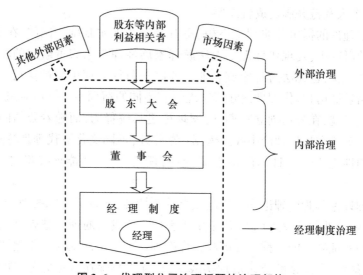

图3-6 代理型公司治理问题的治理架构

进一步的问题是,经理制度的设计者和控制者是谁?既然经理是作为股东的代理人出现的,股东的身份是委托人,按理应该是股东负责对经理制度的治理。假如这里有一个大股东,受到利益和风险的驱使愿意承担治理的责任,同时其他股东和利益相关者(比如大债权人、战略伙伴)对此安排没有意见,由大股东直接管制经理就是一种自然的制度安排,甚至大股东直接兼任经理。这种形式在现实世界里也十分常见。但是,也有很多情况,其他股东和利益相关者不放心这个大股东,或者根本就没有大股东存在,这时经理制度的治理者就是全部股东(以及符合条件的内部利益相关者)。但是,这些股东不能直接接触经理,因为组织设计原则告诉我们不可以有多头领导。于是,股东大会制度被设计出来,它就是一个统一全体股东意见的机关。假如,这个股东大会仅由几个有精力、有能力的股东组成,董事会制度就没有必要了,股东大会直接治理即可。我国《公司法》规定有限责任公司可以不设董事会(见小贴士3-5)。另一方面,现实中还有不少设立了董事会的公司,其董事会执行的其实就是股东大会的职责。但是,如果股东规模稍大,董事会作为股东的信托机构就有必要出现了。

> **小贴士 3-5**
>
> **有限责任公司可以不设董事会**
>
> 并不是所有公司必须设立董事会，我国《公司法》对此的规定是：
>
> 第四十一条　有限责任公司不设董事会的，股东会会议由执行董事召集和主持。
>
> 第四十九条　股东人数较少或者规模较小的有限责任公司，可以设一名执行董事，不设董事会。执行董事可以兼任公司经理。
>
> 第五十二条　有限责任公司设监事会，其成员不得少于三人。股东人数较少或者规模较小的有限责任公司，可以设一至二名监事，不设监事会。
>
> 董事会或者执行董事不能履行或者不履行召集股东会会议职责的，由监事会或者不设监事会的公司的监事召集和主持；监事会或者监事不召集和主持的，代表十分之一以上表决权的股东可以自行召集和主持。

综上，股东大会和董事会制度是为了股东与经理之间的委托—代理关系的正常运转而出现的。所以，股东大会和董事会所参与的公司治理就是对委托—代理契约的治理。委托—代理契约处理的是信息不对称问题，强调的是激励相容的制度安排。于是，股东大会和董事会的治理工作主要围绕监督和激励展开。

股东大会和董事会"用手投票"的内部治理不是整治代理问题的全部，外部治理对规范经理行为也起到了积极而强大的作用。首先，市场的治理力量不容小觑。当经理行为不当和能力不佳时，股东"用脚投票"的结果是股价下跌，公司价值被市场低估，进而促使投资银行家和战略投资者接管公司并替换经理，这是控制权市场的治理逻辑；经理的行为决定了经理的声誉，经理的声誉决定了经理在市场上的人力资本定价，这是经理人市场的治理力量；此外，竞争者的抗衡、消费者的选择，让产品市场产生最终的裁决力量。其次，法律、政府管制、媒体和学者的舆论等等，也是重要的外部治理手段。

二、代理型公司治理问题的治理行为

公司治理的基本制度安排反映了公司的各类要素投入者缔结合作契约后，有关剩余控制权的配置安排，构成了防范经理代理问题的道道防线。在这些制度安排的框架体系之下公司治理行为得以实现。

图 3-7 中，股东、债权人、战略伙伴等利益相关者向公司投入生产要素，并与公司法人这个中心签约人缔结合作契约，规定各自的权利和义务。这在本书的概念范畴内基本不属于公司治理活动。但是，其中有一项活动确实对公司治理

问题有重大影响,这就是资本结构的选择。资本结构反映了股权与债权的比例,以及不同股权和不同债权的内部比例。如 J-M 模型揭示了不同的资本结构导致不同的代理成本,而且不同的资本结构意味着不同的权力对比,进而影响甚至决定了剩余权力的配置活动。所以,有许多学者将资本结构优化纳入公司治理的范畴,甚至等同于公司治理。对此观点,本书并无反对意见,但是我们的视角不同,我们将其作为公司治理的影响因素,作为公司治理定位的起点。我们关心不同的资本结构下应该选择何种治理方式,而不主动寻求资本结构的调整。换言之,我们在边界的处理上,将资本结构优化纳入到治理结构设计的范畴。当然,必须承认这个边界是比较模糊的。

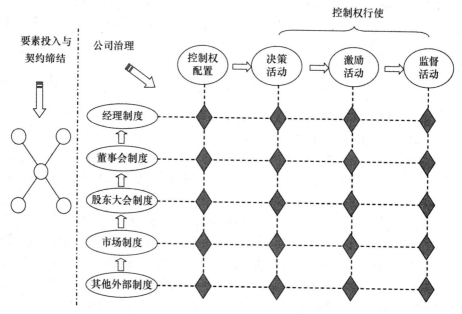

图 3-7 代理型公司治理问题的治理行为

当公司契约缔结后,公司治理问题随之而来,包括剩余控制权的配置问题和剩余控制权的行使问题。关于剩余控制权的配置,此前已有较多介绍,形成了公司治理的内外治理系统,或者简化成图 3-7 所示的针对经理代理问题的五道制度防线。在理论演进的长期逻辑视野下,这些治理制度安排是剩余控制权配置的结果,也是制度优胜劣汰后生存下来的佼佼者。但是,对于具体的当今的公司治理实践,这些制度安排在形式上基本是唯一的选择。一方面它被法律既定了,另一方面个人也不会想出更高明的制度安排。于是,公司治理实践变成了采纳既定的制度体系的形式后,如何按照自己的现实条件去调整剩余控制权的配置。当权力配置完成后,相应的行使活动随之而来。一般,将剩余权力的行使分为决策活动、激励活动和监督活动。它们分布在治理制度框架的全空间内。

公司治理行为中的决策活动是关于公司资产经营活动的剩余控制权的具体化，它负责安排和管理公司的资产决策事务。在一个完成了经理革命的标准现代公司中，经理应当负责资产经营中的决策管理权，包括决策制定和决策执行两大职能。它们可归纳为狭义的决策权。对于董事会，主要承担决策控制权，包括决策审批和执行监督两大职能。它其实是对狭义决策行为的监督权。此外，公司的使命、宗旨、价值体系等最高目标由董事会确定。对于股东大会，则执行保留在股权之内的一部分决策权。一般涉及公司资产变化、合并、分立和解散等重大财产变更决策事务。对于公司外部，对决策的影响主要来自市场信号、舆论信息、管制要求等。注意，是否完成经理革命，是这段决策治理行为的表述成立与否的前提。

公司治理行为中的激励活动是关于如何促使经理与股东利益一致的实现激励相容的活动安排。激励活动涉及的是经理的行为动力问题，以促使经理尽到受托责任为目的，既包括正向的鼓励也包括负向的惩罚。这部分活动主要体现在经理制度体系的设立和事实上。一般包含薪酬激励、权力激励、声誉激励和聘任激励等等。这些激励制度的制定者一般来自董事会，审定者可以来自股东大会。而外部的市场制度、舆论活动则是这些激励活动的重要载体。

监督活动是公司治理行为的重点，"治理"二字本身就涵盖更多的监督和管制的含义。对于经理代理问题，监督的核心功能是减少委托—代理关系中的信息不对称性。对于经理，J-M模型中的保证支出就是一种自我监督，自我监督一方面作为信号获得董事会的聘任信任，另一方面也有利于获得自我约束后的收益。对于董事会，监督的活动包括选聘经理、考核经理、督促经理等，也包括财务监督、业务监督等，更有事前监督、事中监督、事后监督等形式。甚至，在关系控制模式下公司治理系统内还开发出监督董事会、监事会等专门监督机构。对于股东大会，主要通过治理董事会、审核公司报告等来完成监督职责。市场的监督力量是强大的，资本市场上的信息监控产生了股东"用脚投票"行为，控制权市场的接管压力和经理人市场的人力资本定价决定了经理的职业生涯，产品市场上的监督反映为公司的经营绩效。其他的外部监督还包括法律法规管控、政府部门管制、中介机构评判、公众舆论传播、社区环境制约、社会文化约束等等。

案例 3-3

满脑袋智慧的农民企业家的治理"招数"

1995 年，在全民经商的热潮中，我(指的是本案例的设计者，清华大学宁向东教授。——引者注)的一个朋友有了一个不错的发明,估计一旦商品化,潜在的市场可能会不错,但他没有钱投资。这个项目的总投资不算太大,大约两千万左右就可以达到生产上比较经济的规模。我的朋友找到我,说你在企业界的朋友不少,能不能在民营企业这个圈子里帮我找一个肯投资的人,将来我们把事情做出来,大家三七分账,我拿三,投资者拿七。

过了一个月,我为这个朋友找到一个农民企业家。此公靠盖房子起家,靠着一块块砌砖积攒了万贯家财。此公没有学历,但满脑袋都是智慧。我陪着他们谈了一天,我的朋友为企业家描绘了非常有吸引力的技术优势和可观的市场前景。但是,当关于企业运行方面的问题几乎一一得到解决之后,这个企业家提出了他的最后一个问题:在我投资之后,我的钱都变成了设备和在制的产品,企业是个高科技企业,我根本没有能力管,经营决策完全由你做主。那么,我怎么才能知道你是为了我们两个人的利益而努力,而不是在"黑"我呢?如果你"黑"我,我又该怎样保护我自己呢?

这是一个很敏感但又不容回避的问题。在这个时候,我的朋友及时地把我推了出去。他说,这是一个公司治理的问题,宁教授是研究公司治理的,请他给我们出个主意吧。我当时并没有多少企业运作的经验,对公司治理的理解也相当肤浅。但无知者无畏,我就给他们大讲了一顿"法人治理结构"。我从经理报酬讲到董事会制度,还建议他们聘请一些独立的外部董事来对经理层加以约束。这在当时都是些时髦也少人知道的内容,听得这位企业家两眼大放光芒。我以为这样就可以解决问题了。但没有想到当这位企业家礼貌地听完了我的长篇大论之后,对我的朋友说:宁教授讲得确实好,但我们也没有必要搞得太复杂了。他说:你有一个女儿,我也有一个女儿,两个孩子又一样大,这样吧,干脆你把女儿送到我这里来,两个孩子结成伴,我供她们吃,供她们上学,你也可以踏踏实实地搞经营。

这是一个"人质"方案。

资料来源:宁向东:《公司治理理论》(第2版),中国发展出版社2006年版。

在案例3-3中,撇开满脑袋智慧的农民企业家的"人质"方案是否合法不说,仅考虑这个招数的目的和功能。首先,这个招数是因农民企业家要寻找控制公司和经理的机制而来,也就是产生于剩余控制权的配置活动之中。其次,在无法实现信息对称性的前提下,这个招数确保了经理与股东的激励相容,促使经理为了自己的利益也不能"黑"股东。附带着,这个"人质"方案还以信息甄别的方式解决了经理能力的逆向选择问题。所以,这个"人质"方案是一个极其巧妙的公司治理安排,当然也是一个不可能出现在"规范"的公司治理模式中的方案。宁向东在点评这个案例时提到,"也正是从这个故事开始,我再也不相信什么'规范法人治理结构'的说法,不相信公司治理是可以被'规范'的"[33]。

3.3 经理制度

3.3.1 经理制度概述

一、经理的控制权配置与角色认定

企业史学家钱德勒1977年出版的《看得见的手——美国企业的管理革命》论证了经理制度在现代公司制度中的核心地位。通过对19世纪中期以来的美国企业发展历程的考察,钱德勒认为虽然有限责任制度是公司制度的起点,但是现代公司制度的主要标志是职业经理人的广泛出现和经理制度的普遍实施,进而现代公司是"由一组支薪的中、高层经理人员所管理的多单位企业"[25]。经理在公司中的管理职能在古典企业中由出资人所承担,那时的出资人是既承担商业决策又承担商业风险的"联体企业家",因而经理是分离于企业家的职能而出现的,也是受托于企业家的责任而出现的。所以,根本上来说,公司的特征是职业经理的出现,是企业家身份的分解,而非所有权与控制权的分离。[26]经理作为一种社会分工而出现,主要源于现代公司所面临的两项经营条件的变化:其一是投资主体越来越多元化,股权越来越分散,使得股东之间在业务活动上要达成一致决策,成本过于高昂以至于不可能;其二是公司经营管理日趋复杂化,对经营管理的能力要求变高,一般的股东难以胜任,非职业人士不可。

所以,从经理的起源看,经理不仅仅是一个称谓,而是一种职业。就好像今天,到处都是逢人必称老师,但是真正能传道解惑的能有几个?同样,今天每家公司都有好多总经理、副总经理,但是不少这样的"经理"无非是个头衔,干的事情仅仅是执行或者传达决策者(背后的"老板")的命令而已。所以,本书以真正完成公司革命的现代公司为基点,在对经理制度的研究中也以名副其实的经理为基点。目前,我国一些垄断型国有企业的"经理"高薪资引起了很大的社会争议,人们对这些"经理"是否要高薪激励和高薪养廉而争论,但在我们看来,在争论这个问题之前,先要解决这些"经理"是否是真正经理的问题。

所谓经理,是受托于股东对公司资产的保值增值负责,在日常运作中独立行使决策管理权和业务处置权的经营管理者。首先,经理身份确认的第一项要素是,他是否承担了受托于股东的资产经营权,是否对外以股东的代理人的身份出现。《意大利民法典》对经理的定义简洁而有代表性,它规定接受企业主的委托经营商业企业的人是经理人。[27]其次,经理要承担经营职责,反映为独立地行使决策管理权,涵盖决策制定和决策执行两大环节。最后,经理要承担管理职责,要全权负责公司运作效率的改善。如果在一家公司中,这些职责集中在一个人身上,经理就是一个人。但是,在比较多的情况下,承担这些职责的是一个"领导班子",那么,经理就是一个集合的概念。所以,本书提及经理时,如同提及股东、董事时是一样的,并不特指某个自然人,而是高级管理人员群体。我国《公司法》第216条规定:"高级管理人员,是指公司的经理、副经理、财务负责人,上市公司董事会秘书和公司章程规定的其他人员。"

小贴士 3-6

《公司法》关于经理的规定

第四十九条 有限责任公司可以设经理,由董事会决定聘任或者解聘。经理对董事会负责,行使下列职权:

(一)主持公司的生产经营管理工作,组织实施董事会决议;

(二)组织实施公司年度经营计划和投资方案;

(三)拟订公司内部管理机构设置方案;

(四)拟订公司的基本管理制度;

(五)制定公司的具体规章;

(六)提请聘任或者解聘公司副经理、财务负责人;

(七)决定聘任或者解聘除应由董事会决定聘任或者解聘以外的负责管理人员;

(八)董事会授予的其他职权。

公司章程对经理职权另有规定的,从其规定。

经理列席董事会会议。

第一百一十三条 股份有限公司设经理,由董事会决定聘任或者解聘。

本法第五十条关于有限责任公司经理职权的规定,适用于股份有限公司经理。

目前,许多公司执行CEO制度。这个CEO制度是经理制度的高级形态,非常能体现经理的本质属性。首先,CEO制度的特征是:(1) CEO制度产生于商业经营环境的变化。上世纪后期开始,商业竞争呈现全球化、高科技化、快速反应等变化,复杂和多变的环境对经营管理的职业化和高端化要求越来越高。一方面经理需要更充分的决策权,否则商业机会稍纵即逝,另一方面处于"后台"的董事缺乏制定决策的信息和能力。(2) CEO制度是首席官团队制度。CEO制度不是CEO一个人的制度,它包含CEO(首席执行官),以及COO(首席运营

官)、CFO(首席财务官)、CIO(首席信息官)、CMO(首席市场官)等。其中,CEO是这个团队的核心,是公司的第一号经营者,也是这个团队的建设者。其他的首席官则根据CEO的决定有所选择地设立。(3)从CEO拥有的权力看,CEO除了拥有一般总经理的全部权力外,还拥有董事会50%的权力。[28]公司资产经营的决策权基本归首席官团队所有,董事会仅在重大事件上有决策控制权。董事会基本专职于监督职能。

其次,CEO制度所体现的经理制度的本质属性在于:(1)CEO更加直接地面对股东,成为股东的代理人。过去处于中间环节的董事会,在委托—代理链上的"成色"有所消减。经理所承担的受托责任的要求更高。当然,这也对公司的外部治理系统提出了更高的要求。(2)CEO更加充分、更加集中地拥有决策权。经理拥有决策管理权、董事会拥有决策控制权的分工在CEO制度中被充分执行,甚至过去被认为属于战略性的决策也被事务化了,全权由CEO控制。公司在资产经营活动中呈现为一个中心,这个中心不是董事会,而是CEO。(3)在公司管理活动方面,首席官团队的专业化、层级化分工,将公司的业务管理和资产经营良好地连接在一起。

所以,CEO是具有更高决策权威的经理。然而,我国一直以来将CEO翻译为首席执行官,国人往往误解CEO是完成"老板"或者董事会决策的执行者。其实,CEO是Chief Executive Officer的缩写,这里的Executive自然可以翻译成执行,但是Executive还具有经营的、行政的含义。所以,CEO的另一个较少用到的翻译即行政总裁,更准确一些。不过我们以为把CEO译为首席经营官,最能体现其职责内涵。

二、经理制度架构

经理制度的核心部分,就是以上所述的有关经理权责配置的制度。而当经理履行受托于股东的职责后,经理与股东间存在的目标不一致和信息不对称问题便显现出来。为了解决经理代理问题,一系列制度安排被设计出来,它们构成了广义上的经理制度,其体系架构如图3-6所示,其实也就是针对代理型公司治理问题的治理系统。以下讨论的是狭义上的直接规制经理行为的制度安排。

图3-8显示了经理制度的基本架构。其中,经理控制权制度是经理权责配置的结果。根据经理控制权制度的安排,经理获得资产经营权,获得剩余控制权,以及相对应的有关具体行动的决策权。经理获得的控制权是经理与治理行为主体间分配的结果。经理的权力越大,经理革命的程度越高。同时,经理的权力大小,是其他治理制度安排的定位基础。

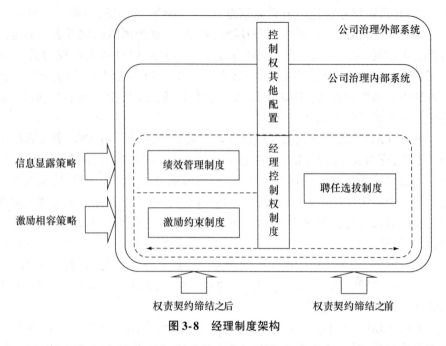

图 3-8 经理制度架构

经理控制权制度是经理与公司所达成契约的主要内容,以这个契约的缔结时间为标志,经理制度的各组成部分依次展开。缔约之前,会发生逆向选择问题,对应地,出现了经理的聘任选拔制度。缔约之后,会发生道德风险问题,从激励相容的制度设计角度出发,出现了经理的激励约束制度,从直接减少信息的不对称性出发,出现了经理的绩效管理制度。

3.3.2 经理的聘任选拔制度

案例 3-4

谁造就了杰克·韦尔奇

在杰克·韦尔奇执掌通用电气(GE)公司期间,公司接连在《福布斯》杂志全球 500 强排名表上位居榜首,他本人多次被评为"全球最佳 CEO"。杰克·韦尔奇的成就当然离不开他个人卓越的企业家才能,但这也是 GE 的经理聘任选拔制度的成功。

1981 年,韦尔奇从 GE 第七任 CEO 雷吉·琼斯手中接过了 GE 的权杖,在此前,雷吉·琼斯主导下的 CEO 继任工作已经进行了 7 年。琼斯 1974 年就开始考虑挑选自己的继任人,最初人事部门提供了一份包含 96 位候选人的名单,随后根据一系列年龄、能力的权衡,候选人的人数缩减至 19 人。这时,主管人力资源的高级副总裁特德·勒维诺和雷吉·琼斯决定给予年轻人更多的机会，韦尔奇补充进入了候选人名单。后来，经过评估候选人减少至11位。

更严苛的考评开始，让人印象深刻的方式有三种：其一，琼斯从前任弗雷德·波克那里学来了"飞机面试"计划。琼斯把11名候选人分别召进办公室，问道：你和我现在乘着的飞机坠毁了，谁该继任通用电气的董事长？每人被要求提出3位候选人。后来又问了他们对GE的现状、挑战及对策的看法等其他问题。这样的"飞机面试"进行了两轮，每轮过后都有人被淘汰。其二，在非正式场合让独立的高端企业家评判候选人。琼斯介绍韦尔奇参加董事会成员层次的酒会、舞会、高尔夫球赛等活动。这大概与中国人的"牌品就是人品""酒品就是人品"的评断逻辑是一样的。其三，广泛的、大力度的岗位轮换和岗位提升。在作为候选人的几年时间里，韦尔奇攀爬了螺旋式的职业阶梯。他不断地被调到新的岗位，既获取新的知识，也接受新的挑战。而每一次轮岗，意味着前一次考核的成功，也意味着更高阶层考核的到来。在1979年8月，最后一次岗位变动是韦尔奇和另两位候选人进入董事会，并担任副董事长。一年之后，董事会进行人事评估，韦尔奇得分最高。董事会同意推举韦尔奇为GE新一任的董事长。

同样的程序在杰克·韦尔奇选择自己的继任者时，又开始了一遍。关于继任问题，韦尔奇说到："至少有一年的时间，这是我每天早上思考的第一件事，也是每天晚上占据我整个头脑的事情"。

资料来源：〔美〕杰克·韦尔奇、约翰·拜恩：《杰克·韦尔奇自传》，曹彦博译，中信出版社2001年版。

一、经理聘任选拔制度的基本架构

经理的聘任选拔活动主要涉及三个问题：（1）需要怎样的经理？即对经理的能力有何期待？对经理的品质有何要求？（2）怎样识别经理？这就是本章第一节涉及的逆向选择问题。（3）怎样发展经理？经理聘任是公司的重大事件，以此事件为推动，要建立起促进经理人才涌现的长效机制。当（1）和（2）问题联系在一起，就突显了选聘评估制度的重要性。这是经理聘任选拔的核心，涉及经理的素质要求和素质考察等内容。当（2）和（3）问题联系在一起，说明了经理选聘活动所具有的激励作用，如何适度保持选拔的激励作用又不造成恶性竞争，是选聘激励制度需要解决的难题。当（1）和（3）问题联系在一起，就提出了经理培养工作的要求，既培养出人才又挖掘出人才，是选聘培养制度的任务。此外，要保证经理聘任选拔顺利进行，还需要包含流程控制、评估者选择等内容的支撑制度的建设。经理聘任选拔制度的基本架构如下图所示：

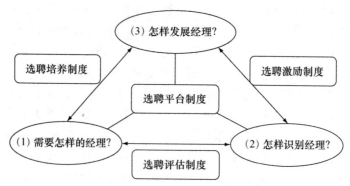

图 3-9 经理聘任选拔制度的基本架构

二、选聘评估制度的主要内容

经理选聘评估制度包括两项主要内容:首先,根据公司内外环境条件、公司发展战略方向等,明确对经理的素质与能力的要求。表 3-2 是关于职业经理人必须具备的素质与能力的要求的一个例子。

事实上,这样的素质表格和胜任力模型数不胜数。在多数情况下,我们都不能证明其错误,但也无法证明其正确。这是这类知识普遍难以处理的问题。不过有一点要明确,无论怎样高明的能力模型必须放在一定的条件下才能有效。

表 3-2 经理的素质与能力要求(一个例子)

一级指标	二级指标	三级指标
良好的道德品质	良好的道德	
	优秀的品质	勇于开拓
		使命感
		勤奋好学
		乐观热情
		诚实与机敏
丰富的文化内涵	广博的基础知识	语言文字能力
		历史和哲学知识
		社会学和心理学知识
		法律知识
	丰富的专业知识	所在行业专业知识
		经济学知识
		管理学知识
	当代最新的管理与科技动态	

(续表)

一级指标	二级指标	三级指标
非凡的领导能力	洞察事物、提出构想的本领	
	协调一致的技巧	
	调动员工积极性的能力	

资料来源：中国商业联合会、中国企业联合会组织编：《公司治理》，上海人民出版社2006年版。

经理选聘评估制度的第二项内容就是如何评估候选人。评估候选人的工作的出发点和落脚点都在于处理信息不对称所引发的逆向选择问题。对此，有两条思路：一是从机制设计的角度处理逆向选择问题。主要包含信号传递、信息甄别、重复博弈下的声誉机制三大模式。二是通过严格的评估程序，将隐性信息显性化，彻底解决信息的不对称性。案例3-4中GE公司的做法给我们的启示是，要形成正式考评与非正式考察相结合的评价机制，要保证评价中的审慎、全面和长期。

三、选聘激励制度的主要内容

经理选聘活动对公司内部的组织政治会造成重要影响。所谓组织政治是指在一个组织中与权力的获取、权力的使用、权力的争夺、权力的强化等相关的活动。而权力又是多数人，特别是经理人所渴望的东西。于是，经理选聘做得好，权力成为激励因素而激发人们向上的进取心。做不好，或者打击人们的积极性，或者造成恶性竞争。经理选聘激励制度涉及两个层面的内容，一是选拔内部人还是外部人作为候选人，二是随后如何控制激励的力度。

首先要考察内部晋升与外部招聘的区别。这其实也是一个全方位影响经理选聘工作的抉择。选拔内部候选人的好处在于：信息对称度高，决策者对他的了解更充分，选错人的风险较小、危害较轻；候选人对工作熟悉，上手快；有利于前任的培养；在激励问题上，一方面有利于候选人更加努力工作，另一方面也有利于形成积极进取的公司文化。选拔内部候选人的不利之处在于：工作上的创新性可能会弱于外部人，发现市场机会的可能性更小，接任后更可能将萧规曹随奉为圭臬；工作上的包袱重，其弱点易被放大，缺点不易被包容；在激励问题上，一方面可能招致恶意竞争带来的互相拆台、小集团化、扭曲信息等政治行为，另一方面可能打击职位竞争失败者的积极性和忠诚度。而这些情况反过来就是选拔外部候选人的结果。简单说，"外来的和尚好念经"是选拔外部人的优势，信息不对称度高和打击内部人积极性是选拔外部人的缺点。[29]

可见，采取内部晋升制度具有激励作用，但是如何实施却是一个需要进一步设计的问题。一方面，激励强度要合适。激励强度依赖于两个因素，一是就职先后的福利差别，就是期望理论中的"效价"；二是被选聘的概率，就是期望理论中的"期望值"。激励强度过低则缺乏激励作用,过高则会把太多的人"胃口"都吊了起来。最理想的情况是,让真正胜任者愿意为职业进阶而再加一把劲,让目前条件还不成熟的人把希望放在下一次。另一方面,要调整竞争者之间的冲突。随时注意控制可能激化的矛盾,让竞争发生在"阳光"之下。对于落选者,可提供其他职业通道,或给予一定的经济补偿。

四、选聘培养制度的主要内容

当锁定了候选人后,公司应该果断投入,精心培养,促进他们的成长。首先,结合以前的评估结果,针对候选人的薄弱之处以及公司需要加强之处,确定培养目标。其次,采用多种手段,量身打造培训计划。其中,岗位轮换、担任现任经理助理等"干中学"的培养计划被广泛使用。岗位轮换有助于候选人丰富业务知识、提高管理能力,掌握公司业务与管理的全貌,也有助于培养协作精神和系统观念。担任助理职务通过直接学习现任的做法,熟悉经理工作的内容和要求,提前积累经理工作经验。最后,选聘培养的过程同时也是一个评估的过程,候选人在培训期间所反映出来的能力和品行,是决策者需要重点考量的信息。

五、选聘平台制度的主要内容

选聘平台制度负责经理聘任选拔的全流程服务,主要包含四个部分:第一,选聘管理团队的组建。一般的做法是,由现任经理牵头启动和领导,由董事会成员构成选聘决策团队,由公司人力资源部门作为具体执行机构,适当情况下可以引入猎头公司。第二,候选者的管理。包括建立候选人名单,记录候选人工作情况,记录候选人考评成绩,安排试用或轮换岗位,反馈候选者信息等。第三,选聘环节的连接。从选聘流程的开启,各选聘制度之间的衔接和推动,到交接工作设计、落选者工作安排,需要全程服务。第四,紧急聘任预案管理。有许多原因,可能是公司绩效的原因、危机事件的原因,甚至经理个人、家庭的原因,公司需要紧急聘任新的经理。有准备的公司,应该事先就准备好应对方案。

3.3.3 经理的绩效管理制度

经理绩效管理常常被狭义化为绩效考核。图 3-10 是对于各类人员都通用的绩效管理系统,绩效考核只是其中的一个环节。绩效管理被认为是管理者用来确保员工的活动和产出与组织的目标保持一致的过程。这个过程起始于绩效目标的确认,它来自于公司战略的分解。随后,在整个绩效周期之内进行绩效监控。监控,不仅是收集、记录绩效表现,更重要的是进行绩效沟通,并辅导员工改善工作、提高能力。到了绩效周期结束的一个时点上,才进行绩效考核。考核不仅意味着技术性的评估,还要进行反馈沟通。最后,要制定绩效改进计划,以及针对绩效表现展开激励、聘任、培训等工作。

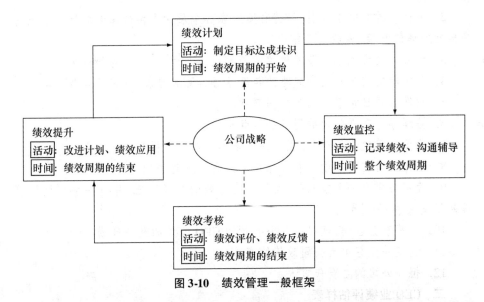

图 3-10 绩效管理一般框架

可见,绩效考核仅仅是绩效管理流程中的一个环节。这样的管理原则同样适用于对公司高级经理的管理。对经理的绩效管理,就是以董事会为管理主体,为确保经理对股东尽到受托责任的过程。在整个过程中,行为的关键词是"沟通"和"改善",甚至绩效考核也是以"沟通"和"改善"为目的的。全美公司董事联合会蓝带委员会认为 CEO 业绩评估的好处是:方便董事会与 CEO 之间就公司和 CEO 长期和短期的业绩期望进行交流;方便董事会与 CEO 之间就实际业绩评估进行交流;帮助 CEO 认识到自身的长处和缺点以及找到发扬长处、改进缺点的方法;及时为 CEO 和董事会提供潜在问题的报警信号;提供清晰的 CEO 薪酬决策准则,包括刺激性报酬的方案和何时取消这些方案;协助培养 CEO 与董事会之间的团队合作观念;增加在危急关头董事会支持 CEO 的可能性;提供一个明确的信号给股东和行政管理者:董事会一直在监督和评估 CEO 与高层管理人员的活动。[30]

以上说明,第一,经理绩效管理的目的是确保经理尽到受托责任。第二,绩效管理中的活动不是考核,而是建立一个有关经理受托责任的沟通渠道。第三,经理绩效管理的对象不仅仅是财务业绩,不仅仅证明过去为股东创造了价值,而是确保经理具有继续为股东服务的能力和品质,并帮助经理提高这些素质。

小贴士 3-7

"全美公司董事联合会蓝带委员会"推荐的 CEO 绩效管理方案

一、示范性 CEO 职位说明

1. 营造一种促进道德行为、鼓励个人正直和承担社会责任的企业文化。

2. 维持一种有助于吸引、保持和激励在各个层次上由最高素质员工组成的多样性群体的积极、道德的工作原因。

3. 为公司制定能创造股东价值的长期战略与远景,并推荐给董事会。

4. 制定能支持公司长期战略的年度业务计划和预算,并推荐给董事会。

5. 确保公司日常事务得到恰当管理。

6. 持续努力实现公司的财务和运营目标。

7. 确保公司提供的产品、服务的质量和价值不断提高。

8. 确保公司在行业内占有并保持令人满意的竞争地位。

9. 确定公司有一个在 CEO 领导下的有效的管理队伍,并有一个积极的管理队伍发展、换届计划。

10. 与董事会合作,确保有一个有效的 CEO 职位的继任计划。

11. 制定并监督重大公司政策的实施。

12. 担任公司的主要代言人。

二、CEO 业绩评估样表

(一) 一般职能

CEO 要对 XYZ 公司的成败负责。通过提供经营理念来领导公司、制定并实施战略计划和运营计划、监督公司的动作、搭起管理班子、分配资源、确保控制权、担当代言人、和董事会一起制定政策并保持监督。

(二) 评分标准

1. 远低于期望值;2. 低于期望值;3. 符合期望值;4. 高于期望值;5. 远高于期望值。

(1) 领导力。领导公司并确立一个被充分理解、广泛支持、一贯应用和有效实施的经营理念。

评分_____

(2) 战略规划。确保长期战略的发展,设立满足股东、顾客、雇员和所有公司利益相关人需要的目标和计划,确保持续地、及时地向战略目标推进,获取并按战略目标分配资源。

评分_____

(3) 财务成果。设立适当的年度和长期财务目标并设法持续地实现这些目标,确保适当的财务体系来保护资产和维持对运营的有效控制。

评分_____

(4) 继任计划。开发、吸引、保持、激励和监督一个有效的能实现目标的高层管理队伍,为管理层的换届继任提供人才。

评分_____

(5) 人力资源。确保有效的人才招募、培训、保留人际沟通方案和计划的发展以提供必要的人力资源并激励他们实现目标。设立为少数民族的员工提供公平就业机会的计划并加以监督。

评分_____

(6) 沟通。担当主要代言人，与股东和利益相关人进行有效沟通。

评分_____

(7) 对外关系。确保公司及其经营单位恰当地为社区和行业的健康发展作出贡献，在社区和行业事务中代表公司。

评分_____

(8) 与董事会的关系。与董事会密切合作，使他们充分了解公司发展与现状的各个重要方面。为董事会的治理、构成及委员会的结构提供方便。实施董事会的政策并向董事会提供建议。

(9) 整体评价。_____

(10) 在未来一年中的关键挑战。_____

(11) 思考和关注。_____

资料来源：全美公司董事联合会蓝带委员会：《首席执行官、董事会和董事的业绩评估》，载梁能主编：《公司治理结构：中国的实践与美国的经验》，中国人民大学出版社2000年版。

3.3.4 经理的激励约束制度

一、经理激励约束制度的主要内容

经理激励约束制度是指实现经理与股东目标一致的激励相容策略的总和。在一些文献中，将对经理的监督列为约束行为，本书的划分稍有不同。我们将监督的本质归纳为对信息不一致的处理，处于绩效监控环节，而约束起到的是激励相容的作用。因而在本书中，监督与约束不是同一个概念。激励和约束可以不作特别区分，因为它们的功能是一样的，只是在行为表现上，一个正向、一个负向，一个拉动、一个推动。根据目前国内外的公司治理实践，经理的激励约束制度主要由薪酬、控制权、声誉和外部环境四类因素构成。

(1) 薪酬激励因素

基于一般的常识，薪酬，包括基本薪资、奖金、股票股权、福利津贴等等，是最常见的激励约束因素，反映了经理特殊人力资本投资的回报。一般狭义地讲，经理的激励制度指的就是薪酬激励。

(2) 控制权激励因素

经理的控制权分为两个层面，首先是根据聘任合同而获得的基于职位的资产经营权,它是经理法定权威的来源,是经理实现其功能的基础。这类控制权成为激励约束经理的重要因素,在于它可以满足经理两方面的需要:一是满足控制他人或感觉优越于他人、感觉自己处于负责地位的权力需要;二是使得经理具有职位特权,享受"在职消费",给经理带来正规报酬激励以外的物质利益满足。[31]而若是按照管家理论的自我实现人的假设,控制权的获取还可以满足经理施展才华的自我实现的需要。

由于契约的不完备性,经理还可能获得部分的剩余控制权。剩余控制权是契约中没有特别规定的活动的决策权,它赋予了经理更大范围内行动和命令的自由。当经理拥有了对公司的剩余控制权或者部分剩余控制权后,他将不再是"打工仔"而成为公司的所有者。一方面,根据控制权与索取权对应的效率原则,经理也由此得到了获取公司剩余收入的理由。另一方面,剩余控制权越大,经理在行使资产经营权时的限制越少,从中获得的满足感就越强。当然,剩余控制权的获取,也是经理代理问题的基本来源。

控制权激励有"质"和"量"的区分。聘用和解雇就是从"质"的方面,对经理的激励和约束。这是最彻底的激励措施,也是接管市场何以成为英美国家公司治理最强大手段的原因。而"量"的角度的激励逻辑是,经理对公司的贡献越大,他所获得的控制权就越大,其控制权收益也越多。

(3) 声誉激励因素

声誉是外部世界对经理及其人力资本的评价。从人性的非生理需要考虑,良好的声誉给经理带来了社会赞誉和社会地位,满足了其尊重和自我实现的成就感。而若单纯地从经济因素考虑,追求良好声誉是经理在与环境的重复博弈中,为获取长期利益的理性选择。无论是有关企业家才能,还是有关受托人品行的良好声誉,都有助于增加其在经理人市场上的人力资本定价,从而增加未来时期与雇主就薪酬讨价还价的能力。因此,一般情况下经理为了维护声誉,会尽量约束自己的机会主义行为。但是,任期将近的经理就会遇到问题,声誉的未来价值极大降低,也就是所谓"59岁现象"产生的重要原因。

此外,将声誉作为激励手段还要考虑两点前提:一是提高声誉的"信号"质量,让声誉能真正传达经理的努力和能力。这涉及经理市场的建设问题。二是提高声誉的"信号"功能,让声誉成为公司聘任和计酬的基本依据。这涉及公司选聘制度和薪酬制度的优化。

(4) 外部环境激励因素

首先,外部环境中的市场竞争激励是公司外部治理系统的重要功能,它是控制权激励、声誉激励发挥作用的前提。充分的市场竞争是对经理机会主义行为的终极约束,它提供了信息披露机制,缓解了信息不对称问题,也提供了优胜劣汰机制,促使经理随时保持危机感。其次,法律和政府管制、债权人和战略伙伴制约、中介机构评价、大众舆论约束等等其他外部因素,也能产生积极的约束作用。

二、经理薪酬制度的设计思路

案例 3-5

59 岁的褚时健

1998 年,由高级人民法院承担一审的案件仅有三例,第一例是陈希同案,第二例是"世纪大盗"张子强案,第三例就是褚时健贪污和巨额财产来源不明案。褚时健,云南玉溪红塔烟草(集团)有限责任公司原董事长、总裁,一时成为全国的新闻人物。这位在 17 年间塑造了中国第一品牌"红塔山"并创下 800 亿利税的企业家,身败名裂于贪污腐败。1999 年 1 月 9 日上午,云南省高级人民法院对褚时健进行了一审公开宣判,褚被判处无期徒刑,剥夺政治权利终身。

在褚时健辩护人马军律师长达 1.6 万字的辩护词中,突出强调的就是褚时健对云南乃至全国民族工业所作出的特殊贡献。马军说:晚节不保的悲剧不仅仅是褚时健一个人的悲剧,他是一个把小庙建设富了,还为大庙作出巨大贡献的方丈;同时他只不过是看着灯油多了,几个人想分点回家炒菜而被发现的方丈。在褚时健出任厂长的 17 年中,"玉溪卷烟"为国家创造了 800 亿元的利税,而他全部的收入仅为 80 万元,其比例为 10 万分之一,即相当于"玉溪卷烟"每创造 1 亿元利税,他的收入才为 1000 元左右,如果算上"红塔山"352 亿的品牌价值,他的收入将降到 649 元。马军说:一个为国家创造了 800 亿元利税的企业领导人,17 年的合法收入还赶不上一个影星拍一个广告的收入,一年的收入不如一个歌星走一次穴的收入,这如何体现国有企业经营者的价值? 马军认为是客观现实的不公导致了褚时健心理的失衡:"褚时健是那种十分能抓老鼠而在特殊情况下偷吃了鱼的猫,和那种不抓老鼠专偷吃鱼的猫,以及那种不抓老鼠也不吃鱼的猫是完全不一样的,我们为什么不能在很能抓老鼠的猫没偷吃鱼时给他一些鱼吃呢?"

褚时健现象已成为企业界的一个普遍问题。近些年来在同一个坑里跌倒的知名企业家为数不少。中信国际研究所高级研究员刘纪鹏感慨道:"中国有 80% 的国有企业搞得不好,而在搞得好的 20% 企业中,却有相当多的企业家结局不好。我不仅要问:这到底是企业家个人问题,还是制度性因素?

褚时健这一类的悲剧被称为国有企业经营者的"59 岁现象"。由于国企经营者激励机制滞后,经营者的物质价值得不到应有的承认,在行将退休的时候心理失衡,贪污受贿,腐败堕落。事实上,不仅在国企,在我国其他所有制形式的企业里,由于激励机制的不完善,导致高层管理者出现这样那样问题的情况也非常之多。因此,研究、实施合理的高层管理人员的薪酬激励已是当务之急。

资料来源:改编自周汉民:《国有企业家为何喊穷》,载《南风窗》1999年第6期。

　　褚时健案例的影响巨大,多数人对褚时健的遭遇表达了同情,多数人赞同律师马军的意见——"为什么不能在很能抓老鼠的猫没偷吃鱼时给他一些鱼吃呢?"至今,褚时健案例还是公司经理,尤其是国有公司经理"高薪激励""高薪养廉"的理由。然而,也有人发表了不同的观点,郎咸平评论说:"红塔集团的褚时健贪污,媒体对他百般同情,凭什么同情他?要不是国家不准民营企业做烟草,能有你褚时健的成就?企业做得好,功劳就是自己的,凭什么?国家不是给你待遇和荣誉了吗?"[32]我们且不论褚时健是否应该得高薪,但是郎咸平的观点的确包含了经理薪酬激励的基本思路。

　　许多人在判断一个人是否应该被奖励时,往往把目光局限于这个人做出什么结果,然后判断这个结果是否应该获得奖励,奖励幅度如何。其实,这种分析思路在顺序和重点安排上并不十分妥当。图3-11解释了经理薪酬激励的基本设计思路。经理薪酬激励的起点是回答什么是良好绩效这一问题,即明确委托人的目标是什么。之所以这一问题是薪酬设计的起点,在于两方面原因:一是它直接明确了经理的受托责任,可以直接对经理行为起到引导作用。二是它权衡了公司内外环境的异质化条件,为经理提出了客观的努力方向。在这样的思路下,一个盈利数亿元的公司,也许并不是好公司,也许考虑了垄断因素、规模因素、经济周期因素后这并不是良好绩效,经理本应该干得更好。相反,也许一个刚刚让公司扭亏为盈的经理却值得称赞,也许没有他而换作一般经理,目前公司的业绩只能更差。甚至,也许有的情况下良好绩效并不是用财务指标来衡量的,也许委托人目前更关注市场覆盖率或者研发成果,等等。

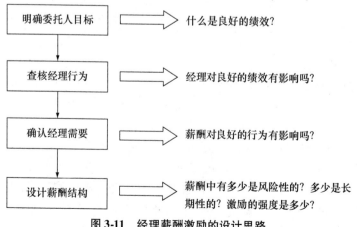

图3-11　经理薪酬激励的设计思路

如果公司的确展现出了股东想要的绩效,则随后要回答的问题是,经理对良好的绩效有影响吗? 通过查核经理的行为,一方面再次确认前一问题,这一绩效是经理的功劳,还是经理这个"岗位"作出来的? 另一方面,要确认是否存在随机因素的干扰,是否经理在被允许的范围之外经营。公司的业绩以及被考核的指标是经理行为与外来因素共同影响的结果。在薪酬合同制定之前要尽量考虑如何减少随机变量的干扰。比如,以股票类指标计量绩效时,要考虑如何减少股市大盘变动的影响。另外,在监控经理行为时要时刻关注经理是否有违规经营的问题。当公司越采用高刺激性薪酬时,越会发生经理违规事件。违规,可能是违反基本商业规则和道德,也可能是在公司业务范围之外经营。在案例2-2的中航油事件中,如果公司及早发现陈久霖擅自进行期权交易的行为,并在其薪资计算中给出反映,也许悲剧不会上演。

在确定了经理对公司的贡献后,则要考虑激励经理的是薪酬还是别的因素。要知道,对经理的经济人假设,是一种理论处理。现实中,有些人更关注的是别的因素,也许控制权激励和声誉激励更是经理所渴望的。即便是经济因素,也要考虑经理对不同薪酬结构的偏好。最后,就进入薪酬结构的设计阶段。

三、经理薪酬结构的设计要点

经理薪酬结构的设计是一项复杂的工程,不仅关注的因素较多,尤其重要的是如何针对不同的公司条件、不同的战略安排、不同的经理诉求,给出相适宜的制度设计。

(1) 薪酬结构的基本框架

图 3-12 展示了经理薪酬结构的设计原则。首先,薪酬设计的起点是确定目标业绩,即回答什么是良好的绩效。经理是受托于股东而存在的,实现股东交

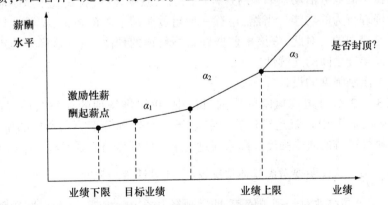

图 3-12 经理薪酬结构的基本框架

资料来源:宁向东.《公司治理理论》(第 2 版),中国发展出版社 2006 年版。

付的目标才是经理获得激励性薪酬的原因。所以,"在确定激励性报酬之前,比报酬更重要的是要首先确定究竟要让经理完成什么样的任务,用何种目标业绩来要求经理"[33]。不过,确定目标业绩并不是件容易的事情。许多情况下,投资者并不知道公司的真实价值,或者抱着越多越好的虚妄憧憬。此外,要认识到图3-12中的业绩指标在现实中往往是多个指标的组合体现。

第二步要确定业绩下限。当这个下限达到后,经理就可以得到激励性的薪资。否则,只能获得固定工资,也就是激励性报酬的起薪工资。固定工资对经理起到了保险的作用,可以保障基本的生活质量,不同的经理对它偏好不同。当目标业绩确定后,如何设定业绩下限,其实就是确定在正常情况下,激励报酬中风险收入的比例问题。所以,激励性薪酬的激励强度与激励性薪酬起薪点是一对相关的因素,激励强度大则固定工资少。

第三步要确定激励性薪酬的激励强度。在现实实践中,激励强度有分段计量的情况。一些公司,将业绩区间分为几段,每一段对应不同的激励强度。强度的变化,有累进的安排,也有累退的设计。在案例2-2中,中航油公司对陈久霖的薪酬激励就是累进的。于是,我们看到了能者多劳、多劳多得的强烈激励,也看到了强烈刺激下的铤而走险。另外,无论是累进还是累退,在薪酬曲线中只要出现折点(包括那个激励性薪酬起薪点),就有可能出现经理盈余管理的现象,将当期的利润搬到下一期折点的另外一边。[34]

最后,与上一问题相关的是,是否应该对激励性薪酬封顶?我们认为应该封顶,或者至少"软封顶",即到达业绩上限后,激励强度的增加速度大幅下降。我们知道,经营绩效是经理行为和外部因素共同作用的结果。当业绩完成情况超过了业绩上限时,或者是外部条件发生了根本的变化,或者是经理从事了股东未曾授予的业务活动。如果对这种情况加大激励力度,就丧失了激励应该有的引导经理行为的功能。当然,还有一种超过业绩上限的可能,就是业绩预期根本就是错误的。对此,应该事前做好薪酬封顶的预防,只有这样才能维持薪酬在不同年度之间的连续性。

(2) 激励强度的设计

在3.1.2节对道德风险问题的讨论中,我们将经理的薪酬结构假设为 $s(\pi) = \alpha + \beta\pi$,其中 α 就是经理的固定工资,β 是经理分享公司产出的份额,也就是激励性薪酬的激励强度。随后通过一个简单模型的计算得到一个答案,$\beta^* = \dfrac{m^2}{m^2 + b\rho\sigma^2}$。这说明要考虑具体情况,权变地设计激励强度。

第一,公司绩效对经理越依赖,即激励努力的边际贡献 m 越高,则激励强度应该越大。这给我们的启示是,越是高层的经理,其决策对公司绩效的影响越大,一般激励强度应该高些。也说明,如果所谓的经理仅仅是执行"老板"或"官员"的命令,对他没有太多的激励的必要。

第二,公司绩效的不确定性越大,或者准确判断经理行为的干扰因素越强,即随机变量的方差 σ^2 越大,则激励强度要越小。可以想象一下,如果公司的绩效主要与市场变动相关,市场好则产品大卖,市场不好则产品无人问津,而市场的变动又毫无规律可言,这时激励会起作用吗?不会,因为经理会盘算,即使我努力了,但如果市场不好,努力也是白搭。反过来,如果不努力,而市场却变好了,不是一样获得奖励吗?另外这也说明,越是绩效容易被衡量的经理,越应该对其采取高风险收入、低固定工资。所以,对于承担非经济任务的国有单位,过强的激励强度反而会扭曲他们的行为。

第三,经理越是风险规避者,即风险规避参数 ρ 越大,则激励强度要越小。所谓风险规避,不是不去做任何有风险的事情,而是承担风险任务后,要获得一定的补偿。风险规避倾向越强,其索要的风险补偿越高。风险补偿越高,就等于固定工资越高,进而用于激励的风险性收入的比例就越低。事实上,之所以企业家成为获取红利的所有者,就在于他们对风险的承受力强。

第四,经理越是回避努力工作,或者说为达到一定绩效所付出的代价大,即努力成本系数 b 越高,则激励强度要越小。其中的道理与回避风险、索要补偿是一样的。这告诉我们,经理的选拔至少不比激励的重要性低。当经理并不胜任其岗位而力不从心时,再强的力度也起不到激励效果。另外,这里的努力成本也包含努力的机会成本,当经理不努力工作而从贪腐、休闲等中得到更多的满足时,再强的激励也没有用。

(3) 激励信息源的设计

激励以绩效为依据,绩效要通过某种指标来传动。但是,每一种指标不仅包含了经理的努力,还含有随机的噪音。所以,薪酬激励制度设计的一项重要工作是,选取那些能更多反映经理努力信息的指标。更进一步理解,薪酬激励的基础与其说是绩效指标,不如说是激励信息。

现实中,最简单、最常见的方案是选择一些信息量最充分且容易测量的业绩指标作为激励信息源。常用来反映经理工作绩效的指标有主营业务收入、资产收益率、资产周转率、发展战略目标完成率、市场占有率、核心员工保有率,等等。近年来,基于 EVA 的经理激励计划在国内外大型公司比较流行。

案例 3-6

央企负责人考核再上"紧箍咒"

国务院国资委在其官网上公布了最新修订的《中央企业负责人经营业绩考核暂行办法》(简称《暂行办法》),央企负责人第四任期(2013 年到 2015 年)经营业绩考核标准更为严厉。

根据《暂行办法》，在央企负责人任期经营业绩考核指标中保留了国有资本保值增值率指标，取消了主营业务收入增长率，相应更换为总资产周转率。最值得注意的是，在年度考核中深化了经济增加值（EVA）考核，EVA是指经核定的企业税后净营业利润减去资本成本后的余额。新考核标准将绝大多数中央企业EVA指标权重提高到50%，利润总额指标权重下降为20%。国资委方面介绍，提高EVA考核的比重是为了进一步强化业绩考核的价值导向，更加注重企业成长的可持续性。

《暂行办法》继续将考核结果分为A、B、C、D、E五个级别。不同的是，本次新规设置了EVA条件作为A级企业晋级门槛，利润总额为负或经济增加值为负且没有改善的企业，考核结果原则上不得进入A级。对于考核结果C级及以上的企业负责人，按期兑现延期绩效薪金；考核结果为D级和E级的企业负责人，根据考核分数扣减延期绩效薪金。本次任期延期支付的薪酬比例减小，绩效薪金的70%在年度考核结束后当期兑现，其余30%根据任期考核结果等因素，延期到任期考核结束后兑现。而此前延期兑现的薪酬比例为40%。国资委表示，这是为了增强考核激励效果。

EVA是Economic Value Added的缩写，译作经济附加值或经济增加值。EVA是指从税后净营业利润中扣除包括股权和债务的全部投入资本成本后的所得。EVA表示净营运利润与投资者用同样资本投资其他风险相近的有价证券的最低回报相比，超出或低于后者的量值。EVA等于所有成本被扣除后的剩余收入，是所有者真正的收益。以EVA作为衡量公司绩效的思想是，资本投入是有成本的，公司盈利只有高于其资本成本时才会为股东创造价值。

资料来源：改编自廖丰：《央企负责人考核再上"紧箍咒"》，载《京华时报》2013年2月2日。

在使用经理绩效指标作为信息源时，可以考虑增加一些可以观察的能提供有关经理行为新信息的其他指标。一类指标是那些与绩效一样可以反映经理行为的指标。尽管把经理体重写到激励合同中不靠谱，但越努力越消瘦的认识在董事会的非正式评估中还是有一定影响的。另一类是能够反映绩效外生变量情况的指标。这种指标直接或间接进入激励合同是较常见的做法。假设绩效指标 $x = a + \theta$，而用 x 来反映经理努力 a 不准确，因为外生变量 θ 的影响。于是，如果我们可以观察到 θ 并将其写入激励合同，就可以提高激励的准确度。这个 θ 可以是物价指数，可以是股票综合指数，等等。一般地说，将一些影响企业业绩的宏观经济变量写入经理的报酬合同是有益的，因为这样可以降低由宏

观政策导致的外生风险。[12]

另外一种常见的提高激励信息质量的方法是相对业绩评价。经理的薪酬不仅依赖于自己的业绩,还依赖于同类经理间的相对业绩比较,其激励计划是 $s = \alpha + \beta x + \gamma(x - \bar{x})$。其中,$\bar{x}$ 就是作为比较的经理的工作业绩。作为参照物的经理,是那些受到相同外生随机因素影响的经理,一般尽量选择同行业同地区以及同样内部条件的公司经理。相对业绩评价的极端形式是锦标制,即激励经理的指标不考虑其绝对的工作绩效,而是这个经理在一组经理群体中的排名。

激励信息源的设计还涉及监督活动。在本书中,经理薪酬激励制度被理解为实现经理与股东激励相容的制度安排。而解决委托—代理问题还有一条根本途径,就是直接减少信息的不对称性,本书将其列入绩效管理中的绩效监控环节。但是,这只是基于理解上的层次性考虑,不能在理论上将激励与监督割裂开,在实践中更加不可以。监督的价值在于收集经理行为的信息和环境变动的信息,其目的在于降低绩效的方差,即激励强度公式 $\beta^* = \dfrac{m^2}{m^2 + b\rho\sigma^2}$ 中的 σ^2。显然,绩效方差与激励强度成反比。所以,加强监督可以改进激励机制,有利于提高激励强度。当然,在监督过程中,监督成本是被考虑进去的因素。

(4) 激励时效性的设计

目前企业实践中,经理薪酬计划中的长期性报酬的比例越来越大。长期性报酬的本质在于其激励时效上的递延性。图 3-13 说明经理递延型薪酬的特点,是在任职早期经理实际所得薪资低于其贡献应得部分,两者的差距随着任期的推移而减少,在任职后期(甚至可能是退休后获取养老金的阶段)经理所得会超过其应得。这样的递延付酬,等于将早期的薪资推延到后期发放。

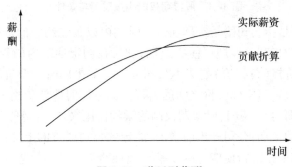

图 3-13 递延型薪酬

长期递延型薪酬激励出于三方面考虑:第一,便于核实经理的实际贡献。经理行为的影响是长期的,行为结果的核实往往要经过一定时间的考验。薪酬的递延支付等于拉长了经理的考核周期。第二,起到抵押金作用。薪酬的递延支付相对于经理将其任职早期应该得到的薪资抵押于公司,成为一种保证金。有利于加强对经理的约束,特别使得解雇的威胁变得可信。第三,有利于克服经理行为短期化。薪酬的递延支付将经理与公司的长期发展联系在一起,公司的衰退和经理的跳槽都意味着此前的努力白费了。

在企业实践中比较常见的延长经理激励时效性的方案是年薪制和股票期权制。年薪制是指以年为业绩评价周期,根据年度内经理的经营管理绩效和所承担的责任、风险确定其薪资收入的薪酬制度。任何一种薪酬的支付都是以其贡献为基础,但是不同职位贡献的显现时间不一样,例如,对操作工人的绩效,现场就可以评判,而经理的绩效可能要一年乃至几年才能得出结果。这是经理采用年薪制的基本初衷。年薪制是以年度绩效为标准决定薪资的制度,因而它是一种浮动性的薪酬模式。不能把年薪制与一年之内收入是多少混为一谈。

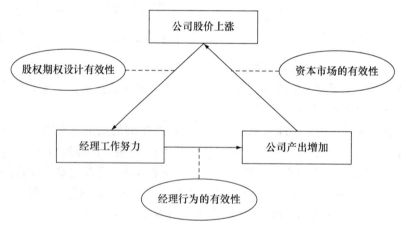

图 3-14 股票期权的实施逻辑与条件

股票期权,是指公司给予经理在未来时期内以预先约定的价格购买一定数量本公司股票的权利。经理行使股票期权时,在约定期限内(行权期),可以按照预先确定的价格(行权价)购买本公司股票。如果届时股票价格上涨,那么,他就能赚得行权价与实际股价之间的差价。如果届时股票价格下跌,他也可以选择不行权。图 3-14 说明,股票期权制的激励作用来自于:经理的努力工作,能影响公司产出的增加;公司产出的增加,能导致公司股价的上涨;公司股价上涨后,经理对股权期权的行使能进一步推动经理努力工作。[35]这三者之间逻辑关系的有效性,是决定股票期权制成败的关键。

此外,对经理还有其他一些股票激励方法,详见第 4.2.2 节。

>> **讨论案例**

分　手

一个温和重义、国际化意识超强的创业者，一个货真价实、高度职业化的海外经理人，为何仍打破不了中国式分手的宿命？

中关村从来不缺乏公司政治，但具有黑色幽默意味的故事并不太多，后者正是用友软件新近上演的。被媒体重重包围的主角，用友软件创始人王文京在这场宫廷政变中自始至终处于被动位置，而出局的职业经理人何经华已经成为实际利益的获得者——与常见的"棒打婚姻"不同，他们仍能共同出席媒体发布会，彼此恭维——但这并不妨碍向来低调、保守的用友软件向外界暴露其遭遇的困境。

在我们揭开这桩黑色喜剧的面纱之前，需要澄清的是，与中关村常见的空降兵水土不服或职业经理人与创始人角力的故事有所不同，用友变局的两个主角均非弄权爱好者。

自2002年4月以500万年薪的身价空降至用友，何经华可谓鞠躬尽瘁：未带任何亲信，他只身进入公司，并在两年间使用友的收入翻了一倍。"今年我75%的时间都在飞，周末回家只是换了个衣服就又要走"。甚至其辞职的时机选择都经历过深思熟虑：用友即将制订明年的计划，若他参与目标制订却不能参与执行，对用友影响不好。

而他的搭档、公司董事长王文京，多年来以风格沉稳严谨和重感情著称。其早期创业伙伴、用友独立董事苏启强告诉本刊："一般朋友和同学的聚会，不论他多忙都会去……他不是一个惟利是图的人。"而何经华也在离职后如此评价对方："王总是个非常好的人，他的善良，正直，言而有信，从一个人的品质来讲，是非常好的。"

2004年11月2日下午的员工大会上，何经华向用友员工做了最后一次演讲，在这一20分钟的演说中，何经华反复强调着一个英文单词capability（能力），但当看到"有的人眼眶红了，有的表情呆滞，有的惶恐"——事后他对外人如此回忆——他终于也流下眼泪，动情表示："没有人永远可以牵着你的手，一直牵着你的手。"见者无不动容。

就在员工大会当天，非常"国际化"的，何经华与王文京携手召开了新闻发布会，何向外界公布了其离开的标准答案："我真的感到累了，需要好好休息休息"，并高调接受了王文京亲手颁发的顾问证书。

但随后在不止一个场合，他又十分坦率地对外承认，12月中，自己将成为美国Siebel副总裁、大中华区和东亚区总经理，且表示Siebel不仅满足其全部福利要求，甚至会将亚太区总部从新加坡搬至上海，何只需坐镇北京即可。按照行业常规,何不可能是在离职当天找到新工作,据悉,Siebel 与其接洽开始于 2004 年年中。

不过其"老板"王文京可能对此一无所知:据接近事件核心的消息人士称,何于 10 月 29 日星期五突然向董事会递交了辞呈,次日,他本应参加公司内部一个高层会议,但并未出现。而王文京虽然在第一时间召开了董事会电话会议,应允了何的离开,但他仍显得颇为措手不及:他已确定 11 月中旬出国考察的计划被取消,全部工作日程都被迫重新制订。

从友好分手到暗度陈仓,是什么让分别在技术与销售领域本领不俗的这一对"中国版比尔·盖茨和史蒂夫·巴尔默"分道扬镳?

"感觉不在了",据接近何经华的人士告诉《环球企业家》,这是何经华对自己与王文京合作关系的结论。

尽管用友各方人士均对何经华离任之事三缄其口,甚至在用友内部,也几乎无人见过两人正面发生口角。但何经华与王文京之"道不同"是无法掩藏的:在对公司是否应当国际化、产品应当选择高端路线还是中低端路线两个战略性问题上,两人无法达成共识。

更根本的不和谐在于,虽然为人温和开明,但王文京和国内不少创业者一样,对控制权极度看重,尽管对何以礼相待,但他从未真正实现放权,这让何经华始终在公司内外扮演着首席运营官和公司内最高层销售员的角色。

何经华并非不想改变这一局面,结果是,虽然谈话时总是一团和气,但总是笑容可亲的王文京内心无比坚定,改变极难。无人能够否认王文京的勤奋好学,但他一旦打定主意就坚持到底的性格——一位熟悉 IT 业的风险投资商因此将王比喻为"乌龟"——既成就了他以往的胜利,也让他难以足够开明地与何经华这样工作背景与思考习惯大相径庭者达成共识。

这看似是最理想的分手:何经华的出走并未影响用友的股价,短期内他的缺席也并不会动摇用友在国内管理软件领域的龙头地位。但真正的问题在于,职业务实且富有国际经验的何经华试图改造的用友的问题,会随着他的离开迎刃而解吗?

撞墙

甫一上任,何经华就被反复问及一个问题:这个习惯用英文表达的台湾人,能否做到足够本土化?不久之后,何经华在公开场合表示:自己已经不是本土化,而是已经用友化了。

在知情人士看来,所谓用友化,并非只是减少说英文,以及学会周末加班,其关键是,在用友内部,王文京的绝对权力无法被挑战。据用友高层透露,虽然外界一贯认为王与何分工明确,王文京主管战略和抓产品,何主抓执行、运营和外界形象。其实,总裁会和董事会的分工,两年半来从来没有分清楚过。没有白纸黑字的岗位责任书,这使习惯在管理规范的跨国公司工作的何十分难受:一个公司再简单,也有三样基本的因素,即人、财、物,但是何在用人、预算、费用、产品等涉及经营的层面,都没有足够大的自主权。

尴尬接踵而至:当何经华去外省出差,拜会当地政府官员,每每听到对方邀请把用友的一部分研发放到当地,何经华都无以做答——作为用友总裁,他也无权决定此事。

双方分工不清晰的影响还有细节上的:用友的中高层写电子邮件向上汇报时,没有规范的解决问题的流程,经常是同时发给王与何。何经华也感到非常困惑:要不要回邮件呢?自己的意见和王文京意见不一致怎么办?开始他还强调发邮件的层级和管理次序,到后来一见此类邮件就干脆不回了,让发件人直接等王文京回信。

对于王文京而言,这的确是一手难落之棋:如果充分放权,一旦离开,自己如何收回权威?

时间长了,何会在公司内部发出这样的牢骚:"大的合作伙伴来了谁去谈呢?扫厕所的日程又是谁批呢?"

得不到充分授权,何经华只能通过行动获得公司内部的权威。他之所以不带任何旧部进入用友,原因在于他有充分的自信在新团队中建立威信。出差时,他不仅会约见各地客户,也会跟分公司的部门经理长谈,帮助解决他们的各种问题。据参加过这种长谈的人表示:"经常吃一顿饭要四五个小时"。到了晚上,他还会对分公司全员培训,"问题问完为止"。

何经华为人严厉,其名言是"我的耐心只有5句、30秒",如果对方向其汇报时不能迅速阐明重点,何就让对方出去,想清楚再进来。

而在开会时,他则希望管理层言无不尽。据一高层透露,在一次总裁会上,何曾十分气愤地不点名批评:"开了一整天的会,一句话都没吭,是什么意思?你是没想法,总裁会谈的问题,你一个都不懂?或者你是不屑发言,这些东西太低级了,你瞧不上?"

这与王文京多年来富于耐心的倾听与沟通截然不同。虽然众人无不服膺何的才干,但抵触情绪日益加重——据称,王文京没有适时站出来支持何经华,而是以很委婉的方式提醒何经华要发挥总裁会团队的力量。最终妥协的结果是,何经华让一位副总裁做会议主持,自己少讲话。

离去之前,何经华在公司对手下说:"在你们的脑子里,有两个东西永远改不掉。第一,何经华是外来的,怎么看他都长得不像用友人,再干八年还是个外边的人。第二个改不掉的是,何经华是暂时的,这个暂时可能是两年半,也可能是五年而已。"

"国际化"围城

没有人能够准确说出,何经华对与王文京合作"感觉不在了"是在哪个具体时刻,不过,公认两人合作的转折点是用友开始高举国际化大旗那一刻。仿佛一个悖论:王文京寄希望于带领用友进行国际化的何经华,正是公司内最反对国际化战略者。

2004年2月18日的发布会上,用友软件董事长王文京、用友软件总裁何经华和用友工程有限公司总裁邵凯一起,把"软件中国造"的大印盖在了一幅世界地图上,以此宣告启动新三年国际化战略:用友要从中国管理软件市场老大升级为亚洲最大的管理软件企业,2010年成为世界级软件企业,进入全球管理软件厂商第一梯队。

这并非王文京的心血来潮,自从2001年定下10年进入到全球软件业前50强的目标,他就开始反复考虑这个问题,而何经华也是因此被引入的。

其结果是,王文京认定:"国际化对用友来说不是发展的问题,而是生存的问题。"自2003年起,他不断向员工灌输的一个概念是:"第三次创业"。在他看来,20世纪80年代中期兴起的第一次创业是体制的创新,民办体制由此崛起;第二次创新,是20世纪90年代,核心是产业化建设;现在进入第三次创业,核心正是国际化。

但相对于如此宏大的"历史使命",何经华考虑的是更现实的问题:用友公司3000多名员工,一年的销售收入不过7个亿,平均的生产率是20余万元,"这不是一个高科技公司的劳动生产率"。

何经华到用友的第一周,王文京让每个部门主管带几名干部向其做三个小时的业绩报告,以此帮助何经华迅速了解用友。整整一周,每天早、中、晚各谈一个部门。一次,一个部门经理迟到了一小时,一进门就道歉:"何总对不起,我搭夜车回来的,但火车晚点了。"何经华第一个反应是:"开这么重要的会议,你怎么不坐飞机?"全场顿时鸦雀无声,包括静静坐在旁边的王文京。

后来何才得知,在用友内有资格坐飞机出差的人并非很多。这与何十几年跨国公司经验中不管什么级别的员工都有权坐飞机截然不同,用友还处在飞机票比员工的时间更昂贵的阶段。

快口直言的何经华由是公开提问:用友真的有了国际化的产品吗?难道我们在国内的钱挣完了吗?

何经华认为比立刻走出去更重要的,是具备国际竞争力。在不止一个公开场合,何经华都对国内企业匆忙地国际化表示否定:"设立海外办事处很容易,收购一家美国硅谷的公司很容易。但问题是,收购完毕后你的董事会能不能给这个美国公司做业务指导,你能告诉美国总经理他能干什么吗?你公司的董事会能不能用英文开?你有没有国际运营的能力?收购也好,扩张也好,完全是跟你公司的战略有关系的,你要考虑的不是今天要去哪里,而是三五年你往哪里去。这是一个战略是否需要,能力是否匹配的问题。"

而在公司内部,他也发表过更为尖锐的质疑:"今天我们关上门说实话。SAP、甲骨文一个客户经理一年就能拿到500万美元的单子,上海分公司是用友最大的分公司,一年不过六七千万的收入。一定要去挣美元、日元了吗?"

即使何经华本人坚持"对事不对人"的职业态度,但他如此对国际化不留情面的驳斥,真正尴尬的人显然只有一个:王文京。由于难以统一意见,后来用友只能将增强国际竞争力和国际化同时提出,作为战略的两个层面。

一向以务实著称的王文京恐怕很难想象,何经华比他更为务实。随着用友逐渐在国内确立管理软件领域的领袖地位,王文京认为公司应当走上高端路线。投入4亿元研发资金后,面向大型集团用户和高成长性企业的NC被推上市场。

何经华并非不支持公司拓展第二条产品线,但他并不赞成公司将过多精力投注于NC这款属于未来的产品上。目前,NC仅占公司收入中的20%,而面向中小企业的U8系列软件则为公司提供70%的收入。作为公司总裁,需要对财务报表负责的何经华并不希望看到公司在"大跃进"中丧失根基;2003年用友利润较前一年减少,一定程度上正源于对NC研发和销售的投入骤增。

如果说有什么事让何经华灰心,那很可能是王文京的多元化安排。和不少中国民营企业一样,多年发展下来,用友内部已有权力派系,公司员工将此戏称为:大郭(郭新平)、小郭(郭延生)、大吴(吴政平)、小吴(吴晓冬)、高(高少义)、李(李友)、邵(邵凯)。对于重感情的王文京,如何安置合作多年的手下成为一个问题。

2004年,王文京先后设立用友工程、用友金融两家公司,加上原有的用友股份和收购整合而成的用友安易,用友系已经拥有四家业务不同的管理软件公司。单纯从业务角度看,这并不为过,但据接近用友高层的人透露,何对于这种安排相当反感,他认为这不是提高效益,而是对某些干部的特殊照顾和安排——"去查查,用友工程、用友金融什么时候收支平衡?"

在此问题上,何经华坚决反对,但无效。他曾经在董事会上对负责记录的秘书大喊:"你一定要把我的话记下来!董事会可以通过同意的决议,但不是一致通过,是有反对意见的!"

创业家之障

与其将王文京与何经华组合比喻为"中国版比尔·盖茨和史蒂夫·巴尔

默",不如将他们比喻为亨利·福特和50年之后出现在福特公司的职业经理人——某个意义上说,他们不属于同一个时代。

不可否认,王文京是他同代人中最卓越的创业者与企业家之一。如同苦行僧一般,王文京将其全部精力投注于工作,几乎毫无业余生活。因其专注,24岁开始创业的他在15年间打造出国内软件业第一品牌,且在上市后因超过50亿元的个人身家,而成为国内富豪排行榜上前十名的常客。

使得他与其他企业家有所不同的,还有他为人之仁义。在用友内不乏这样的故事:六七年前,用友曾有一个经理主管进销存软件的研发工作,但当他出去创业,成为用友的竞争对手后,身患重病且公司倒闭。得知此事后,王亲自开车去看望对方,并留给其五万块钱。

这种故事显然能够让用友在创业阶段聚揽人气,但当公司做大,负面效应显现出来:仁厚的王文京不愿意开除不合格的员工,甚至当公司内部出现麻烦,王"很难自己拉下脸来去整治"。不过,公司内敢于直接对王文京的决策提出质疑者,却越来越少。

另外,虽然他会对老员工仗义相助,但他始终坚持对用友的高度控制。在对手金蝶已经发放了8次期权时,用友的大部分副总裁级别的人物还没有股权。

王本人也希望借助外力改变用友,当他经人介绍,几次与何经华在饭桌上讨教从公司向ERP转型到"员工休假天数合理不合理"等大小问题,他似乎找到了合适的"助推器"。

进入之初,何经华即明确告诉王文京:"我在用友要完全按你原来的思路来,我就不用来了。要照我的思路做,你会痛,而且会有风险。"王对此表示认同。

从2002年5月中旬开始,何经华开始在华东、华南4大区的第一次视察。此行除了鼓舞士气外,何更重要的任务是传达压力:半年内实现从卖财务软件到卖ERP的彻底转变,否则就要走人。以前用友的销售员签单主要是靠感觉,但何要求一切要拿数据说话,无论是业绩的好坏,还是市场的推进工作,何全部要求用数据说话。

何清楚他想要什么。据知情者回忆,何在公司内反复表示:"做一个伟大的公司需要一个伟大的产品",而他对好产品的要求包括四方面,时间长了,几乎所有用友人都知道何经华的"LCSE"标准:L是Licence,指有好的软件;C是Consult,通过咨询服务帮助客户把系统运行好;S是Support,上线后服务;E是Education,贯穿整个过程的培训。

针对9个月内考察发现的用友的种种最薄弱环节,何经华继而提出用友的五大工程,涉及产品、渠道、人才、实施、售前等方面——几乎算得上用友的完整升级。

何上任时，ERP软件收入占用友总收入38%，当他离开时，用友的ERP软件收益已占到公司收入的90%，可谓转型成功。

"他是一个很美国化的中国人"，谈到何经华，一位用友高层如此评价对方。在他看来，何的丰富经验是他能够迅速改变用友，并在员工处得到尊敬的关键：说到一个方案，何经华就会举例说当年甲骨文这方面是怎么做的，后来有什么样的结果，对于用友有什么样的借鉴意义，这都是国内成长的高管所不具备的能力。

但说一不二的何经华很快意识到，他工作的最大掣肘是：他与王文京的合作看似顺畅，实则艰难。王文京不爱直接发表意见，但他并非没有看法——据说，在何经华空降用友后不久，王文京曾与何极尽坦诚地长谈过一番，把用友总裁会上的每一个成员的特点为何经华作了极为通透的分析，但这种交谈在何、王共事的两年半中，也相当有限。而在关键决策上，何经华更是无法说服王：心里早已有答案的他总是笑容可掬，却不做太多许诺。

"我认识你，也不认识你"，何经华曾如此当面评价王文京。在对王的一片褒奖之辞中，何经华也认为对方胸襟上略有不足，虽然较多数国内企业家已算很好，但"糟糕的是有这个特性却不自知"，王虽好学，但只是不停出国考察，仍对许多事情的理解深度不够——他固执己见地要实践一些舶来的创意，在旁观者看来是用友发展的最大瓶颈。

而在离职的新闻发布会上，何将自己比喻成中国男足前任教练伯拉·米卢蒂诺维奇："米卢负责把中国足球队带进世界杯。"这种说法多少带有无奈：如果能够给何更大的空间与更多的时间，用友仍不乏改变的余地。据悉，离任后，公司内部员工发给何经华以示挽留的短信就超过百条——谁来把中国队带入16强呢？

王文京与何经华均爱阅读世界商业史。王最推崇的是福特、洛克菲勒等19世纪末20世纪初美国的那一批极富创新精神的工商巨子，而何经华欣赏的是IBM、HP、沃尔玛等告别"独角戏"的成熟企业，标准化的商业能力使它们基业常青。"IBM是谁的企业？"何经常问道。在用友内，没有人回答他。

资料来源：鲁娜谷：《用友软件上演中国式分手 500万先生何经华弃主》，载《环球企业家》2004年第12期。

➡ 讨论以下问题：

1. 王文京与何经华分手的原因是什么？
2. 如果你是何经华，你会怎么做？
3. 如果你是王文京，你会怎么做？

>> 讨论问题

(1) 你在现实生活中能举出哪些委托—代理关系的例子? 包含其间的委托—代理问题是什么?

(2) 图 3-3 给出经理代理问题的具体表现,你能在最近媒体披露的信息中找到对应的公司案例吗?

(3) 请论证,CEO 制度是第二次经理革命。

(4) 请按照经理薪酬激励的设计思路,判断案例 3-5 中的褚时健是否应该得到高薪报酬?

(5) 在国有企业和民营企业中经理代理问题有区别吗? 对代理问题的制度安排和行为选择有区别吗?

>> 参考文献

[1] 郑志刚. 对公司治理内涵的重新认识[J]. 金融研究,2010,(8):184—198.

[2]〔荷〕乔治·亨德里克斯. 组织的经济学与管理学:协调、激励与策略[M]. 胡雅梅等译,中国人民大学出版社,2007.

[3] 张维迎. 博弈论与信息经济学[M]. 上海三联书店,上海人民出版社,1996.

[4] 杨瑞龙,杨其静. 企业理论:现代观点[M]. 中国人民大学出版社,2005.

[5]〔荷〕塞特斯·杜玛,海因·斯赖德. 组织经济学[M]. 原磊等译,华夏出版社,2006.

[6]〔美〕弗兰克·H. 奈特. 风险、不确定性与利润[M]. 安佳译,商务印书馆,2007.

[7]〔美〕戴维·贝赞可,马克·德雷诺夫. 公司战略经济学[M]. 武亚军译,北京大学出版社,1999.

[8] Holmstrom, B. and P. Milgrom. Aggregation and Linearity in the Provision of Intertemporal Incentives[J]. *Econometrica*, 1987, 55(2): 303—328.

[9] Akerlof, G. The Market for "Lemons": Quality Uncertainty and the Market Mechanism[J]. *Quarterly Journal of Economics*, 1970, 84(3): 488—500.

[10] Spence, M. Job Market Signaling[J]. *Quarterly Journal of Economics*, 1973, 87(3): 355—374.

[11] Rothschild, M. and J. Stiglitz. Equilibrium in Competitive Insurance Markets: An Essay on the Economics of Imperfect Information[J]. *The Quarterly Journal of Economics*, 1976, 90(4): 629—649.

[12] 张维迎. 产权、激励与公司治理[M]. 经济科学出版社,2005.

[13] Schippper, K. Commentary on Earnings Management[J]. *Accounting Horizons*, 1989, (9): 91—102.

[14] Bertrand, M. and S. Mullainathan. Enjoying the Quiet Life? Corporate Governance and Managerial Preferences[J]. *Journal of Political Economy*, 2003, 111 (5): 1043—1075.

[15] Modigliani, F. and M. H. Miller. The Cost of Capital, Corporation Finance and the Theory of Investment[J]. *American Economic Review*, 1958, 48 (3): 261—297.

[16] Jensen, M. C. and W. H. Meckling. Theory of the Firm: Managerial Behavior, Agency Costs and Ownership Structure[J]. *Journal of Financial Economics*, 1976, 3 (4): 305—360.

[17] 〔日〕青木昌彦. 对内部人控制的控制: 转轨经济中公司治理的若干问题[J]. 改革, 1994, (6): 6—10.

[18] Fama, E. and M. Jensen. Agency Problems and Residual Claims[J]. *Journal of Law and Economics*, 26, (2): 327—349

[19] Morck, R., A. Shleifer and R. Vishny. Management Ownership and Market Valuation: An Empirical Analysis[J]. *Journal of Financial Economics*, 1988, 20 (1): 293—315.

[20] Hambrick, D. C. and Mason, P A. Upper Echelons: The Organization as a Reflection of Its Top Managers[J]. *Academy of Management Review*, 1984, 9 (2): 193—206.

[21] Donaldson, L. and J. Davis. Stewardship Theory or Agency Theory: CEO Governance and Shareholder Returns[J]. *Australian Journal of Management*, 1991, 16: 49—64.

[22] Davis, J., F. Schoorman and L. Donaldson. Toward a Stewardship Theory of Management[J]. *Academy of Management Review*, 1997, 22: 20—47.

[23] Wasserman, N. Stewards, Agents, and the Founder Discount: Executive Compensation in New Ventures[J]. *Academy of Management Journal*, 2006, 49 (5): 960—976.

[24] 张辉华, 凌文轻, 方俐洛. 代理理论和乘务员理论的整合: 论公司治理实践[J]. 南开管理评论, 2005, (6): 41—47.

[25] 〔美〕钱德勒. 看得见的手——美国企业的管理革命[M]. 重武译, 商务印书馆, 1987.

[26] 张维迎. 企业的企业家——契约理论[M]. 上海三联书店, 上海人民出版社, 1995.

[27] 钟凯. 经理制度比较综议——以大陆法系为主要考察视角[J]. 北方法学, 2010, (3): 61—73.

[28] 魏杰. CEO 是制度变革的结果[J]. 企业管理, 2002, (11): 61—63.

[29] 〔美〕小约翰·科利等. 公司治理[M]. 李维安等译, 中国财政经济出版社, 2004.

[30] 全美公司董事联合会蓝带委员会. 首席执行官、董事会和董事的业绩评估[A]. 梁能. 公司治理结构: 中国的实践与美国的经验[C]. 中国人民大学出版社, 2000.

[31] 黄群慧. 企业家激励约束与国有企业改革[M]. 中国人民大学出版社, 2000.

[32] 吴晓波. "烟王"是非[N]. 经济观察报, 2007 年 7 月 27 日。

[33] 宁向东. 公司治理理论(第 2 版)[M]. 中国发展出版社, 2006.

[34] Jensen, M. C. Agency Costs of Overvalued Equity[J]. *Financial Management*, 2005, 34(1):. 5—19.

[35] 李维安, 牛建波. CEO 公司治理[M]. 北京大学出版社, 2011.

第4章 剥夺型公司治理问题与股东保护

》》章首语

公司治理在本质上是关于企业产权制度的设计和优化,尤其在理解剥夺型公司治理问题与股东权益保护时,特别需要基于产权视角的分析,所以本章首先介绍产权理论的相关知识;应用该知识,随后一方面论述股权的本质属性及其提供的治理含义,另一方面讨论不同的股东属性、不同的股权结构对公司治理定位带来的不同要求;第三节分析剥夺型公司治理问题的相关内容,包括其存在的客观性、发生的条件和结构,以及针对性的治理策略组合;最后概述股东大会的运行制度和表决制度,毕竟股东大会是股东间博弈的"主战场"。

》》引导案例

别了,股权分置!

中国股市二十年,也是摸着石头过河,最具特色的一块"石头"就是股权分置,而这个中国特色的制度创新却至今无人申报发明权!当年交易所的筹建方案是全流通的,《证券法》也没有关于股权分置的法律界定。邓小平先生接见纽约股票交易所总经理时赠送的那张股票是全流通的小飞乐。由此推论,股权分置并不是早期股市开拓者在理论上非常明确的制度创新,那么这个制度创新是如何诞生的呢?

20年之怪现状

据说,由于当时没有明确规定法人股的交易规则,大宗的法人股交易经常会使股票价格一日多变。于是一份《内参》报告了关于法人股流通的若干问题,某位领导就在这份内参报告的"法人股"三个字上一圈,甩到文件的边上写了四个字:"暂不流通"!一个全球股市独一无二的制度因此产生,持续近20年,直到股权分置改革基本完成的今日才得以纠正。

在股权分置的时代,由于近70%的法人股不能自由流通,上市公司的实际控制权不会发生改变,这在理论上获得了"中国特色"的论证,在实践中落实了全民所有制经济占主导的宪法精神。这在当时的论战中,股权分置的制度创新成功抵抗了反对股份制改革的保守派攻击,从这个意义上说,中国特色的股权分置就像是中国股市初生时的胎记,它与股市与生俱来,并共同度过了股市初创期的峥嵘岁月。

但是,由于在股票市场中不会发生上市公司实际控制权的流动,股票投资人只能参与交易而不能参与上市公司的经营管理。因此使中国股市的主流投资模式始终是交易性机会导向的,并鼓励了上市公司的圈钱冲动,人为放大了股票投资的高风险。此后,我们又错误地提出了利用股市"为国企脱困"的政策。于是在股权分置+国企脱困的政策导向中,投资人的合法权益被漠视,股票市场不仅不能奖优罚劣,反而在鼓励落后企业"圈钱脱困",股市投资就变成了一场"捐钱扶贫"的游戏,从而大大提高了中国股市投资的内在风险。

在这样的市场环境下,一级市场的融资鼓励了上市公司实际控制人利用二级市场作为其套利投机的工具。两级市场之间本应存在的共赢机会弱化了,利用和被利用的关系强化了。直到《证券法》的修订和股权分置改革的启动,上市公司及其实际控制人利用股市"圈钱脱困"的原罪才被纠正。

市场主导未来

中国股市被利用的时代结束了,因为中国股市走进了全流通的时代。和全流通股市同时进入2011年的还有两个里程碑:其一是高市值,中国股市在2011年3月超越日本股市成为全球第二大市值的股票市场;其二是多层次,继中小板的成功之后,创业板再续辉煌。从此,中国股市和中国经济正式接轨,从国有股的"一股独大"到股权结构多元化,主板依然是国企主导,国有股权占70%左右。而中小板相反,民营经济占70%左右,创业板市场则是民营经济一统天下,印证了中国民营经济引领创新的社会功能。全流通和多层次的股票市场实现了两个接轨,其一是与国际市场接轨,其二是与中国经济接轨,因此必然会继续推动中国经济的国际化和市场化。

别了,中国特色的股权分置!人们不会否认这一制度创新对中国股市的早期贡献,但在中国股市离开中国特色的港湾开始扬帆远航之际,我们面向未来,还应努力驱散这一过渡性体制留下的阴影,努力克服其鼓励"圈钱脱困"的原罪,让投资人的自由选择成为资本市场的主宰。九曲十八弯,东流归大海,市场总会通过供求调节价格的"无形之手"去纠正人为的谬误,走出历史的阴影,驶向动荡的未来。

资料来源:金岩石:《别了,股权分置!》,载《中外管理》2011年第10期。

股权分置,是指上市公司的一部分股份上市流通,另一部分不上市流通。股权分置问题是由于我国证券市场建立初期,改革不配套和制度设计上的局限所形成的制度性缺陷。截至股权分置改革前的2004年底,我国上市公司总股本为7149亿股,其中非流通股份4543亿股,占上市公司总股本的63.55%;国

有股份占非流通股份的74%,占总股本的47%。股权分置把上市公司变成股东之间的利益冲突体,而不是利益共同体;股权分置损害了资本市场的定价功能;股权分置使中国资本市场不可能形成有助于企业长期发展的科学考核标准和有效激励机制。[1]

股权分置是理解剥夺型公司治理问题与股东保护的绝好案例。请读者在阅读本章内容之前试着回答几个问题,一是股权分置为何造成同股不同权?如果用本章的关键词"剥夺",你对股权分置有何评价?二是股权分置改革后,就实现了同股同权吗?会不会产生新的公司治理问题?

4.1 理论基础:产权理论

产权理论是公司治理理论构建的重要基石,也是理解剥夺型公司治理问题与股东保护的理论基础。

4.1.1 产权的内涵

一、产权的定义

产权就是 Property Rights,可直译为财产权。从文字上看通俗易懂,但是其内涵却非常复杂。首先,我们从产权的定义开始理解。

(1) 人与物的关系的视角

从人对某物品所拥有的权利的角度理解产权,是产权概念中最直接、最易理解、最常用的概念。在为《新帕尔格雷夫经济学大辞典》撰写的产权辞条中,阿尔钦把产权定义为"一个社会所强制实施的选择一种经济品的使用的权利"[2]。与此类似,柯武刚和史满飞认为"产权为个人和组织的一组受保护的权利,它们使所有者能通过收购、使用、抵押和转让资产的方式持有或处置某些资产,并占有在这些资产的运用中所产生的效益。当然,这也包括负收益——亏损。因此,产权决定着财产运用上的责任和受益"[3]。

这类定义都强调产权三个方面的内容:第一,产权是法律法规、道德规范等社会强制所规定和保护、限制的人对物的权利。例如,我不能把刀子刺进你的胸膛,这不是侵犯了我对这把刀子的所有权。法律不允许任何人把刀子刺进任何其他人的胸膛,但我(没有别的人)可以使用这把刀子去做任何人用任何刀子都可合法去做的一切事情。[4]

第二,产权是一组权利束。在平乔维奇的框架里,产权包括所有权——在法律限度内使用其财产的权利,邻接权——穿过他人土地的权利,用益权——使用属于他人物品或将其出租,但不得出售和改变其质量的权利,使用权——

使用属于他人物品,但不得出租、出售或改变其质量的权利,抵押权——保留他人物品但不使用的权利。其中,所有权可以认为是狭义上的产权概念,而它也是一组权利束,包括使用权——使用资产的权利,用益权——获得资产收益的权利,处分权——改变资产形态和实质的权利,转让权——将使用权、用益权、处分权的全部或部分转让给他人的权利。[5] 在本书中,我们将产权束简化为四种:占有权——对物的排他性的绝对支配权,是行使和处理其他权利的前提,使用权——对物的使用的支配权,收益权——对物的使用成果的获取权,处置权——对物的变换主体或改变物的本身形式与性质的支配权。按照小贴士4-1的民法学的视角,本书是从所有权或称自物权的狭义角度来定义产权的。

第三,产权是一种对某种经济物品的多种用途进行选择的权利。当产权主体依据成本—收益分析从事选择活动时,产权概念就与资源配置问题乃至市场机制紧密地联系在一起。[6]

小贴士 4-1

民法学下的产权束

产权范畴里,外延最大的是财产权。财产权作为"种概念",下面包括物权和债权两个"属概念"。物权是财产权利的静态规则,又分为自物权和他物权。自物权,亦称所有权,是一切财产权利的基础和核心,是最充分、最完整的物权。所有权是所有者独享的权利,所有者以外世上其他的人,都须尽不侵犯其所有权的义务。所以所有权也被认为是一种"绝对权利"。所有权取得的途径,有"原始取得"和"继受取得"。所有权,具有"占有""使用""收益""处分"四项"权能"。他物权,是在他人所有物上设定的权利。他物权又分为用益物权和担保物权。特别需要注意,法人财产权不是所有权或自物权,而是一种用益物权,属于他物权。此外,债权是财产权利的动态规则,财产所有权的权属一经移转就进入债权的规则管辖之下。

资料来源:纪坡民:《产权与法》,三联书店2001年版。

(2) 人本身的视角

对产权进一步的认识超越了人与物之间的关系。如果把产权简单定义为财产权,那么这个定义的简单漏洞是缺少权利的主体,将这个主体加上,产权就是人的财产权利。于是,可以发现产权是人权的一种。如果把这个"产"的范围从财产扩大为人的身体、知识技能、社会关系,进而生存权、工作权、政治权也可以放在产权的概念下。所以,大量的文献提到"把人权和产权割裂开来是错误的"[5],"在产权与人权之间作出区分是荒诞的"[7]。

当然,本书并不打算从人权的广义的角度去讨论产权,而是围绕财产权这个主题,只是强调产权具有人权的基本属性。但是,绝不能将产权混同于拥有的物品,产权并非物质对象,而是一些在社会中受到尊重的权利和义务。在这些权利得到充分尊重和良好保护的地方,才会存在经济自由和社会平等。在产权模糊和不确定的地方,许多有利的财产用途就会消失。[3]在对公司治理问题研究中,将产权与人权联系在一起是有益的,有利于理解保护股东权利的意义所在。产权与人权一样都是在反对特权的过程中实现的,而特权是指可以剥夺他人人权的一种社会权利。因而,在公司制度下保护股东就是保护股权,就是治理大股东的剥夺和经理的侵占。

(3) 人与人关系的视角

一方面,产权具有人权的属性,但另一方面,显然在鲁滨逊的世界里,产权是不起作用的。于是,对产权内涵的认识进入新的高度。产权不是指人与物之间的关系,而是指由物的存在及关于它们的使用所引起的人们之间相互认可的行为关系。[8]

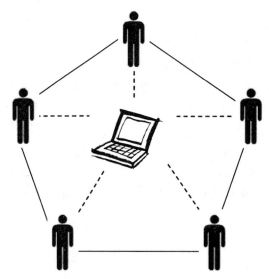

图 4-1 以物为纽带的人与人之间的产权关系

诚然,人与物的存在是必须的,产权必须依附于一定的有形或无形的物品。但是产权不是一种物品,不是物质活动,而是抽象的社会关系。产权安排确定了每个人相对应于物时的行为规范,每个人都必须遵守他与其他人之间的相互关系或承担不遵守这种关系的成本。所以,产权是人与人之间由于稀缺物品存在而引起的与其使用相关的关系。例如,我得到了一台计算机,所有权确定的本质上并不是我与计算机之间的关系,而是我与其他人在使用电脑的权利问题上的关系,诸如,我在用计算机的时候别人不可以用,我不用的时候别人付租金才可以用,我把计算机转让给别人必须得到不低于市场价格的补偿,等等。因此,产权具体规定了与经济物品有关的行为准则,所有人在与其他人相互作用过程中必须遵守之,否则就必须承担不遵守所带来的惩罚成本。[5]

简单说,产权就是人们对于某一物品,谁可以做什么,谁不可以做什么的社会契约。这个社会契约存在后,人们在社会活动中就可以预期别人的行为空间,也知道自己的行为选择。进而,就可以理性地在收益—成本分析的基础上完成投资和生产。而若缺少产权契约的保护,人们的行为将面对太多的不确定性,促进社会福利增加的行为将被抑制,损人不利己的行为反而被激发。所以,任何物品的价值由与之相关的产权决定。[9]附于该物品上的产权是完整的,该物品才有价值。在公司制度中也是如此,如果股东的权利得不到保护,公司的价值将一落千丈,这正是公司治理的意义所在。而从产权是规制人与人之间关系的行为规则的视角看,公司治理就是关于利益相关者之间产权契约的构建和运行活动。

二、产权的类型

(1) 私有产权

当一个人有权决定如何使用和处置某项物品,而其他人没有这种权利时,这个人就拥有了私有产权。其中的"其他人没有这种权利"是私有产权概念的核心。私有产权的重点不在于拥有者可以"为所欲为",事实上他也不能"为所欲为",因为产权使用中的受限性是产权的社会规范特征的应有之义。私有产权的重点是拥有产权者可以阻止其他人以他未同意的方式使用该物品;私有产权也不意味着某种物品的完整产权必须集中在一个人手中。比如,房东将房子出租给房客,房东有权禁止房客改造房子,房客也有权禁止房东闯入房内。可见,关于某种物品的私人产权可以再在两人或更多人之间分割。只要每个人拥有的权利不同,并且一个人权利的行使不会影响其他人权利的行使,那么每个人拥有的权利都是私有产权。[10]

(2) 共有产权

如果一个人以某种方式使用一种物品的权利被其他人或者群体共同拥有,每个人在行使权力时不受他人限制,这个人拥有的是共有产权。附着共有产权的物品在被消费时,不可能将每个消费者孤立开来,不可能毫无代价地监督和排斥他人的消费,于是出现了权利和义务上的不对称困境,这种不对称就会造成经济外部性及引发"搭便车问题"和"公共绿地的悲剧"。

> **小贴士 4-2**
>
> **经济外部性与"搭便车问题""公共绿地的悲剧"**
>
> 经济外部性是指经济主体的个人行为对他人和社会造成的影响,而这种影响并没有导致支付或获偿等经济交换活动。即当一个人没有全部承担其行动引起的成本或收益时,或者说,有人承担了他人的行动引起的成本或收益时,就存在经济外部性。外部性分为正外部性和负外部性。正外部性发生时,行为主体之外的他人或社会也会受益,但行为主体未获得补偿,即受益者无须花费代价坐享其成。比如,几个学生共同完成小组作业时,一个人的努力会给全组同学带来高分数,这就产生了正外部性。在这种情况下,未给小组作出贡献的同学就在"搭便车",而在"搭便车"预期下,全组同学都可能会降低努力;负外部性是指经济主体的自利活动使他人或社会受损,而自己不必为此承担成本。"公共绿地的悲剧"是典型的负外部性案例,讲的是如果放牧的草地是大家共有,牧民看到只要有草就会增加牛羊数,而不会权衡牧草生长和牛羊消耗间的平衡,最终导致牛羊过多而草地被破坏。

(3) 集体产权

虽然某物上的产权由多数人共同拥有,但是集体产权不同于共有产权的是,权力的行使需要这个集体共同作出决定。集体决策的过程也是私有产权完全不具有的。出于效率效益原则,对于集体产权物品,也不一定每一次都要通过集体决策,常常可以设计出这样一种机制:首先通过集体决策选举出一个管理者(或管理团队),并赋予其一定的自由裁断权。然后,在这个权利框架内,管理者决定集体物品的使用、处置。同时,接受来自集体的决策命令,但也有权拒绝本属于自己授权范畴内的决策和来自集体成员个人的未授权决策。可以看出,这种机制下的管理者所拥有的权力,类似于私有产权的性质。而这种机制,也就是公司制中的经理制度、董事会制度的运行机制。

三、私有产权的属性及其价值

> **案例 4-1**
>
> **"羊吃人"的产权分析**
>
> 资本主义早期,英国的毛织业繁荣起来,养羊成了很赚钱的行当。新兴的资产阶级和新贵族通过暴力把农民从土地上赶走,把强占的土地围圈起来,变成私有的大牧场,大量农民由此流离失所。这就是历史上"羊吃人"的"圈地运动"。

需要注意的是,在多数情况下,农民被强占的土地并不是农民的私有财产,而是农民们(当然也包括地主、资本家)公有的土地。在习俗上,农民对此仅有使用权。所以,大规模推动圈地运动的法律依据,来自名为《公有地围圈法》的法律。可见,圈地运动的本质是"私有化",它并非直接侵占农民自己的土地,而是把公有的土地(当然其中包含农民的利益)私有化。现在的问题是为什么要私有化呢?

首先在早期,用于放牧的草地由所有村民共同拥有是一种习俗式的约定。这种约定一直得以延续是因为打破它没有价值。那时,生产力还不够发达,养羊的市场价值不大,进而放牧羊的草地不稀缺。你养羊并不妨碍我养羊,土地公有是多么和谐。但是,到了"圈地运动"之前的16世纪,英国工商业迅速发展,对羊毛的需求量急剧增加,羊毛市场急剧变大。于是,养羊,更多地养羊,能养多少就养多少,变得有利可图。可是,这会造成什么呢?"公共绿地的悲剧"发生了,草地被过度放牧,牧场缺少必要的保养。这是因为养羊的收益是自己的,被吃掉的牧草的成本是大家的。反过来,如果保养牧场,成本是自己的,收益却要大家分。在这种情况下,公有地制度的存在限制了养羊业的发展,私有化是突破困境的出路。在私有化的路径上,有权的资产阶级贵族选择了暴力。暴力的"圈地运动"让农民流离失所,被称为"羊吃人"。但是,英国在"羊吃人"的时代成为世界上第一个工业化国家。

(1) 排他性

私有产权的决定性属性是排他性。排他性意味着一件财物的拥有者有权不让他人占有该财物,有权禁止他人擅自使用、处置该财物,并有权自己占有该财物所产生的效益,当然也要承担拥有该财物所发生的费用。排他性说明所谓的某人的私产,不仅是此人拥有什么,关键是别人不拥有什么。

是排他性的存在,让私有财物变得有价值。因为只有当其他人不能分享私产的效益和成本时,经济外部性的问题才能被杜绝,私产所有者才会变成精算计的经济主体,才会将其应用到最有价值的地方,让其产生最高的净收益。排他性实现了产权的不受侵犯,保证了产权的价值,也保证了财物的价值。正如德姆塞茨所说,"当交易在市场上结束时,被交换的不仅仅是实体商品或服务,还有附着于其上的所有权,而正是这组所有权的价值决定了被交换的商品或服务的价值"[9]。所以,排他性是所有者自主权的前提条件,也是使私有产权得以发挥作用的激励机制所需要的前提条件。[3]"排他"两字的形象解释,就是案例4-1中圈地运动时用的栅栏。

在现实生活中,排他性常常是不彻底的。一方面,人们的财物被放在一起合作使用,这时如果不能界定每一财物所贡献的效益和消耗的成本,私有财物的排他性就无法保证,外部性问题难免出现。为了界定它,就要付出一定的甚至无法计量的代价,这构成了被称为排他成本的一部分。另一方面,在社会规范下人们的权利会相互制约,维护一个人的产权完整性,就会限制另一个人的权力使用。各自排他性产权边界的划分,也会发生排他成本;当然,防止他人直接强占、盗取、蒙骗等行为,也要付出排他成本。排他成本的存在,导致排他性的不彻底,降低了财物的价值。于是,排他成本就成为衡量产权制度的重要指标。在好的制度体系下,人们的私有产权受到自发的尊重。在坏的制度下,人们要付出巨大代价才能维护自己的利益,极端的情况下可能只有靠腐败手段或者依附于黑社会,甚至用生命相抵。如此一来排他成本就太高了。

(2) 可分割性

要提供财物的价值,产权还要具有可分割性。产权的可分割性意味着产权能被"拆开","拆开"有两种形态:第一是产权束中各种权能之间的分离。假如你有一套多余的住房,怎样才能增加价值呢?谁都知道答案是把它租出去。而对于公司制度,这类产权分割的最大意义上的应用就是法人制度。股东的原始产权分割成了股权和法人财产权,股东保留了价值形态上的收益权,法人获得了对资产实物的占有权、使用权和处分权。可以说,没有产权分割就没有公司制度。通过产权的分割,财物的各种要素就能得到最有效的利用。

第二是产权或其各权能内部的分割。仍然是出租房子的例子,让房子产生最高价值的出租方式是,把一个房子分割为若干套后的"群租"。虽然"群租"不合规也产生让邻居反感的外部性问题,但不可否认,无论是房东还是房客们都能得到更高的满足。而对于公司制度,一家公司的所有权被划分为大量股份后,才能吸引风险承受力弱、经济实力弱的小股东出资入股,大型公司所需要的巨额资本才能得以积聚起来。

可分割性的特征与私有产权的排他性并无矛盾。在第一类产权分割情形中,各权能的分别拥有者所控制的权利都是不容他人分享的。在第二类产权分割中,细分产权的所有者也有完整的可以自行决策且由自己承担行为后果的权利。

(3) 可转让性

产权必须是可处置的或可转让的。在禁止处置产权的地方,产权被束缚于一个既有的所有者,而其他人尽管因具备更好的知识和技能可能对该财产定价更高,但却不能对该财物进行更好的利用。所以,不能转让的产权,会使财物的价值下跌。

在谈到我国上市公司的股权分置问题时,人们比较多地关注非流通股对流通股的剥夺问题。其实,对于非流通股而言,股权分置也是个坏制度。股权大量的非流通性降低了公司财产产权的可转让性,进而资本市场上重要的资源重组和再配置功能被扼杀了。非流通股被保护在一个"温室"里,渐渐丧失竞争能力。这与传统上国有企业的预算软约束的危害是一样的。

小贴士 4-3

预算软约束

企业的预算软约束描述了这样一种现象:计划经济下的国有企业,即便发生亏损,也不用担心企业会被市场机制惩罚,既不会被收购,也不会破产。因为所有的预算都是"软"的,政府常常会追加投资或者贷款,并提供财政补贴。也就是说,国有企业会永远被政府掌握着、呵护着,企业的产权永远不会转让。这样的结果是,企业被宠坏了,国有资产被耗尽了。

4.1.2 科斯定理与公司治理

一、科斯定理

诺贝尔经济学奖得主科斯于1960年发表了著名的《社会成本问题》一文。该文的内容和思想,经其他学者总结和完善,形成了所谓的科斯定理。其中,按照该文文字意思理解,总结出了科斯第一定理,指在没有交易成本的情况下,产权的初始配置不会影响它的最终配置或社会福利。

《社会成本问题》一文中有这样一个简单的例子,说明了科斯第一定理的含义:一家糖果制造厂和一家诊所为邻。诊所医生发现糖果生产中的噪音干扰了他的工作,于是提出诉讼,法院受理后判定糖果制造商停止使用机器。这是最好的方案吗?科斯认为其实可以通过当事人之间的讨价还价来改善法院所作的判决。可行的方案是,如果医生开诊所的产权是不容侵犯的,那么制造商可以支付给医生一笔钱,让双方都能继续经营,获得双赢。当然,这笔钱要大于医生受噪音影响的损失,或者大于将诊所迁走的代价,又或者大于医生建造隔音装置的成本。如果制造商发现如此安排所付出的代价太大,不能从继续生产中得到补偿,制造商不需要法院的判决也会自行停产。反对来,如果制造商有权继续使用有噪声和震动的机器时,也不用诉诸于法庭。可行的方案变为,医生付钱给制造商,以获取行医的条件。如果制造商可以接受的价格低于医生收入的增加额,那么双方的福利都有改善。[11]

科斯在以上分析中,隐去了一个基本的条件,即没有考虑交易过程中的成本问题。事实上,如果交易成本为零,无论事前将权利配置给谁,讨价还价的结果会趋于一点。也就是说,在交易成本为零的理论假设平台上,产权的清晰界定(而非配置)是实现最优交易的前提。然而,交易成本为零只是一个理论假设,按照科学研究的逻辑,放松这个假设后,科斯第二定理被定义:当存在交易成本时,产权的初始配置将影响产权的最终配置,也可能影响社会总体福利。

仍以此为例,考虑一种极端情况,由于某种原因制造商和医生之间没有沟通渠道,即交易成本无穷大,那么任何讨价还价的方案都不能出现。于是,最初的产权配置就是最终的产权配置。如果最初制造商有使用机器的权利,那么最终制造商毫无顾忌地生产,而医生忍受噪音的损失。如果最初医生有保持安静的权利,那么最终制造商将停止生产。在这两种方案中,若以社会福利最大化为评判依据,最终只要权衡一下哪种方案收益最大即可。

延续于科斯第一定理,科斯第二定理并没有排除继续交易的选项,即初始产权界定后,仍有可能通过交易来提高社会福利。[12]因此,除了最初产权配置的择优选择方法外,还有一种提高社会福利的方式,就是尽量降低交易成本。而降低到极致,则回到了科斯第一定理的世界里,双方的交易实现了社会福利最优。

所以,科斯第二定理说明两层道理:第一,如果交易成本为正,或者说在真实的世界里,产权不仅要清晰界定,还要清晰配置,将产权配置给最终导致社会福利最大化或社会福利损失最小化的一方;第二,降低产权交易成本,有利于社会福利的提高。

二、科斯定理对公司治理的启示

科斯定理说明,一个有效率的产权制度要满足三个条件:一是产权界定清晰化,二是产权配置最优化,三是交易成本最小化。科斯定理对公司制度建设的理论启示可以用图4-2归纳:

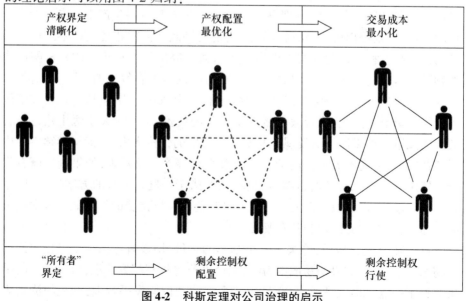

图4-2　科斯定理对公司治理的启示

首先，科斯定理要求产权必须清晰界定。这在公司制度中的反映是，公司的各利益相关者对其投入品必须有清晰完整的产权，他们是独立自主的市场行为主体，可以自由、平等地与其他利益相关者缔结公司契约，进而以其投入的专用性资产获取公司"所有者"身份。而这一条件，恰恰是市场经济体制的优势所在。但对于计划经济下的国有企业，之所以出现这样那样的问题，关键一点是产权不明晰。国有企业产权不明晰的核心问题是"所有者缺位"。所谓所有者缺位是指国有企业或国有出资人的产权归属的模糊性。国有企业既是属于全国人民中的每一个，又不属于任何特定的人，因而实际上是处于无人负责，即所有者"缺位"或"虚位"的状态。从理论上讲，作为所有者的全体人民不可能直接管理国有企业。全体人民只能由国家来代表，而国家只能通过各级经济管理机构和它所任命的从中央到地方和企业的各级干部去管理企业。这些大大小小的国家干部和企业领导人并不是国有企业或国有资产的所有者。他们有权支配国有财产，却不对国有财产负责。这种"所有者缺位"状态就是国有企业不能积极地、负责地开展经营活动的根本原因。所以，国有企业改革，首先要解决"所有者缺位"，明确企业的财产关系，使企业的财产有看得见、摸得着的确确实实的所有者。[13]因而，十五大正式将产权明晰作为国有企业改革的基本原则。此外，不完整的市场经济条件下产权不明晰的另一个现象是，非国有股东的产权的排他性不完整，民营资本在产权交易中处于不完全平等的地位。

小贴士 4-4

产权明晰与国企改革

1997 年 9 月，在中国共产党第十五次全国代表大会上，大会报告正式提出：建立现代企业制度是国有企业改革的方向。要按照"产权清晰、权责明确、政企分开、管理科学"的要求，对国有大中型企业实行规范的公司制改革，使企业成为适应市场的法人实体和竞争主体。进一步明确国家和企业的权利和责任。国家按投入企业的资本额享有所有者权益，对企业的债务承担有限责任；企业依法自主经营，自负盈亏。政府不能直接干预企业经营活动，企业也不能不受所有者约束，损害所有者权益。要采取多种方式，包括直接融资，充实企业资本金。培育和发展多元化投资主体，推动政企分开和企业转换经营机制。

从此，"产权明晰、权责明确、政企分开、管理科学"成为国企改革的原则。其中，产权明晰是立论之本。

其次，科斯定理要求产权必须优化配置。这在公司制度中的反映是，公司的各利益相关者之间所缔结的公司契约能够实现公司剩余控制权的最优配置。公司的各利益相关者将其资产投入公司后,可能得到两类权利:一是契约明确规定活动的决策权,对于产权明晰的经济主体而言,这是参与公司契约的基础,不存在大的问题。二是契约中无法说明其决策权归属的剩余下来的权利,即所谓剩余控制权。而代表公司所有权的就是剩余控制权。这说明要将公司建设成最优的资源调配机构,必须对剩余控制权做到优化配置。而剩余控制权的优化配置正是公司治理的任务之一。

最后,科斯定理要求经济制度运行的交易成本最小化。这在公司制度中的反映是,剩余控制权行使中的交易成本实现最小化。这意味着,股东可以有充分的渠道获得信息和表达自己的意见,或者没有壁垒地转让股份而"用脚投票",也意味着外部接管者可以顺畅地替换不合格的控制股东和经理层,更意味着在如此这般的治理力量下,经理的代理成本、控制股东的代理成本最小。可见,剩余控制权的优化行使也是公司治理的任务之一。

4.1.3 剩余控制权

由于存在交易成本,科斯定理要求必须做好产权的优化配置。而在公司制度中,这个产权尤指剩余控制权。对剩余控制权的认识源于契约的不完备性。

首先,在对企业本质的研究中,人们逐渐认识到企业是一系列契约的联结。进一步地探索发现,契约是不可能做到完备的。原因在于:一方不能预测、双方不能统一、第三方不能证实。第一,由于人的理性的有限性,以及外部环境的不确定性,每一个人要准确预测和评估未来各种或然状态是不可能的。第二,即便能够预料到未来情况会有哪些走势,立约双方也难以准确描述这些情况。甚至当这些情况实际发生了,双方也无法在分担这一结果的贡献和责任上达成共识。第三,即使双方曾经在某方面达成了统一的共识,但一旦发生争执,第三方(比如法院)可能也难以证实和执行。

其次,由于契约的不完备,如果事先没有相应的制度安排,将会产生大量交易成本。包括:第一,订立契约中消耗的成本。因为双方对未来的预测不一致,为对某种情况及其影响达成一致评价,不得不进行耗时耗力的讨价还价。第二,执行契约中消耗的成本。由于信息不对称,事后双方对那些突发事件的评价难以一致,尤其是突发事件产生的收益和成本如何在双方间进行分摊难以一致,这又将发生大量的谈判成本。第三,契约订立失败的损失。当双方的讨价还价区间没有交集时,合作可能不会发生。第四,专用性投资不足的损失。当双方的合作涉及专用性资产时,契约的不完备性更为明显。因为专用性资产的价值没有一个市场机制可以进行客观的评估,专用性资产产生的租金面临着被攫取的可能。预期到可能会被"敲竹杠",各方将没有足够的激励进行事前关系专用性投资。[14]

最后,为了消除契约不完备所带来的交易成本也就成为公司治理的任务,而在企业产权理论中,关注的是如何配置剩余控制权的问题。交易双方的契约,其实就是有关双方权利和义务的分配,一方的权利是另一方的义务。而这些权利分为两种,即具体权利和剩余权利。具体权利是那些契约中已经明确规定了的权利,双方对此不会有异议。剩余权利则是在事前的契约中不能明确规定的权利,无法在契约中被详细地列举和记录下来。[15]可见,契约的不完备性就来自于这些剩余权利的配置问题。而这个剩余权利即剩余控制权,就是那些无法通过契约明确分配给各方当事人的控制权。谁拥有剩余控制权,谁就可以按照任何不与先前的契约、惯例或法律相违背的方式自主决策。哈特将剩余控制权定义为企业所有权。[16]因为如果未来每一种可能的情况都能够写在契约里,每一项权利和义务都能分配,企业的所有者就没有必要存在了。而企业所有权之所以重要是因为不能把剩余的权利都写在契约里,企业所有者之所以重要是因为未预期的事件发生后需要有人"站出来"。形象地说,分配"剩下"的控制权在谁手中,谁就是企业所有者。

4.2 股权与股权结构

4.2.1 股东与股权

一、股东

股东是对公司投资或基于继承、接受赠与等其他合法原因而拥有公司股权的利益主体。股东的类型具有多样性,类型不同,则其行为和追求的内容不同。[17]了解这一点很重要,它是公司治理制度安排和行为选择的定位基础,也是本节的研究目标。表4-1展示了世界三种主要公司治理模式下的上市公司股东来源情况:

表4-1 美、日、德三国公司股东结构

	美国	日本	德国
个人与家庭	47.9%	22.2%	14.6%
商业银行	2.6%	13.3%	10.3%
其他金融机构投资者	41.9%	22.5%	20.0%
工商公司	1.1%	31.2%	42.1%
政府和公共部门	0.3%	0.5%	4.3%
外国投资者	6.2%	10.3%	8.7%

资料来源:宁向东:《公司治理理论》(第2版),中国发展出版社2006年版。

除了这种基于股东原始身份的划分外,按照其他划分依据,股东还可以分为控股股东与非控股股东,自然人股东、法人股东与国家股东,流通股东与非流通股东,创始股东与非创始股东,等等。

案例 4-2

你会投资谁?

假如你有一笔钱,你会买哪家公司的股票?图中,双实线围成的是目标上市公司,单实线围成的是实际控制人和其他重要股东。

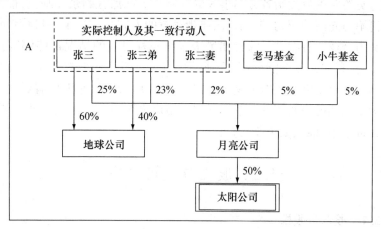

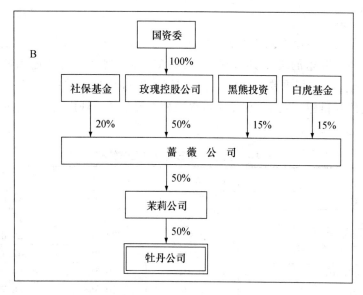

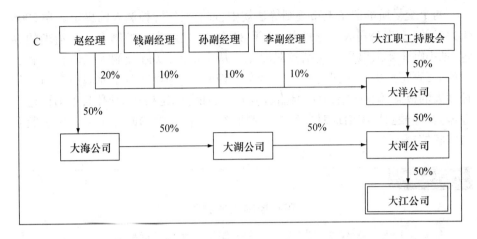

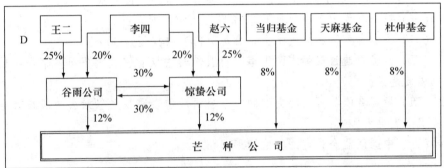

图 4-3 案例 4-2 中的目标投资公司

(1) 控股股东与非控股股东

控股股东是公司治理的重要行为客体,由于它的存在,剥夺型公司治理问题突显出来。关于控股股东,我国《公司法》第 216 条中的规定是:其出资额占有限责任公司资本总额百分之五十以上或者其持有的股份占股份有限公司股本总额百分之五十以上的股东;出资额或者持有股份的比例虽然不足百分之五十,但依其出资额或者持有的股份所享有的表决权已足以对股东会、股东大会的决议产生重大影响的股东。

与控股股东相关的概念有大股东、实际控制人和一致行动人。大股东,一般指的是持有公司最大比例股本的股东,有的情况下也指任何持有较高比例(一般界限定为 10%)股本的股东。显然,多数情况下大股东达不到控股的地位,而且人们在谈"大股东问题"时,其实指的是控股股东或实际控制人的剥夺问题。

实际控制人,在我国《公司法》第 216 条中也有规定,是指虽不是公司的股东,但通过投资关系、协议或者其他安排,能够实际支配公司行为的人。在我国沪深两个交易所的股票上市规则等法规中，都有对实际控制人的界定。在2006年通过的《上市公司收购管理办法》第84条中，也对实际控制人作出清晰的界定，见小贴士4-5，其中也包括控股股东。从中可见，实际控制人是真正控制公司的人，真正产生剥夺问题的往往是实际控制人。但是，鉴于控制股东与实际控制人的概念都有一定弹性，且重合度较高，加之约定俗成的原因，本书讨论剥夺型治理问题时，将治理对象称为控制股东，不产生混淆时并不区分控制股东与实际控制人。

小贴士4-5

实际控制人的界定

第八十四条　有下列情形之一的，为拥有上市公司控制权：
（一）投资者为上市公司持股50%以上的控股股东；
（二）投资者可以实际支配上市公司股份表决权超过30%；
（三）投资者通过实际支配上市公司股份表决权能够决定公司董事会半数以上成员选任；
（四）投资者依其可实际支配的上市公司股份表决权足以对公司股东大会的决议产生重大影响；
（五）中国证监会认定的其他情形。

资料来源：《上市公司收购管理办法》，2006年9月1日执行。

一些控制股东会采用"一致行动"的方式控制公司，而并非完全依靠自己持股。所谓一致行动，是指投资者通过协议、其他安排，与其他投资者共同扩大其所能够支配的一个上市公司股份表决权数量的行为或者事实。而所谓一致行动人，或称互为一致行动人，则是指具有一致行动基础的股东。在《上市公司收购管理办法》中也有对一致行动人的界定，见小贴士4-6。在判断公司的控股股东和实际控制人时，必须将互为一致行动人所持有的股份合并计算。即股东在计算其所持有的股份时，既应当包括登记在其名下的股份，也包括登记在其一致行动人名下的股份。

小贴士4-6

一致行动人的界定

（一）投资者之间有股权控制关系；
（二）投资者受同一主体控制；

(三)投资者的董事、监事或者高级管理人员中的主要成员,同时在另一个投资者担任董事、监事或高级管理人员;

(四)投资者参股另一投资者,可以对参股公司的重大决策产生重大影响;

(五)银行以外的其他法人、其他组织和自然人为投资者取得相关股份提供融资安排;

(六)投资者之间存在合伙、合作、联营等其他经济利益关系;

(七)持有投资者30%以上股份的自然人,与投资者持有同一上市公司股份;

(八)在投资者任职的董事、监事及高级管理人员,与投资者持有同一上市公司股份;

(九)持有投资者30%以上股份的自然人和在投资者任职的董事、监事及高级管理人员,其父母、配偶、子女及其配偶、配偶的父母、兄弟姐妹及其配偶、配偶的兄弟姐妹及其配偶等亲属,与投资者持有同一上市公司股份;

(十)在上市公司任职的董事、监事、高级管理人员及其前项所述亲属同时持有本公司股份的,或者与其自己或者其前项所述亲属直接或者间接控制的企业同时持有本公司股份;

(十一)上市公司董事、监事、高级管理人员和员工与其所控制或者委托的法人或者其他组织持有本公司股份;

(十二)投资者之间具有其他关联关系。

资料来源:《上市公司收购管理办法》,2006年9月1日执行。

(2)自然人股东、法人股东与国家股东

相对于自然的活生生的人,法人是具有民事权利能力和民事行为能力,依法独立享有民事权利和承担民事义务的组织,是社会组织在法律上的人格化。自然人和法人对公司投资后,就对应有了自然人股东和法人股东的概念。但不是所有的自然人和法人都可以成为股东,我国相关法律规定:国家公务人员不能成为有限责任公司的股东,也不能成为股份有限公司的发起股东;企业法人的法定代表人不得成为所任职企业投资设立的有限责任公司的股东;公司及其子公司不能成为自己公司的股东;会计师事务所、审计事务所、律师事务所和资产评估机构不得作为投资主体向其他行业投资设立公司;各类国家机关被禁止经商、办企业,也就不能成为公司的发起人和股东;除经授权的专门机构外的国家党政机构不得投资设立公司。[18]此外,商业银行也有严格的投资限制。

法人股东的构成相对复杂,世界范围看主要包括三大类法人股东:一是工商业公司法人股东,二是商业银行,三是非银行金融机构。其中,在德国和日本模式中,三类法人股东并存但以前两类为特色。在美国模式中,法人股东基本专指第三类。我国的情况略类似于美国模式。首先，我国与美国一样对银行也采取分业经营模式，商业银行作为股东在我国被限制。我国《商业银行法》第43条规定：商业银行在中华人民共和国境内不得从事信托投资和证券经营业务，不得向非自用不动产投资或者向非银行金融机构和企业投资，但国家另有规定的除外。但是近年来，学术界对我国是否应该走向混业经营进行了较多的讨论，这成为公司治理的一个课题。其次，我国近年来非银行金融机构的发展很快，特别是投资基金的发展势头在向美国看齐。于是，机构投资者所具有的特殊性带来了独特的治理问题，成为公司治理的重要研究课题。最后，工商法人持股在我国的突出特点是，国有股东的持股比例较高，这带来了复杂的国有企业治理问题。

我国大型企业中国有企业的比例仍然比较高，在上市公司里国有控股上市公司一度独领风骚。2005年底沪市70%以上的上市公司是国有控股。[19]近年来由于中小板和创业板的开通，国有公司的数量比重以较大速度下降，但大规模公司仍基本是国有身份。而国有控股上市公司除了国有法人控股形式外，另一类控股股东的身份是国家。国家股是指由国有资产管理部门通过授权的机构将国有资产投入公司而形成的股份，其股权行使人是政府或国有资产管理局。除此之外，我国还有一些集体企业，在上市公司中也存在少量由集体企业控股的公司。集体企业是处于全民所有制下的国有企业与私营经济之间的一类组织法人，是我国政治历史演进中遗留下来的企业制度。

（3）流通股东与非流通股东

本章引导案例所涉的股权分置，将我国上市公司的股份分为两类：一类是可以上市流通的流通股，另一类是暂不上市流通的非流通股。2004年开启的股权分置改革将中国股市向全流通方向引领。然而，股权分置所遗留下来的问题要清除还有待时日。特别是，股权分置形成的制度惯性和行为惯性、思维惯性，成为当前我国公司治理的重要前提条件，也是完善公司治理环境系统的核心任务。

（4）创始股东与非创始股东

参与公司创立活动的首批股东，是创始股东。非创始股东包括从创业股东手中通过转让、赠与、继承、法院强制执行等原因获得股份的继受股东，也包括因公司增资而认购新股的新股东。创始股东间的冲突处理，是合伙创业的公司，尤其是家族公司的重要课题。现实世界告诉我们，家族公司的崩溃往往来自家族成员之间。对于非创始股东，一个重要的治理课题是公司内部人的持股激励问题，以及公司再融资活动前后频发的掏空和支持问题。

股东还可以根据其他依据进行划分，比如是否作为公司发起人的发起人股东与非发起人股东，是否参与公司内部经营管理和董事会活动的内部股东与外部股东。另外,这些分类有很大交叉,比如控股股东、国家股东、非流通股东、创始股东,往往都是内部股东。但是无论如何划分,股东都具有资合性、有限责任性、平等性三个基本特征。[20]公司制企业相对古典企业的人合的特点是,股东是因投资获得股权而建立起对公司的法律、经济上的关系。而股东资合的基础是由于有限责任制度对股东风险的降低。有限责任应该对应有限权力,股东间的同股同权的平等性要求说明,应该对那些天然占据优势地位的股东加强制衡。

二、股权

(1) 股权属性以及治理含义

股权是股东基于股东资格而享有的权利和利益。它具有三项基本属性:

第一,股权是股东从其出资中获取收益并维护其收益的权利。尽管也有少数股东并非因为投资而获得股东资格,但他们也以分享资本收益为目的。所以,股权具有两个层面的内容。在最基本的层面上,股东必须可以从其投资中获取收益,这是资本逐利性的基本要求。公司不能保证股东的收益,公司就没有必要存在,也就无所谓股东了。而为了保证股东的利益,就有了公司治理。施莱弗和维什尼的经典定义认为公司治理就是投资者保护其回报的一系列方法。[21]所以,股权的第二层内容就是股东对其收益进行保护的权利,或者说是参与公司治理的权利。

第二,股权是股东个人财产权中分离出法人财产权后剩余的权利。个人财产权是股东投资公司之前拥有的完整产权,但当这笔资产变为股本后,它就与公司其他资本融合在一起,共同成为法人资产。因而,股东的投资活动就是一项产权分割或称产权分离活动,大体上,股东保留了价值形态上的用益权,法人获得了对资产实物的占有权、使用权和处分权。所以,股东获得投资收益的权利,是产权分割后留给股东的产权内容。但是,由于契约的不完备性,这样的分割也不可能是完备的,在对资本的使用和处分的权利中,股东仍会保留一定的剩余控制权。所以,股东对其收益保护的权利的本质是,产权分割后留给股东的剩余控制权。

第三,股权是对应于有限责任的有限权利。股东将资产投入公司后,股东以其出资额为限对公司承担责任。基本的组织管理理论告诉我们,权责必须匹配,权利大于责任必然导致腐败。股东有限的责任也必须对应有限的权利,股东获取收益的同时必须维护其他利益相关者的收益,实现利益分配的公平性。另外,股东所拥有的剩余控制权也不得侵犯利益相关者的权利边界,当某些股东实际上获得了更多的与有限责任不相匹配的权利时,必须受到制衡。

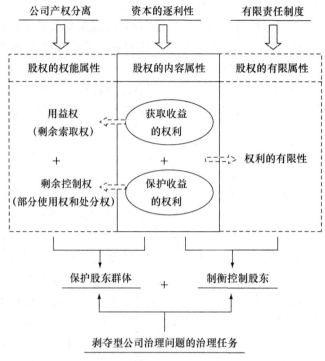

图 4-4 股权属性及其治理含义

图4-4反映了股权的三大属性,从中我们可以挖掘出它们对公司治理的启示。首先,从股权的权能属性看,股东处于公司契约的相对弱势地位。股东资产投入公司后,股东原则上仅剩下产权的用益权权能,为此股东必须对剩余控制权的配置和行使作好充分的制度安排。比如,当公司不分红时股东如何表达不满?股东不满无法排解时如何自由转让股份?如此等等。所以,保护股东群体是公司治理的基本任务。其次,股权的有限属性意味着股东的权利也必须是有限并受制约的。但是,现实中的控制股东却实际上掌握着极大的权利,比如,常常见到控制股东一方面兼任公司经理、董事长,进而全面占据剩余控制权,另一方面又完全把持股东大会。同时,有限责任制度又在法律上控制了股东风险的上限。因而,面对权力与责任的不对等,公司治理必须要保证控制股东不会攫取其他利益相关者和非控制股东的利益。而这两项公司治理任务合在一起,就是解决剥夺型公司治理问题的基本内容。

(2) 股权的构成

股权从不同角度可以分为多种类型。其中,最基本的一种分类是把全部股权分为自益权和共益权。自益权是股东以从公司获得经济利益为目的的权利,共益权是股东以参与公司的决策为目的的权利。这与以上所述获取收益的权利和保护收益的权利是一致的。另一种提法称,自益权是股东仅为自己的利益而行使的权利,共益权是为股东利益的同时兼为公司的利益而行使的权利。这两种提法并无本质上的区别,因为股东个人利益集中体现为经济利益,而股东对公司决策的参与则集中体现为股东利益与公司利益的有机结合。[22] 自益权包括股息分配请求权、剩余财产分配请求权、新股优先认购权等,共益权包括表决权、股东大会请求召集权、代表诉讼提起权、会计账簿查阅权等。

此外,根据股权的行使是否要达到一定的股份数额为标准,股权还可分为单独股东权和少数股东权。单独股东权是股东一人即可行使的权利,一般的股权都属于这一类。少数股东权是不达到一定的股份数额就不能行使的权利,行使少数股东权的股东既可以是持有一定数额股份的单个股东,也可以是持股累积到一定比例的数个股东。比如,我国《公司法》第100条规定:单独或者合计持有公司百分之十以上股份的股东请求时,应当在两个月内召开临时股东大会。另外,以行为主体为准,股权还可分为普通股东权和特别股东权。前者是一般股东所享有的权利,后者是特别股股东所享有的权利,如优先股股东所享有的权利。根据股东平等性原则,特别股股东享有特别权利优待时,或者要承担特别的责任,或者在其他权利方面作出让步。

根据股东行为内容,股权还可以分为知情权、提案权、表决权、收益权和诉讼权。[17] 知情权是指股东有权查阅公司章程、股东会议记录和会计报告。它来自于公司应对股东尽到的说明责任。说明责任是指受托人有义务向委托人报告其行为、行为的原因、行为的结果或预期结果,即履行所谓信息披露职责。说明责任是受托责任系统运行的保证,而受托责任是公司制度中连接公司治理行为主体和客体的纽带。可以说,公司不尽说明责任,股东就无从治理,无从保护自己的利益;提案权是指股东有权就公司的经营管理问题提出自己的建议。这是股东主动参与公司决策、行使剩余控制权的表现。不过为了避免股东过多地干扰公司经营和妨碍法人独立,提案权多属于少数股东权。比如,我国《公司法》第102条规定,单独或者合计持有公司百分之三以上股份的股东,可以在股东大会召开十日前提出临时提案并书面提交董事会。此外,提案还有内容、程序等方面的规定和限制;表决权,也称投票权,是指股东有权出席或委托代理人出席股东会议,并就有关议案投票表决,发表自己的意见。这就是最典型的"用手投票"。收益权,是指股东有权要求公司分派股息或其他应得收益。这是股东投资的目标所在,是股权的核心内容。除了对红利的要求外,收益权还包括公司再融资时和其他股东转让股份时的优先认股权,以及公司破产清算后对剩余财产的清偿权。诉讼权,是指上述权利没有得到维护时,股东利用法律武器的权利。股权的内容与分配如图4-5所示:

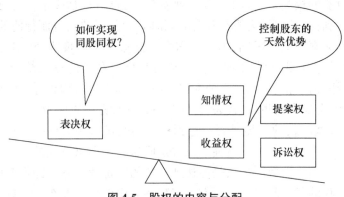

图 4-5　股权的内容与分配

在上述五种股权中,控制股东在知情权、提案权、收益权和诉讼权方面具有天然优势,或者反过来说非控制股东具有天然劣势。在知情权方面,非控制股东要了解公司信息是被动地等着被告知,而这些信息本身可能就是控制股东的私人信息;在提案权方面,非控制股东必须获得限制性的资格后才能按照限制性的程序提出限制性的内容,而控制股东却可以轻易地在股东大会之外的场所参与决策;在收益权方面,尽管分红的比例是一样的,但是分红的时机、力度却基本由控制股东把持;在诉讼权方面,非控制股东与控制股东似乎一直处于"民告官"的格局,在这种情况下,如何实现同股同权呢?在制衡控制股东、保护股东整体利益方面,表决权设计就承担着重大的任务,表决权制度是股东大会制度的重要内容。

另外,股权还可以分为法定权利和章定权利。前者是由公司法、证券法等法律法规确定的各家公司必须遵照赋予股东的权利。后者是由各家公司章程所规定的权利。公司章程,是指公司依法制定的规定公司名称、住所、经营范围、经营管理制度等重大事项的基本文件,也是公司必备的规定公司组织及活动基本规则的书面文件。章程与公司法等法律法规一样,共同肩负调整公司活动的责任。而章程与公司法等法律法规也有区别,它们是特殊契约与通用契约的区别。若没有公司法,各家公司的股东等利益相关者为了合作都要订立公司契约,甲公司要订立,乙公司也要订立,丙公司还要订立。大家把各自的契约拿过来比较一下,会发现其中很多内容是一样的。这时聪明的政府就会想,既然各家契约中的一些条款是一样的,何必每家公司都劳民伤财做重复的工作。于是,公司法就出台了,它是一种通用契约。但是,光有通用契约还不够,每家公司有每家公司的特殊性。于是,公司章程作为特殊契约,将各家公司定位在不同的公司制度谱系上。可见,章程的重要性,在于公司制度差异化的需求。鉴于此,相对于比较标准的股份有限公司而言,有限责任公司的章程更为重要。

案例 4-3

股东能否被罢免

春虹玻璃灯饰有限公司是江苏宿迁一家有近 2000 名员工的集团公司,公司主要生产玻璃灯具,产品几乎全部出口。由于宿迁近两年新开了 10 多家灯具厂,他们给春虹公司带来前所未有的冲击。在这竞争激烈的关键时刻,公司认为股东洪宝生给公司的竞争对手提供了技术帮助,造成了公司的损失,因此决定罢免其股东资格。2003 年 7 月 1 日公司召开临时股东大会,当时春虹公司的 43 名股东中,有 40 人参加会议,其中 37 人举手同意罢免了洪宝生。同时,在此次会议上,还对公司章程作了修改。规定"公司对全体股东实行严格管理,不允许给同行企业提供技术帮助。否则,公司就可以罢免他的股东身份"。事后,洪宝生向宿迁市宿城区法院起诉春虹公司,请求法院判令春虹公司恢复他的股东资格。2003 年 9 月 5 日,法院对此案作出了判决,取消了春虹公司临时股东大会决议,理由是他们召开股东大会,仅提前三天通知全体股东,违反了公司法的相关规定。就在洪宝生拿到判决书仅仅 10 天之后,春虹公司又一次发出通知,定于 15 天之后,也就是 2003 年 10 月 31 日,召开公司的第二次临时股东大会。在这次股东大会上,洪宝生的股东资格再次被罢免。2003 年 11 月,洪宝生又一次把春虹公司起诉到了法院。2004 年 3 月,在经过长达半年的调解之后,在法院的主持下,双方达成了和解协议:洪宝生自愿将自己的 5 万元股份转让给他人,春虹公司付给洪宝生 2 万元作为补偿金。

问题是:股东会能否罢免股东?股东是否有竞业禁止的法定义务?章程能否对股东行为作出限制性规定?

资料来源:祖艳丽:《试论股东能否被罢免——从一则案例说起》,载《理论观察》2007 年第 2 期。

案例说明:第一,股东大会不能罢免股东,公司章程也不能罢免股东。第二,公司法没有关于股东竞业禁止的规定,仅对董事和经理提出这样的要求,因为对于许多公司而言,对股东个人行为的约束,不仅没有必要,还会影响公司的发展。第三,公司的章程可以对股东提出限制性要求。这也是本案例设计于此的目的。根据公司的特殊性,对于有可能发生的影响公司利益的股东行为,自然应该在章程中提出限制。不过,也要注意两点:一是不能违背法律规范,在此案例中不能罢免股东身份,但可以要求股东转让其股份。二是公司对股东作出规定,也应给予补偿。案例中,洪宝生提供给公司竞争者的技术属于洪宝生个人,那么公司在占用洪宝生技术时,就应对等地给予技术使用费用。

4.2.2 股权结构与公司治理

一、股权结构研究维度(见图 4-6)

股权结构是指不同性质股东所持股份在公司总股本中所占比例及其相互关系。如果说公司治理理论的起点是 1932 年伯利和米恩斯的《现代公司与私有财产》,那么,公司治理的研究就是从股权结构开始起步的。在那里,伯利和米恩斯分析了股权分散的结构及其导致的两权分离问题。[23]

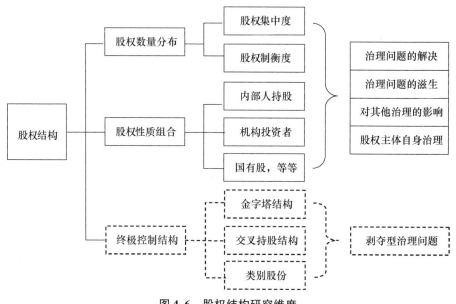

图 4-6 股权结构研究维度

最初关于股权结构的研究思路非常简单,其目的是寻求最优股权结构,其方法是衡量不同股权结构与公司绩效的关系。在此研究脉络下,国内外涌现出大量的经典文献,但随着研究成果的积累,人们却越来越困惑。以股权集中度为例,从 1932 年伯利和米恩斯的研究开始,学术界在不断论证股权集中度与公司绩效的关系,但是该课题至今最令人信服的结论是"没有结论",是发现"股权集中度对公司价值的影响为正为负没有定论"[24]。其原因一方面来自于股权结构的内生性,即股权结构本身就是公司绩效、内外经营环境等因素影响的结果。[25]比如,对于经理层持股与公司高绩效之间的关系,更可能的答案是,公司业绩越好,经理层获得的股票激励越多。[26]另一方面是股权结构对公司治理的影响是多方面的,在公司绩效上的反映也是利弊互现的。

股权结构对公司治理的影响表现在四个方面:第一,治理问题的解决。这是股权结构最初为人们所关注的因素,是股权结构研究的起点。比如对于代理型公司治理问题,常常认为股权适当集中有利于加强对经理的监督能力,对于剥夺型治理问题,又常常认为股权制衡有利于监管控制股东。第二,治理问题的滋生。一些股权结构本身就是引发公司治理问题的温床,比如在解决经理代理问题上股权集中度高一些为好,但是股权集中度越高却会导致越严重的非控制股东的被剥夺问题。第三,对其他治理力量的影响。公司治理制度体系中内外各种治理力量共同规范着公司行为,它们之间存在着互补、替代、抵消的作用。比如,股权集中度变高会加强对经理的直接监管,但也会随之弱化外部控制权市场的治理作用。第四,股权主体的自身治理。这涉及股东自己是不是一个合格的股东的问题。常见的课题包括国有股的"所有者缺位"问题,机构投资者的"消极大股东"问题,等等。这也涉及股东的身份多重性问题。在理论分析中可以假设股东仅仅是投资人和治理者,但是现实世界里的公司制度往往是非标准化的,一些股东会广泛参与经营管理,特别当控制股东是家族时,所谓的家族治理问题就十分复杂。

本书放弃寻求最优股权结构的打算,我们需要知道的是每一种股权结构的优缺点,进而知道这种股权结构下,公司治理制度定位在何处?对应的制度系统如何构建?传统上,股权结构研究主要关注股权数量分布和股权性质组合两个维度。在股权数量分布维度,暂不考虑股东的性质差异,在股东同质化的假设下,主要考察股权集中度和股权制衡度两大指标。在股权性质组合维度,考察不同性质的控股股东和主要股东的行为特点,常常被关注的是内部人持股、机构持股问题,国有股权、家族股权也是敏感话题,在股权分置时期流通股与非流通股也是一个研究重点。另外,随着对剥夺型公司治理问题的重视,隐蔽终极控制权的股权结构被逐渐挖掘出来,它包括金字塔结构、交叉持股结构和类别股份模式。鉴于这类股权结构所诱发的问题指向单一,且关注的是公司集团框架下的持股结构,我们放在下一节专门讨论。

二、股权集中与股权制衡

股权集中度是指因持股比例的不同所表现出来的股权集中于少数股东的数量化指标,常常被用于专指股权集中于第一大股东的程度,此时用第一大股东持股比例(L_1)来衡量,即第一大股东持股份额在公司总股份中所占的比重。而更一般性地,L_n指第n大股东持股比例;当专注于股东的分散和"寡头"性情况时,也用CR_n指数来计量,如CR_5、CR_{10}分别表示公司前5大股东和前10大股东持股总数占公司总股份的比重;赫芬达尔指数(Herfindahl)h_n,指公司前n位大股东持股比例的平方和。h_n指数相对CR_n指数来说,更突出了股权的集中化程度,而与L_1指数相比,不仅局限于第一大股东。

股权制衡度是对股权制衡现象的度量。股权制衡是指公司存在多个较大的股东,任何一个股东都无法单独控制决策,进而实现大股东之间的相互监督的股权安排模式。理论上,既能保留股权相对集中的优势,又能有效抑制控制股东的剥夺行为。股权制衡度常用 Z 指数衡量,它是指公司第一大股东与第二大股东持股比例的比值;S 指数也常用以测量股权制衡度,它是指公司第二大股东至第十大股东持股比例之和与第一大股东相比的情况。当然,在实证研究中,根据研究设计也可以开发出其他测量股权集中度与股权制衡度的指标。

表 4-2 显示了不同国家的公司股权集中和股权制衡情况,至少可以看出"一股独大"绝不是中国自己的特色。早些年,许多文献将"一股独大"认为是中国上市公司的一大弊端。当然,这些文献多数批评的是国有股的"一股独大",本书这里暂不考虑股权性质问题。然而,"一股独大"也有"一股独大"的好处。面对着伯利—米恩斯命题下的股权分散和两权分离问题,施莱弗和维什尼系统地论证了股权集中的优势——大股东能解决股东间的集体选择问题,并有动力和能力监管经理。[27]然而,随后发现的大股东凭借其控制权获得额外私人收益的现象,说明了股权集中所滋生的剥夺问题。[28]此外,股权集中结构降低了股票流动性,也降低了控制权市场治理的效用。[29]鉴于股权集中与股权分散的明显优缺点,学术界开始关注介乎于它们之间的股权制衡模式。而事实上,多个大股东并存的现象在世界各地广泛存在,一度被认为是具有平衡监督经理职责和保护小股东职责的双重效能。[30]然而,通过进一步的挖掘发现,多个大股东之间还存在"串谋"以攫取公司利益的行为。[31]可见,股权的不同集中、分散以及制衡程度,具有不同的治理功效,也引发不同的治理问题。

表 4-2 不同国家公司股权分布

国家	第一大股东	第二大股东	第三大股东
中国	47.0%	8.0%	3.0%
意大利	52.3%	7.7%	3.5%
法国	56.0%	16.0%	6.0%
英国	14.0%	8.3%	6.1%
美国	22.8%	9.5%(第二、三大股东合计)	
德国	59.7%	8.6%(第二、三大股东合计)	

资料来源:〔美〕斯道廷·坦尼夫、张春霖、〔美〕路·白瑞福特:《中国的公司治理与企业改革》,中国财政经济出版社 2002 年版。

为了更全面地了解股权集中和股权制衡效应,用表 4-3 进行系统概括:

表 4-3　股权集中和股权制衡的治理效用

	治理问题的解决	治理问题的滋生	对其他治理的影响	股权主体自身治理
股权分散结构	利于防止剥夺型治理问题	易于诱发代理型治理问题	外部治理手段充分发挥	投机性持股,缺乏治理动机
股权集中结构	利于解决代理型治理问题	易于滋生剥夺型治理问题	降低资本与控制权市场治理力量	过多干涉公司经营管理
股权制衡结构	适度地控制了两类治理问题	剥夺中串谋和监管中搭便车不可忽视	对控制权市场影响不定	大股东之间的控制权斗争

对于不存在控制股东的股权分散结构,一般情况下,自然避免了控制股东剥夺的发生。但是,也要注意实际控制人的隐蔽存在,这种情况下是一种"假"的股东分散。股权分散结构的公司治理更多地依靠外部治理手段的发挥,比如股东"用脚投票"的机制,法律、舆论等的广泛监管。反过来理解,在一个外部治理为主的环境下,比如美国、英国市场环境下,股权的分散持有会更有利于外部治理力量的发挥。当然,股权分散的缺陷是一目了然的,一方面股东自己没有治理公司的动机,持股的原因更可能是获取投机性收益,另一方面也没有监管经理的能力和条件,极易诱发内部人控制问题。

对于存在一个控制股东的股权集中结构,其情况基本与股权分散相反。其优点就是这个控制股东既有意愿也有能力监管住经理。但是其缺陷也很明显:一是形成了控制股东凭借控股优势剥夺其他股东的便利条件;二是降低了外部治理,尤其是控制权市场治理的力量,公司并购的门槛太高;三是时常发生控制股东直接干涉公司经营管理的现象,破坏资产经营的职业化。

对于存在几个大股东的股权制衡结构,在处理两类治理问题时均有一定优势,能达到一定的平衡。但是也要防备三方面问题:一要防备制衡股东之间串谋起来剥夺小股东的现象;二是防备个别大股东"出卖"公司,引发恶意并购的情况;三要防备大股东间为了争夺公司控制权的内耗情况。

三、内部人持股

内部人持股涉及管理层持股和全体员工持股两部分,本书仅关注前者。而管理层持股所指管理层是公司的高级经理人员和董事群体。董事持股与经理持股具有大致相同的目的、方式以及副作用,但董事持股也有一定的特殊性,它会影响董事的独立性要求。在以下行文中,为避免混淆,以经理持股为主要讨论对象。

小贴士 4-7

员工持股计划

员工持股计划(Employee Stock Option Plan,ESOP),是通过一定的方式让公

司员工持有一定比例的企业股份,从而成为企业的所有者并分享企业的剩余索取权的一种企业制度安排。

在所有采用员工持股计划的企业中,虽然不同的背景和不同的公司实施的员工持股计划都不尽相同,但所有的员工持股计划都遵循这样一个思路,即企业以股票作为支付部分劳动报酬的方式,或者让本公司员工以一定形式出资如信用贷款、折价配股等手段购买公司股票,或者由公司将一部分新增加的利润用来购买公司股票赠与员工等各种方式,将企业股票转让给企业的员工,使员工拥有公司的所有权,成为公司的股东。这样公司可以筹措到部分能够长期使用的资本,而职工则以提供劳动为享有股权的依据,获得长期的资本收入。当然,这中间包括很多具体的环节如持股条件、股份来源、员工持股资金来源、持股计划分配、限制条款等等,各个环节的不同就构成了不同风格和特色的员工持股计划。

值得指出的是,由于经济体制、发展程度和历史文化背景等方面的不同,各国之间的员工持股计划差异较大。但总的来讲,可以将这些员工持股计划分为福利型、风险性和集资型三大类,福利型员工持股计划的目的在于为企业员工谋取福利,从而吸引和保留人才,增加企业的凝聚力;风险型员工持股计划的目的在于提高企业的效率,特别是资本效率;集资型员工持股计划的目的在于使企业能够得到生产和发展所需要的各种资金。

资料来源:谢刚、仲伟周、万迪昉:《员工持股计划的性质、功能与应用》,载《预测》2003年第3期。

上一章讨论了代理型公司治理问题,说明经理的代理成本来自于股东与经理间目标的不一致和信息的不对称。而解决委托—代理问题的基本手段,就是实现激励相容。所谓激励相容,就是委托人所希望的代理人的行为,只能通过代理人自己的效用最大化行为实现。或者说,经理基于自己的目标而做的事情,恰好可以满足股东的要求,就实现激励相容了。那么,股东的要求是什么呢?当股东的个人资产变为股份后,股东的利益与股票联系在一起,或者获得股票分红,或者从股票升值中得到价差。所以,最直接而无间隙的激励相容手段就是让经理的个人利益也与股票挂钩。这就是经理持股成为一种激励性制度安排的由来。一项基于中国上市公司的调查研究表明,上市公司对管理层持股存在极大的需求,被调查者认为(注意,是被调查者自己认为),管理层持股明显有助于优化公司的激励制度与效果,增强管理层的责任心,对公司治理和公司绩效有非常重要的作用(见表4-4)。[32]

表 4-4 管理层看管理层持股的作用

管理层持股能否优化公司激励制度和效果			
选项	能	不能	视情况而定
百分比(%)	64.12	2.06	33.82

管理层持股能否增强公司管理层的责任心			
选项	能	不能	视情况而定
百分比(%)	76.29	0.62	23.09

管理层持股是否有助于加强公司的内部控制			
选项	能	不能	视情况而定
百分比(%)	56.08	2.06	41.86

管理层持股对会计信息质量的影响			
选项	能改进会计信息的质量	影响不大	可能降低会计信息的质量	很难说
百分比(%)	26.39	31.96	7.84	33.81

管理层持股对公司治理的重要性				
选项	非常重要	重要	一般	不重要	说不清楚
百分比(%)	17.11	58.76	22.06	1.44	0.62

管理层持股对公司绩效的影响			
选项	改善与提高	维持现状	下降	说不清楚
百分比(%)	75.26	3.71	0	21.03

资料来源:朱国泓、方荣岳:《管理层持股:沪市公司管理层的观点》,载《管理世界》2003年第5期。

作为一种激励性安排的经理持股有三种方式:一是报酬体系中的股票类报酬,二是目标所有权计划,三是管理层收购。上一章介绍的股票期权就是股票类报酬的一种,此外,还有限制性股票、影子股票、股票升值权等。限制性股票指公司按照预先确定的条件授予经理一定的本公司股票,经理只有在一定的限制性条件满足后,才能获得股票或被允许出售股票,限制条件一般是业绩和服务年限有关;影子股票,即只有分红权而无其他股权内容的股票,这是一种以股票和股息为参照物的激励方案,股票不需要真实授予;股票升值权是股票期权的一种衍生形式,授予该权利的经理可以获得约定时间段内约定数量的股票升值的价差。

目标所有权计划,是一种强制要求公司经理必须持有一定数量本公司股票的管理规定。在目标所有权计划中,会详细说明经理持股的数额以及达到该数额的最晚时间。如果经理未能完成股票持有目标,就会受到惩罚,如强制将现金工资变为股票,或者推迟股票期权的行权期等。

管理层收购(Management Buyouts,MBO),是目标公司经理层利用所融资本购买本公司资产或股份,从而改变公司股权结构、控制权结构和资产结构,实现管理者以所有者和经营者合一的身份主导重组公司,进而获得产权预期收益的一种收购行为。比较通行的做法是由经理层先控股一家旧公司或注册新设一个"壳公司",再由这个收购主体去募集资金,然后利用所融资金去收购目标公司。MBO 的实质是公司的剩余控制权从原来股东手中转移到经理手中,实现所有权与控制权的两权合一。MBO 的本质是资产重组,是杠杆收购方式,MBO 后的公司具有高负债的特点。

案例 4-4

郎咸平,MBO"铁杆"反对者

  MBO"铁杆"反对者郎咸平,在谈及国资委颁布的《企业国有产权向管理层转让暂行规定》(以下简称《暂行规定》)时表示,"一切法规的前提都是规则",《暂行规定》的制定走出了 MBO 法制化的第一步,值得肯定。不过,对于 MBO 本身,郎咸平依然坚持自己的观点,即中国在法制化未完善前,一切 MBO 都应该停止。

  关于激励管理团队,郎咸平认为,可以通过职业经理人团队的市场化达到目的。聘请职业经理人管理国有资产,应根据能否使资产增值的标准来评估业绩,业绩好高薪奖励,一年 2000 万元或更高都没问题;不行,就直接"下课"。"大胆一点假设,我们可以用能干的民营企业家来管理国有企业。"

  对于目前国有企业管理层的现状,郎咸平再度提到了他的"保姆理论":国有企业管理层只能是国家资产的保姆,而非主人。"中国国有企业的 MBO,无一例外资金都来自上市公司内部,这本身就是怪事:一个保姆工资 200 元,可以把主人价值 1 万的家作价 600 元,轻松地用 3 个月时间从保姆变成主人。"

  郎咸平认为,产权改革的前提应该是保护国有资产,而不是流失。而某些国企管理层为了达到 MBO 的目的,处心积虑践踏国家资产,使产权价值被大大低估。

  资料来源:根据相关资料整理。

  案例 4-4 中所提《企业国有产权向管理层转让暂行规定》于 2005 年执行,这是对此前国有企业 MBO 乱象的整治。现在的问题是,一般情况下的经理持股有无其他副作用?一般认为,经理持股主要有两种效应,即协同效应和堑壕效应。协同效应就是来自激励相容的正向作用,而堑壕效应就是经理持股的副作用。所谓堑壕效应,是指随着经理持股比例的提高,与外部股东抗衡的能力不断增强,经理可以安全地控制公司,并在更大范围内追求其个人目标,但这导致代理成本的增加和企业价值的下降。[33] 也就是说,经理持股在某一段范围内,使得追求私人利益的好处大于从股权激励和其他激励中得到的好处,而同时较高的持股比例,又造成了治理手段的失效并保证了自己的职业安全。

可见,管理层持股具有区间性,当管理层持股较少和较多时,协同效应大于堑壕效应,利大于弊。有文献指出,管理层持有5%—25%的股份时,堑壕效应起主导作用,弊大于利,但这更多的是定性的意义,而不是定量的指标。[33] 按照表4-3的分析思路,经理持股在中间区间时,没有解决经理代理问题,反而更激发了它,更具危害的是这个"堑壕"屏蔽了控制权市场等外部治理手段,而经理身兼治理行为主体和客体两种身份本身就是堑壕效应的载体。

四、机构投资者

机构投资者是指用自有资金直接或从分散的公众手中筹集资金间接从事有价证券投资活动的专门化法人机构。在国际上,机构投资者主要包括退休养老基金、保险公司、共同基金、捐赠基金、银行信托部以及各类投资公司等。在我国实行银证分业经营制度,机构投资者又可称为非银行金融机构。该名称也说明,机构投资者不同于专职工商经营业务的工商法人股东。从字面上看,或者广义地讲,法人股东就是机构投资股东。但是,在行为本质上却有明显差异。专职工商经营业务的工商法人,充分运用资本经营等手段参股或控股其他公司,是以实现自身经营战略为目标。工商法人股东持股,主要是以战略伙伴这一重要利益相关者身份,采用"用手投票"方式介入目标公司的治理活动,是保障其关系专用性投资的行为。所以,工商法人股东是"经营型投资者"。当然,现实中也有不少借经营型投资为名行投机之实的情况,但这不是工商法人股东的本质。

目前,我国资本市场中的机构投资者主要有基金公司、证券公司、信托投资公司、财务公司、社保基金、保险公司、合格的外国机构投资者(QFII)等;可以直接进入证券市场的机构投资者主要有证券投资基金、证券公司、"三类企业"(国有企业、国有控股企业、上市公司)和合格的外国机构投资者等。[34] 截至2012年底,机构投资者持有流通A股市值比例达17.4%。[35]

证券投资基金是我国机构投资者的主力军,常常被简称为基金,美国称为共同基金。证券投资基金是一种利益共存、风险共担的集合证券投资方式,即通过发行基金份额,集中投资者的资金,由基金托管人托管,由基金管理人管理和运用资金。证券投资基金采用积少成多的整体组合投资方式,具有集合投资和分散风险的特点。证券投资基金是一种信托投资方式,受托人具有专业理财的能力。基金按运作方式可分为封闭式基金和开放式基金,两者的差别在于基金总额是限定的还是可以开放增加的;按投资标的可分为股票基金、指数基金、债券基金、货币市场基金,等等。

证券公司,美国称为投资银行,主要承担证券承销、证券经纪、证券自营三大业务。证券承销是证券公司代理证券发行人发行证券的行为。证券经纪是证券公司接受投资者委托,代理其买卖证券的行为。证券自营是证券经营机构为本机构投资买卖证券、赚取买卖差价并承担相应风险的行为。证券公司拥有人才、信息以及资金方面的优势,具有专业理财的特点,但是这种在股市上呼风唤雨的能力不时被用来吞噬其他股东的利益。

1999年7月29日,证监会发布了《关于进一步完善股票发行方式的通知》(以下简称《通知》),从此"三类企业"成为我国机构投资者的另一重要组成部分。《通知》称,国有企业、国有资产控股企业、上市公司所开立的股票账户,可用于配售股票,也可用于投资二级市场的股票。但在二级市场买入又卖出或卖出又买入同一种股票的时间间隔不得少于6个月。《通知》要求,国有企业、国有资产控股企业不得使用从银行及其他金融机构取得的各类长短期贷款、外国政府贷款、外国商业贷款和财政周转金购买配售的股票;上市公司不得使用募股资金和从银行及其他金融机构取得的各类长短期贷款、外国政府贷款、外国商业贷款购买配售的股票。可见,政府同意"三类企业"入市的本意是引导其成为战略投资者,以提高主业经营效率为主,股票投资收益为辅。但事与愿违,现实情况是股票投机成为大量"三类企业"入市的主要动机。

布莱尔认为,随着证券市场和机构投资者的发展,股东将越来越远离公司,所有权与控制权分离会进一步加剧。[36]该思想反映在图4-7中。当证券市场发展起来后,一部分股东将不再直接面对公司,他们仅仅是证券市场上的买家。如果说他们的行为对持股公司有治理作用,那么可以理解为用"脚"投票。而随着机构投资者的出现,股东越来越远离公司,股东也越来越难以真正成为公司的"所有者",公司经理的行为也越来越缺少直接控制。当公司治理的外部环境建设没有跟上,用"脚"投票不起作用时,公司治理问题会进一步恶化。这就是机构持股的副作用。如果机构投资者走得再远一点,滥用其信息优势和人才优势,就会成为内幕交易的"首恶",成为公众利益的攫取者。

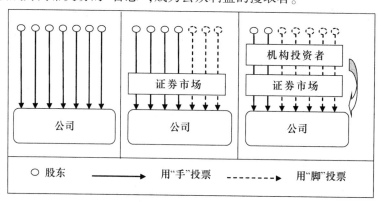

图4-7　机构投资者对股东治理的影响

小贴士 4-8

内幕交易的辩方举证制度

美国证券交易委员会在认定内幕交易时,采用初级举证责任在控方,次级举证责任在辩方的制度。即当证交会根据事实推定存在内幕交易后,比如一家投资机构在某次股价大变动前不久进行大量股票交易,就可以推定该笔交易是内幕交易。而后,举证责任即转向辩方,这一投资机构必须要自己寻找证明自己无罪的能完全扭转控方意见的证据,比如为了这一交易事前做的研究报告,否则就被判定存在内幕交易。在这种制度下,美国机构投资者不得不做大量基础研究,而且在一定程度上控制了短期炒作。因为短期内的买和卖两次交易中,总有一次会难以拿出推翻内幕交易的证据。

而我国证监会认定内幕交易采取完全的控方举证制度,即谁提出谁举证。由于内幕交易众多,难以监控防范,证监会也不可能有这么多人手去调查,所以往往不了了之。

小贴士4-8说明,如何管制机构投资者是一项任务,而如何引导其能力的正向发挥是另一项重要任务。这里以美国机构投资者发展历程为例。在20世纪60年代以前,机构投资者在股市的控股比例不超过13%,80年代初达到34%,90年代末达到48%。[34]在90年代之前,机构投资者的策略就是用"脚"投票,这与一般股民别无二致,也可以认为没有任何额外治理力量的施加。但是,90年代以后,机构投资者的持股比例上升,股票抛售成本变大,几乎成"套牢"之势。加之政府管制的放松与积极推动,机构投资者在行使股东权力方面变得积极,最终形成了所谓的"股东积极主义",即股东直接向公司管理层施压,通过用"手"投票影响公司的决策并实现自己的诉求。机构股东的积极主义行为有两种途径:一是机构股东直接参与到被投资公司管理层中的行为干预,比如任职董事,二是向公司董事会和经理层施加影响的外界干预。

最后,基于股东性质的股权结构研究还有一个重点就是国有控股问题。此前已经介绍了国有企业的预算软约束和所有者缺位问题,小贴士4-9说明了国有企业在股权结构形态上的问题表现——委托—代理链太长。

小贴士 4-9

国有企业的委托—代理链

公有经济中的委托代理关系具有特殊性,表现为两大等级体系,即从人民

(初始委托人)到国家权力中心的自下而上的委托—代理链,以及从权力中心到国有企业(最终代理人)的自上而下的委托—代理链。在这长长的两段委托—代理链中,有多少局中人呢?很多,多到一下子说不清楚。每两个相邻的局中人就构成一组委托—代理关系,将会产生代理成本,这构成了国有企业的效益损失。当委托—代理链不畅时,就意味着"所有者缺位"。

4.3 剥夺型公司治理问题

4.3.1 控制股东与剥夺

传统上,公司治理的研究主题仅是代理型治理问题,这与公司治理的研究起点有关,在伯利—米恩斯的研究范式下,公司治理问题的产生前提是股权分散,后果表现是经理的卸责。然后,在 2000 年前后,LLSV(四位著名经济学家拉波特 La Porta、洛佩兹 Lopez-de-Si Lanes、施莱弗 Shleifer 和维什尼 Vishny 的姓氏首字母的组合)等学者通过大量研究发现,控制股东的存在也是真实世界的常态,对应的控制股东剥夺现象也是公司治理必须处置的问题。进而,公司治理问题二维化了,其一是对应伯利—米恩斯范式的代理型公司治理问题,其二是对应 LLSV 范式的剥夺型公司治理问题。

一、控制股东的存在

之所以将剥夺型公司治理问题的讨论框架称为 LLSV 范式,是因为正是 LLSV 的贡献,人们发现了控制股东的广泛存在,以及控制股东的剥夺行为。

许多文献都引用 1999 年 LLS[30](维什尼缺席该项研究)一篇论文中的数据,来证明控制股东的广泛存在。LLS 的样本来自 1995 年全球 27 个有着较为成熟股票市场的发达市场经济国家。按照既定规则,LLS 在每个国家中选出 20 家大型公司,10 家中型公司。LLS 指出,在大多数情况下,要达到控制一家公司并不需要超过 50% 的股权,因为大多数中小股东对控制权不感兴趣,并不会参与股东大会表决。因而,一名股东拥有 20% 甚至 10% 的控制权,就足以控制该公司。这里的控制权或称表决权,与一般的股权有差别,其间存在若干隐蔽控制的问题,将在下一节专门研究。LLS 将没有一名控制权超过 20% 或 10% 的股东的公司,称为分散持股型公司。而根据控制股东的性质,将其他公司分为家族(个人)型、国有型、金融机构型、非金融机构型,以及其他型。表 4-5 节选于 LLS 的这次研究,选取英、美、日、德四个公司治理模板国家,以及社会文化与中国内地相近的中国香港地区、新加坡、韩国和意大利。从中可见控制股东的广泛存在,而股权分散仅是英、美等少数国家的特色。

表 4-5 控制股东的广泛存在

	国家或地区	分散持股型	家族(个人)型	国有型	金融机构型	非金融机构型	其他
大型公司样本							
以20%的控制权为标准	中国香港	0.10	0.70	0.05	0.05	0.00	0.10
	日本	0.90	0.05	0.05	0.00	0.00	0.00
	新加坡	0.15	0.30	0.45	0.05	0.05	0.00
	英国	1.00	0.00	0.00	0.00	0.00	0.00
	美国	0.80	0.20	0.00	0.00	0.00	0.00
	德国	0.50	0.10	0.25	0.15	0.00	0.00
	意大利	0.20	0.15	0.40	0.05	0.10	0.10
	韩国	0.55	0.20	0.15	0.00	0.05	0.05
	27国或地区平均	0.3648	0.3000	0.1833	0.0500	0.0500	0.0519
以10%的控制权为标准	中国香港	0.10	0.70	0.05	0.05	0.00	0.10
	日本	0.50	0.10	0.05	0.00	0.00	0.35
	新加坡	0.05	0.45	0.45	0.00	0.00	0.05
	英国	0.90	0.05	0.05	0.00	0.00	0.00
	美国	0.80	0.20	0.00	0.00	0.00	0.00
	德国	0.35	0.10	0.30	0.25	0.00	0.00
	意大利	0.15	0.20	0.50	0.00	0.00	0.15
	韩国	0.40	0.35	0.15	0.00	0.05	0.05
	27国或地区平均	0.2407	0.3481	0.2019	0.0833	0.0370	0.0889
中型公司样本							
以20%的控制权为标准	中国香港	0.00	0.90	0.00	0.00	0.00	0.10
	日本	0.30	0.10	0.00	0.00	0.00	0.60
	新加坡	0.40	0.40	0.20	0.00	0.00	0.00
	英国	0.60	0.40	0.00	0.00	0.00	0.00
	美国	0.90	0.10	0.00	0.00	0.00	0.00
	德国	0.10	0.40	0.20	0.20	0.10	0.00
	意大利	0.00	0.60	0.00	0.00	0.10	0.30
	韩国	0.30	0.50	0.00	0.00	0.20	0.00
	27国或地区平均	0.2370	0.4515	0.1507	0.0407	0.0381	0.0826
以10%的控制权为标准	中国香港	0.00	0.90	0.00	0.00	0.00	0.10
	日本	0.20	0.10	0.00	0.00	0.00	0.70
	新加坡	0.10	0.60	0.30	0.00	0.00	0.00
	英国	0.10	0.60	0.10	0.00	0.00	0.20
	美国	0.50	0.30	0.00	0.00	0.00	0.20
	德国	0.10	0.40	0.20	0.30	0.00	0.00
	意大利	0.00	0.80	0.10	0.00	0.00	0.10
	韩国	0.00	0.80	0.00	0.00	0.20	0.00
	27国或地区平均	0.1074	0.5252	0.1619	0.0630	0.0222	0.1204

资料来源:La Porta, R., F. Lopez-de-Silanes and A. Shleifer. Corporate Ownership around the World[J]. *Journal of Finance*, 1999, 54 (2):471—517.

随后,克拉埃森、詹科夫和郎咸平对中国香港、台湾地区以及东亚 7 国的上市公司进行了调查,发现除日本外,超过 2/3 的公司都存在控制股东,家族经营控制的痕迹很明显;[37]法克乔和郎咸平对西欧的 13 个国家的上市公司的调查结果显示,除了英国和爱尔兰外,也有一半左右的公司存在控制股东,具有家族经营和控制的特点。[38]中国的普遍情况是,没有公司不被控制股东控制的反证。事实上,股权分置制度本就是制造控制股东的制度。

另一项关于控制股东客观存在的证据是企业系族被普遍揭示,该发现与 1997 年爆发的亚洲金融危机有关。此前,东亚、东南亚多国的经济发展被称为亚洲经济奇迹,为世人所关注,亚洲国家的公司治理方式也吸引着西方学者的眼光。然而一场金融危机,将企业系族、系族企业间的关联交易、关联交易的剥夺本性大白于天下。系族化模式将公司利益置于控制股东的股掌之间。

企业系族是企业集团的一种形式,是指由相同的实际控制人控制的多家企业所组成的关联企业体系。相较一般企业集团,企业系族在形态上更强调受到同一个实际控制人控制,在活动中更强调关联交易的存在。从 2000 年开始的近 3 年的时间里,中国资本市场上掀起了一场"造系运动",有近 40 家系族浮出水面,关联上市公司达 200 余家。表 4-6 归纳了"资本大鳄"在中国股市上创造的系族企业。[39]不幸的是,这其中有很多现已不复存在,其缔造者或者锒铛入狱,或者出逃国外。而案例 4-5 所述德隆系是它们的典型代表。

表 4-6 中国上市公司中的企业系族

系族性质	系族名称	数量
国有	首创系、远大系、青鸟系、建发系、普天系、北大系、招商系、西安交大系、蓝星系、天发系、华润系、清华系、三九系、鲁能系、上实系	15
民营	朝华系、横店系、农凯系、金信系、希望系、斯威特系、华立系、东方系、万向系、德隆系、东欧系、复星系、实德系、中广系、涌金系、泛海系、爱建系、格林柯尔系、鹏润系、鸿仪系、明天系、泰跃系	22

资料来源:宁向东、陈宁:《系族企业的特征:一个初步描述》,载《财经问题研究》2005 年第 4 期。

案例 4-5

德隆系的前世今生

唐万新及其兄弟控制的德隆系,在中国资本上演出了一场"绝世"大戏。

唐氏兄弟 1986 年下海,1992 年涉足中国股市。1996、1997 年通过受让公司法人股,先后成为合金投资、屯河股份和湘火炬三家上市公司的第一大股东,形成德隆系的"三驾马车"格局。1998 年到 2001 年以"三驾马车"为基础开始了快速扩张,一度控股与参股的实业企业有262家之多,涉及水泥、重型汽车、汽车零配件、农业及相关产业、旅游业等,其中正式控股的上市公司一度达到6家。同时,德隆先后控股与参股了20家金融机构,包括证券公司、租赁公司、信托公司、商业银行等。

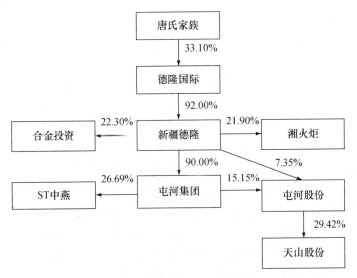

图4-8 德隆系关联结构

资料来源:郑军、付强:《"金字塔"式股权结构、最终控制权与中小股东利益——以德隆系为案例》,载《企业家天地(理论版)》2008年第3期。

德隆的神话在2004年4月13日破灭,新疆屯河、合金投资和湘火炬相继连续数天跌停,流通市值从最高峰时的206.8亿元降到2004年5月25日的50.06亿元,蒸发了156亿元之巨。与德隆相关的ST重实、天山股份、ST中燕等近十家上市公司相继披露出来的各项资金黑洞就达数十亿元。"地雷"开始全面引爆,德隆黑洞殃及的池鱼已经越来越多。一批与德隆存在直接或间接关系的金融机构不得不走到台前,中富证券、健桥证券、德恒证券、恒信证券相继暴露出与德隆有染,一批由上述券商委托理财的上市公司也深受其害。其中包括渝开发、上工股份、江苏琼花等多家公司。2004年8月,华融资产管理公司开始接管德隆资产,2004年11月,华融资产管理公司人马正式进驻德隆旗下上市公司董事会,那个曾经呼风唤雨的德隆已经灰飞烟灭。

2006年春节前,对外逃后回国自首的唐万新的审判在武汉中级人民法院进行。唐万新因非法吸收公众存款和操纵证券交易价格罪,被判处有期徒刑8年,并处罚金人民币40万元。德隆系的"三驾马车"总计处以罚金103亿元。根据公诉材料,德隆系在三只股票上操纵股价非法所得101亿元,余股市值113

亿元,余股成本162亿元。另经公布,德隆系总负债570亿元,其中金融领域负债340亿元,实业负债230亿元。

资料来源:根据相关资料整理。

克拉埃森、詹科夫、郎咸平和范博宏对东亚国家公司股权结构和控制股东剥夺问题的两次研究中,挖掘出了企业系族在其中扮演的角色,并归纳了企业系族的行为规律和结构特点。[37][40]宁向东整理后提出企业系族具有如下特征:第一,企业系族由多个独立法人构成,但这些公司最终总能追溯到同一个实际控制人,或称终极股东。第二,这个实际控制人处在企业系族的最上端,通常是一个家族,也有几个家族联合控制的情况。第三,企业系族中一定要有银行、保险公司、证券公司等金融机构作为核心成员,这是实施控制的重要工具。第四,围绕着金融机构,企业系族拥有多个核心企业,每个核心企业的周围还有多个相关的企业。核心企业跨越不同行业,彼此之间缺乏整体性、契合性和协同效应。通常还有房地产公司、酒店和商业流通之类收益比较好、现金流比较稳定的企业。第五,重要的是,一定要有上市公司,但不要都上市,而是少数企业上市。第六,在上市公司与上市公司之间,在上市公司和非上市公司之间,往往会存在很多关联交易,这些关联交易由实际控制人调度。[17]

二、控制股东剥夺行为的存在

控制股东是客观且普遍存在的,然而,控制股东存在,就意味着剥夺的存在吗?当然,一定会有一些为公司全体利益考虑的"好"控制股东的存在,就像一定会有鞠躬尽瘁的"好"经理存在一样。但是,我们在治理经理代理问题时,不能以"好"经理为对象进行制度设计,否则设计出的一定是"坏"制度。同样,在考察控制股东问题时,一定要事先预备着剥夺行为的发生。

首先,我们要正视剥夺的存在性。有这样一项研究可以用来表明剥夺是否存在,并能计量其严重程度,这就是对控制权定价的衡量研究,其逻辑是:如果控制股东能通过剥夺小股东的利益获得私利,那么在自由交易的市场环境下,控制股东的私利就会被"标价"。进而,控制股权转让价格相对于市场股价的溢价就计量了控制权的价格,也间接表明了控制股东剥夺的严重性。巴克莱和胡德尼斯对美国的1972年到1982年的63起大宗股权(控制股权)转让进行了研究,比较了控制股权转让价格与转让公告后一日市场价格之间的差额,发现控制股东平均多支付了20%的溢价。[28]而后,戴克和津加莱斯采用类似办法对1990年到2000年39个国家进行了分析,发现控制权私人收益平均为市场价格的14%,[41]并发现控制权私人收益与法律制度、资本市场发展程度、股权结构等因素有关。沿用该思路,一些文献研究了中国的情况,发现中国上市公司控制权转让中的溢价达到7.5%,[42]由于计量指标的差异,有的研究甚至计算出30%。[43]

其次,还要了解控制股东剥夺的主要行为。剥夺是指一切利用控制股东身份侵犯公司资源,进而损害其他股东(以及其他利益相关者)利益的行为。这里的侵犯分为两种类型:一是占有公司资源,是将公司资产转移至自己名下的"损人利己"行为,二是滥用公司资源,是指并非以占有公司资源为目的,但也未按照公司整体目标为行动导向的行为。如果说控制股东是全体股东的代理人的话,前者近似于对代理人忠实义务的违背,后者近似于对勤勉义务的违背。目前学术界比较关注前一种情况,并以"隧道"(Tunneling)(常译为掏空、转移、输送)为名,展开了深入广泛的研究,这将在下一节重点介绍。

然而,滥用公司资源的情况也不容忽视。首先,问题出现在异质性的股东的异质性追求上。这里的异质性不是强调股份数量上的差别,而是股东性质的不同。当以英美公司治理模式为讨论模板时,这个问题不突出。然而,在英美国家以外,在控制股东出现频率高的地方,控制股东往往具有家族性和国有性的特点。这两类股东的行为基础与传统理论中的经济人假设有差别,从而表现出公司经营宗旨和战略指导思想的变化,简单说就是,股东经济利益最大化的目标并非适用于所有企业。比如对于家族企业,也许"更大""更强"根本不是其追求的,它寻求的是"更长命"。而对于国有企业,也许社会性职能才是其偏好的。在宗旨、战略变化后,自然引发企业家行为的变化,特别是在风险态度上的变化。常常听到家族企业的家族外人士会用"小富即安"来批评控股家族的不作为。确实,在经营的某些时段,家族理性是超越经济理性的。而对于国有股东,其代理人鲁莽行事,"赌博"自己的政治生涯的案例,也不胜枚举。另一类常见的控制股东滥用公司资源的事件是安插管理岗位。尤其在家族企业,为了家族利益的考虑,控制关键岗位的情况已成特色。这种安排,本意并非要侵占其他利益相关者的权益,但在客观上造成了控制股东对公司经营目标的调整,甚至扭曲。这就是滥用公司资源的控制股东剥夺行为的核心思想,即主观上并非剥夺,但客观上侵犯了其他股东的权力,并有可能侵占其利益。

其次,控制权使用过度也可归为一种滥用公司资源的行为。它指的是控制股东超越其身份定位,过度干涉公司经营,侵犯法人独立性的行为。它不以占用公司资源为目的,常常"好心办坏事",国有股东的行政干预是其典型代表。与其相反的一类情况也很常见,是控制权使用不足,指的是控制股东未尽其治理职责的情况。控制股东的存在,被认为是解决经理代理问题的重要条件。[27]但是如果控制股东都不作为了,那么就造成公司所有权的实际意义上的完全缺失。

在以占用公司资源为目的的控制股东剥夺行为中，可以分为直接占有资源、非市场化交易和掠夺性金融活动三类。其中，直接占有资源是赤裸裸的偷盗和抢掠。而在中国上市公司中这种行为一度盛行，以至于2005年中国证监会专门下文《关于集中解决上市公司资金被占用和违规担保问题的通知》。曾经的猴王股份的案例很能说明问题。1993年，猴王焊接股份有限公司从猴王集团中"剥离"上市，猴王集团是猴王股份的控制股东，占总股份的48.81%。由于种种原因，2001年2月猴王集团宣告破产。而猴王股份上市后，经营状况也江河日下，此时不得不公布与猴王集团的账款往来：猴王集团拖欠猴王股份高达8.9亿元，其中5.9亿已形成损失。另外，猴王股份为猴王集团提供的信用担保为4.59亿元，其中有近3亿担保血本无归。而当时，猴王股份自己的资产总额仅为8.6亿，资产净值仅为3亿元左右。猴王股份变为"空壳"。此后随着几年的连续亏损，2005年退市。可见资金占用和违规担保问题的严重性。另外，虚假出资也可归为占用资金一类。此外，除了这些一目了然的剥夺之外，控制股东占用公司商标、品牌、专利等无形资产，以及抢占公司商机等行为也是赤裸裸的剥夺。在我国上市公司中，前者有格力电器诉其大股东格力集团争夺其商标的案例，后者有天大天财诉其大股东天津大学同业竞争的案例。

非市场化交易类的控制股东剥夺行为大致可以在四类活动中发生，分别是关联购销业务活动、资产租用和交易活动、费用负担的分摊活动，以及相关人员报酬支付活动。这些活动本属企业的正常经营管理业务范围，但是如果这些活动都以非市场公允的价格契约为基础的话，一切都变成控制股东剥夺的手段。购销业务的剥夺最为普遍，最简单的形式是控制股东以高于市场价格向目标公司销售，以低于市场价格向目标公司购买，还有很多隐蔽性强的复杂形式，但是本质都是利用价差转移利润。资产租用和交易中的剥夺与购销业务中的剥夺具有相似的性质，仅仅是标的物上的区别。租用和交易的资产有厂房、土地使用权、设备、商标、专利。托管经营活动中的非市场交易，也属于这一类。费用负担支付中的剥夺，在我国上市公司中较常见，这与我国大量上市公司是"剥离"于控制股东有关。剥离上市后，上市公司及其控制股东要共同分担一系列费用，比如离退员工费用、广告费用、以及各种医疗、住房、交通等福利费用，这些费用如何公正分摊，也许只有当事人自己知道。另外，控制股东自己，或者派人担任经理、董事以及其他职位后，相关的薪资、奖金、在职消费等费用，也是控制股东转移利益的渠道。

金融性活动中发生的剥夺问题更为复杂和隐蔽，具有多种表现形式。一度在我国证券市场上的上市及再融资活动，被冠以"圈钱"的恶名。特别在股权分置的情况下，常常作为非流通股的控制股东与流通股东相比，权利一样甚至更大,而投资成本却低数倍、数十倍。"同股不同价"不就是一种剥夺吗?当然,绝对不能认为所有的融资活动都是剥夺,但那些通过财务作假以骗取融资资格、虚假宣传以及过度融资的行为,是逃脱不了剥夺的干系的。在股权分置改革后的全流通环境下,内幕交易将可能成为控制股东剥夺的"重灾区"。控制股东往往以内部股东身份出现,利用信息、操纵信息,欺骗其他股东,他们有条件,也可能有动机;在资产重组活动中,控制股东通过资产置换套取公司资金或者剥离不良资产,利用上市公司壳资源进行股权转让获利,以及占据控股地位进行其他剥夺活动,都需要防范。以控制股东需求为导向的股利政策操纵也是一种剥夺。一般情况下,有其他控制权私利来源的股东是不愿意多分红的。当然,也会出现一些控制股东不顾公司发展后劲而突击变现的特殊情况。最后一类剥夺行为可称为控制权整理,其目的是在保证完全把持住对公司的绝对控制的前提下获得更多资金回笼,或者说以最少的资金获得对公司的控制。比如,一些控制股东在仍能实现控股的情况下,让目标公司回购其股份。又比如,通过交叉持股的方式稀释其他股东的股份。这个交叉持股同时也是产生其他剥夺问题的重要"温床"。控制股东剥夺问题的具体表现如图4-9所示。

最后需要强调,现实中控制股东往往会成为公司的经理人,进而在其身上发生在职消费、营造个人王国等经理代理问题,而且这些行为可能更加肆无忌惮。但是,它不属于剥夺型治理问题的性质。

4.3.2 掏空的诱发条件与诱发结构

控制股东剥夺方式中的滥用公司资源行为,其本意并非剥夺,因而产生的危害不强烈或者不直接,以至于并未作为一个完整的公司治理课题被人们关注。以下,我们仅讨论控制股东占用公司资源的问题,这也是当前研究的重点,其危害也更具冲击力。

一、掏空的内涵与诱发条件

学术界一般将控制股东占用公司资源的行为,命名为"掏空"。它来自于英文 tunneling,其直译为"隧道",意译"转移""输送"也很常见,而且特别形象。tunneling 的命名来自于约翰逊与 LLS 的合作,他们所称 tunneling(以下称掏空),是指控制股东为了自身的利益将公司的财产和利润转移出去的行为。[44] 具体包括两类:其一是经营性隧道行为,包括各种基于偷窃与欺诈的直接占有公司有形和无形资产的剥夺行为,也包括各种非市场化的产品和资产买卖、费用和成本分摊等关联性交易活动;其二是金融性隧道行为,包括各种操纵股权结构和转移公司利润的金融性手段。

之所以称这类活动为"掏空",或者直译"隧道",是因为其行为具有极强的

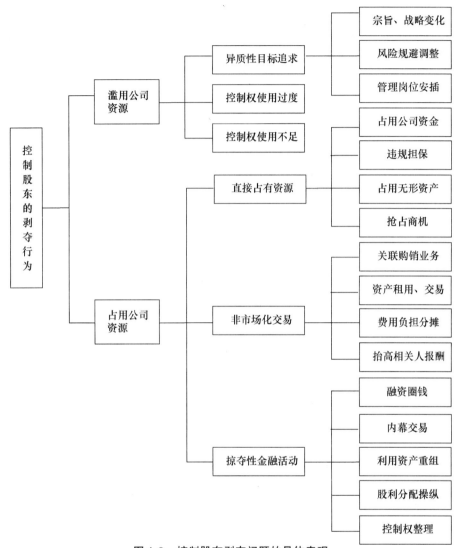

图 4-9 控制股东剥夺问题的具体表现

隐蔽性。一般说来,掏空在三种诱发结构下发生,即金字塔结构、交叉持股结构和类别股份结构。这三种诱发结构具有三点特征:首先是股权结构具有隐蔽性,它将掏空的实施主体隐蔽起来,比如在金字塔结构里,每增加一层持股结构,就在控制股东面前增加一层"面纱"。其次是掏空行为具有隐蔽性。尽管掏空中存在赤裸裸的资金占用情形,但是大多数行为披着正当交易的外衣,局外人无法证实。诱发结构的第三点特征,也是根本特征,是它具有诱发掏空的利益条件。图 4-10 用一个简单的例子说明这种诱发条件的构成:

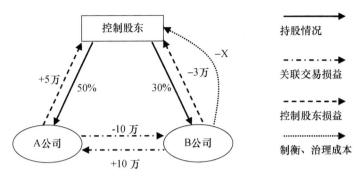

图 4-10　掏空诱发条件——基本模型

假设某股东持有 A、B 两家公司股份,分别为 50% 和 30%,并均为实际控制人。假如在该股东的控制下,A、B 公司完成一项非市场化的关联交易,交易中一方损失 10 万元,一方得利 10 万元。这时,应该让谁赢让谁亏呢?显然,持有股份高的 A 公司得利对控制股东有利。因为如此交易后,他在 A 公司上获得的 5 万盈利,大于其在 B 公司处亏损的 3 万元。进而,在这项交易上,控制股东有可能净赚 2 万元。当然,这只是一种可能,是该股东的一厢情愿。因为在这样的操纵中,B 公司不会任人宰割。控制股东在与 B 公司及其中小股东的制衡中还会花去一定的成本 X,只有 X 小于 2 万元时,掏空才可能付诸实施。

在这个简单的例子中,可以见到掏空形成的几个条件:第一,控制股东对其行为承担的责任是有限的,进而损失是有限的。B 公司发生亏损后,控制股东仅以其出资比例承担 30% 的责任。第二,控制股东具有获得私人收益的渠道。A 公司就是控制股东为自己设置的提款机。当然 A 公司并非必须出现,控制股东还可以从其他地方获得 B 公司其他股东所没有的私人利益来源。极端情况下,控制股东甚至直接侵占 B 公司资金。第三,控制股东能够控制公司的行为。假如完全按股份计算,控制股东拥有超过 50% 的投票权就拥有了 100% 的控制权。而在中小股东股权分散的多数情况下,远远不需要 50% 这么多。第四,控制股东抗衡对其治理所付出的成本低。即例子中的制衡成本 X 比较低。当然,控制股东控制权越高,这个成本就越低。但是,治理不仅来自于股权的制衡,还有多种多样的治理力量,这也就为治理掏空问题提供了其他渠道。

综上,掏空行为的产生,在于控制股东掏空的收益大于其掏空的成本。而收益来源于控制股东所掌控的权利,成本则反映了控制股东对其行为所承担的责任。于是,掏空问题的本质诱发条件就是,控制股东的权利和责任不匹配。准确地说,是控制股东的权利大于责任时,会诱发掏空行为。

基于权利和责任不匹配的本质诱因,考察掏空形成的外在条件,可以挖掘出诱发掏空行为的观测条件,这为解决具有隐蔽特征的掏空问题提供了便利。

这个可观测的诱发掏空的条件是,控制权与现金流权的分离度。这里的控制权是对控制股东的权利的度量,现金流权是对控制股东的责任的度量,分离度体现的就是权利和责任的不匹配程度。其中,现金流权比较好理解,它是股东在股利分配中能收到的现金流的比例。无论是控制股东还是非控制股东,都以其实际出资额来衡量。注意,现金流权不仅是收到利润的权力,更重要的是承担负的利润,即损失的责任。而这里的控制权,又被称为表决权、投票权,反映的是控制股东实际支配公司资源的程度。在计算中,指的是控制链条上最薄弱环节的投票权。在图4-10中,我们此前假设控制股东对B公司完全控制。但是,什么是完全控制?如何证实完全控制?没有一个客观标准不行。由于制衡成本X的存在,显然股东持有的普通股的比例高,表决权多,控制权高。那么在图4-10中,控制股东对B公司的控制权就是30%,这与现金流权没有丝毫的分离。所以,一方面,控制权与现金流权的分离度只是度量控制股东权利和责任不匹配的一个测算方法,不是唯一标准。另一方面,控制权与现金流权的分离度更重要的价值是对隐蔽掏空行为的解读,而隐蔽掏空才是真实世界更易发生的情况。真实世界的掏空更可能如图4-11所示:

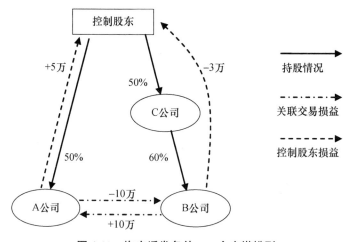

图4-11 掏空诱发条件——金字塔模型

图4-11中,同样是A、B公司关联交易,同样是B公司损失10万元,同样是控制股东攫取了2万元,但过程却比图4-10的情形容易得多,也隐蔽得多。所谓容易和隐蔽,在于控制股东控制C公司,再通过C公司控制B公司,这个过程基本碰不到其他股东的制衡。在这个例子中,对于B公司,控制股东的现金流权是50%×60%=30%,即只承担30%的责任。而其控制权是min(50%,60%)=50%,即最薄弱的地方也有50%的权利。这时的控制权与现金流权的分离度为50%÷30%=1.67,或者用相减法,分离度为20%。

二、掏空诱发结构之金字塔结构

图 4-11 的模型相对于图 4-10 更易诱发掏空行为,说明掏空往往伴随着某些诱发结构的存在。而金字塔形股权结构就是一种最常见的诱发结构。金字塔结构是以控制关系为纽带的公司网络结构的形象表示,也是控制股东以多层级的持股方式完成对目标公司的实际控制的隐蔽结构。当控制股东具有多条持股链条后,其金字塔形状更趋明显。

控制股东的逐层控制是金字塔结构的核心特征。在图 4-12 中即便控制股东只有一条从 A 公司到 B 公司再到 C 公司的持股链,其他公司在图中没有出现,也是金字塔结构。在这条控制链上(以下简称 ABC 控制链),控制股东通过持有 51% 的股份而直接控股 A 公司,而后通过 A 公司 51% 的绝对控股间接控制 B 公司,最后通过 B 公司 51% 的绝对控股最终实现对 C 公司的完全控制。当然,在图 4-12 中,控制股东还有一条控制链,就是直接对 D 公司的控制。但是,仅就这条控制链而言,不是金字塔结构。不过,当这条控制链与 ABC 控制链汇聚到同一个控制股东手中,一个隐藏着掏空风险的金字塔结构就"完美"了。

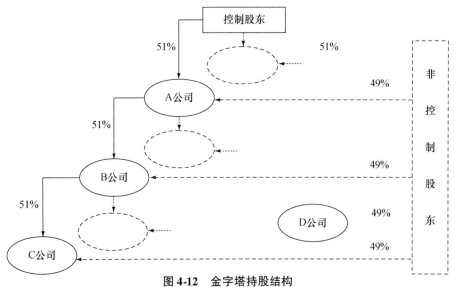

图 4-12 金字塔持股结构

首先,金字塔结构是一种融资结构,是控制股东"四两拨千斤"以实现融资放大的持股工具。假设在图 4-12 中的 ABC 控制链上,控制股东自有资金是 100 万。而通过金字塔控制,他可以控制 $100 \div 0.51 = 196$ 万资产的 A 公司,进而是 $196 \div 0.51 = 384$ 万资产的 B 公司,最终是 $384 \div 0.51 = 753$ 万资产的 C 公司。

其次,金字塔结构更是一种利益转移机构,充满着控制股东剥夺他人利益的"隧道"。现在反过来看，A、B、C 公司盈利后，控制股东的分成是多少？假如，C 公司拿出 100 万来分红，那么一层一层分配后，控制股东可以得到 $100 \times 0.51 \times 0.51 \times 0.51 = 13$ 万。如果这 100 万拿给 B 公司去分，控制股东可以得到 $100 \times 0.51 \times 0.51 = 26$ 万。如果这 100 万由 A 公司分，控制股东则可得到 $100 \times 0.51 = 51$ 万。为什么控制股东在三家公司中获得的收益不同？这就是现金流权的差异，控制股东对 A、B、C 三家公司的现金流权分别是 0.51、$0.51 \times 0.51 = 0.26$、$0.51 \times 0.51 \times 0.51 = 0.13$。现金流权越高，分红比例越高。于是，假如这时候 C 公司盈利 100 万，控制股东就有动机让这 100 万出现在 B 公司、A 公司，甚至他自己的账上。这里的手段或者是进行非市场化的购销交易，或者是借口广告费的重新分摊，甚至直接的资金占用。总之，一切我们可以想到的和想不到的掏空行为都有可能发生。另外，事实上在很多情况下掏空不仅仅是盈利的转移，很多赤裸裸的破坏性掠夺一样时常发生。比如，让 C 公司损失 100 万，利益转移给 A 公司。控制股东在 A 公司上的获益是 51 万，在 C 公司上的损失是 13 万，净获利是 38 万。当然，现实中更常见的掏空会更隐蔽，掏空的渠道会架设在 C 公司与 D 公司之间。D 公司来自另一条控制链。控制股东的隐蔽性由此会更强。而之所以这一切的掏空行为会发生，就在于金字塔结构可以在缩减现金流权的同时，对控制权没有太大影响。在 ABC 控制链上，控制股东对每家公司都有 51% 的投票权。也由此看到，随着金字塔层级的增加，现金流权与控制权的分离度变大，进而掏空的意愿更强烈。

在图 4-12 的例子中，可以看出：第一，现金流权与控制权的分离度越大，掏空的可能性越大。或者从根本上说是，权力与责任的不匹配越严重，剥夺越严重。第二，掏空中，利益会从现金流权低的地方流向现金流权高的地方。现金流权低意味着损失小，现金流权高意味着获利大。第三，金字塔结构因为多层级性，实现现金流权与控制权的分离。又因为多链性，具有掏空的隐蔽性。第四，在掏空中，控制股东得利了，受损失的是被掏空公司的非控制股东，往往就是人微言轻的广大中小股东。所以，掏空的本质是控制股东对非控制股东的剥夺。

最后，对现金流权与控制权的计量公式作一详细解释。根据 LLSV 的研究，控制股东的控制权（Vote Rights，VR）是其对公司的每条控制链上各层持股比例最小值的加总，公式为：

$$\text{VR} = \sum_{i=1}^{n} \min_i(vr_{i1}, vr_{i2}, \cdots, vr_{im})$$

而控制股东的现金流权（Cash Flow Rights，CR）是其对公司的每条控制链各层持股比例乘积的加总，公式为：

$$CR = \sum_{i=1}^{n} \prod_{j=1}^{m} cr_{ij}$$

在两个公式中,$i=1,2,\cdots,n$,是控制链数,$j=1,2,\cdots,m$,是持股层级数。

最后,现金流权与控制权分离度(Separation Difference,SD)为控制权与现金流权之差,公式为:

$$SD = VR - CR$$

或者,分离度用两者之比来表示,即:

$$SD = VR \div CR$$

三、掏空诱发结构之交叉持股

交叉持股结构是指多个公司之间相互或者循环持有对方的股份而形成的公司网络结构。它同样是一种实现现金流权与控制权分离度的方法,与金字塔结构一样均为"少数股权控制结构"(Controlling Minority Structure,CMS),即控制股东只拥有较少的股份即可获得公司的控制权。不同于金字塔结构的纵向分离方式,交叉持股在形象上是一种横向的分离方式。

图4-13显示了一个最简化的形式。P公司持有Q公司S_{pq}份额的股票,反过来,Q公司持有P公司S_{qp}份额的股票,这形成交叉持股的基础格局。而一般所称交叉持股,重点强调P公司和Q公司的背后都会联系到某个相同的股东。这样的结构在公司战略层面具有构建战略联盟,进而规避相互间交易风险、抵制敌意收购,甚至获取垄断利润的好处;在融资层面,具有扩大融资能力、稳定股价、提高资本效率的好处;在公司治理层面,具有通过大股东的积极行为,降低经理代理成本的好处。所以,交叉持股在某些制度条件下比较盛行,比如日本。据日本商事法务研究会1990年的一项调查,在日本的实业法人中,存在相互持股关系的公司占92%,其中,相互持股率达到10%以上的公司占70.3%。[45]而在中国,上市公司间的相互持股行为也时有发生,其中第一起,被认为是辽宁成大与广发证券的交叉持股案例。1998年11月3日,辽宁成大(股票代码600739)发表公告称,广发证券有限责任公司受让辽宁省国有资产管理局持有的公司股权,成为辽宁成大的第二大股东,持股比为18.61%。1999年3月9日,辽宁成大再次公告,收购广发证券24.66%股权,将成为广发证券的第二大股东。另外需要注意,目前国内一些文献和新闻报告中,将一家上市公司单方向持有另一家上市公司股份的行为,也称为交叉持股,这一界定很容易引起混乱。

而在控制权和现金流权层面,则会产生以下权利配置:假如S_{pq}股份与S_{qp}股份具有相同的价格。这就意味着,P公司和Q公司虽然相互成为对方的股东,但其实并没有实际出资。如果S_{pq}占Q公司股本30%,其实意味着Q公司其他股东的股份被稀释了30%。如果Q公司打算分红100万,实际出资人只能拿到

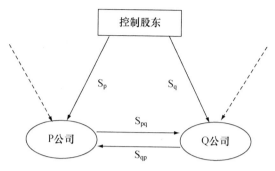

图 4-13 交叉持股结构

70 万。其次,如果 S_{pq} 和 S_{qp} 均达到控股份额,则 Q 公司和 P 公司互为对方的控股股东。更重要的是,如果 Q 公司和 P 公司背后是同一个实际控制人,那么这个控制股东就实际控制了两家公司。而最重要的是,当这个控制股东让 Q 公司和 P 公司相互控股后,减少对 Q 公司和 P 公司持股,并不影响其控制地位。这时他对 Q 公司的控制是通过 P 公司间接实现的,而对 P 公司的控制又是通过 Q 公司间接实现的。于是,就完成了"空手套白狼"的操纵。

案例 4-6

空手套白狼

Duck 先生是奥地利一家上市公司的控制股东,其控制方式就是交叉持股。作为实际控制人,Duck 先生先注册了两家公司,一个是 C 公司,一个是 R 公司。这两家公司完全是用于控制性目的的公司。在注册过程中,Duck 先生让这两家公司相互持股,各持 50%-1 股,而自己对这两家公司的直接控股都是 2 股,剩余股份用来吸收社会资金。由于在 C 公司里,Duck 先生可以代表 R 公司的持股和自己的持股,共计刚好是 50%+1,是绝对的多数控制。由此,他控制了 C 公司。如法炮制,他又控制了 R 公司。这样他就成了 C 公司的董事长和 R 公司的董事长。

当 Duck 先生牢牢控制了 C 和 R 这两个中间公司之后,最终要控制一家大的上市公司。上市公司的股权是这样的:公众持有 50%-1 股,C 公司持有 25%-1 股,R 公司持有 25%-1 股,而 Duck 先生本人在市场上购买了 3 股,于是,他又可以通过代表两个 25%-1 股加上自己的 3 股,刚好是 50%+1 股,从而实现了对上市公司的绝对控制,他也成为了上市公司的董事长。

Duck 先生的"高明"最后大白于天下,是由于他的贪婪。当他通过这样一个方式成为三家公司的董事长,实现了对财富的绝对控制之后,他给自己定了很高的报酬。结果,他不小心列在了奥地利上市公司 CEO 收入排行榜的第一位,于是引起关注。

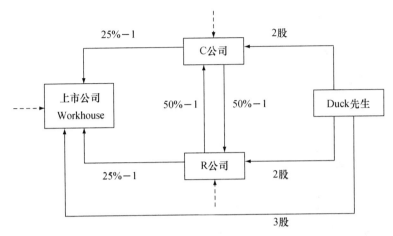

图 4-14 空手套白狼

资料来源:宁向东:《公司治理理论》(第 2 版),中国发展出版社 2006 年版。

从 Duck 先生控制后的掏空选择可见,交叉持股通过稀释他人股权,实现了现金流权与控制权的分离,进而具备了掏空的结构条件。这里的掏空可以像 Duck 先生这样直接占有交叉持股公司的资源,不过更隐蔽的是,控制股东可以再创建一家现金流权更高的公司,完成更加多样化的掏空行为。所以,将交叉持股结构隐藏在企业集团中的一个部位,甚至将交叉持股与金字塔结构结合,形成更隐蔽、剥夺性更强的掏空行为。除此之外,交叉持股还具有引发资本泡沫、破坏市场公平竞争格局、交叉持股高管间相互包庇等问题。为此,即便在交叉持股最盛行的日本,相应的管制也在展开。比如,2005 年新订《日本公司法》规定,除非特殊情况,当母公司持有子公司半数以上的股份时,子公司不得取得母公司的股份。还规定,一公司持有他公司股份超过 25% 时,后者所持前者股份即丧失其表决权。[46]其他国家也有甚至更严格的限制持有或限制持有后的权力的规定。而我国在这方面的立法是比较滞后的。

以图 4-13 为例,在交叉持股结构中,控制股东对于 P 公司的控制权 VR_p 为:

$$VR_p = vr_p + \sum vr_{qp}$$

其中,vr_p 为控制股东对 P 公司直接或多层级纵向持股的控制权。如果是直接持股,vr_p 就是 S_p 的占股比。如果采用的是金字塔形的多层级方式,其计算方式与金字塔结构下的计算方式一样。而 vr_{qp} 是将 Q 公司作为控股方算出的其在一条控制链上获得的对 P 公司的控制权,它也是控制股东对 P 公司的间接控制权。在图 4-13 的简单结构中,$\sum vr_{qp}$ 就是 S_{qp} 的占股比。当控制股东的 VR_p 超过 50% 时,就拥有了对 P 公司的绝对控股。

控制股东对于 P 公司的现金流权 CR_p 则为:

$$CR_p = cr_p + cr_q \sum cr_{qp}$$

其中,cr_p 和 cr_q 分别是控制股东通过直接或多层级纵向持股 P 公司和 Q 公司获得的现金流权。而 cr_{qp} 是在 Q 公司持股 P 公司的一条控制链上获得的现金流权,它也是控制股东对 P 公司的间接现金流权。而现金流权与控制权分离度与金字塔结构的计算公式是一样的。

四、掏空诱发结构之类别股份

另外一种实现现金流权与控制权的分离,而且其手段既不隐蔽也不复杂的掏空诱发结构是类别股份结构。所谓类别股份是指公司同时发行两种以上不同权利义务关系的股份,它们代表了不同的利益索取要求和不同的控制权力配置。

类别股份根据其上附着的收益权和控制权可以分为多种形式:首先,根据股利分配的优先性可以分为优先股、普通股和劣后股。相对于普通股,优先股的"优先"二字体现在红利获取和公司解散后的剩余财产分配上享有优先权利。当然,对应着,优先股相应放弃普通股具备的大多数表决权。优先股在国际上比较普遍,发展出了多种特殊的形式,而国内在十八大后才开始试点。劣后股不如优先股普及,其含义也刚好相反,是指在股利分配上滞后于普通股的一种股份。其次,根据投票权的不同可以分为无投票权股份、限制性投票权股份、一般投票权股份和多数投票权股份。对应于持有 1 份股票,其上附着的投票权分别为 0、小于 1、等于 1、大于 1。这种差别化的投票权安排又被称为"双重投票权结构"(dual-class voting structure),狭义地称类别股份结构。这种安排与一股一票原则相悖,直接产生了现金流权与控制权的分离,因而备受争议。

类别股份设置的价值在于满足不同投资者的差异化需要,拓宽公司融资渠道。有的股东关心的是把控公司发展,在公司的长远发展中获取利益;有的股东则仅关心资金的安全性和回报的稳定性;有的股东则希望在股海里的辗转腾挪中,获得超额利益。面对多样化的需求,类别股份就类似于融资活动中的差异营销策略。类别股份的另一重要功能是实现或保持控制股东对公司的控制,这也是双重投票权结构的主要功能。如福特汽车公司在 1946 年上市时同时存在三种股票:一股一票的普通股,由公众投资者持有;没有表决权的 A 股,由福特基金会持有;具有超级投票权的 B 股,由福特家族持有。按公司章程的规定,只要福特家族持有的 B 股股数不低于 6070 万股,就拥有 40% 的表决权;如果福特家族持有的 B 股股数在 3370 万至 6070 万股之间,投票权为 30%;如果 B 股股数低于 3370 万股,则 B 股将等同于普通股。类别股份的这一功能在封闭公司及家族色彩浓厚的部分公众公司中最为常见,在收购防御战中也有很多应用空间。[47]

由于类别股份毫不隐蔽地制造出了现金流权与控制权的分离,于是,是否会引起控制股东的剥夺,存在很大争议。一些学者认为在家族和实际控制人非常清楚、信息比较流畅的情况下,家族往往不会以牺牲自己名誉的代价去进行剥夺。[17]我国目前法律上出现了允许类别股份适当存在的空隙,态度还不十分肯定。但在学术研究上,关于引入类别股份的呼声比较高。另外,我国正在逐渐去除的股权分置制度,在本质上应该算是一种类别股份安排,而且也实实在在地产生着剥夺。

小贴士 4-10

《公司法》关于类别股份结构的"双重"规则

第四十二条 股东会会议由股东按照出资比例行使表决权;但是,公司章程另有规定的除外。

第一百零三条 股东出席股东大会会议,所持每一股份有一表决权。但是,公司持有的本公司股份没有表决权。

五、硬币的另一面——支持

在控制股东的利益输送中,掏空只是硬币的一面,另一面是"支持"(Propping,或译作支撑)。如果定义掏空是控制股东从公司转移出利益的话,那么支持就是指控制股东向公司转移进利益的各种行为。研究发现,只有将这两种行为结合起来分析才可以完整地解释控制股东的活动规律。[48]中国的一家被控制股东"搞"退市的上市公司即托普软件的案例可以较为清晰地勾勒出支持和掏空的目标、行为及相互关系。

案例 4-7

大股东的支持与掏空

托普软件(000583)的前身川长征,1995 年上市。1998 年,四川托普科技发展公司购买原第一大股东自贡市国有资产管理局持有的公司国家股,成为第一大股东,占总股本的 48.37%。重组后,公司的主业由传统的机械制造业变更为软件业,托普软件一度成为成功买壳上市的典范。托普软件于 2000 年以每股 28 元增发新股,从证券市场募集资金 9.5 亿元。然而托普软件高成长绩优股的形象并未维持太久,2002 年开始,公司的业绩开始下滑,并暴露出大股东占用公司巨额资金、公司为关联方提供大量担保等问题。

托普软件购买非流通股权成为大股东,看中的是上市公司壳资源,而壳资源的价值体现在从证券市场融资的功能,在川长征本身的经营业绩无法达到再融资标准的情况下,大股东通过支持行为提高公司业绩。提高公司业绩还可以有另外两方面的好处:一是使公司股价更高,从而在再融资时发行价格更高;二是良好的业绩和公司形象也为公司的债务融资提供了更好的条件,在托普软件的案例中,大股东及关联方利用托普软件的担保,累计从多家银行取得了超过 20 亿元的贷款。托普软件实施增发的时间是 2000 年,取得增发资格所需要的业绩主要是 1998 年至 1999 年。在实施重组的 1998 年,托普软件的净利润就由上年的 -2010 万元跃升为 2936 万元,1999 年达到 5751 万元。通过托普软件的公开资料,可以发现其大股东主要通过下面几种方式实施支持行为,快速提升公司业绩。

一是将大股东所控制的盈利能力强的业务纳入托普软件核算范围,快速提升报表业绩。原川长征主营业务是机床生产销售,该项业务对利润贡献甚微。托普软件快速增长期的主营业务利润几乎全部来自于由大股东置入的业务,即计算机软件和硬件的生产销售。大股东还采用股权转让方式,将利润较高的子公司出售给托普软件,纳入托普软件合并报表范围。二是托普软件通过向关联方出售闲置资产取得收益。闲置资产不能为公司创造收益,还要每期计提折旧,抵减公司利润。在交易过程中,还通过较高的定价使托普软件取得当期收益,可谓一举两得。三是托普软件通过向关联方短期投资或融资,取得收益。比如,1998 年,托普软件向关联方四川托普集团自贡高新技术有限公司投资 8514 万元用于研究解决计算机 2000 年问题,投资期限 10 个月,双方确定的投资年回报率为 20%。四是货物购销中可能发生的利益输送。托普软件 1998 年从关联方购进货物 7677 万元,占当年主营业务成本的 55%。由于无法获知这些关联交易的详细情况,难以判断其交易定价是否合理,但对于有较强盈余管理动机的托普软件大股东,通过关联交易操纵利润应该是存在可能性的。

大股东对上市公司提供支持,其目的在于使上市公司获得更多的资源,而大股东的最终目的仍然是自身利益的最大化,托普软件再融资实施后,在努力维持其业绩的同时,大股东通过各种隐蔽的渠道,实现了资源的转移。在托普软件的案例中,我们看到大股东主要采用以下几种方式将利益从上市公司转出。

一是在募集资金使用时通过大量关联交易将资金和利益向关联方转移。

托普软件 2000 年实施增发,募集资金 9.54 亿元。托普软件募集资金投向中除出资设立子公司和补充流动资金外,其他的项目几乎都是关联交易,共 55775 万元资金投向了关联方。二是由托普软件为关联方的银行借款提供担保。截至 2004 年 6 月 30 日,托普软件为 17 家关联方公司(不含合并报表的子公司)的 101 笔银行借款提供担保,总金额 214568 万元。由于关联方公司未按时归还银行借款,托普软件巨额的担保由或有负债逐渐成为沉重的实际债务负担。三是大股东直接占用托普软件大量资金。托普软件的大股东一度通过关联交易和担保方式侵占上市公司利益,这些行为具有较强的隐蔽性。而到了 2003 年,托普软件经营状况已经每况愈下,大股东似乎已无力支撑公司良好的业绩。既然如此,也就不再有必要顾忌太多,大股东的侵占行为变得更加直接,在某种程度上甚至已经不能再算作是隧道行为了,而是赤裸裸地强取,比如将资金直接划向关联方。

资料来源:张光荣、曾勇:《大股东的支撑行为与隧道行为——基于托普软件的案例研究》,载《管理世界》2006 年第 8 期。

在对托普案例的研究中,张光荣和曾勇提出,支持行为与掏空行为是大股东为获得自身利益最大化而采取的方向不同的利益转移行为,支持行为的目的在于"做"高上市公司的业绩指标,而掏空行为的目标是实际资源向大股东转移,会对公司价值和小股东利益造成长期损害。[49]当然,现实中更多的是相对于托普案例更柔和一些的支持,它们传递给投资者的信息并非是直接的欺骗,而是一种蒙蔽。因为尽管掏空使得控制股东获得了私人收益,但是,多种方式的治理行为会对控制股东的行为进行侦测和限制。为了保证控制权及控制权收益的长期持有,降低经营和融资成本,控制股东不得不对自己的掏空行为有所限制,对其他投资者作出公正和负责的承诺。其中包括用私人资源支持陷入财务困境的公司。所谓支持,就是控制股东取信利益相关者的重要手段。

可见,支持与掏空二者之间是相互统一的,是一枚硬币的两面,它们都是控制股东获得长期私人收益的手段。某种意义上,今天的支持是为了明天的掏空。当然,也有个别特例应另当别论,比如家族企业处于家族荣誉等非经济目标的支持,就并非是掏空的前奏。

4.3.3 解决剥夺问题的策略组合

我们挖掘出剥夺型公司治理问题的目的,在于了解问题背后的根源,进而在定位公司治理问题时有不同的侧重,以及在构建公司治理制度系统时能够更有针对性。所以,一方面要调动各种公司治理手段解决控制股东的剥夺问题,另一方面也要明确,针对剥夺问题,这些治理手段实施时依据的策略是什么?

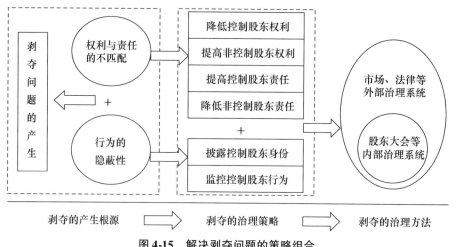

图 4-15 解决剥夺问题的策略组合

剥夺型治理问题产生的内在原因在于权力与责任的不匹配,而其行为的隐蔽性是促成掏空类剥夺行为的外在条件。图 4-15 反映出,这两点就是剥夺问题的产生根源。于是,剥夺问题的治理策略为:首先,针对权责不匹配问题,治理对策依照剥夺主体和客体,即控制股东和非控制股东划分为:在控制权方面,或者降低控制股东的权利,或者提高非控制股东的权利;在责任、风险承担方面,或者提高控制股东责任,或者降低非控制股东风险。其次,针对行为隐蔽性方面,既要披露控制股东身份,又要时刻监控控制股东行为。而所有的这些治理策略均运行于完整的公司治理内外系统之中。当然,公司治理各子系统在承担具体任务时有不同的侧重。

第一,关于股东权利调整的策略。这反映在对股东表决权的设计上,我们将在下一节"股东大会制度"中重点介绍。

第二,关于提高控制股东责任的策略,集中反映为"揭开公司面纱原则"。揭开公司面纱原则是指,控制股东滥用公司法人独立地位或股东有限责任,致使公司债权人等利益相关者的利益严重受损时,控制股东直接承担赔偿和连带责任。也就是说,当公司的控制股东利用有限责任制度的保护而掏空公司、逃避债务,为自己谋取控制权私人收益时,法院或仲裁机构有权否认公司的独立人格,进而把隐蔽在幕后的控制股东拉到前台,让这个控制股东承担"无限责任"。所以,揭开公司面纱又称公司人格否认、公司法人资格否认、股东有限责任待遇之例外、股东直索责任。如果说,法人独立是一层面纱保护着股东的有限责任的话,那么,揭开面纱就是在一定条件下否认法人的人格而取消股东的有限责任。

小贴士 4-11

《公司法》关于揭开公司面纱原则的规定

第二十条　公司股东应当遵守法律、行政法规和公司章程，依法行使股东权利，不得滥用股东权利损害公司或者其他股东的利益；不得滥用公司法人独立地位和股东有限责任损害公司债权人的利益。

公司股东滥用股东权利给公司或者其他股东造成损失的，应当依法承担赔偿责任。

公司股东滥用公司法人独立地位和股东有限责任，逃避债务，严重损害公司债权人利益的，应当对公司债务承担连带责任。

第二十一条　公司的控股股东、实际控制人、董事、监事、高级管理人员不得利用其关联关系损害公司利益。

违反前款规定，给公司造成损失的，应当承担赔偿责任。

揭开公司面纱制度的实施涉及两个行为主体的问题：首先，要确认责任主体，即面纱揭开后谁承担责任。为避免揭开公司面纱制度的"矫枉过正"和"滥杀无辜"，揭开面纱严格限制在积极股东的范围之内，只有滥用公司人格的股东（一般是控制股东）才是隐藏在面纱后的"黑手"，而消极股东是不承担连带责任的。控制股东滥用公司人格的行为主要分为三类：一是人格混同，即股东与公司的人事、财务和资产关系高度混同。"一套人马、两块牌子"的公司就很可能存在人格混同。二是过度控制，即公司实际上丧失独立表达意思的能力，被控制股东完全操控。一般当存在关联交易且对公司造成重大侵害后，才认定为过度控制。三是资本显著不足，即实际注资与经营规模和经营性质相比显著不足。

其次，要确认请求权主体，即谁去揭开公司面纱制度。从我国《公司法》规定看，完整意义上的揭开公司面纱原则仅适用于遭受了实际损害的债权人。因为设置揭开公司面纱规则的目的就是为了保护债权人的债权能够得到实现。现在的问题是非控制股东受到侵害时，可否揭开公司面纱。对此，国内较多的学者持否定态度，并认为非控制股东可以直接向侵害其权益的控制股东提起损害赔偿的申诉，但这不是揭开公司面纱之诉，因为股东与股东之间不存在"公司的面纱"。《公司法》第 20 条规定：控制股东滥用权利时，对于债权人承担"连带"责任，而对于公司或者其他股东承担"赔偿"责任。"连带"责任和"赔偿"责任是不同性质的。不过，从揭开公司面纱制度是提高控制股东责任的角度看，对于公司或者其他股东承担的"赔偿"责任，与对于债权人承担的"连带"责任在本质上又是一致的。另外，在国外的实践中也不排斥非控制股东和其他利益相关者提起揭开公司面纱之诉。在这些实例中，利益相关者要求控制股东直接、独自承担赔偿债权人的责任。

第三，关于降低非控制股东责任的策略，集中反映为"股东退出机制"。所谓降低非控制股东责任，就是降低非控制股东对公司不良经营绩效所承担的责任，当公司被控制股东把持时，也就是降低非控制股东的投资风险，降低其受掠夺的程度。当在资本多数决原则下，作为少数派的非控制股东无法实现其诉求时，退出就成为非控制股东降低风险的最后退路。股东退出机制，包括两类方式，一是转股，二是退股。转股，是指股东将股份转让给他人从而实现退出公司的目的，常被称为"用脚投票"；退股，是指在特定条件下股东要求公司以公平合理价格回购其股份从而退出公司，来源于异议股东股份回购请求权制度。在我国《公司法》第三章"有限责任公司的股权转让"和第五章"股份有限公司的股份发行和转让"专门规范这两种股东退出机制。

股东转让股份的权利，是现代公司的基本特征，是股东减少投资风险，促成公司化大规模生产得以实现的根本。由于股份转让本质上是股权的转让，变更的是股权主体，不会影响公司的实际资本和注册资本，对公司经营影响不大，因而是降低非控制股东风险的基本策略。在具体实施上，对于股东有限公司而言，证券交易市场的建设是重点内容，关键点是减少股份转让的壁垒和降低股权交易的成本。对此，显而易见，无须赘述。对于有限责任公司则囿于其一定的封闭性和人合性特征，股份转让受到一定限制，强调现有股东的优先权利。我国《公司法》第 71 条规定："股东向股东以外的人转让股权，应当经其他股东过半数同意。股东应就其股权转让事项书面通知其他股东征求同意，其他股东自接到书面通知之日起满三十日未答复的，视为同意转让。其他股东半数以上不同意转让的，不同意的股东应当购买该转让的股权；不购买的，视为同意转让。"

小贴士 4-12

《公司法》关于股东退股的规定

对于有限责任公司：

第三十五条　公司成立后，股东不得抽逃出资。

第七十四条　有下列情形之一的，对股东会该项决议投反对票的股东可以请求公司按照合理的价格收购其股权：

（一）公司连续五年不向股东分配利润，而公司该五年连续盈利，并且符合本法规定的分配利润条件的；

（二）公司合并、分立、转让主要财产的；

（三）公司章程规定的营业期限届满或者章程规定的其他解散事由出现，股东会会议通过决议修改章程使公司存续的。

自股东会会议决议通过之日起六十日内，股东与公司不能达成股权收购协议的，股东可以自股东会会议决议通过之日起九十日内向人民法院提起诉讼。

对于股份有限公司：

第一百四十二条　公司不得收购本公司股份。但是，有下列情形之一的除外：

……股东因对股东大会作出的公司合并、分立决议持异议，要求公司收购其股份的。

关于股东退股的问题，则要复杂一些。小贴士 4-12 列示了我国《公司法》中关于股东退股的有关规定，可见股东退股属于"原则禁止，例外允许"的范畴。在一般情况下，公司的资本维持原则决定了公司的资本具有恒久性特征，退股与之相背离，侵害了法人及其财产的独立性。但是，在资本多数决的公司决策原则下，控制股东往往会滥用其控制地位而侵害中小股东的利益。赋予异议股东股份回购请求权，不仅有利于保护非控制股东的利益，而且可以在一定程度上治理控制股东的剥夺行为。异议股东股份回购请求权，是指公司股东会基于资本多数决就有关公司的重大行动作出决议后，少数股东有权表示异议，并享有请求公司以公平价格回赎其股份从而退出公司的权利。基于异议股东股份回购请求权的股东退出机制，对于有限责任公司的制度设计更为重要，因为在这里股东基于转股的流动性更弱一些。如何在公司章程中实现股东之间的制衡，维护公司和全体利益相关者的利益，需要考虑每家公司的具体情况。不过，有一点必须清楚，股东退出机制的设计，以实现股东的权力与责任的匹配为目的。

第四，关于信息披露的策略。这里的信息披露，是对控制股东应尽的说明责任的要求。所谓"阳光是最好的防腐剂"，信息披露是众多治理手段发挥的前提，尤其对于资源占用类剥夺，即掏空行为，起到积极的控制作用。正如此前所述，掏空的诱发条件之一就是行为及其主体的隐蔽性。于是，关于控制股东的信息披露，主要包括两方面，一是必须披露公司的实际控制股东的身份；二是必须披露控制股东的关联交易行为。

以上这些解决控制股东剥夺的策略，体现在公司治理体系的各环节之中，是一项系统工程。当然，控制股东也是股东中的一分子，股东大会制度是解决控制股东问题的重要制度安排。

4.4 股东大会制度

4.4.1 股东大会及其运行制度

一、股东大会的形式

股东大会由全体股东组成,是公司的权力机关,是股东行使股东权利的会议体机构。在我国《公司法》中,称有限责任公司的为股东会,称股份有限公司的为股东大会,以下按惯例均称为股东大会。

股东大会具有四项基本特征:第一,股东大会是公司制企业的必设机构。在中国,只有两种特殊公司可以不设股东大会,一是一人有限公司,二是国有独资公司。第二,股东大会由全体股东组成。无论所持股份多少,每名股东都有参加股东会议的权利。股东大会不是股东代表大会。第三,股东大会是公司内部的最高权力机关。作为公司最核心的利益相关者,在公司正常经营状态下,公司的发展要体现股东的意志。但是,股东大会无权对外代表公司。第四,股东直接表达其意志、行使其权利的渠道是股东大会会议。

股东大会的权利在《公司法》中被清晰定义,见小贴士4-13。其中,有关有限责任公司的规定,与股份有限公司无大的差异。

小贴士4-13

《公司法》关于股东大会权利的规定

第三十七条　股东会行使下列职权:

(一)决定公司的经营方针和投资计划;

(二)选举和更换非由职工代表担任的董事、监事,决定有关董事、监事的报酬事项;

(三)审议批准董事会的报告;

(四)审议批准监事会或者监事的报告;

(五)审议批准公司的年度财务预算方案、决算方案;

(六)审议批准公司的利润分配方案和弥补亏损方案;

(七)对公司增加或者减少注册资本作出决议;

(八)对发行公司债券作出决议;

(九)对公司合并、分立、解散、清算或者变更公司形式作出决议;

(十)修改公司章程;

(十一)公司章程规定的其他职权。

对前款所列事项股东以书面形式一致表示同意的,可以不召开股东会会议,直接作出决定,并由全体股东在决定文件上签名、盖章。

第九十九条　本法第三十八条第一款关于有限责任公司股东会职权的规定,适用于股份有限公司股东大会。

股东大会会议分为定期会议和临时会议。定期会议又称为股东大会年会,每年召开一次。我国《上市公司股东大会规范意见》规定,上一会计年度结束后的6个月内必须召开股东年会。股东年会所要议定的议题,在法律法规和章程所规定的范围之内,一般是以一个或数个会计或日历年度为计量单位的常规且重大的事项。股东大会临时会议是由于发生了涉及公司及股东利益的重大事项,无法等到股东大会年会召开而临时召集的股东会议。此外,对于公开招股的股份公司,还要召开法定股东会议,在公司开业的一到三个月内召开,主要任务是审查董事会的法定报告,了解公司及其业务的全部概况。

二、股东大会的运行制度

股东大会是会议体机关,股东的意志通过股东会议实现。而股东大会的运行制度,由会议召集制度、会议议事制度和会议效力制度构成。

第一,股东大会会议召集制度,由会议召集人、召集条件、召集程序等构成。首先,我国《公司法》规定,首次股东大会会议由出资最多的股东召集和主持。此后,股东大会会议由董事会召集。董事会不能履行或者不履行召集股东大会会议职责的,监事会应当及时召集。监事会不召集和主持的,连续九十日以上单独或者合计持有公司百分之十以上股份的股东可以自行召集。不设董事会的有限责任公司,股东大会会议由执行董事召集。其次,关于召集临时股东大会的条件,我国《公司法》认为有下列情形之一的,应当在两个月内召开:董事人数不足本法规定人数或者公司章程所定人数的三分之二时;公司未弥补的亏损达实收股本总额三分之一时;单独或者合计持有公司百分之十以上股份的股东请求时;董事会认为必要时;监事会提议召开时;公司章程规定的其他情形。最后,关于股东大会的召集程序,我国《公司法》的相关规定是:召开股东大会会议,应当将会议召开的时间、地点和审议的事项于会议召开二十日前通知各股东;临时股东大会应当于会议召开十五日前通知各股东;发行无记名股票的,应当于会议召开三十日前公告会议召开的时间、地点和审议事项。

第二,股东大会会议议事制度,包含对主持、提案、表决等事项的规定。首先,在会议的主持人认定上与召集人基本一致。由董事会召集的会议,由董事长主持。若董事长不能履行职务或者不履行职务的,由副董事长主持。若副董事长不能履行职务或者不履行职务的,由半数以上董事共同推举一名董事主持。由监事会召集的会议,由监事会主持。由股东召集的会议,由该股东主持。其次,股东大会会议议题,由董事会组织,监事会也有权提出提案。对于股东提案,《公司法》的规定是:单独或者合计持有公司百分之三以上股份的股东,可以在股东大会召开十日前提出临时提案并书面提交董事会;董事会应当在收到提案后二日内通知其他股东,并将该临时提案提交股东大会审议。临时提案的内容应当属于股东大会职权范围,并有明确议题和具体决议事项。最后,关于股东大会的表决制度,是股东大会运行制度的核心,关系到如何制衡股东间关系、股东与公司的关系等问题,尤其与治理控制股东、保护小股东有关。

第三,股东大会效力制度,对会议出席率、会议表决通过率和会议记录制度作出管理。首先,在会议出席率的制度安排方面,存在难点。一方面,提高对会议出席率的要求,有利于保护小股东的利益。但是另一方面,多数股东对公司事务保持"冷漠"是现代公司的一大特点。所以,法律很难对出席率作出高标准规定,我国公司法仅要求,有限责任公司的创立大会应有代表股份总数过半数的发起人、认股人出席,方可举行。其次,在会议表决通过率方面,公司法对股东有限公司的规定是:股东大会作出决议,必须经出席会议的股东所持表决权过半数通过。但是,股东大会作出修改公司章程、增加或者减少注册资本的决议,以及公司合并、分立、解散或者变更公司形式的决议,必须经出席会议的股东所持表决权的三分之二以上通过。最后,关于会议记录制度,《公司法》也作出要求:股东大会应当对所议事项的决定作成会议记录,主持人、出席会议的董事应当在会议记录上签名。会议记录应当与出席股东的签名册及代理出席的委托书一并保存。

4.4.2 股东大会表决制度

一、表决制度设计的意义

股东表达其意志,一是在证券市场上"用脚投票",二是在股东大会上"用手投票"。所以,股东大会表决制度的设计关系股东最基本权利的保护。股东表决权,常称为投票权,是股东基于股东资格而享有的对股东大会的议决事项表示可否的意思表示的权利。股东是通过表决权来代表对公司的"所有"。在表决制度设计中,计票规则安排十分重要,由案例4-8可见,相同的意志下,不同的规则会产生不同的结果。

案例4-8

计票规则的重要性

甲、乙、丙、丁、戊五名投票人对A、B、C三名候选人投票。表4-7反映了投票人对候选人的评价。比如,甲认为最好的是 A,其次是 B,然后是 C。假如有三种计票规则。规则一是投票人仅推举出他认为的最佳候选人。无疑,A 三票,B 两票,A 胜出。规则二是投票人排序列出三名候选人,计分办法是,第一名 3 分,第二名 2 分,第三名 1 分。统计发现,A 得 11 分,B 得 12 分,C 得 7 分,B 胜出。规则三是计分办法不变,但投票人只需排序列出两名候选人(或者有人私下将无望获选的 C 用最差的候选人替下),结果是 A 得 13 分,B 得 12 分,A 胜出。

表 4-7 投票人对候选人的评价

	甲	乙	丙	丁	戊
第一名	A	A	B	B	A
第二名	B	B	C	C	B
第三名	C	C	A	A	C

关于表决的计票规则,在早期采取过"一人一票"的民主制原则,如今在有些国家也认同对象征性的、不容易引起争议的议案使用一人一票原则。不过,多数情况下,比如在我国,实行"一股一票"的财阀制原则。所谓一股一票,是指股东原则上享有与其持有的股份数相等数量的表决权。一股一票中的"股"被认为是现金流权,"票"就是控制权。一股一票实现了现金流权与控制权的对应,因而体现了资本民主的公平公正的表决制度。

但是,简单地认定一股一票的公正性是有前提的,是没有考虑控制股东的存在的,没有考虑到控制股东本身对权利配置结构的破坏。控制股东在知情权、提案权、收益权和诉讼权方面具有天然优势,或者反对来说非控制股东具有天然劣势。另一方面,控制股东也存在着权利大于责任的不匹配情况。对此的治理策略是,或者降低控制股东的权利,或者提高非控制股东的权利。总之,要保护好非控制股东就要对一股一票制作出适当的调整。调整的方针分为两类:一是表决权计票规则调整,二是表决权行使方式调整。

二、表决权计票规则的特别设计

(1) 无表决权股份

一般在三种情况下,股东所持股票没有表决权,一是优先股,二是公司自有股份,三是表决权排除制度要求下的股份。

此前介绍过类别股份,即公司同时发行两种以上不同权利义务关系的股份,它们代表着不同的利益索取要求和不同的控制权力配置。其中,在红利获取和公司解散后的剩余财产分配上享有优先权利的股份,称为优先股。既然优先股在收益权上占有"先机",那么在控制权上有所"退让",自然属于保持股东平等的基本要义的范围之内。当然,优先股也不是绝对没有表决权,在一些特殊的情况下,比如其收益权受到侵犯或潜在侵犯时,或者其股东主动放弃优先权利时,优先股可以依法获取一定的表决权。鉴于我国法律对优先股并无明确态度,仅可以从公司法的某些条文中看到设置优先股的制度空间,[50]我们对优先股就不再展开讨论了。

我国对公司自有股份的态度是明确的,《公司法》第103条规定,"公司持有的本公司股份没有表决权"。公司自有股份的产生一般源于股票回购,公司利用盈余积累的资金以一定价格购回本公司发行在外的一部分股份,用于调整资本结构、兑现股权激励、抵御恶意收购、稳定市场信心,或者接纳异议股东的请求等。世界各国对回购、回购后的股份管理,要求有所不同。法国规定只有特例下才能回购,德国要求公司自有股份不得超过股本的10%,英国要求回购股份必须予以消除,美国倒是允许公司继续持有自有股份,并称其为库藏股。[22]我国证监会于2005年发布了《上市公司回购社会公众股份管理办法(试行)》,2008年还增加了相关补充规定。

但不论何种情况,公司自有股份不享有表决权是世界通例。如果公司具有表决权而成为真实的股东的话,公司就一身二任了。既作为股东对公司行使权力,又作为公司向股东履行义务,公司具有公司法人和股东的双重人格,造成了公司与股东权利义务的混乱。另外,公司对自己行使股东权利,说到底其实是公司的某个代理人在行使权力,或者是经理、董事会,甚至是控制股东。他们在这类股份上并无责任和风险,他们的现金流权为零。而此前有关现金流权与控制权分离的论述告诉我们,这就形成了剥夺的诱发条件。另外,从实质上看,交叉持股、循环持股,特别是子公司持有母公司股票的交叉持股,可以认作是公司自有股份的衍生形式。所以,在国外的实践中,交叉持股也不享有表决权。

当实施股东表决权排除制度时,规定范围内的股份会暂时不具表决权。股东表决权排除,也称为股东表决权回避,是指当股东与公司在股东大会的某项表决事项上存在利益冲突时,该股东或其代理人不得就其持有的股份行使表决权的制度安排。排除潜在的危害公司利益的股东的表决权,在于防止控制股东对资本多数决的滥用,防止剥夺的发生,确保股东之间的实质平等。各国法律对股东表决权排除制度都有安排,我国也在不断地完善中。我国证监会在2000年修订的《上市公司股东大会规范意见》中规定,股东大会就关联交易进行表决时,涉及关联交易的各股东应当回避表决,上述股东所持表决权不应计入出席股东大会有表决权的股份总数。《公司法》规定,公司为公司股东或实际控制人提供担保的,必须经股东会作出决议,且决议时作为被担保人的股东或实际控制人不参加表决。还规定,股东向股东以外的人转让股权应当经其他股东过半数同意,这是一种表决权排除安排。

(2) 限制性表决权股份

限制性表决权股份是指股东所享有的表决权少于其所持有的股份数。这一制度是防止控制股东滥用资本多数决原则,借助股份比重优势,用个人意愿完全替代股东大会意愿。一些国家规定,对持股超过一定数额的股东可依据章程规定限制其表决权。我国台湾地区"公司法"就规定,持有已发行股份总数3%以上的股东,应以章程限制其表决权。[22]而在今天将一股一票奉为圭臬的美国,早期较为广泛地采用分段表决权限制制度。比如1849年弗吉尼亚州对所有公司表决权的规定是,1—20股,1股1票;21—200股,2股1票;201—500股,5股1票;500股以上,10股1票。[51]

以下案例来自大生纱厂第一届股东会的会议记录,讨论的就是限制性表决权的设定问题,其设立动因及制度细节跃然纸上。大生纱厂创建于1895年,其创立人是大名鼎鼎的实业家、政治家、教育家,中国近代民族纺织工业的开拓者,张謇。

案例 4-8

大生纱厂的累退表决权制度的决议过程

议长宣告议案第十五条:"选举权及议决权,拟定一股至百股,每股一权;一百一股以上至五百股,每二十股加一权;五百股以上至无限度股,每四十股加一权。"官股代表王绍延、陆太守同云:"如是则大股太吃亏,而官股尤甚。"张澹如君云:"官股股数多,非商股所能敌,故股多则权数必递减,保护小股,不得不然。"陆太守云:"安见官股不能保护小股?"郑苏堪君云:"公司律不分官、商,凡入股者皆称股东,股有大小之别,无官商之别,会场上不可提'官股'、'商股'字样。"王观察云:"因商股无五百股以上之股东,所定五百股以上每四十股加一权,明明为官股而发。"刘厚生君云:"浙江铁路公司权数用递加之法,江苏铁路公司权数之多不得逾二十五权,两公司并无官股,然大股皆有限制,可见此是公例,非为官股而发。"王观察云:"既如此,应将五百一股以上每四十股加一权删去。自一股至一百股每股一权,一百一股以上至无限股,每二十股加一权。"股东多数赞成。张右企君云:"但官股不得分拆,多占权数。"王观察云:"如官股有多占权数之意,今日又何必多此一争?"即定议。

资料来源:《大生纺织公司年鉴》,转引自潘必胜:《中国的家族企业:所有权与控制权(1895—1956)》,经济科学出版社2009年版。

(3) 多数表决权股份

与限制性表决权股份相反,多数表决权制度赋予某些股东的表决权多于其所持有的股份数。多数表决权股份的存在是为了维护某些股东在某种事项上的持久控制力。一些家族企业会采用这种制度,西方国家的国有企业私有化浪潮中的"黄金股"就是一种多数表决权股份。

黄金股又称特权优先股,是英国、西班牙等国在推行国有企业私有化道路上,用于保留控制权的一种特殊工具。在那批改制国有公司中,一些国企关系到国计民生和国家安全,如果政府完全对其不加控制,就有可能出现重大的不利影响。这时,政府保留特殊一股(或少数股),即"黄金般价值"的股份,并通过特别章程赋予黄金股特别的权利,让黄金股在一些特定的事项上具有一票否决权或最终审批权。这些事项与公司日常经营管理无关,主要涉及所有权的转移(尤其是被外国公司并购),以及政府政策特别规定的重大战略规划等。

以上这些表决权计票规则的特别设计,主要为了调整控制股东与非控制股东间的权利平衡,尽可能确保各类股东的权利与责任的匹配。但是,这些制度如果应用不当,为控制股东所"窃取",反而成为控制股东进一步剥夺的手段。比如,案例 4-8 中大生纱厂在限制性表决权制度下,真正投入了多数资金的"官股"成为小股东,而私股股东通过分拆户头等手段反而用较少的资金成为控制股东。所以,也有一些文献认为还是一股一票制度最为公平。

三、表决权行使方式的特别设计

"用手投票"是一项耗费成本的事情,许多股东不愿亲自出席股东会,于是,就有了三种既提供股东表达意愿的渠道,又降低股东表决成本的解决方案,即通讯表决制度、表决权代理和表决权信托。

(1) 通讯表决制度

通讯表决制度早期专指书面表决制度,指不出席股东大会的股东在书面投票用纸上就股东大会的有关议案表明赞成、否定或弃权,并将该书面投票用纸在股东大会召开前提交公司以产生表决权行使效果的法律制度。[22]我国证监会于 2000 年发布的《上市公司股东大会规范意见》就通讯表决作出规定,一方面承认这种方式,另一方面对其适用领域加强了限制。随着网络信息技术的发展,通讯不再专指书面方式,网络、电子邮件等电子表决方式被一些国家逐渐采用。2004 年,我国证监会发布《上市公司股东大会网络投票工作指引(实行)》对网络投票制度的具体安排作了详细规定。有研究发现,从 2005 年到 2009 年,深圳交易所上市的公司所召开的股东大会中,实施网络投票的占 17.50%。在实施网络投票的股东大会上,会议参与人数平均为 920 人,出席率为 1.94%,而未采用网络投票的股东大会的出席率为 0.033%,每个会议平均参与人数为 8 人。[52]

(2) 表决权代理

表决权代理,是指股东以委托书方式书面授权他人出席股东大会,并就该股东所持股份进行表决的制度。我国《公司法》第 101 条明确规定,股东可以委托代理人出席股东大会会议,代理人应当向公司提交股东授权委托书,并在授权范围内行使表决权。根据代理人的身份,世界各国的表决权代理制度呈现两种模式:一是以英美国家为代表的模式,获得代理权的一般是个人,或者是其他股东,或者是公司的高级经理、董事,也可以是其他任何人。二是以德国为代表的模式,银行常常成为股东委托的代理人。我国《公司法》对此的规定比较模糊,在《上市公司治理准则》中有这样的规定:上市公司董事会、独立董事和符合有关条件的股东可向上市公司股东征集其在股东大会上的投票权。似乎只有董事会、独立董事和其他某些股东可以成为表决代理人。

表决权代理制度依照要约方的不同可以再次划分,一是股东本人主动委托他人代为行使表决权,二是他人劝诱股东将表决权委托给自己代为行使,后者引出了一种有价值的公司治理工具,称为股东表决权征集。所谓表决权征集,是指通过签订表决权委托代理合同,由表决权征集人将分散的公司股东持有的表决权集合起来,并代表这些股东在股东大会上集中行使表决权的制度安排。如果这种表决权征集是有偿的,则称为表决权收购,或委托书收购。一般情况是,当不满意公司现状的股东想要直接表达自己的意见,或者在表决中占据多数地位,而自身所持股份又不够时(比如我国规定,持有百分之三以上股份的股东才可以提出临时提案),他就会向公司其他股东征集代理表决的委托书,当他征集到的表决权足够多时,他就成为公司举足轻重的治理者。这种情况下,中小股东可以将他们分散的股权集中起来,用以监督经理的行为、影响公司决策,也形成了对控制股东的制衡力量。另一种情况是,公司为了避免因参与表决的份额达不到最低要求而影响股东大会的法定效力,由公司的内部股东进行表决权召集。也正是由于公司内部人,包括经理也可以进行召集,表决权征集制度也就成了把"双刃剑",可能成为经理或控制股东巩固其地位的"堡垒"手段。

(3) 表决权信托

与表决权代理类似的制度是表决权信托,它是指股东作为委托人根据表决权信托协议,以不可撤回的方式将其股份的表决权以及和表决权紧密相关的附属权利转让给一个或数个受托人,受托人根据协议约定和法律规定行使该表决权,股东或股东指定的受益人享有收益权的制度安排。表决权代理与表决权信托二者的共同点是将小股东的不积极的表决权释放并集中起来,转变为积极的、规模化的表决权,从而提高小股东的话语权。表决权信托与表决权代理的差别在于:权利的让渡程度不同,表决权信托介于表决权代理和股份转让之间;

撤回的自由度不同,一般情况下,表决权信托是不可撤回的,进而,表决权信托协议成为一种有价证券。鉴于我国法律尚无表决权信托的规定,这里不再赘述,但学术界对其推行的呼声较高。

(4) 累积投票制度

我国《公司法》第105条明确规定:"股东大会选举董事、监事,可以依照公司章程的规定或者股东大会的决议,实行累积投票制。本法所称累积投票制,是指股东大会选举董事或者监事时,每一股份拥有与应选董事或者监事人数相同的表决权,股东拥有的表决权可以集中使用。"也就是说,当股东应用累积投票制度行使表决权时,每一股份代表的表决权数不是一个,而是与待选人数相同,并且股东可以将与持股数目相对应的表决票数以任何集中组合方式投向他所选择的对象。

累积投票制度的价值与目的在于矫正传统直接投票制度的弊端,防止大股东利用表决权优势操纵选举。这里用一个简单的例子说明累积投票制的操作及其价值。假如公司有两位股东,A股东有70股,B股东有30股。现在要选举5位董事。若采取传统直接投票制,A股东提名的5位候选人每人可以得到70%的选票,而B股东提名全部没有胜算。若实行累积投票制度,A有$70 \times 5 = 350$张选票,B有$30 \times 5 = 150$张选票。B如果把150张选票都投给一位他自己心仪的候选人,A是无法阻止的。因为A要想让自己的5个人都当选,必须要有超过$150 \times 5 = 750$张选票。B如果把150张选票平均投给两人,每人得75张。这时,A也要谨慎地认清现实,不要妄自尊大地将选票平均分给5人,每人70票,这样A只能获选3人。

可见,累积投票制度让小股东可以将其表决权集中投给一个或几个候选人,通过这种局部集中的投票方法,能够使小股东选出代表自己利益的人,或者选出控制股东不希望被选的人,从而对控制股东形成制衡,避免其权利的膨胀。注意,累积投票制度的有效性还在于小股东的表决权不能太少,上例中如果A股东有85股而B只有15股的话,A还是会控制全局的。另外,候选人数也不能太少,上例中如果只选2名董事的话,B还是会对A无可奈何。这也给了A操纵的机会,比如A让董事会错期选举,每年仅选举2人,A就会把持全局。

>> 讨论案例

雷 士 风 波

继2010年国美电器的创始人黄光裕陷入控制权之争后,事件更曲折、关系更复杂,且有前戏铺垫的"雷士风波"在2012年爆发。这里仅将雷士风波的大致发展情况罗列如下,读者在分析案例中如需要更为详细的资料,可轻易地从网络上检索到。

雷士风波的"主角"

- 雷士照明:1998 年创立,产品涉及商业、建筑、办公、光源电器、家居等领域,特别是商业照明一直保持行业领先地位。2010 年 5 月 20 日,雷士照明成功在中国香港联交所主板上市。
- 吴长江:1965 年生,重庆铜梁人,1992 年创业,1998 年组建雷士照明公司。2007 年销售额达 20 亿元,持有雷士 19.53% 股份。
- 赛富亚洲及阎焱:软银赛富基金成立于 2001 年,2009 年更名为赛富亚洲基金,是亚洲最大风险投资和成长期企业投资基金之一,持有雷士 18.48% 股权。阎焱为北京软银赛富领头人,首席合伙人。
- 施耐德电气:施耐德电气公司是电气工业领域的世界著名公司,持有雷士照明 9.21% 股权。注:事件中,赛富亚洲与施耐德电气基本一致投票。
- 经销商:雷士照明的经销商几乎掌控着公司的全部销售渠道,这其中包括全国 36 个运营中心,遍布各地的 3000 多家专卖店和上万个零售网点。

雷士风波的"剧情"

- 5 月 25 日,雷士照明董事长辞职,风投大佬阎焱接任。雷士照明发布公告,称公司创设人吴长江因个人原因已辞任董事长、执行董事兼首席执行官、董事会所有委员会职务,并辞任现时于公司全部附属公司所任一切职务。接任者为公司的非执行董事、赛富亚洲基金创始合伙人阎焱,此外,公告还宣布,委任张开鹏为首席执行官职务。
- 6 月 20 日,雷士照明吴长江证实曾协助调查前顾问涉重庆案。吴长江称,确因前顾问在重庆涉案,协助过有关部门调查,但记者问,是否因案件仍在调查中而不愿返回内地?吴长江则对此闪烁其词,称马上将安排妻女到加拿大读书居住,而他将"陪她们一段时间,调整后再回来"。
- 6 月 22 日,雷士照明吴长江强势回应逼宫门:谁也赶不走我。6 月 22 日,吴长江接受采访,这也是他辞职后首次与媒体见面。他强调自己是雷士这艘船上的一分子。"明理的人都知道,大家已经上了船,如果不愿意下船,你想赶也赶不走。"他所提到的"大家"包括赛富亚洲、施耐德和高盛,"何况我还是一个创始人,如果我不想下这个船,谁也赶不走我,这是个很简单的道理"。
- 7 月 12 日,吴长江不接受阎焱指责。7 月 12 日,雷士照明前董事长吴长江针对赛富大佬阎焱对其的批评作出回应,在微博上连续发出声明,他表示不接受阎焱指责,也坦承当初不该让外行进董事会。
- 7 月 13 日,雷士照明员工全国停工。7 月 13 日,在工人提出的赶走施耐德,让吴长江重掌大权的条件没有得到阎焱等资本方的同意后,上午开始,雷士照明重庆总部、惠州基地、万州基地等各地的员工开始进行规模浩大的停工行动。

● 7月24日，雷士经销商10天内推新品牌。7月24日，雷士供应商对新浪财经表示，新品牌正在注册中，10天内会推出，同时产品也将上架。据悉，新品牌正与原雷士员工对接，希望转移公司核心资源。

● 7月26日，吴长江回归暂无定论，运营商将开动员会。7月26日下午，雷士董事会连续两日开会商讨吴长江去留，但仍没有确定的结果。雷士运营商表示，董事会曾说8月1日前会"给交代"，但他们已经"等不下去"了，并将于27日就注册新品牌召开动员大会。

● 8月12日，雷士核心供应商停止供货，高层指3日内停工。雷士照明高层人士表示，雷士核心供应商决定停止向雷士供货，雷士工厂将面临"断炊"，可能在2—3日内陷入停工。这些供应商在发给雷士的联络函中声称，由于雷士董事会逾期未回复其关于吴长江重返雷士的诉求，因此严重质疑雷士诚信，决定停止供货。

● 8月24日，吴长江回归雷士或披露方案。雷士新旧董事长阎焱和吴长江之间目前已达成和解，吴长江近期将回归雷士，并重新担任董事长职务，只待召开的董事会通过后即可公布。雷士照明股价8月24日在中国香港市场暴涨近20%，似乎已开始对公司内斗走向终结抱乐观情绪。

● 9月4日，吴长江重返雷士任临时运营委员会负责人。雷士照明公告，任命吴长江为公司临时运营委员会负责人，该运营委员会成立后将接管现行管理委员会的职能和责任，管理公司日常运营。这是雷士照明风波持续近4个月以来，董事会首次任命吴长江为公司管理者。

● 9月29日，雷士三巨头再聚首称没有权力利益斗争。雷士管理权之争的当事三方，即吴长江、阎焱、施耐德朱海在风波达成和解后首次共同公开亮相。三人表示，之前的风波是因为对公司管理方式的意见不同，并无权力利益斗争，如今已经达成和解。

● 2013年1月11日，吴长江重任雷士照明CEO。雷士照明举行董事会及运营商见面会，正式重新任命吴长江为CEO，其回归董事会也在走法律程序，吴长江重新掌舵雷士照明为这场资方和管方的斗争画上了句号。

➡ 讨论以下问题：

1. 创始人在公司中应该如何定位，才会有利于公司的整体利益？
2. 创始人如何正当保护自己的权利？
3. 公司及其他利益相关者如何"治理"创始人？

≫ 讨论问题

(1)"股权分置"对中国上市公司治理造成什么样的影响?
(2)国有企业的公司治理难题是什么?
(3)在中国上市公司中找一家利用金字塔股权结构进行剥夺的公司。
(4)目前有关管理部门多次表态要大力发展机构投资者。这是否有利于公司治理?
(5)在一个仅由几名股东组成的有限责任公司中,小股东如何保护自己?

≫ 参考文献

[1] 吴晓求. 股权分置改革的若干理论问题——兼论全流通条件下中国资本市场的若干新变化[J]. 财贸经济, 2006, (2): 24—31.

[2] 〔美〕A. A. 阿尔钦. 产权:一个经典注释[A]. 〔美〕R. 科斯, A. 阿尔钦, D. 诺斯等. 财产权利与制度变迁——产权学派与新制度学派译文集[C]. 胡庄君等译, 上海三联书店, 上海人民出版社, 1994: 166—178.

[3] 柯武刚, 史漫飞. 制度经济学——社会秩序与公共政策[M]. 商务印书馆, 2000.

[4] 〔英〕艾伦·瑞安. 财产[A]. 新帕尔格雷夫经济学大辞典[C]. 经济科学出版社, 1996.

[5] 〔南〕斯韦托扎尔·平乔维奇. 产权经济学——一种关于比较体制的理论[M]. 蒋琳绮译, 经济科学出版社, 1999.

[6] 李政军. 产权概念考辨[J]. 现代管理科学, 2002, (4): 34—38.

[7] 〔美〕巴泽尔. 产权的经济分析[M]. 费方域等译, 上海三联书店, 上海人民出版社, 1997.

[8] Furubotn, E. G, and S. Peiovich. Property Rights and Economic Theory: A Survey of Recent Literature[J]. *Journal of Economics*, 1972, 10: 1137—1162.

[9] Demsetz, H. Toward a Theory of Property Rights[J]. *American Economic Review*, 1967, 57: 347—359.

[10] 〔英〕马丁·利克特. 企业经济学:企业理论与经济组织导论[M]. 范黎波等译, 人民出版社, 2006.

[11] Coase, R. H. The Problem of Social Cost[J]. *Journal of Law Economics*, 1960, 3: 1—44.

[12] 〔美〕约瑟夫·费尔德. 科斯定理1-2-3[J]. 经济社会体制比较, 2002, (5): 72—79.

[13] 蒋学模. 评"所有者缺位"论——兼评全民企业股份化[J]. 经济研究, 1988, (3): 33—36.

[14] 杨瑞龙, 杨其静. 企业理论:现代观点[M]. 中国人民大学出版社, 2005.

[15] Grossman, S. and O. Hart. The Costs and Benefits of Ownership: A Theory of Vertical

and Lateral Integration[J]. *Journal of Political Economics*,1986,94(4):691—719.

[16] Hart, O. Corporate Governance:Some Theory and Implications[J]. *The Economic Journal*, 1995, 105:678—689.

[17] 宁向东. 公司治理理论(第2版)[M]. 中国发展出版社, 2006.

[18] 唐青阳. 公司法精要与依据指引[M]. 北京大学出版社, 2011.

[19] 上海证券交易所研究中心. 中国公司治理报告(2006):国有控股上市公司治理[M]. 复旦大学出版社, 2006.

[20] 宋建涛等. 公司治理学[M]. 西南财经大学出版社, 2011.

[21] Shleifer, A. and R. Vishny. A Survey of Corporate Governance[J]. *Journal of Finance*, 1997, 52:737—783.

[22] 李维安, 武立东. 公司治理教程[M]. 上海人民出版社, 2002.

[23] 〔美〕伯利, 米恩斯. 现代公司与私有财产[M]. 甘华鸣等译, 商务印书馆, 2005.

[24] Holderness, C. A Survey of Blockholders and Corporate Control[J]. *Economic Policy Review*, 2003, 9 (1):51—63.

[25] Demsetz, H. and K. Lehn. The Structure of Corporate Ownership:Causes and Consequences[J]. *Journal of Political Economy*, 1985, 93 (6):1155—1177.

[26] Kole, S. Managerial Ownership and Firm Performance:Incentives or Rewards? [J]. *Advances in Financial Economics*,1996, 2:119—149.

[27] Shleifer, A. and R. W. Vishny. Large Shareholders and Corporate Control[J]. *Journal of Political Economy*, 1986, 94 (3):461—488.

[28] Barclay, M. and C. G. Holderness. Private Benefits from Control of Public Corporations[J]. *Journal of Financial Economics*, 1989, 25 (2):371—395.

[29] Holmstrom. B. and J. Tirole. Market Liquidity and Performance Monitoring[J]. *Journal of Political Economy*, 1993, 101 (4):678—709.

[30] La Porta, R., F. Lopez-de-Silanes, and A. Shleifer. Corporate Ownership around the World[J]. *Journal of Finance*, 1999, 54 (2):471—517.

[31] Bennedsen, M. and D. Wolfenzon. The Balance of Power in Closely Held Corporations[J]. *Journal of Financial Economics*, 2000, 58 (1—2):113—139.

[32] 朱国泓, 方荣岳. 管理层持股:沪市公司管理层的观点[J]. 管理世界, 2003, (5):125—134.

[33] Morck, R., A. Shleifer and R. W. Vishny. Management Ownership and Market Valuation:An Empirical Analysis [J]. *Journal of Financial and Economics*, 1988, 20 (1):293—315.

[34] 李维安. 公司治理学[M]. 上海人民出版社, 2005.

[35] 中国证券报. 郭树清:机构投资者持股市值比例达17.4%[N]. 中国证券报, 2013-1-22.

[36] Blair, M. *Ownership and Control:Rethinking Corporate Governance for the Twenty-first Century* [M]. Washington:The Brookings Institution, 1995.

［37］Claessens, S., S. Djankov and L. Lang. The Separation of Ownership and Control in East Asian Corporations[J]. *Journal of Financial Economics*, 2000, 58 (1—2): 81—112.

［38］Faccio, M. and L. Lang. The Ultimate Ownership of Western European Corporations [J]. *Journal of Financial Economics*, 2002, 65 (3): 365—395.

［39］宁向东, 陈宁. 系族企业的特征: 一个初步描述[J]. 财经问题研究, 2005, (4): 29—33.

［40］Claessens, S., S. Djankov, J. Fan and L. Lang. Disentangling the Incentive and Entrenchment Effects of Large Shareholdings[J]. *Journal of Finance*, 2002, 57 (6): 2741—2771.

［41］Dyck, A. and L. Zingales. Private Benefits of Control: An International Comparison [J]. *Journal of Finance*, 2004, 59 (2): 537—600.

［42］马磊, 徐向艺. 中国上市公司控制权私有收益实证研究[J]. 中国工业经济, 2007, (5): 58—65.

［43］唐宗明, 蒋位. 中国上市公司大股东侵害度实证分析[J]. 经济研究, 2002, (4): 44—50.

［44］Johnson, S., R. La Porta, F. Lopez-de-Silanes and A. Shleifer. Tunneling[J]. *American Economic Review Papers and Proceedings*, 2000, 90 (2): 22—27.

［45］高明华. 公司治理: 理论演进与实证分析——兼论中国公司治理改革[M]. 经济科学出版社, 2001.

［46］郭雳. 交叉持股现象的分析框架与规范思路[J]. 北京大学学报(哲学社会科学版), 2009, (4): 67—74.

［47］蔡庆虹. 公司股东分类表决机制探究——兼论我国社会公众股股东表决制度[J]. 清华法律评论, 2006, (1): 143—160.

［48］Friedman, E., S. Johnson, T. Mittton. Propping and Tunneling[J]. *Journal of Comparative Economics*, 2003, 31 (4): 732—750.

［49］张光荣, 曾勇. 大股东的支撑行为与隧道行为——基于托普软件的案例研究[J]. 管理世界, 2006, (8): 126—135.

［50］任尔昕. 关于我国设置公司种类股的思考[J]. 中国法学, 2010, (6): 100—108.

［51］朱羿锟. 公司控制权配置论——制度与效率分析[M]. 经济管理出版社, 2001.

［52］黎文靖, 孔东民, 刘莎莎, 邢精平. 中小股东仅能"搭便车"么?——来自深交所社会公众股东网络投票的经验证据[J]. 金融研究, 2012, (3).

第三篇

公司治理的运行枢纽与环境基础

第5章 董事会制度的定位与建构

≫ 章首语

本章开篇讨论了一个极其重要的问题,即董事会的功能范畴与功能定位问题。在确定这个问题之前,花了较多的笔墨说明目前研究的不足,这不仅仅是为此后论证作好铺垫,重要的是其中包含着人们对董事会乃至公司治理的重大误解。另外,由于董事会是公司治理的核心运行枢纽,所以关于董事会的功能定位原则,也就是公司治理整个制度的定位原则。随后,本章对董事会制度整体运行情况进行了介绍,包括其组织结构和议事规程。此外还说明了董事会制度设计的全部维度,这其中多数因素乃是目前学术研究的热门主题。在"董事治理"一节介绍了加强董事自身治理的多个重要环节,其中关于董事承担义务的理解是一个难点,它也是公司治理制度体系的重点。最后,本章单独介绍了独立董事制度,论述了独立董事制度的特殊性。

≫ 引导案例

央企董事会嬗变

以下分别摘自2005年和2009年的两篇关于央企董事会的报道,仔细阅读可以发现,4年间央企董事会的构建与运行原则发生了重大的变化。这是试错过程中的反复还是理性的回归?

一、2005年的报导:《央企嬗变:第一家董事会浮出水面》

2005年10月成立的宝钢集团董事会,成为国有独资公司第一家规范的董事会,4名内部董事加5名外部董事的结构更是开创性尝试。它能否有效运作,将影响其余168家中央企业的选择。

一个人的董事会

从2003年成立伊始,国务院国有资产监督管理委员会已将推动所属企业成立董事会列入工作日程。当时董事会已是所有中国股份公司和上市公司的法定权力机构,"董事"一词已成国人的日常语汇。但在占国有资产60%、GDP 40%的央企中,董事会却踪迹罕现——央企仍绝大部分实行总经理制,没有董事会,或者董事会虚设。

国资委业绩考核局局长李寿生对此感受颇深:"国资委成立以后我到企业

去调查,碰到一件很有意思的事。公司老总递了一个名片,我一看是董事长兼总经理,我问你们董事会有几个成员?他回答没有成员。我说你没有成员怎么有董事长呢?他说你不是国资委的吗?我不敢再问下去了。"

169家国资委所属央企中,绝大部分是按照企业法注册,只有为数极少的按照公司法注册。原有的厂长经理制难以摆脱"内部人控制"痼疾,有些企业经营者大权独揽,一人说了算,导致决策失误甚至以权谋私;企业决策权和执行权不分,一些企业负责人"自导自演","自己考核自己"。

"董事会建设相对滞后,不能很好地发挥作用,是大型国有独资企业中亟待解决的问题。"李荣融在内部讲话中指出,建立和完善董事会制度正是治愈国有企业种种病症的一剂良方。

外部人来了

国有独资公司出资人只有国家一方,是否有必要建立董事会?如果仍是由"自己人"组成董事会,只是多了一个机构而已,并不能避免诸多弊端。质疑的潜台词在于,如果选择外部人进入董事会,能够信任他们,把企业的决策权交给他们吗?2004年6月,争论以国资委发布《关于国有独资公司董事会建设的指导意见(试行)》告终,宝钢、中国诚通集团等7家央企被选为试点企业。

与以往不同,境外人士和特大型企业退休的优秀负责人被列入了备选范围。宝钢5位外部董事中,包括2位国内大型中央企业原负责人和1位财会高级专家及两位境外企业高管:吴耀文,原中国石油天然气集团公司副总经理;杨贤足,原中国联通公司董事长;夏大慰,上海国家会计学院院长、中国会计学会副会长;冯国经,全国政协委员,中国香港利丰集团董事局主席,香港机场管理局主席及香港大学校务委员会主席;李庆言,新加坡港务集团董事局主席,大马纺织品制造有限公司执行董事,新加坡全国雇主联合会会长。

"这次引入的是真正意义上的外部人。"财政部财政科学研究所研究员周放生详细分析了宝钢试点思路。"首先,执行层和决策层是两拨人,而且决策层的董事会以外部人为主,这个外部人分两种,一种是外部非执行专职董事,这次宝钢中有两名是原国企的老总,一个是联通的,一个是中石油的,虽然他们原来不从事钢铁行业,但他们在大公司当老总的经验很丰富;并且他们在位置上做的有成效,有业绩;第三他们因为退休了,也有充足的时间和精力,来履行他的职责。选择他们是因为董事会的决策更重要的是一种宏观的分析能力,不是专业的分析能力。而另一种是外部非执行兼职董事,像会计学院院长有财务会计方面的经验。新加坡的港务集团董事局主席有国际上大公司的管理经验。"

"这个设计能够真正实现决策权与执行权的分权制衡,保证董事会能够作出独立于经理层的判断与选择;而且外部董事不负责企业的执行性事务。这个角色有利于外部董事更好地代表出资人的利益。"国资委企业改革局局长刘东生谈道。

对于宝钢集团董事会中的"5+4"结构,李维安的概括言简意赅:"以后的情况是,如果外部董事不同意的事都办不成。"

国资委归位

新成立的董事会将决定宝钢的未来命运,对于国资委而言,这次改革同样"意义非凡"。

国资委的职责被定义为"履行出资人职责"。但在所属央企没有董事会的现实下,国资委不得不把主要精力放在企业的具体经营事务上。因此,规范的董事会成立,国资委就可以充分授权,摆脱双重角色,实现角色回归,真正履行自己作为出资者的监管职能。

宝钢集团董事会成立大会上,李荣融为董事会划定了职权范围,"最重要的是两点。一是重大决策与战略性监控,包括推进改革与重组,还包括把握好宝钢的发展方向与速度,对宝钢的日常经营运作进行总体监控。其次是对经理层进行管理,包括选择经理人员;考核经理人员;决定经理人员的薪酬"。

外部董事库已建立

李荣融曾表示,"优秀的总经理不好找,优秀的董事、董事长更难找,这是我们搞董事会快不起来的一个很重要的原因"。按照国资委3年在全部中央企业中建立董事会的时间表,以目前169余家中央企业计算,大约需要数百名外部董事。李荣融还曾表示,未来董事会中外部董事数量要超过内部董事,而央企需要的外部董事数量更多。如此规模的外部董事从何而来,将是很重要的一个问题。

记者从企业改革局得到了最新消息,选拔外部董事的工作主要放在国资委下属的企业干部管理局,目前外部董事来源的三个渠道已经明确:第一,退下来、有业绩的前任老总;第二,部分退下来的官员,包括部长,司局级干部,他们也曾经长期在企业工作过,有丰富的企业经验,又有宏观经济部门工作的经验;第三就是通过社会招聘,专职董事不一定是退下来的人,可以是40—50岁年富力强的,现在可能在某岗位上工作。

二、2009年的报导:《"多用自己人"新一轮央企董事会试点启动》

央企新一轮董事会试点已经全面启动,目前,7家试点央企中5家央企的董事会成员也已悉数到位。和前一轮17家董事会试点央企相比,在新一轮试点央企外部董事配备中,国资委"多用自己人,少用外面人"的思路开始更加明晰,同时,国资委也开始着力培养"自己的"专职化董事队伍,以为今后更多的董事会试点企业提供经验和人才储备。

少用"外人"

杜胜利,清华大学会计研究所副所长。近日,他又多了一个新的头衔:中国钢研科技集团公司的外部董事。"我已经去开过两次董事会了,不过因为董事会试点才刚刚开始,现在还在建章建制的阶段。"他说。近日公布的中国钢研科技集团公司外部董事名单中还有原北京有色金属研究总院院长屠海令,原中国冶金建设集团公司董事长、党委书记杨长恒,以及原中国卫通集团总经理张海南。相对于其他三位浓厚的央企血缘而言,杜胜利的身份显得多少有些特殊。"这次进行董事会试点的央企,希望有一个财务、会计、金融背景的人。"杜胜利说。

不过,根据此次公布的21名外部董事名单不难发现,国资委正在收紧对"外人"的任用,在已经公布名单的5家试点企业中,每家央企都只启用一名"外人"担任外部董事,而在上一批第一家董事会试点企业宝钢集团5名外部董事人员中,非央企背景的外部董事就有3名。国务院国资委董事会试点办公室副主任秦永法此前曾经统计过,以往试点的17家企业中,外部董事总人数达到63人,其中,中央企业原负责人39人,境内大学和科研院所的财务会计、金融等专家12人,境外大公司董事和高级管理人员6人。

"央企的人是国资委直接管的人,管理上可能更容易一点,所以国资委还是更愿意用央企退下来的人。"一位国资委相关人士直言。

已经启动四年多的央企董事会试点工作,在防范企业"一长制"和"内部人控制"上取得了显著的成绩。国资委相关领导也多次表示,"通过董事会试点,企业的决策权和执行权实现了基本分离"。"眼下外部董事虽然不和经理人是一伙的了,但是也要防止出现外部董事和国资委坐在一条板凳上,一个鼻孔出气的现象发生,以免影响整个董事会的独立性。"安林表示。不过,在新一轮的试点中,安林所谓的这种外部董事选聘的"自闭化"倾向似乎更为确定。

"专职化"加速

在减少非央企背景的外部董事比例的同时,国资委也在暗中发力,开始培养一批"自己的"专职外部董事队伍,以为今后更多的董事会试点企业提供经验和人才储备。在此批新的7家董事会试点企业中,吴耀文被国资委聘为中国中煤能源集团公司的外部董事、董事长。翻开吴耀文的履历表,2004年1月他从中石油副总经理职务退下后,2005年受聘于国资委成为央企第一家董事会试点企业宝钢集团外部董事。2008年底,吴耀文又以外部董事身份出任中煤能源集团公司董事长。"他不负责企业具体运营,而是主要负责制定企业的战略规划。"相关人士透露。

而就在最近,国资委又高调宣布,现任中国建材集团董事长、党委书记的宋志平同时担任国药集团外部董事、董事长。国资委企干二局副局长张志强当时表示:"董事会试点就是要建立职业化董事和董事长队伍,宋志平现在是中国建材集团的董事长,又担任国药集团的董事长,是职业化董事和董事长。"

业内人士也认为国资委正在通过这种探索,尝试建立一支职业化的外部董事队伍,为今后更多国有企业改革提供经验和人才储备。国资委上述人士表示:"我们央企里面有一批人,在央企做过副职,可以出来给国资委专门做外部董事,同时给几个企业做外部董事都可以,做得好的还可以做董事长。"

资料来源:舒眉:《央企嬗变:第一家董事会浮出水面》,载《南方周末》2005年11月10日;康怡、王宝宁:《"多用自己人"新一轮央企董事会试点启动》,载《经济观察报》2009年8月8日。

如果引导案例中的两篇报道基本准确的话,央企董事会的构建原则其实发生了重大的变化。至少在董事应该选择外部人还是内部人上,存在根本性的分歧。2005年,还以"外部人来了"作为改革的标志。而到了2009年,"少用外人"却成为新的动向。这是试错过程中的反复?还是理性的演化?

实际上,多用还是少用外人,无所谓对错,关键是这一做法与董事会定位是否匹配,以及董事会定位是否准确。2005年的做法可能更"美国化"或者更"现代化",但2009年的做法对于控制股东国资委而言,在当前的环境下更理性(当然不见得是高绩效的)。

本章讨论作为公司治理枢纽的董事会制度的定位与建构问题。而现实生活中往往有人希望得知什么样的董事会制度最规范,有没有现成的董事会制度模板。以上的引导案例告诉我们,忘了所谓的"最规范"吧!也别妄图寻找什么"现成"的"模板"了!本章虽然会以某种"模板"为依据,介绍董事会的构建和运行规律,但是这个"模板"的作用是"标尺",现实应用中一定要先"定位"而后再"调整"。

5.1 董事会的功能范畴与功能定位

各国对上市公司的信息披露制度均有较为严格的要求,进而有关上市公司的数据既全面充分又容易获取,而且一般质量也有保证。这为公司治理的研究提供了方便,甚至提供一条捷径。然而,其缺陷在于一部分研究成果的代表性程度不高,如果读者不能很好地辨清其"标尺"作用,便会犯以偏概全的错误。特别是,上市公司是一种极端的公司形态,在公司制度的演进路径上,它是最为"现代化"的制度安排。所以,要全面查阅公司治理的完整视图,不妨同时考察一下图谱的另一端——公司制度起源时的情况。

5.1.1 董事会的"今生"与"前世"

一、现代董事会在公司治理体系中的角色

此前讨论说明,现代公司制企业的公司治理问题集中在两方面,一是代理型公司治理问题,即股东与经理的冲突问题,二是剥夺型公司治理问题,即控制股东与非控制股东之间的冲突问题。前者源自经理革命,如果公司要利用职业经理人的专业技能的话,就要有一种机制可以控制住经理的代理问题。后者是有限责任制度的副作用,当股东投资的责任或者说风险足够小时,也需要有一种机制能限制住他的权利。

这一机制在现代公司内部集中反映在董事会制度安排上。首先,对于代理型公司治理问题,董事会扮演着监管者的角色。当股东将公司的法人财产交给经理人后,股东面临着如何确保法人财产上的资产经营权不被经理滥用的问题。如果这时的股东只有少数几个,那么董事会的存在是不必要的,股东大会就可以承担起监管的职责,将经理的行为控制在允许的范围内。正如我国《公司法》第50条规定:股东人数较少或者规模较小的有限责任公司,可以设一名执行董事,不设董事会。执行董事可以兼任公司经理。但是,如果股东人数众多,会受到参会成本、决策能力良莠不齐、集体决策中"群体思维"和"群体偏移"的限制,股东大会的会议数量和会议质量不可能满足监管的需要。因此,公司需要一个相对常设的机构受托于股东来履行监管职责,这个机构就是董事会。法玛、詹森等人的研究认为,董事会是监督经理的成本最低的内部治理手段。[1][2]

其次,对于剥夺型公司治理问题,董事会扮演着保护者角色。当股东将其个人财产投于公司后,这笔财产就成为公司法人的独立财产。在这样的安排中,股东享受到了有限责任带来的有限风险,而有关有限责任制度的法律保护机制就像一道屏障,将超过股东投资额的风险屏蔽在股东身外。尤其是如果股东还可以自由地转让股份的时候,每个股东的投资风险将急剧减少。换言之,股东机会主义行为的成本被限定了。这时候就需要一种对应机制,避免股东侵犯公司的独立性。当公司股东成员较少时,股东间的相互博弈和力量制衡可以完成这一功能。所以,公司法允许股东人数较少的公司不用设立董事会。但是,如果股东人数众多,股东群体内部的相互管制就会遇到两个问题:一是难以预测剥夺公司利益的"黑手"出自哪里?二是难以保证管制"黑手"的治理者本身的公平性和有效性。这时候,董事会作为公司法人资格的保护者出现了,它成为隔断股东与公司之间的一层"面纱",起到屏蔽功能。在"现代"公司中,董事会不是代表各自股东"选民"的"竞技场",而是维护全体股东利益的保护者。

其保护行为通过屏蔽完成,这个屏蔽将个别股东伸向公司之手隔开,就是让公司法人真正独立起来。所以,目前多数国家的法律中规定,股东不可以越过董事会直接作出决策。

二、董事会的起源

在一个产权制度意义上的"现代"公司里,董事会的核心身份是"监管者"和"保护者"。然而,从董事会的起源看,这两种身份的实现伴随着公司制度的发展,经历了漫长的演进变异过程。

首先,在公司制度的萌芽期,出现了调停各方利益的机构。公司,英文为 company,源自意大利语 compagnia。在中世纪的欧洲,在资本主义兴盛之前,意大利等国出现了称作索塞特斯和康孟达的一类合伙商业形态,被认为具有了现代公司特征的某些制度安排,比如,某些出资人的有限责任,以及负责经营的专职经理等。那时的这些"公司"多数类似于今天的行会。合伙商人组合在一起,通过"公司"对外获取相关业务的特许权和垄断权,对内的职责是解决相互之间的纠纷。这个"公司"具有了董事会的功能。

其次,基于股份制特点,一般认为 1600 年成立的英国东印度公司,以及同时期的一批公司是现代公司制度的起点。就在这一时期,董事会的雏形也开始出现了。而这一时期公司的发展与殖民贸易密不可分,东印度公司就是与在印度以东的亚洲国家进行特许贸易的公司,"南海泡沫事件"中的南海公司的特许贸易对象是南美洲,与此类似的还有莫斯科公司、非洲公司、哈德逊湾公司、马萨诸塞公司等。殖民贸易活动就意味着公司行为发生在两处,一是公司发起所在的殖民地国家,二是公司业务开展所在的殖民地国家。比如,1606 年在英国成立的弗吉尼亚公司(最初称为伦敦公司),开创先河地成立了两层理事会,在美洲大陆的一层负责殖民地的具体商务活动,而在英国的一层则由发起人构成并具有最终的决策权,前者对后者负责。[3] 这些在殖民国家本土活动的机构就是董事会的雏形。

随后,在经济社会的发展中公司制度被接受,各国出台《公司法》对公司制度的设立和运行作出规则要求,包括有关董事会的条款。英国 1856 年颁布的《合股公司法》是第一个成型的公司法,对董事制度进行了初步的规制。然而在这段时间,董事会的设立不是被强制要求的,对其认识也在不断探索和发展中。比如,1808 年的《法国商法典》(也曾在德国适用)规定,公司的成立要经国家许可,董事会也要在国家的监督机构(监察会)的监督下行使职能。但是,1897 年的《德国商法典》对董事会提出独立性要求,确认董事会对公司的领导不再受股东及国家监督组织的影响,要独立指挥公司运行。[3]

最后,要求董事会作为公司必设机构,其实是较近的事情。在英国,直到

1947年的公司法才规定董事会是公司必设机关。在美国,1943年的《示范公司法》规定,"除另有股东协议外,每个公司必须有董事会"[3]。如果说公司法是有关公司制度的一套"通用"契约(公司章程属于特殊契约),反映了人们对公司运行的某些环节的共同认识,那么,董事会存在的必要性、董事会制度设计的标准化要求,也是当代才达成共识,甚至是妥协。

根据以上有关董事会起源、演进的分析,可以发现董事会在出现的早期,其功能与基于公司治理视角对现代董事会的认识有较大出入:第一,董事会最初不是以监管者而是以决策者的身份出现的。以第一家设立了董事会雏形机构的弗吉尼亚公司为例,其设立在英国本土的理事会由13人组成,负责的是公司最高管理和指导。[4]它对于发生在殖民地美国的公司业务,不仅是进行监督,更重要的是直接决策。第二,董事会最初的另一重身份不是保护者而是仲裁者。在早于东印度公司等合股公司之前的具有行会属性的"公司"中,董事会性质的机构并不保护公司的独立性,因为那时的法人地位尚在建立中。董事会主要负责确定和履行商人成员间的行为规则,解决商人成员间的内部纠纷。

三、董事会角色的演进

董事会制度的发展变迁历程中,一共存在着四种角色:决策者、监管者、仲裁者和保护者(见图5-1)。决策者角色反映了董事会在公司经营管理活动中的任务,董事会要负责公司的战略性决策活动;监管者角色体现了董事会对经理的管治作用,董事会要对经理及其行为履行监督职责;仲裁者角色认为董事会要平衡好公司各方投资者的利益,董事会作为解决股东间纠纷的处理机关;保护者角色说明董事会要代表全体股东利益,董事会成为屏蔽各方私利而确保公司独立性的保护装置。

这四种角色安排构成了董事会的功能空间。更为重要的是,这四项角色在董事会制度演进的不同时期,"戏份"明显不同,且具有密切联系。图5-1显示了这四种角色在董事会制度演进中的相互关系。首先,决策者角色和监管者角色都与公司的资产经营活动密切相关,是法人财产使用权和处分权的不同配置结果。但是,随着经理人经营管理的职业化发展,也就是在经理革命的推动下,董事会的决策者角色渐渐淡去,其监管者身份日渐重要。其次,仲裁者角色和保护者角色都与公司的利益划分密切相关,反映了法人财产收益权的不同规制方式。但是,随着股东投资风险的减少,或者说是股东责任的有限化,即在有限责任制度和法人独立制度的推动下,董事会的仲裁者角色变得不合时宜,其保护者角色的重要性日渐突显。

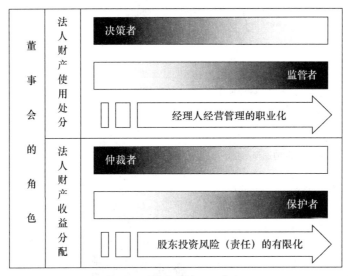

图 5-1　董事会的四项角色

5.1.2　董事会的功能范畴

一、董事会干什么？——凌乱的现实和模糊的理论

董事会在公司中的角色是多元的、发展的。只有充分理解了这个发展的规律，才能明确如何定位和选择董事会制度，如何构建和运行董事会制度。

（1）凌乱的现实

图 5-2 来自 1993 年一项基于 495 家公司的调查，它揭示了董事会花在不同问题上的时间比例。[5]请读者由浅至深留意三点：一是董事会活动内容的丰富性。从战略管理到运作管理大大小小若干事务要董事会负责，甚至还有 10% 的时间在干"其他"。二是董事会任务的低层次性。根据公司治理与公司管理的区分，图中所显示内容有许多具有经营管理特征，比如运作控制，这怎么解释董事会是一个公司治理机构？三是不同公司董事职能的差异性。图中右侧"范围"一列显示，各家公司在同一事务上的关注度具有极大差异，比如在"财务管理"上，有的公司仅花 1% 的时间关注于此，有的却要花费 90% 的时间。特别有趣的是，有的公司竟然 100% 的时间花在"其他"上。显然，实践中的董事会制度是凌乱的。

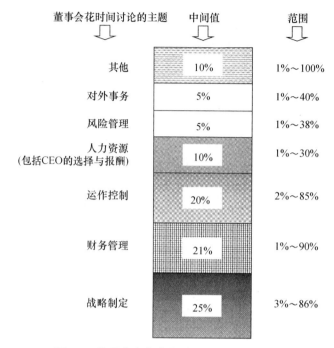

图 5-2　关于董事会会议时间分布的一项调查
资料来源：宁向东：《公司治理理论》(第 2 版)，中国发展出版社 2006 年版。

在法律层面上，董事会功能的认定也比较模糊。小贴士 5-2 摘录了我国《公司法》对董事会职权的规定，其中第 8、第 10 款规定比较模糊，也似乎干涉了公司的日常经营。特别是第 11 款关于公司章程的规定，其实是说董事会可以做任何公司允许其做的合法活动。这一规定在法律层面虽没有任何问题，但也反映了目前经济理论层面对董事会功能研究的模糊。

小贴士 5-1

《公司法》中关于董事会功能的规定

第四十六条　董事会对股东会负责，行使下列职权：
（一）召集股东会会议，并向股东会报告工作；
（二）执行股东会的决议；
（三）决定公司的经营计划和投资方案；
（四）制订公司的年度财务预算方案、决算方案；
（五）制订公司的利润分配方案和弥补亏损方案；
（六）制订公司增加或者减少注册资本以及发行公司债券的方案；

（七）制订公司合并、分立、解散或者变更公司形式的方案；

（八）决定公司内部管理机构的设置；

（九）决定聘任或者解聘公司经理及其报酬事项，并根据经理的提名决定聘任或者解聘公司副经理、财务负责人及其报酬事项；

（十）制定公司的基本管理制度；

（十一）公司章程规定的其他职权。

（2）模糊的理论

面对复杂的董事会实践，理论研究在归纳董事会任务的丰富性上取得了一定成果。海默首先从内外部和长短期两个维度将董事会的职责划分为：外部—长期导向的战略决策职责，外部—短期导向的诚信职责，内部—短期导向的监督职责，内部—长期导向的政策与制度制定职责。其次在这四项职责之外，海默还为董事会设立了一个核心职责——聘用和激励高级经理。[6]该研究是目前学术成果的一个代表，它试图对董事会功能进行解构，但是仅以外在的内外部和长短期表现作为划分依据，就会发现各功能模块的内涵难以定义，以至于难以针对性地指导实践。同时，各功能模块的边界也难以划分，以至于还要填补一个所谓核心职责的"补丁"。这反映出目前理论研究还未完整挖掘出董事会功能的系统成因。

代表美国最大公司的"商业圆桌会议"对董事会功能的划分成为目前理论研究的重要基础，它将董事会的职责划分为：对经理的聘任、评估、激励、继任等；审核、批复财务目标和战略规划；为管理层提供建议和咨询；对董事会自身的治理；确保公司运行在合法合规的框架内。[7]将此结论与图5-2相比较，就会发现现实中的董事会做了太多"理论上"不应该做的事情。进一步追溯到法玛和詹森那里，他们也认为决策审批和执行监督等决策控制工作才是董事会的"分内"工作。[2]看起来，理论对现实有些"视而不见"。

一些学者发现了这一问题，试图从实际运行层面理论概括董事会的工作，比如宁向东将董事会的任务刻画为：关注战略管理、选择和激励经理、保证信息披露的真实准确、制定恰当的红利政策、关心公司的控制体系、重视重组决策。[5]在这六类任务的划分中，宁向东遵循着自己的一个观点，即董事会有两大职能，一是由财产托管而来的监管职能，二是参谋职能。但是，这里的参谋职能虽然符合现实，却难以从公司治理理论分析中推演出来，于是称"只有财产托管责任的董事会才是现代公司意义上的董事会，仅仅具有参谋价值的董事会不是现代公司意义上的董事会"[5]。与此类似，发现理论与现实矛盾的还有"公司治理要从权力制衡到决策科学"[3]等观点。

凌乱的现实和模糊的理论,为我们提出两个问题:第一,董事会作为公司治理核心机构,为什么在现实中要承担一些非公司治理的职责?比如,取代或部分取代职业经理人,直接从事战略规划、运作控制、财务和人事管理等活动。第二,为什么董事会所承担的这些功能在内容、力度上,在不同的公司间会千差万别?总而言之,正如李维安等所称"尽管关于此话题的著作十分丰富,但仍然不清楚董事会实际做了什么"[8]。

其实,之所以出现这两个问题,在于人们具有以下两个认识误区:第一,将董事会的制度功能与董事会机构运转职责混淆起来。前者是董事会存在的价值所在,是董事会本身内生出的权变性功能,而后者是法律上认可了董事会的事实存在后,要求其承担的法定职责。第二个误区是人们认识上同时存在的董事会狭义化倾向与公司治理泛化倾向。所谓董事会狭义化,是指人们在概念上习惯于仅仅把董事会理解为公司治理的机构。事实上,历史上董事会所从事的任务与今天的公司治理目标无关,甚至相抵触。董事会狭义化思路下为了对现实情况自圆其说,同时又发生了所谓的公司治理泛化的倾向,即把董事会一切活动都"扔"到公司治理这个"筐"里。显然,泛化的结果是公司治理的本质被模糊了,进而公司治理的理论体系充满了矛盾。

二、董事会的两类功能

(1) 公司治理的内涵与董事会的本质功能

推动现代公司制度产生和发展的力量主要来自于两次革命:一是经理革命,二是有限责任制度的确立。这两次革命的划时代意义无须赘述,可是这两次革命也有着明显的副作用。

经理革命引致经理决策地位的显著提高,诱发了所有权与经营权的分离,形成了委托—代理关系。哈特认为,所谓公司治理就是为了解决代理问题。[9]这种思路就是公司治理研究的传统脉络,本书称其为代理型公司治理问题。而有限责任制度的副作用主要来自于事实上的"无限"权力与法律上的"有限"责任的矛盾。现实中,存在着被称为控制股东的一种人,他们可以通过金字塔结构完成关联交易,可以通过交叉持股稀释他人的股权,也可以通过分类股份实现同股不同权。当公司经营尚可的时候,他们的行为是剥夺,当公司难以为继的时候,他们则"享受"有限责任,一走了之。这反映了股东之间的矛盾。一些学者称其为第二类代理问题,而本书称其为剥夺型公司治理问题。

所以,是经理制度和有限责任制度的革命促成了现代公司制度的确立,但其本身也有副作用,它诱发了公司治理问题。于是,公司治理本质上不是对人的治理,也不是对事的治理,而是对公司这种企业制度的治理,治理的是公司制度的先天缺憾。

因而，公司治理的功能是明确的：一是监督、管制、激励经理，降低代理成本，治理经理制度，姑且称其为监管经理功能；二是确保公司的独立性，避免剥夺行为，治理有限责任制度，姑且称其为法人独立功能。由于董事会是公司治理机构的核心枢纽，因而，可把董事会的本质功能确定为其所承担的公司治理的功能。

（2）董事会的起源与董事会的原生功能

董事会的形成有两种方式，一是作为制度演进内生出的，二是被公司法强制要求设立的。首先，有关董事会起源的分析表明，在董事会出现的早期，其角色是决策者和仲裁者而非监管者和保护者，其功能也与董事会所承担的公司治理本质功能，即与监管经理功能和法人独立功能无关。所以，当我们接受这样的观点——"董事会是市场对组织设计问题提出的解决方案"[10]，以及"董事会是作为一种控制工具而内生地出现的"[11]，就要认识到初始的董事会制度与当时的公司制度是相对应的，解决的是当时的问题，而非现代公司面临的问题。其次，"公司法是一个通用性的合约，是一个标准的合同，类似公共产品，可以降低交易成本"[12]。当建立董事会等公司治理机构的必要性被普遍接受后，政府出面了，通过公司法对公司治理机构作统一的、一般性的安排，公司法起到了正的外部性作用。于是，现在一家企业要注册为公司，都要受到公司法的管治，都要有统一的公司治理机构。在中国，除非是规模较小的有限责任公司，都要设立董事会。换言之，在今天，一些公司设立董事会并非源于公司治理方面的实际要求。

这样，一个问题的答案就清晰了。这个问题是，所有的董事会都在做公司治理的事情吗？或者，董事会做的事情都是关于公司治理的吗？显然，从董事会的起源来看，答案是否定的。首先，作为制度演进内生的董事会，产生在经理革命之前，也产生在公司治理问题被正式认识并提出之前，它的最初功能就不可能是前文所界定的公司治理的本质功能。其次，目前许多被冠以"公司"并按照法律要求设立了形式上完备的董事会的企业，其实并不满足现代公司的基本特征，它们或者并未完成经理革命，或者股东（至少一部分股东）的责任并不是真正的有限。也就是说，这些公司并未面对严重的公司治理问题，也就没有强烈的公司治理意愿。于是，这些公司的董事会就会借鉴历史的做法，去执行其他职责，至少一部分其他职责。

以上分析说明，现实中的董事会不仅仅承担公司治理的本质功能，还要承担"原生功能"。第一项原生功能，我们称为决策制定功能，即董事会要承担制定经营决策的职责，至少要在决策制定中发挥参谋作用。但是，从公司治理的本质来看，公司治理是没有这项功能的。可现实中许多董事会都在执行经营决策制定的功能,这又如何解释? 一种解释是董事会的功能发展了,"衍生出了战略领导功能"[13]。宁向东则认为董事会有两大职能——监管职能和参谋职能,但为了不与公司治理的本质产生矛盾,他声称"只有财产托管责任的董事会才是现代公司意义上的董事会,仅仅具有参谋价值的董事会不是现代公司意义上的董事会"[5]。

以上解释中结合了所谓"衍生"和"现代公司意义"。首先,决策制定功能不是公司治理的本质功能,而是赋予董事会的一种原生功能。其次,董事会执行这项功能对于已经完成经理革命的现代公司而言不合理,经理革命导致的企业家职能的分解已将这种职责交给了经理。但对于经理革命不彻底,未建立起委托—代理关系的公司而言,由公司法既定的董事会承担某些经营决策的制定却是合理的,是符合劳动分工的效率原则的。换言之,现实中的董事会并不完全负责公司治理,它还是公司管理系统中的组织结构的一部分。

第二项原生功能,称为利益仲裁功能,即董事会负责处理股东间的利益纠纷,或者是大股东寻求额外风险溢价而控制公司的机关,或者是制衡股东间利益斗争的场所。但是严格地说,公司是一个具有独立资格的法人,经理的责任是服务于这个法人,而不是某些股东,董事也是全体股东的代表,而不是某些股东的代言人。即"公司中股东权利的托管对象是董事会而非某个董事成员"[5]。于是,董事会就不应该是利益群体的讨价还价场所,不应该是某些股东控制公司的枢纽。股东间关于利益控制和利益分配的议事机关是股东大会。

这种关于董事会必须独立的观点恐怕不一定被很多人接受,因为现实中许多董事会在扮演着大股东控制机制的角色。这反映出:第一,剥夺型公司治理问题普遍存在,而人们对该问题的认识不足。事实上,至今对剥夺型公司治理问题的研究还不充分。第二,现实中的一些董事会承担原生的利益仲裁功能也具有一定的合理性。仲裁的前提是有冲突发生,而冲突发生的前提是某些股东存在个人的利益诉求,寻求个人利益的维护。确实在现实世界里,股东对公司的付出是不一样的,尤其是股东承担的责任和风险是不一致的,甚至某些股东单边承担不完备契约的风险。某些股东的责任相对于另外一些股东并非是真正"有限"时,公司的有限责任特征就是不完全的,这时一定的个人利益维护就合理了,而围绕个人利益维护的纠纷和仲裁也就随之发生了。比如某些股东的股份转让壁垒高的时候,又比如有承担其他社会责任的国有股东存在的时候,这些股东一定会竭力成为控制股东,竭力控制董事会,竭力通过董事会的利益仲裁功能让董事会维护其个人利益。这其实是个风险内部化的过程。当然,如果股东完全具备有限的、平等的责任和风险后,董事会仍维护个别股东的利益,则会出现剥夺型公司治理问题。

三、董事会的功能外延

（1）董事会制度与公司治理制度的功能外延

如前所述，现实中的董事会承担着两类四项功能：第一类是本质功能，包含监管经理功能和法人独立功能两项，第二类是原生功能，包含决策制定功能和利益仲裁功能两项。

其中的本质功能反映出，董事会是为公司治理服务的，是公司治理功能实现的组织机构载体。它通过一系列的权责分配，保证经理的决策行为始终处于良好的监管之下，保证公司不受任何个体利益的摆布而处于独立状态。这意味着，在纯粹的公司治理意义上，董事会的功能外延要小于公司治理的功能外延，公司治理的实施除了内部结构的要求之外，还需要外部治理机制和中介治理机制等的补充，还需要融资结构体系和说明责任体系等的优化。

而董事会的原生功能则说明，该组织架构还承担着其他责任。对于经理革命未完成，进而代理型公司治理需求不强烈的公司而言，它是公司决策体系的一部分，是经理决策机制的延伸或者补充；而当股东承担较大风险责任且其分配不均时，公司的内部治理机构就应该是风险承担者的利益维护机构。所以，在现实中，董事会的外延大于公司治理的外延。

图 5-3 反映出董事会制度与公司治理制度的功能外延既不重合，也不相互包含。如果公司治理的功能边界包含董事会的功能边界，就会发生所谓的公司治理泛化。如果反过来，董事会的功能边界包含公司治理的功能边界，则忽视了其他的公司治理机制。

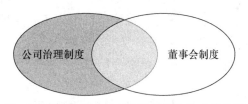

图 5-3　董事会制度与公司治理制度的功能外延

（2）董事会本质功能与原生功能的关系

尽管关于董事会本质功能和原生功能的定义是笔者首次提出[14][15][16]，但这两类功能的客观存在却早已为人们所洞悉。在几乎所有的研究中，这两类功能都被表述为一种互补性的关系，甚至将原生功能作为"公司治理功能系统的发展和更新"[13]。

可是，从这两类功能的起源来看，两者非但不是互补的，而是替代的，甚至是互悖的关系。首先，没有经理革命就没有代理型公司治理问题，而经理革命就是让公司的决策权向经理集中，这是经济制度进化的效率要求和基本规律。既然决策是经理的职能,再让董事会制定决策,不是自相矛盾吗?其次,当公司的所有出资人的责任都是平等的"有限",进而公司应该独立,但事实上又未独立的时候,就产生了剥夺型公司治理问题,所以董事会的法人独立功能与利益仲裁功能(背后是利益的个别维护)更是矛盾。在我们看来,目前的公司治理理论不成熟的一个重要表现就是没能解释好这样的矛盾。我们对此的解答是:

第一,我们不能把董事会的功能等同于公司治理的功能,当董事会的设立作为一种法律既定的要求时,它既是公司治理的组织机构安排,也是公司管理的组织机构形式。

第二,从公司制度演进的时序过程看,董事会的原生功能在前,本质功能在后。而所谓的公司革命,其实就是本质功能对原生功能的替代。不将决策权交给经理,就不能实现经营管理的优化分工;不实现满足独立法人资格要求的有限责任制度,就难以促进资本规模的扩大。当然,革命也有副作用,这就要求董事会发生功能上的跃变式转移,执行本质功能,从事公司治理。

5.1.3 董事会的功能定位

一、董事会功能定位模型

目前,董事会所行使的职责具有很大差异,并基于这些差异表现将董事会分为多种类型:一种分类是将董事会划归四类:立宪董事会——仅具有形式上的意义;咨询董事会——负责决策指导;社团董事会——利益团体的讨价还价场所;公共董事会——公有制下的利益控制机构。还有一种分类与其类似,分为底限董事会、形式董事会、监督董事会和决策董事会。[3]这样的分类是对现实世界的良好模拟,也客观地细分了董事会的制度空间,但遗憾的是缺乏相应的理论支持。

根据本章以上理论分析,构建出图 5-4 所示的董事会功能定位模型。图 5-4 中,经理制度演进过程中发生的"变异"是经理革命,即公司的资产经营权完全由职业经理承担;股东风险控制制度演进过程中发生的"变异"是有限责任制度的实施,这里指的有限责任不仅仅是法律赋予股东的有限责任,更在于公司全体股东事实上的责任及风险的有限和平等。在经理制度路径上,当经理革命未发生时,经理并未掌握完整的资产经营权,这时的董事会就要承担原生的决策制定功能。若经理革命完成后,董事会功能应该"革命性"地变为监管经理。在股东风险控制制度路径上,当真正的有限责任革命未发生时,董事会就是一个股东间的利益纠纷的仲裁机关,甚至成为大股东内化其风险的利益定向机构。但有限责任真正实现后,董事会就是一个屏蔽装置,其功能是保护公司

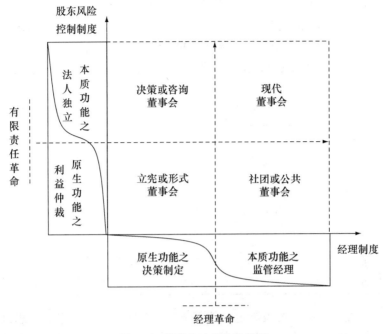

图 5-4 董事会功能定位模型

法人的独立。继而,董事会的制度空间就被这两大制度路径及其上的两项制度革命划分为四个空间。而董事会的功能定位,就是这四个空间的选择和锚定。

当某一董事会的两类功能均定位在原生功能上时,为立宪董事会,或称底限董事会、形式董事会,即基本不承担公司治理的职责;当某一董事会将决策制定权授予经理,但在有限责任制度上并不是真正意义上的独立法人时,该董事会是社团董事会或公共董事会,其功能构成是本质的监管经理功能和原生的利益仲裁功能;当某一董事会严格遵守法人资格要求但经理革命不彻底时,为决策董事会或咨询董事会,执行本质的法人独立功能和原生的决策制定功能。当公司的两项制度革命在完全意义上实现之后,该公司的董事会就应该履行两项本质功能,成为现代董事会。

总之,董事会的功能定位方法可归纳为"三步走":第一步,明确公司在经理革命和有限责任革命上的完成情况,判断职业经理是否完整拥有资产经营权,以及全体股东的责任及风险是否有限和平等;第二步,根据制度革命情况,分别在原生的决策制定功能与本质的监管经理功能之间,以及原生的利益仲裁功能和本质的法人独立功能之间,进行选择;第三步,将两类功能进行匹配,定位出董事会的功能类型。

二、公司制度定位——兼对董事会功能定位模型的检验

不同的公司制度形态还可以从不同的董事会功能定位中反映出来。同时，董事会本质功能和原生功能的不恰当匹配，就表现出了公司治理的问题所在。我们用表5-1作概念性解释。这里的董事会的功能定位也反映了整个公司治理的功能定位。

表5-1　公司制度定位与公司治理问题的出现

			本质功能			
			监管经理功能		法人独立功能	
			强	弱	强	弱
原生功能	决策制定功能	强	传统国有企业	古典企业	——	——
		弱	现代公司	代理型治理问题	——	——
	利益仲裁功能	强	——	——	剥夺型治理问题	古典企业
		弱	——	——	现代公司	传统国有企业

当监管经理功能和决策制定功能都弱时，经理处于"放任"的状态，代理型公司治理问题难免会发生；当监管经理功能弱但决策制定功能强时，该公司不是现代意义上的公司制企业，经理仅仅是决策的执行者；当监管经理功能强但决策制定功能弱时，一方面职业经理人的优势被发挥，另一方面经理处于严密的监管之下，这是现代公司的基本特征；而这两项都很强的情形在一般逻辑上是不成立的，因为此时没有过多监管经理的必要。但是计划经济时代的国有企业会发生类似的情况，企业的经营不能由厂长负责，同时厂长的一切行为（甚至个人生活）都被监控，这是完全没有活力的企业形式。

当法人独立功能和利益仲裁功能都强时，问题出现了。一方面，利益仲裁的发生意味着股东的群体整体性被打破，且利益配置出现了不公平的情况；另一方面，法人独立又让既有利益股东享受有限责任，并屏蔽其他股东的干涉，这就是剥夺型公司治理问题的严重性和隐蔽性；当法人独立功能弱但利益仲裁功能强时，该公司不是现代意义上的公司制企业，因为它不满足现代公司的法人独立特征，是事实上隶属于自然人的企业；当法人独立功能强但利益仲裁功能弱时，该公司不受任何"个体利益"的控制，独立地行使法人权力，符合现代公司的基本运作原则；法人独立功能和利益仲裁功能都弱的情形在一般逻辑上是不成立的，意味着应该有人承担企业权责但事实上又无人承担企业权责，国有企业的"所有者缺位"可能属于这种情况。

5.2 董事会治理

面对2008年金融危机和2009年千万辆级别车型召回事件的影响,丰田家族从幕后走到前台,丰田章男出任丰田汽车公司会长(董事长)。案例5-1介绍了丰田董事会的"瘦身计划",这其中牵涉规模的缩减、董事结构的重组、议事流程的重构、委员会的新设、经理层权利的重置等内容。

案例 5-1

丰田董事会的"瘦身计划"

丰田章男"动手"了。在2011年3月9日丰田举行的"全球发展愿景"(包括"五年中期举措")发布会上,他终于把刀挥向了丰田备受诟病的管理组织架构。在正式就任丰田社长两年后,丰田章男已无法忍受丰田那庞大而臃肿的董事会给公司带来的种种弊端:把董事会成员人数由27人调整至11人,这是丰田8年来对决策层进行的最大规模的一次精简;而简化汇报、决策流程,设立区域CEO……则是丰田章男的一种新的尝试。"瘦身"后的丰田能顺利实现那些听起来美妙绝伦的愿景吗?

"我们必须建立与'丰田愿景'相适应的、能做出快速决策的组织架构。"丰田章男在发布会的演讲中讲道。丰田章男提出了包括削减董事会成员人数(由目前的27人减至11人)、减少汇报层数(由3层减为2层)、成立来自不同区域市场的"顾问委员会"(由7人组成)等五项具体措施。

"做出组织架构的调整是必然的,必须从体制上去对应丰田的'愿景'。"在丰田(中国)看来,董事会构成的调整实属意料之中,更何况此前早有先例。8年前的2003年,丰田也曾动过类似的"手术"。那一次,丰田一举把董事会成员人数由58人大幅削减至27人。在目前丰田27人的董事会成员中,包括一名会长(董事长)、两名副会长、一名社长及若干副社长、董事。而在调整之后,包括中国业界熟悉的渡边捷昭(丰田章男的前任,现任副会长)、佐佐木昭(丰田中国本部本部长)均离开了董事会。

"不能理解为离开董事会就等于'降职'了。"对于敏感的人事变动,有丰田(中国)内部人士强调表示,"某种程度上反而是'升职'"。以负责中国业务的佐佐木昭为例,虽然"离开"了作为董事会成员的决策层,但却有了更大空间的独立性——在丰田内部,类似佐佐木昭层级的高级管理人员有了一个"新阶层"——"实务层"。按照此前丰田的管理体系,负责各区域市场的常务董事(多为各区域市场部长)向专务董事汇报,再由专务董事向本部长(大多数为董事会成员)汇报,然后再由本部长向副社长及董事会汇报。这样冗长而繁复的流程极大延误了丰田的决策。现在,作为中国本部的本部长,佐佐木昭将拥有更多独立的实际操作空间,他不必事事"请示汇报",但行动将更接近一线。

资料来源:寇建东:《董事会大裁员 丰田章男启动"瘦身计划"》,载《中国经营报》2011年3月11日。

5.2.1 董事会的组织结构

综上,没有什么"最优的""规范的"董事会制度,董事会的制度设计要与公司制度本身特征相匹配,专职决策的董事会、平衡股东利益关系的董事会都有各自的适用空间,甚至仅具形式意义上的董事会对于假借公司之名的"公司"而言也是合理的。但是,在介绍董事会的运行体系时,强调权变性的描述容易造成混乱,所以,本节以下内容以图5-4右上角的现代董事会为讨论基点。

一、董事会的法定身份与职责

尽管董事会是市场对组织设计问题提出的解决方案,[10]是公司制度演进中内生出来的控制工具,[11]但是在今天,董事会又是公司法所要求的必设机构(特殊情况除外)。虽然这种法律规制可以看作是制度创新后的认可与规范,然而法律的强化赋予了董事会进一步的法定身份和法定职责。

在法理上,董事会被定义为,代表公司行使法人财产权的会议体机关,它由股东大会选举产生的不少于法定人数的董事所组成。其中,有关合议决策和董事构成等问题,留待后续章节再行论述。这里重点关注董事会的法定身份。当股东将其个人资产投入公司,转变为法人财产后,这笔财产的占有权、使用权和处分权由公司获得。但是,公司法人这个法律存在需要一个具有人格特征的机构去行使该法人财产权,而当股东大会无法担当这一职责后,董事会出现了。因而,董事会的法定身份是对股东尽到信任托管职能的法人代表机关。而这一身份就决定了董事会的三层职责:

首先,董事会要对法人财产的使用处分及其收益分配尽到信任托管职责。董事会对股东尽到受托责任是董事会的核心功能,是董事会内生出现的原因所在。5.1节所讨论的董事会功能均专指这一方面。然而,正如5.1节所显示的,公司制度的不同定位决定了董事会对法人财产的受托责任的定位是不同的。监管经理功能、决策制定功能、法人独立功能和利益仲裁功能对应地转变为具体的有关财产托管的监管经理职责、决策制定职责、法人独立职责和利益仲裁职责时,所产生的活动规范和行为标准也是有差异的。除此之外,董事个体投身于董事会活动中,也成为公司契约的缔结者。董事个人的某些资源,诸如个人的信息资源、个人的社会网络资源,甚至个人的品牌资源等无形资产,也投入公司中,间接地成为公司法人财产的一部分。这些外来资源的投入和使用,并非董事会创设的目标和必须完成的任务,但是,间接地为公司向外界打开了窗口,使得董事会成为公司吸纳社会资源的桥梁,进而使董事会具有了社会资源渠道职能。

其次,董事会在被赋予相应的法律身份后,就要承担一系列合规职责。与法人财产受托职责不同,合规职责无所谓定位要求,每一家公司的董事会都要遵照完成,是法律规范下的强制性安排。第一,法律遵行职责。董事会要确保公司章程等制度安排以及各项经营管理活动符合 国的法律法规,确保公司行为的合法性。第二,使命陈述职责。公司存在的意义、公司发展的方向,这些基础性的使命、宗旨,由董事会负责陈述。第三,信息披露职责。董事会要履行必须的说明责任,及时、准确、完整地披露信息,这是董事会受托责任的题中之义。第四,剩余控制职责。在股东大会、董事会、经理层之间配置剩余控制权时,仍然有一部分无法分配,甚至是事前根本没有想到的。那么,这些事情发生后由谁处置呢? 如果由股东大会处置,这样的制度安排被称为"股东大会中心主义"。但目前主要国家采用"董事会中心主义",即董事会掌握这些剩余权力。比如《美国标准公司法》规定,"除本法令或公司章程另有规定外,公司的一切权力都应由董事会行使或由董事会授权行使"[5]。现实中许多董事会在危机管理中的主动作用,就来自董事会的剩余控制职责,因为危机的基本属性就是不可预测性。而我国目前的公司法对股东大会、董事会、监事会和经理层都划分了职能边界,但却忽视了剩余权力的存在,从而造成效率低下。[12]

最后,董事会要强化自身治理。一方面,董事会作为公司治理的枢纽机构,必须推动治理活动的正常开展,履行程序保障职责,比如按期召集董事会议和股东大会、整理议题议案等;另一方面,董事会要加强自我完善工作,严格董事会评估、及时更替董事、规范董事行为等,履行自我管控职责。

董事会职责范围如图5-5所示。简单说,其中的法人财产受托职责直接反映了董事会的制度功能,是公司治理定位后的权变性制度安排;而合规职责是法律将董事会认作法人财产的信托代表机关后,必须依法履行的职责;自治理职责是董事会运转的保障措施。

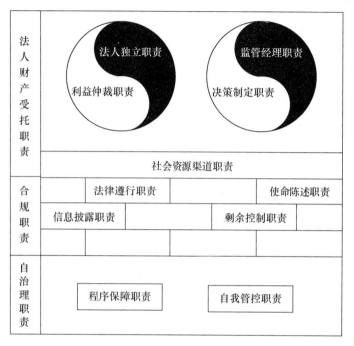

图 5-5　董事会职责范围

小贴士 5-2

中国的"法定代表人"制度

"法定代表人"是极具中国特色的制度安排。《公司法》第 13 条规定,公司法定代表人依照公司章程的规定,由董事长、执行董事或者经理担任,并依法登记。在实践中,一般由董事长担任。

由于法人是一种组织,本身并不具有意志力和行为能力,因此各国公司立法确立了不同的法人代表制度。但是,国外普遍将法人代表的身份赋予董事会或多个董事,甚至每一名董事。仅有中国"创造"了法定代表人,由某个具体的自然人成为法人的代表。如此安排,必然导致董事会和其他董事的权利被架空,也导致公司制度的"人治"色彩大于"法治",董事会的合议决策的科学民主无法实现。从剩余控制权配置的角度看,如果法定代表人来自公司内部,则"内部人控制"问题难以处置,如果是外部大股东的代表,则法人的独立性难以保证。

二、董事会的模块系统

我国董事会的组织架构更多的来自于对国外成熟模式的借鉴和组合。第 2

章中的图 2-10、2-11、2-12 分别刻画了英美、德国和日本董事会的模块系统,为节省篇幅,这里将其简化绘制在图 5-6 中。而图 5-7 则是《公司法》等相关法规所描述的中国公司的董事会模块系统。

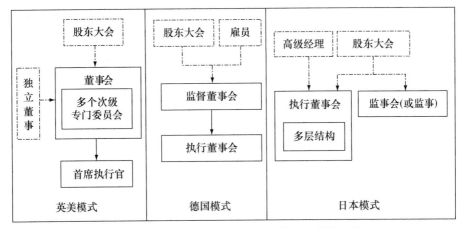

图 5-6 世界主要公司治理模式的董事会模块系统

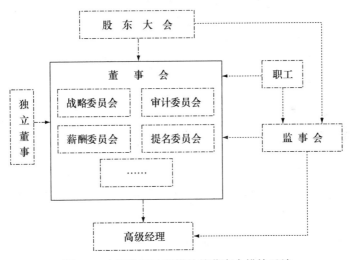

图 5-7 中国公司法所描绘的董事会模块系统

(1) 日本模式的特征及其在中国模式中的痕迹

日本模式的主要特征表现在三方面:第一,董事会中的部分监督职能单立出来,设定监督董事会,又称监事会(仅设立独立监察人也可以)。在权力层级上,监事会与执行董事会平行。第二,执行董事会与经营层高度结合,大量高级经理进入董事会,董事会的决策制定功能很强大。第三,董事会规模极大,为便于组织,往往会形成多层结构。

我国设立单独的监事会,监事会的职权范围见小贴士5-4所述。简单说,监事会的监管对象一是董事会,二是经理。其中对经理的监管与日本模式相一致。我国董事会规模远不及日本庞大,也不会有太多高级经理进入董事会。但是,我国在法律层面上允许,甚至在特殊情况下要求职工进入董事会(见小贴士2-5),这有一些日本模式的痕迹。但实际情况是上市公司中的职工董事寥寥无几。

小贴士 5-3

《公司法》关于监事会职权的规定

第五十三条 监事会、不设监事会的公司的监事行使下列职权:

(一)检查公司财务;

(二)对董事、高级管理人员执行公司职务的行为进行监督,对违反法律、行政法规、公司章程或者股东会决议的董事、高级管理人员提出罢免的建议;

(三)当董事、高级管理人员的行为损害公司的利益时,要求董事、高级管理人员予以纠正;

(四)提议召开临时股东会会议,在董事会不履行本法规定的召集和主持股东会会议职责时召集和主持股东会会议;

(五)向股东会会议提出提案;

(六)依照本法第一百五十二条的规定,对董事、高级管理人员提起诉讼;

(七)公司章程规定的其他职权。

第五十四条 监事可以列席董事会会议,并对董事会决议事项提出质询或者建议。

监事会、不设监事会的公司的监事发现公司经营情况异常,可以进行调查;必要时,可以聘请会计师事务所等协助其工作,费用由公司承担。

(2)德国模式的特征及其在中国模式中的痕迹

德国模式是双层董事会制度的代表,不仅在德国,欧洲大陆国家的董事会系统均与此相似,其主要特征表现在两方面:一是设立监督董事会,也常被简称为监事会,其监管对象是执行董事会。二是监督董事会中的职工代表较多。德国实行共同决定制度,它要求各类工商业公司的监督董事会中,职工代表必须达到一定比例,比如对于员工超过2000人的大公司,监督董事会中股东席位和职工席位各占一半。

德国监督董事会与执行董事会的权力配置关系在中国模式中的痕迹是,监事会不仅监管经理,还要监管董事会。我国监事会制度还规定职工代表的比例不得低于三分之一,这大概也是借鉴德国模式。

(3) 英美模式的特征及其在中国模式中的痕迹

英美模式常被称为单层董事会制度,也称为盎格鲁—撒克逊模式,加拿大、澳大利亚等国也采用,其特征是:第一,不设立单独的监督机构,也正因此称为单层结构。第二,大量独立董事进入董事会。所谓独立董事,就是除了担任董事外与公司没有任何利益关联的董事。第三,董事会内部设立了较多的次一级的专门委员会。每个委员会规模不大,专职某一特定领域,比如审计管理、经理监管、董事会自治理,等等。第四,运行较成熟的首席执行官制度。相比较德日模式而言,英美的首席执行官握有半个董事会的决策权力。所以,将英美的首席执行官制度列入董事会系统,也有一定道理。

我国近些年的公司治理实践和研究中,一方面吸纳了大量的英美模式的制度安排,如独立董事制度在上市公司被强制执行,同时董事会的次级专门委员会也被广泛推广。另一方面,令人尴尬的是,我国的监事会制度处于"鸡肋"地位,实践中发挥的作用很小,理论上多数学者在讨论我国公司治理问题时似乎有意"遗忘"了它的存在。其实,大量文献表明监事会在德国、日本模式中的作用也不显著。于是,如果把图5-7中与监事会相关的虚线绘制的部分删去的话,中国模式与英美模式就没有什么差别了。

三、董事会成员

董事会工作的正常开展,需要董事会成员之间协作、配合,进而在董事会内部也有一定的组织架构和岗位配置。

(1) 董事长

董事长,或者称董事会主席,由董事担任,是董事会的统领人、召集人和代表人。作为统领人,董事长负责领导和监督董事会的运作,确保董事会各项职能有条不紊地运行;作为召集者,董事长要负责召集和主持董事会会议,检查董事会决议的实施情况,并主持股东大会,这是我国公司法对董事长作出的强制性要求;作为代表人,董事长对外代表董事会甚至整个公司。在董事会授权下,通过公司章程认定,董事长可以在董事会闭会期间行使董事会的部分权利。我国的法定代表人制度将董事长的代表人身份推向极致。

由于董事会毕竟是会议体机关,工作强度并不高,而如果董事长又仅作为统领人、召集人和代表人身份,那么,他工作起来还是比较轻松的。因为从国际规范看,股东的托管对象是董事会而非某个董事成员,作为董事会的成员之一,董事长的权利是与其他董事平行的。[5]然而,现实中董事长兼任CEO或经理的情况很多,这一方面造成董事长连带着董事会的决策制定、利益仲裁类活动繁忙,另一方面对公司治理提出新的课题,董事长同时成为被治理对象。

案例 5-2

王石登山的是与非

万科是中国房地产企业效益最好、最有品牌影响力的企业之一。但是,作为这样一家上市公司的董事长,王石一年中用近1/3的时间玩登山等"不务正业"的活动,给他招来了众多的非议。而在成功登顶珠穆朗玛峰后,这种非议也达到了顶峰。

有人说,王石攀登珠穆朗玛峰反映了一种企业家精神,这种精神会渗透到企业文化当中,会让企业形成一种更高层次的追求。也有人说,董事长必须接受制度约束并遵守职业道德,王石玩登山,就是对股民的不尊重。

而王石说,不要把我当个工头来要求!不要这样要求一个董事长!作为董事长,要扮演三种角色,在决策上要确定公司的方向,第二是决策监督任务,第三要有责任去培养新人。如果一旦王石离开万科,万科就稀里哗啦,那这就是一个病态的企业。

---

(2) 副董事长和首席董事

公司法规定公司还可以设副董事长。副董事长可以作为董事长的副手,但其核心价值不在于助手作用,而是替代作用。法律规定,当董事长在某些特殊情况下不能履行职务或不履行职务时,副董事长将代行董事长职务。比如,董事长在关联交易中必须回避的时候,或者兼任内部经理的董事长要接受监管的时候。另外,在公司处于变动的情况下,董事长事实上缺位的时候,副董事长的作用就更体现出来了。

在英美国家的董事会中常常设置 Leading Director,即所谓首席董事,基本由独立董事担任。一般当董事长兼任经理或 CEO 时,在某些议题上会要求内部董事回避,这个首席董事就临时起到统领董事会的作用,甚至在某类活动中,决策、监督等活动均由首席董事控制。

(3) 董事会秘书

董事会秘书是公司的关键人物,由董事会任命、领导并对其负责。我国《公司法》所称高级管理人员,除了公司的经理、副经理、财务负责人,还包括上市公司董事会秘书。许多公司的董事会秘书由公司高级经理兼任,也有一些公司设立全职的董事会秘书,甚至为其再配备助手,成立董秘办公室。在一些公司,董事会秘书也具董事身份。

董事会秘书是公司董事、经理和股东之间的联络人,是董事会、经理层和股东大会之间的中介机构。董事会秘书的主要职责是负责公司股东大会和董事会会议的筹备工作以及相关服务管理和文书工作,管理公司股东信息,办理信息披露事务,支持董事会工作,等等。董事会秘书的作用如图 5-8 所示:

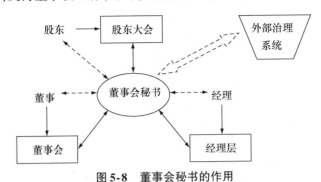

图 5-8 董事会秘书的作用

四、专门委员会

(1) 专门委员会的设置与运行

董事会专门委员会是指由董事会设立并由董事组成的,行使董事会部分职责或者为董事会行使职责提供帮助的,内设于董事会的次一级组织机构,过去主要存在于单层董事会制度之中,而今已被广泛应用。常见的专门委员会有审计委员会、报酬委员会、提名委员会和执行委员会等,表 5-2 反映了部分主要国家和机构设置这些专门委员会的情况。这些委员会大多具有一些相似的特征:专门委员会的构成成员一般仅限于董事,目前越来越多地要求独立董事会的加入,甚至某些特殊委员会完全由独立董事组成,而总人数比较多地集中在 3 到 5 人之间。同一董事兼任两个或两个以上专门委员会成员的情况并不少见。在性质上,专门委员会一般具备的是审议功能而非审定功能。它们会借助其专业知识在某些专业领域深入讨论,并出具审议报告。审议报告所列内容是否成为董事会意见,还需要董事会全体会议的裁定。

表 5-2 部分主要国家和机构对董事会专门委员会设置的相关规定

公司治理原则、准则	审计委员会	报酬委员会	提名委员会	执行委员会	公司治理委员会	其他
美国商业圆桌会议	√	√	√			
美国 CalPERS						√
美国 CII 的《核心政策》	√	√	√			
美国 TIAA-CREF	√	√				
美国纽约证券交易所						
通用汽车公司	√	√	√	√		√
英特尔公司	√	√	√		√	
Hample 报告	√	√	√			

（续表）

公司治理原则、准则	审计委员会	报酬委员会	提名委员会	执行委员会	公司治理委员会	其他
澳大利亚投资总经理协会	√	√	√			
爱尔兰投资经理协会	√	√				
德国股东协会	√	√				
日本公司治理协会						
荷兰《比特报告》	√	√				
法国《维也纳特报告》	√	√				
中国公司治理原则	√					
上海证监会董事会秘书协会	√	√	√			

资料来源：李维安、牛建波等编著：《CEO公司治理》，北京大学出版社2011年版。

专门委员会设置的必要性来自于董事会规模扩大和职责细化的要求，也来自于董事会地位独立性的要求。首先，如同所有群体决策方式一样，董事会在规模选择上会遇到一个两难问题：一方面，复杂多变的经营环境、强势且自利的职业经理和控制股东的存在，要求董事会具有丰富的实战经验、多领域的专业知识、广泛的信息来源。同时在一个具有利益仲裁功能的董事会里，也需要多方利益代表的加入，这都推动了董事会规模的扩大。另一方面，规模扩大后发生的董事个体责任感的下降，以及沟通渠道几何级数般增加而导致的沟通和协调的障碍，又限制了董事会规模的成长。而专门委员会的出现极大地缓解了这一两难问题。专门委员会的专业化分工设置，满足了董事会对各类职能的专业化需要。同时，专门委员会的"闭门"审议活动又规避了大规模群体决策的缺陷。

其次，专门委员会的普及，也与人们对董事会独立性的呼吁有关。在表5-2所示的几个专门委员会中，最多被设置的是审计委员会、报酬委员会和提名委员会。简单地讲，这些委员会都是直接监管经理、控制股东和董事会自身的专门机构。而要完成监管任务，内部人监管内部人是不可行的，"法治规则"要求监管人必须处于被监管人的团队边界之外。所以，以英美模式为例，一方面，这些委员会基本均由独立董事组成，另一方面它们也是最普及的专门委员会。我国证监会颁布的《关于在上市公司建立独立董事制度的指导意见》规定，如果上市公司董事会下设薪酬、审计、提名等委员会的，独立董事应当在委员会成员中占有二分之一以上的比例。

案例5-3

中国上市公司董事会专门委员会设置情况

甫瀚咨询与中国社会科学院世界经济与政治所公司治理研究中心，自2004

年起连续多年共同发布《中国上市公司100强公司治理评价》,在2012年的报告中,关于董事会专门委员会的调查情况如下表所示:

表5-3 中国上市公司董事会专门委员会设置情况

			2012	2011	2010
董事会专门委员会的数量分布(%)	1—2个	严重不足	4	8	9.1
	3个	略有不足	23	24	26.3
	4个	比较合适	48	50	44.4
	5个及以上	合适	25	18	20.2
	平均数(个)		4.01	3.84	3.84
审计委员会的人数(人)			4.30	4.18	3.87
审计委员会的会议次数(次/年)			4.28	3.74	—
薪酬委员会的人数(人)			4.18	4.19	3.85
薪酬委员会的会议次数(次/年)			2.23	1.73	—
提名委员会的人数(人)			3.87	3.61	2.78
提名委员会的会议次数(次/年)			2.40	1.88	—

资料来源:甫瀚咨询、中国社会科学院世界经济与政治所公司治理研究中心:《2012年中国上市公司100强公司治理评价报告》,http://wenku.baidu.com。

该表反映了中国上市公司董事会专门委员会的建设情况。不过,该报告关于委员会设置数量的评价是值得商榷的。难道是设置得越多越好吗?如果是这样,根据下表反映的欧洲13国2009年的情况,只有德国好过中国了?所以,本书的观点是,没有什么"规范的""最优的"公司治理模式,公司治理的制度设计有一个定位和选择的问题。董事会专门委员会的设置完全要以每家公司各自的内外制度环境以及特定的公司治理目标为前提。另外要清楚,不设某专门委员会不是说该内容在董事会职责中就空缺了,仅是行使中不用委员会这种形式而已。

表5-4 欧洲公司董事会专门委员会设置情况

国家	德国	英国	瑞士	法国	瑞典	荷兰	比利时	葡萄牙	奥地利	芬兰	意大利	西班牙	丹麦	平均
个数	4.5	3.8	3.5	3.3	3.2	3.0	2.9	2.8	2.7	2.3	2.3	2.3	1.1	3.0

资料来源:国际金融公司、深圳证券交易所:《有效董事会——董事手册》(2012年)。

(2) 主要专门委员会的职责

小贴士5-5列示了我国《上市公司治理准则》关于董事会专门委员会的相关规定,其中有关审计委员会、报酬委员会和提名委员会的职责规定与国际通行规则基本一致。但是,鉴于其法律条文式的表述方法,很难从中领悟到各委员会的核心职责和本质功能。

> **小贴士 5-4**
>
> **《上市公司治理准则》关于董事会专门委员会的规定**
>
> 第六节 董事会专门委员会
>
> 第五十二条 上市公司董事会可以按照股东大会的有关决议,设立战略、审计、提名、薪酬与考核等专门委员会。专门委员会成员全部由董事组成,其中审计委员会、提名委员会、薪酬与考核委员会中独立董事应占多数并担任召集人,审计委员会中至少应有一名独立董事是会计专业人士。
>
> 第五十三条 战略委员会的主要职责是对公司长期发展战略和重大投资决策进行研究并提出建议。
>
> 第五十四条 审计委员会的主要职责是:(1)提议聘请或更换外部审计机构;(2)监督公司的内部审计制度及其实施;(3)负责内部审计与外部审计之间的沟通;(4)审核公司的财务信息及其披露;(5)审查公司的内控制度。
>
> 第五十五条 提名委员会的主要职责是:(1)研究董事、经理人员的选择标准和程序并提出建议;(2)广泛搜寻合格的董事和经理人员的人选;(3)对董事候选人和经理人选进行审查并提出建议。
>
> 第五十六条 薪酬与考核委员会的主要职责是:(1)研究董事与经理人员考核的标准,进行考核并提出建议;(2)研究和审查董事、高级管理人员的薪酬政策与方案。
>
> 第五十七条 各专门委员会可以聘请中介机构提供专业意见,有关费用由公司承担。
>
> 第五十八条 各专门委员会对董事会负责,各专门委员会的提案应提交董事会审查决定。

审计委员会是最多被设置的专门委员会。2002年的安然事件后美国出台了《萨班斯—奥克斯利法案》,其中规定,禁止未设立审计委员会的任何公司在任何交易所上市交易。审计委员会之所以重要,在于其特殊的功能定位以及独立的运作形式。在功能上,一方面它是内部治理系统中专职监督职能的董事会构件,它通过对公司财务控制和审计程序进行检查,进而监控公司的整体运转,最终实现对经理和控制股东的监督。在内部治理方面,如果说监事会与董事会有功能重叠的话,主要发生在审计委员会上。另一方面,通过对财务报告真实性的负责,审计委员会处于公司说明责任体系的核心,也成为外部治理系统连接公司的枢纽。在形式上,各国均规定审计委员会的成员多数必须是独立董事,这确保了审计委员会的独立性,使得其监督功能和信息传递功能得以无碍展开。

报酬委员会,常常被薪酬与考核委员会的名称所替代,也一个较多被设置的专门委员会。从我国《上市公司治理准则》中关于薪酬委员会职责的规定看,它的工作重点似乎仅是薪酬管理和业绩考核,对象包括董事和经理。但是其实,薪酬委员会的工作重点是全面处置与经理激励约束和监督考评相关的一切事务,是专职于治理经理的委员会。而对于董事的薪酬和考评管理,并不是设置该委员会的核心目的。由于薪酬委员会的治理对象是经理,所以其成员中的独立董事比例也很高。

提名委员会,或者名称与之相似的提名与治理委员会、治理委员会,被设置的概率也较高。同样,从我国《上市公司治理准则》中关于提名委员会职责的规定看,它的工作重点似乎仅是提名和选任管理,对象包括董事和经理。这同样是一个误解,提名委员会的"提名"主要针对的是董事。研究表明经理或控制股东控制董事会的常用手段就是控制董事的人选,而提名委员会就是将董事提名权力,进而将董事会的控制权力从经理和控制股东的手中剥离出来,保证董事会的独立性。所以,提名委员会是专职于治理董事会自身的委员会。实践中,它除了负责提名董事、调整董事结构组成外,也负责各专门委员会的设置活动,此外还有一项重要工作是负责对董事会的考评。

我国的实践中特别重视战略委员会的设置,这其实反映出我国职业经理制度的不成熟,多数董事会仍然需要自己全面掌握和使用资产经营权。而在美国的实践中,战略委员会,以及性质类似的执行委员会的设置比例远远低于前述三种委员会。除此之外,公司根据自身特征,还可以设置公共政策委员会、财务委员会、环境委员会,等等。另外,为解决某个特殊问题还可以特设一些临时委员会,比如对于新CEO的提名和聘用,就可以设置一个特别委员会,而不在提名委员会中处理。

5.2.2 董事会的议事规程

董事会的组织构成是董事会发挥作用的前提,此外,作为会议体机关的董事会,其功能的实现还有赖于议事规则和程序的设计。

一、董事会会议的类型

董事会的正式会议分为定期会议和临时会议。定期会议由法律和公司章程确定,往往与公司的周期性工作有关,对于上市公司则更是与定期的信息披露活动相联系,诸如对季报、半年报、年报等的审核是定期会议的召开原因。在定期会议之间,公司遇到应由董事会审定的紧急和临时事务时,公司还可以召开临时董事会。在一些情况下,董事会还可以召开非正式会议,一般属于静修会性质。非正式会议的"务虚"性色彩重一些,以研讨为主,一般不牵涉审定活动。非正式会议的组织安排相对轻松,会议范围也可扩大到非董事的公司高管,甚至外部专家顾问。

对于正式的董事会会议,我国《公司法》对股份有限公司的规定是,每年度至少召开两次。这是法律要求的底限,根据公司经营情况和董事会职责安排,可以再高一些。表5-5反映了我国上市公司董事会的召开情况,从均值看与国外的实践比较接近。该表显示一些公司的董事会一年召开了三十多次,但这却往往不是一个好现象,它其实传递了一个消息——公司摊上大事了。

表5-5 中国上市公司董事会会议召开次数

年份	2001年	2002年	2003年	2004年	2005年	2006年	2007年	2008年	2009年
最大值	25	34	32	30	32	33	36	36	34
最小值	2	2	2	2	2	2	2	3	1
均值	6.23	8.48	7.54	7.34	7.51	8.05	9.60	9.61	8.34

资料来源:国际金融公司、深圳证券交易所,《有效董事会——董事手册》(2012年版)。

良好的公司治理实践倡导董事会应制定年度的会议计划,包括一年内董事会会议的时间表以及每次会议的议题安排。董事会会议的年度计划有助于确保董事会对公司事务的持续关注和监控,也有助于董事提前作好参会准备,提高会议的出席率和参与度。[17]案例5-4是一家美国销售额达56亿美金的制造型企业的董事会年历。

案例5-4

董事会年历示例

表5-6 董事会年历示例

二月	四月	六月
董事会 • 年度评估 • 红利公告 • 发展战略探讨 • 战略回顾	审计委员会 • 内外审计报告 • 下一财年外部审计聘任建议 • 无形资产审查 • 外审费用审查 财务委员会 • 审查经营计划的财务状况 • 融资状况更新 • 长期借款授权 董事会 • 基金捐款授权 • 下一财年经营计划审查	薪酬委员会 • 公司激励分级 • 经理激励计划的奖励 • 经理激励计划分级指引 • 可变激励计划(401K)的变量匹配 • 股票期权存入准予 • 审批CEO个人目标 • 代理人信息 • 评估CEO公司绩效 提名委员会 • 公司治理回顾 • 信任董事候选人 董事会 • 第一商业单元的战略回顾 • 董事长个人目标的回顾 • 红利公告 • 年度会议的决议 • 下一年度的会议安排

(续表)

九月	十月	十二月
董事会 • 第二商业单元的战略回顾 • 年度的组织事项(如委员会、执行层的选举) • 股利公告 • 年度股东大会	董事会 • 探讨战略计划的"闭门静修会"	审计委员会 • 内审报告和外审报告 • 风险评估/合规审查 • 管理人员及董事的开支审查 • 高级财务/高级审计人员的审查 薪酬委员会 • 股票期权的授予 董事会 • 管理层发展更新 • 红利公告 • 战略回顾

资料来源：国际金融公司、深圳证券交易所：《有效董事会——董事手册》(2012)。

二、董事会会议的组织

小贴士5-5是我国《公司法》关于董事会会议组织的相关规定，主要涉及四大方面：第一，在会议召集、主持和通知方面。一般由董事长召集会议，特殊情况下由副董事长或者推举出的董事召集和主持。关于临时董事会，代表十分之一以上表决权的股东、三分之一以上董事或者监事会，有权提议召开，而董事长自接到提议后十日内，要召集和主持该次临时会议。证监会颁布的《关于在上市公司建立独立董事制度的指导意见》中另外规定，全体独立董事的二分之一以上同意的，也可提议召开董事会。另外，要做好会议通知工作。不仅要通知会议的时间、地点和议题等，还要同时送达议题的背景资料、议案的论证信息，以及其他有助于董事提高审议质量的材料。

第二，在会议出席方面。首先，出席率是董事会会议效力和质量的基本保障。各国都规定了董事出席率的法定比例的底限。我国《公司法》对于股份有限公司的规定是出席人数过半，会议方才有效。而对于上市公司，更要求在排除与议题有关联关系的董事后，无关联关系董事必须过半数出席，会议方可举行，而无关联关系董事人数不足三人时，相关议题交股东大会审议。其次，关于出席方式，一般要求董事本人到场出席。董事因故不能出席的，可以书面委托其他董事代为出席，委托书中应载明授权范围。选择委托出席方式时要注意，只能委托本公司其他董事，只能采用书面委托形式，必须载明具体授权范围和明确指示，不得采用"全权行使表决权"方式。一般规定，一名董事不得同时接受两名及以上董事的委托，独立董事应委托独立董事，与议题有关联关系的董事不得委托于他人，对表决事项应承担的责任不因委托于他人而免除。目前，电子通讯方式日渐便捷，可否、如何采用多媒体参会方式，需要公司文件作出具体规定。最后，对于多次不出席会议的董事，要及时予以撤换。《上市公司章程指引》规定，董事连续两次未能亲自出席，也不委托其他董事出席董事会会议，视为不能履行职责，董事会应当建议股东大会予以撤换。

第三，在会议记录方面。董事会会议记录是有关董事会全部正式活动的真实和完整记载。特别重要的是关于表决活动的记载，要准确记录下投赞同票、反对票和弃权票的董事的名字，并尽量记录董事在表决时所表明的投票意见。在董事会召开后，会议记录要经过出席董事、董事会秘书和记录人的共同签名。签名后，会议记录就成为公司正式文档，并作为重要档案妥善保存。会议记录除了文档性资料的价值外，也构成了董事责任的追溯机制。根据《公司法》规定，在需要追究董事责任的董事会议定事项上，如果某董事在表决时曾表明异议并记载于会议记录，则可免除责任。

第四，在会议支持方面。董事会秘书是董事会这个公司治理运转枢纽的润滑剂，在公司治理系统中的地位十分重要。在日常时间，董事会秘书是公司董事、经理和股东之间的联络人，是董事会、经理层和股东大会之间的中介机构。在董事会会议的准备、召开、总结活动中，董事会秘书推动了整个议事流程的进行，是董事会会议的管理者和服务者。在多数上市公司，会为董事会秘书建立专门办公室；由于信息渠道以及知识结构等原因，董事会召开时会邀请一些列席人员，他们或者是公司的高级经理和专门职能的负责人，或者是审议事项的执行者，也可能是来自公司外部的专家。

小贴士 5-5

《公司法》关于股东有限公司董事会会议组织的规定

第一百零九条　董事会设董事长一人，可以设副董事长。董事长和副董事长由董事会以全体董事的过半数选举产生。

董事长召集和主持董事会会议，检查董事会决议的实施情况。副董事长协助董事长工作，董事长不能履行职务或者不履行职务的，由副董事长履行职务；副董事长不能履行职务或者不履行职务的，由半数以上董事共同推举一名董事履行职务。

第一百一十条　董事会每年度至少召开两次会议，每次会议应当于会议召开十日前通知全体董事和监事。

代表十分之一以上表决权的股东、三分之一以上董事或者监事会，可以提议召开董事会临时会议。董事长应当自接到提议后十日内，召集和主持董事会会议。

董事会召开临时会议,可以另定召集董事会的通知方式和通知时限。

第一百一十一条 董事会会议应有过半数的董事出席方可举行。董事会作出决议,必须经全体董事的过半数通过。

董事会决议的表决,实行一人一票。

第一百一十二条 董事会会议,应由董事本人出席;董事因故不能出席,可以书面委托其他董事代为出席,委托书中应载明授权范围。

董事会应当对会议所议事项的决定作成会议记录,出席会议的董事应当在会议记录上签名。

董事应当对董事会的决议承担责任。董事会的决议违反法律、行政法规或者公司章程、股东大会决议,致使公司遭受严重损失的,参与决议的董事对公司负赔偿责任。但经证明在表决时曾表明异议并记载于会议记录的,该董事可以免除责任。

第一百二十三条 上市公司设董事会秘书,负责公司股东大会和董事会会议的筹备、文件保管以及公司股东资料的管理,办理信息披露事务等事宜。

第一百二十四条 上市公司董事与董事会会议决议事项所涉及的企业有关联关系的,不得对该项决议行使表决权,也不得代理其他董事行使表决权。该董事会会议由过半数的无关联关系董事出席即可举行,董事会会议所作决议须经无关联关系董事过半数通过。出席董事会的无关联关系董事人数不足三人的,应将该事项提交上市公司股东大会审议。

三、董事会会议的议程设计与表决制度

(1) 董事会会议的议程设计。这里涉及三个问题,即审议什么议题、如何安排议程和由谁确定议程。首先,根据图 5-5 所显示的内容,董事会要承担受托职责、合规职责和自治理职责,这也就延伸出三类议题。对于后两类议题,一方面大多是公司必须依法完成的规定任务,另一方面公司之间并不存在太多的异质性要求。所以,建议董事会充分借鉴有关法律法规以及商业惯例,将其程序化,纳入定期举行的董事会正式会议议程。而对于受托责任衍生出的议题,需要董事会事先定位好董事会的性质和功能,而后有针对性地选择议题,做到有所为有所不为。其次,在议程安排方面,要考虑议题的数量、议题的排列顺序、各议题的讨论和表决时间分布等问题。这也就引申出会议的时间跨度设计、会议主题安排、研讨参与度设计等事项。最后,关于议程的确定者,实践中由董事长说了算的居多,在中国特色的法定代表人制度下更是如此。然而,议程安排应该是一个互动和民主的过程,全体董事都要参与到议题选择的讨论和确定过程之中。理想状态下,董事会还应该开放性地听取公司经理和股东的建议。事实上,董事长强加个人意见于董事会之上的一个途径,就是对会议议程的把控,这是一个需要治理的问题。

(2) 董事会会议的表决制度。董事会的决定是集体决策的结果,于是表决制度就显得十分重要了。首先,董事会的表决采用一人一票的民主模式,实现董事之间的人人平等。董事长并不会因为其带着个"长"字而有特殊权力,不过当全体董事一半对一半形成均势时,有的国家规定董事长可打破僵局,他所在的那一边获胜。其次,在表决方法上,通常有举手表决和记名投票两种方式。对于简单、难有分歧的形式性的议案,举手表决即可。但是,记名投票更能无障碍地反映每名董事的独立意见和真实观点。再次,在计票规则上,我国《公司法》规定,董事会作出决议,必须经全体董事的过半数通过。这是一种简单多数的计票规则。对一些重要的审议事项,公司也可以在章程上作出更为严格的规定。最后,需要严格执行表决权排除制度。我国《公司法》规定,上市公司董事与董事会会议决议事项所涉及的企业有关联关系的,不得对该项决议行使表决权。在实践中,不仅要排除关联交易关系董事的投票权,中途要求其退场应该成为一种规则。

(3) 董事会常见议题的审议流程示例。对于重大经营决策,先在经理组织下制订决策方案,提交董事会后,由董事会(或者下设委员会)进行审议,并出具审议报告,然后董事会根据报告形成决议,最后在董事会监控下由经理组织实施;对于高级经理的任免,先由董事会(或者下设委员会)或经理提名,随后董事会(或者下设委员会)以及公司人力资源部门进行评估,根据评估报告,董事会讨论并作出决议;对于财务公告和财务预决算,先由董事会委托经理拟定报告,提交董事会后由审计委员会(不设立审计委员会的,由董事会负责。但建议公司设立以独立董事会为主的、具有财务知识基础的审计委员会)出具审计报告,董事会根据报告制订公告或方案,并提请股东大会审议。可见,董事会在决策分工上以决策控制为主,审议活动中充分发挥专业委员会和独立董事的专业、独立的作用,不过最后的决议仍由全体董事作出。

5.2.3 董事会制度设计维度

一、董事会制度设计模型

在学术研究上,董事会的某些具体特征(本书称为设计维度)与董事会工作绩效的相关性成为一项重要课题,比如,董事会最好是多大规模?董事长与经理兼任好不好?如此等等。这方面的研究可谓汗牛充栋,而在了解这些成果之前,我们必须搭建一个系统化的董事会制度设计模型。这样做,一方面可以系统性地概括所有设计维度,尽量避免遗漏和重叠。另一方面有助于理解这些维度因素之间的相互关联性和作用机理,从而有理有据地指导公司治理实践。

为此,我们借鉴了组织行为学中罗宾斯关于群体行为的解释模型。罗宾斯在讨论群体行为时,认为决定群体绩效的影响因素可以总结为五个子系统,分别是群体的外界条件、群体成员资源、群体结构、群体过程和群体任务。[18]毫无疑问,董事会就是一个决策群体,关于群体行为的一般研究成果无疑是适合于分析董事会的。在此框架指导下,通过归纳当前关于董事会制度设计构建因素的研究成果,建立了图 5-9 所示的董事会制度设计模型。该模型以董事会制度设计维度为主,一些过于微观的群体行为因素没有纳入模型,比如董事的角色、地位安排,董事群体的规范、凝聚力建设,董事间的冲突处置、搭便车管理,等等。

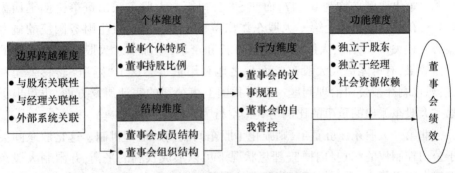

图 5-9　董事会制度设计模型

首先,外部条件全面影响董事会绩效,包括作为内部治理中介与股东、经理相关联的因素,以及作为法人代表与公司治理外部系统相关联的因素,等等。其次,董事个体及其形成的董事会结构也会直接影响董事会绩效。前者归纳成董事个体维度,包括个体的特质、背景身份及其异质性因素,等等。后者归纳为董事会结构维度,常见的因素有董事会规模、内部结构,等等。再次,董事会的动态行为因素,例如,会议次数及其出席率、董事会的评估、激励等,归入行为维度,也将导致不同的董事会绩效。最后,所有的这些因素没有一个"最优的"或者"规范的"的标准,它们与董事会的制度定位匹配良好才能发挥作用,而董事会的制度定位反映在功能维度的设计上。董事会的功能定位如同调节变量,影响着董事会的行为绩效。

二、董事会设计的边界跨越维度

董事会的运行受到其边界外部大量因素的影响,大到一国的法律、文化系统,小到公司各利益相关者的信任因素、业务复杂性因素等。但是,本书所称董事会设计的边界跨越维度并不广义地包括这些内容,我们仅从狭义的角度关心董事会制度本身的设计问题,这里仅考虑董事会直接与外界环境相衔接部分的设计维度。

(1) 与股东的关联性维度

董事会在股东受托下对公司的法人财产负责,自然要处理好与股东的关系。

在这方面,董事会制度设计常常要考虑的因素有两个:一是董事长是否是第一大股东(尤其是控制股东)的派出人员,二是主要股东派出的董事代表比例。

第一大股东或控制股东(以下简称为大股东)派出董事长和其他董事,是发挥大股东控制机制的重要手段。大股东派出人员进驻董事会,有利于大股东直接向董事会和经理表达意愿,从而促进委托人和代理人的目标一致性,也有利于加强对董事会和经理的监督,从而降低委托人和代理人的信息不对称性,最终能较好地处理代理型公司治理问题。在实证研究上,国内外文献均证明了这方面的积极意义。例如,对我国上市公司的研究发现,在 ST 公司中,第一大股东派出董事比例平均为 0.247,而非 ST 公司第一大股东派出董事比例平均为 0.355,在统计学意义上第一大股东派出董事比例与公司发生财务困境的概率显著负相关。[19]然而,大股东派任董事长和董事,也加强了大股东控制机制的负面效果,有可能造成大股东堂而皇之地利用董事会这个"隧道"转移公司利益,恶化剥夺型公司治理问题。在对我国上市公司的实证研究方面,也得出了第一大股东派出的董事的比例与其掏空行为正相关的结论。[20]

非第一大股东派驻董事,则强化了股东间制衡的治理机制。这是股东间关于公司控制权的"近身肉搏",理想状况下可以形成权利的平衡,并限制大股东的机会主义行为,进而保障全体股东的利益。在股东数量少、持股比例相近、股东风险规避机制缺乏的有限责任公司中,董事席位的分配成为公司剩余控制权配置的核心内容,也是剩余控制权行使的前提,进而完全可以狭义地将公司治理制度等同于董事会制度。而在股份有限公司,特别是上市公司中,股东在董事会中的控制权制衡的理论效果存在与否,相关的实证支持并不丰富。在一些案例研究中,反而发现董事会层面的控制权制衡会引发控制权争夺,而控制权争夺的后果不但是制衡股东两败俱伤,也导致公司价值一落千丈。[21]2010 年国美电器发生的大股东与职业经理的控制权之争,是由制衡股东拟派任三名董事而引发。[22]总之,非第一大股东派出的董事代表比例是董事会制度设计的重要维度,但是其理论指南有待进一步挖掘。

(2) 与经理的关联性维度

董事会与经理在资产经营的决策权上存在一条分界线,笼统上讲董事会掌握决策控制权,经理拥有决策管理权。但是,这条分界线具体划到哪里,或者说决策控制权和决策管理权具体内容有哪些,每家公司是不同的,需要根据情况另行设计。而在董事会制度设计方面,目前文献中有关董事会与经理关联性的设计维度主要是董事长与经理(指 CEO 或者总经理)的两职设立,是两职合一还是两职分离。这个因素为人关注由来已久,常常又被称为董事会的领导权结构因素。如果两职由同一人担任,称为"一元领导权结构",反之是"二元领导权结构"。但是,"一元"还是"二元",并未有统一的意见。

一派观点认为,两职分离有利于形成董事会与经理间的权力制衡,避免经理对董事会"反客为主"的控制,进而提高董事会的独立性、公正性和监督效果,最终提高公司决策质量和经营绩效。[2]这派观点的理论基础主要来自于委托—代理理论,强调经理的机会主义动机的天然存在。也有观点认为两职合一会促使公司形成统一的领导核心,促使真正站在经营一线的经理拥有充分的创新自由度和决策自主度,从而有利于决策的效率,也有利于公司战略的稳定和持续。特别当以管家理论作为理论基础时,更能得出两职合一有利于公司适应瞬息万变的市场环境的结论。[23]在实证研究方面,究竟哪种两职设立方式更能带来较高绩效,也没有得到经验证明。此外,也有一种观点认为一个有效的董事会制度安排是随着环境的改变而发生变化的,不能简单地确定董事长与经理两职是分离好还是合一好,而要根据企业面对的具体环境来定。[24]这最后一种观点与本书所依据的原则相同,我们认为不能把董事会功能同质化了,不同的董事会功能定位要求不同的董事会制度安排。

将两职设立维度的外延扩大,经理不再专指总经理一人而是多个高级经理,董事会的席位也由董事长扩大到一般董事,即从更宽的视角看待经理层与董事会的兼任重叠性,也可以认为产生了一个新的设计维度。在现实世界里,多个高级经理进入董事会是一种非常普遍的情形,在日本模式中更达到极端,但是学术研究上专门对其讨论的文献不多,大概是因为一方面从其反面视角,即从独立董事的研究中可以得到相近的结论,另一方面它与董事长和总经理两职设立的设计,在功能、优势、劣势和适用性上基本一致。

(3) 与外部治理系统的关联性维度

董事会不仅仅是内部治理的枢纽,也直接与外部治理系统相连接。当一家公司的董事会引入来自战略伙伴的连锁董事,或者具有政治、金融关联性的外部董事后,这家公司与其外部的治理单位就一起嵌入一个广泛的社会网络系统之内。进而,一方面公司经由董事会直接接受外部治理系统的协调,另一方面也引入了外部治理系统提供的信息、关系、品牌资源。

所谓连锁董事,是指同时在两家或两家以上公司的董事会任职的董事会成员。连锁董事的存在十分普遍,一项对我国上海、广东两地 314 家上市公司的研究发现,与其他公司有连锁董事关系的公司占全部样本的 73.2%,如果剔除那些因在两家或两家以上公司同时只担任独立董事而引起的企业间连锁董事关系后,仍有 38.9% 的公司聘有连锁董事。[25]支持设立连锁董事的一方认为,公司通过与战略伙伴建立连锁董事关系,有利于协调各方的竞争和合作关系、共享专业知识及声誉,从而减少经营环境的不确定性。[26]而更多的研究从资源依赖理论的角度,认为连锁董事有利于公司从其社会关系网络中获取资源,便于创新和知识信息的扩散。[27]但是在实证研究上,聘任连锁董事的积极作用并没有得到完全的证明。另外,也有一些文献认为,连锁董事关系的建立更多地决定于连锁董事个人的理性选择,是进入"精英俱乐部"、巩固其在"上流社会"的地位,从而获取个人收益的手段。[28]

董事会还可以通过聘任特殊关联董事,与公司外部系统发生直接联系。这里的特殊关联董事,专指那些来自特殊资源单位的董事,也包括那些能为公司与特殊资源单位建立紧密关系的董事。在目前的研究中,人们主要关心的是政治关联董事和金融关联董事。所谓政治关联董事,是指具有或曾经具有政府任职背景的董事。公司建立政治关联,在我国显得很敏感,也很普遍,既因为我国的政治与经济联系很紧密,也因为在文化传统上我国是一个强调"关系"的国度。但是,其实这是一个世界性现象。对于其利弊,也结论不一。总体说来,公司通过政治关联董事与政府建立紧密联系,就构筑了一条获得政府帮助的渠道,有利于获得政府的信息支持和政策支持,甚至有可能会影响政府的政策制定和执行。[29]然而,从政府的角度来看,政治关联董事的设立将有利于政府对企业进行干预,而政府的干预往往与非效率投资等问题联系在一起。[30]

金融关联董事,则是指具有银行、证券、信托、保险、基金等金融背景的董事,他们为公司与金融机构建立起了金融关联。在一定条件下,金融关联有助于帮助公司解决外部融资问题:第一,有利于公司与金融机构建立紧密的关系网络,进而影响金融机构的决策;第二,金融关联是一种基于声誉的隐性担保机制,有利于解决金融机构与公司间的信息不对称问题;第三,具有专业技能背景的金融关联人员,有利于公司提高融资方案的质量。[31]

董事会秘书及其办公室的设立是董事会制度设计的必要环节。董事会秘书是董事会的日常办事机构,是董事会与内、外部治理系统连接的组织保障,是董事会获得工作资源支持的重要通道。董事会各项工作的开展需要董事会秘书提供信息、提供服务,甚至负责实施。董事会应该依据其工作任务要求,为董事会秘书设立相匹配的权力和责任。

三、董事会设计的董事个体维度

(1) 董事个体的特质维度

高阶理论从经理的人口统计学特征角度寻找经理的认知模式和工作绩效的差异性。[32]而在董事会制度建设中,高阶理论同样适用于对董事个体特质的研究。在董事会的团队运作中,董事个体的能力、价值观、人格等个体因素影响着董事会的工作绩效,然而鉴于这些因素的私人信息特征难以被测量,于是人们用一些人口统计特征变量代替这些因素,并且在随后的大量实证研究中,证实了这些特质因素对董事会行为和绩效的统计学意义。

在目前的文献中,人们较为关心的董事个体特质变量包括性别、年龄、教育水平、职业背景、任期等方面。第一,性别。男性董事和女性董事的认知模式和行为模式存在差异吗？目前研究给出了比较肯定的答案。整体而言,男性董事偏向于理性思维,女性董事偏向于感性思维,以致男性董事更多关注整体与趋势,女性董事更多关注细节与变化,两者结合就具有互补效应。[33]所谓"男女搭配,干活不累"。一项实证研究发现,董事会中女性比例的增加,将提高公司资产报酬率以及投资回报率,并让董事会变为更严厉的监督者。[33]

第二,年龄。一些研究表明,董事的年龄应该处于中间区段。[34]一方面对过于年轻的董事,由于其社会阅历和经营经验尚浅,把握公司情况及履行监管职责的能力较弱,因而对公司的贡献不大。小贴士5-7说明了直觉决策的理性基础,对于董事会这样的会议体机关,其行为绩效与其成员的经验积累密切相关。另一方面对于年龄过大的董事,由于其在经理市场的声誉机制的逐渐弱化,其责任感会有所下降。另一些研究对董事会成员的年龄异质性结构进行了分析,结论也较复杂。[35]异质性的好处在于其带来了多元化的知识和信息,缺点是形成"代沟"并阻碍沟通。

小贴士 5-6

直觉决策的理性基础

人们的许多决策并不是来自有条不紊的理性抉择,而是直觉。直觉决策是一种潜意识行为,与人们的经验、能力、价值观、情绪等有关。其中,经验起到重要作用。直觉决策不同于理性决策,但是多数直觉决策以理性决策为基础,来自以往理性经验的积累。一个经验丰富的决策者,面对特定情况或熟悉的环境,无需调集完整信息就可作出较有把握的判断。

基于经验的直觉决策在一定的环境下,会更显必要。研究领导行为的认知资源理论认为,无压力的情境中,领导者的智力与绩效成正相关,但是在高压力情境下,工作绩效就依赖于工作经验了。而董事会会议就是一个典型的高压力情境,决策时间有限、决策信息有限。

第三,教育水平。学历是一个信号,大致可以反映一个人的能力和智力水平。于是从道理上讲,高学历的董事应该意味着具有高的知识存量、强的认知能力,以及由此衍生的宽的眼界、广的社会网络等。的确一些实证研究发现,董事的学历水平对公司业绩具有显著的正向影响。[36]但也有一些研究并未发现这一规律,特别对于我国的独立董事群体,公司业绩无关于独立董事的学历。[37][38]当然这也许是对我国独立董事制度存在问题的揭示。另外,董事的学科专业也是需要考虑的,不过这方面的共识性结论不多。

第四,职业背景。职业背景反映了董事的专业能力和从业经验,尤其在独立董事制度的实践中,比教育背景更被人们关心。在我国,上市公司有聘请大学教授作为独立董事的偏好,然而,实证研究表明教授董事的聘任并没影响到公司绩效,这主要源于其企业运营经验的匮乏;[38]在国外,上市公司更倾向于聘请其他大公司的在任或退休高管人员担任独立董事,以利用这些人在企业管理和经营决策等方面的实务经验。相关研究也建议我国公司增加对实务界董事的聘任,虽然目前在统计上他们的作用也不明显。[38]我国证监会《关于在上市公司建立独立董事制度的指导意见》要求董事会中至少包括1名会计专业人士,这与董事会负责财务监管和披露的职责要求有关,也符合国际惯例。国外的实证研究证明,会计专业背景董事的聘任与财务报表质量呈正相关关系。[40]在董事的职业背景方面,人们还关心董事的政府、银行的关联背景,以及多家公司兼任董事的连锁背景。对于这类董事,本书将其理解为公司联系外部环境的渠道,纳入边界跨越设计维度中。另外,关于董事职业背景的研究有一项基本达成共识的观点,即董事的多元化构成有利于吸纳多样性的信息和知识,从而提高董事会绩效。

第五,任期。董事的在任时间是一个需要注意的维度。较长的在任时间,有利于提高董事对公司的承诺程度,将其个人利益和荣誉与公司联系在一起,也有利于董事熟悉公司的内外经营环境,因而较长的在任时间常常与更高的责任感和勤勉度联系起来。[39]但是,董事在任时间过长,与公司经理走得过近,势必会影响其独立性。所以,独立董事连任多届后,国际惯例是仅将其理解为非独立的外部董事。

除了以上所罗列的董事个体特质维度外,随着研究的深入,人们挖掘的变量越来越多,比如有无境外从业的经历、是否为行业协会成员等。此外,在以上分析中可以看出,人们对各项特质的关心,不仅在意均值情况如何,还留意方差的影响,即考察所谓董事会成员结构的异质性问题。

(2)董事的持股比例

首先必须明确,董事会是受托于股东大会而设立的,但并不是股东大会的派出机构。虽然常常有主要股东的派出人员进入董事会,但并不要求必须如此。所以,董事与股东是不同的身份,董事是否持有股份、持有多少股份,并不妨碍其进入董事会。

理论上,董事持股可以实现董事与股东的利益一致性,从激励相容的角度促使董事关注公司业绩、履行监管职责。尤其在对代理型公司治理问题上,董事持股可以激励董事直接从股东的视角,控制经理的代理问题,关心公司的长远发展。这就是所谓持股的协同效应。但是,在另一方面,董事持股又会破坏董事会的独立性。当董事持股达到一定比例,以至于成为公司的内部人并"自然"地获得剩余控制权后,董事本身又成为公司治理问题产生的根源。在持股形成的堑壕效应下,董事的剥夺型公司治理行为难以被处置。一项经典的实证研究发现,董事会持股比例在5%以下时,托宾Q值与董事会持股比例正相关;董事会持股在5%到25%的范围内,托宾Q值与持股比例负相关;超过25%以后,二者又正相关。[41]

小贴士 5-7

托宾 Q 值

托宾Q值由诺贝尔经济学奖得主詹姆斯·托宾提出,现已作为衡量公司业绩表现和公司成长性的重要指标。在对上市公司的研究中,托宾Q值常被用作评价公司价值和治理绩效。在概念上,托宾Q值等于公司资产的资本市场价值与该资产的重置成本之比。在实际计算中,托宾Q值等于公司流通市值加上公司非流通股市场价值再加上负债账面价值之和,除以公司资产的账面价值。由于我国上市公司过去的股权分置制度的干扰,托宾Q值在对中国数据的应用中,存在一定困难。

四、董事会设计的结构维度

(1)董事会成员结构维度

在董事会制度设计上,其成员结构维度主要涉及两个问题:一是全体成员的数量,即董事会规模问题;二是各类成员的比例,尤其是独立董事的比例。而作为主要股东或其他利益相关者派出人员的董事比例,以及经理兼任的董事比例问题,虽也可属于此维度范畴,但它们更反映了董事会在委托—代理全链条中的边界划分,从而将其纳入边界跨越维度。

第一,董事会规模维度。董事会规模被视为影响董事会效率的关键因素已被研究多年。关于董事会规模,目前支持董事会小型化的观点略占上风。利普顿和洛尔施[42]以及詹森[43]等学者的研究为董事会小型化提出建议,他们认为两方面因素造成大规模董事会的低治理效率。一是群体决策中的责任感递减和搭便车问题,造成董事的投入程度降低,董事会更可能被经理所"俘获",董事会成为一种制度摆设;二是大规模董事会的会议沟通存在障碍,达成共识的困难较大,最终决策往往是不同意见相妥协的结果,"董事在会议室的优雅和谦让是以真理和坦率为代价的"[43]。利普顿和洛尔施建议,董事会规模最好为8至

9人,不应超过10人。詹森认为,当董事数量超过7或8人时,董事会就发挥不出应有的作用,并易于受到CEO控制。

反对董事会小型化的意见主要来自资源依赖理论的支持者。他们认为,董事会是公司与外部环境相联系以获取关键资源的渠道,大规模的董事会可以得到更多知识和信息、意见和建议、认同和声望,甚至外部资源的直接支持。[24]也有一些研究认为董事会规模是内生的,是其他因素构成了这样的董事会规模。与其说大规模董事会造成公司运转不佳,不如说是公司治理体系的不良造成了董事会的大规模特征。[44]

综上,一家公司的董事会规模设计一方面要权衡这些利弊,另一方面还要考虑自身的特点。首先,要符合法律要求。我国《公司法》规定的人数是,有限责任公司为3人至13人,股份有限公司为5人至19人。其次,要考虑董事会的职责要求。是否足以制衡控制股东及其派出的董事代表、是否对经理形成控制力、是否调集了所需要的资源等是需要考虑的问题。再次,要考察公司的内外运行环境,比如,行业性质和行业惯例、市场的不确定性、公司的多元化战略导向、公司的规模和发展阶段,等等。最后,要与其他治理制度匹配,比如,董事会的专门委员会设置、领导权结构、市场治理机制的力量,等等。

第二,独立董事比例维度。无论是面对代理型还是剥夺型公司治理问题,都要发挥董事会的治理功能,关键在"独立"二字。对于前者要独立于经理,对于后者要独立于控制股东。而增加独立董事在董事会中的比例,就是实现董事会独立的核心制度。除了监管功能外,独立董事还可以引入公司所需要的关键资源和专家建议。[45]所以,多数实证研究发现,独立董事的比例与多项治理指标的优化正相关,但对直接提高公司业绩的作用不明显。

(2) 董事会组织结构维度

董事会组织结构主要包括各种专门委员会以及监事会的设置。理论上看,专门委员会解决了董事会作为会议体机关存在的"先天"缺陷,完成了董事会内部的分工与协作,有利于调查和研究的深入以及专业化,也避免了大规模董事会议的搭便车和沟通困难问题。在实证研究方面,既证明了设置专门委员会的积极效应,也发现了一些"形式主义"的低效率情况。[46]对此,第一,要避免为了设置而设置的"形式主义"行为,首先要从董事会的功能定位的角度分析设置的必要性。第二,要明确许多专门委员会的功能的行使对独立性要求很高,常设的审计、薪酬、提名委员会都直接用来制衡内部人。如果不能保证它们的独立性,一切就只是摆设。第三,作为董事会的次级机构,其制度建设很重要。本节关于董事会制度设计的各维度,同样也是建设专门委员会所必须考虑的。

在我国的法律规范下,一般的公司都必须设立监事会。然而也无须讳言,目前的公司实践和理论研究都普遍表现出对监事会"视而不见"的状态。我们认为,在理论和实践未有突破性创新之前,我国公司监事会的制度安排就以满足合规合法性作为基本目标即可,以避免其对公司治理完整体系的干扰。

五、董事会设计的行为维度

（1）董事会的议事规程维度

作为会议体机关,董事会的议事规程设计自然是保证董事会效率的关键要素。该维度下主要包括会议频率及任务设置、会议组织管理、会议议程与表决制度,共三项主要内容。在会议频率及任务设置方面,董事会制度设计的重点是制定年度会议计划,根据任务要求事前将定期会议确定下来。在实证研究中有一点需要注意的问题,许多研究发现董事会会议频次与公司表现负相关。但这并不是证明董事会制度的无效性,反而说明许多公司在经营困境下会寻求董事会提供帮助,或将责任推卸给董事会。在会议组织管理方面,在例行的会议记录、会议支持等任务被确定后,重点工作是确保会议出席率,可否应用多媒体方式参与会议、对缺席董事的处置,需要事前作出制度安排。在会议议程与表决制度方面,需要每家公司"量身定做"的制度较多。对于议程设计,重点要解决董事长"一言堂"问题,避免内部人通过控制会议议题而左右董事会行为。对于表决制度,需要在公司章程中明确规定重要事项的特别计票规则、关联交易关系董事的投票权排除制度等。

案例 5-5

小天鹅董事会的表决制度

江苏小天鹅集团董事会有一个特殊的章程,这就是3票也能否决12个席位的董事会决议。1995年9月已改组为股份制企业的小天鹅通过转让法人股,主动引入1992万美元海外资本,并选任了3位分别代表3家外国基金的董事进入12人的董事会。重要的是,小天鹅在董事会表决制度上,给自己套了一个"箍":所有重大决策,必须经董事会12名成员中10名以上同意方可施行。

为寻求产业规模迅速扩张,小天鹅曾有意收购国内一家效益相当不错的摩托车集团。当时该集团销售额已达39亿元。当他们把可行性报告交到董事会时,遭到了3名外方董事的一致反对。他们认为,国内摩托车行业已进入高度竞争,而小天鹅并不具备这一领域的核心技术和营销经验,兼并也许能够获得一次机会,但再往前发展则缺乏基础,而没有基础必定没有未来。1995年以来,由于遭3名外方董事反对而"黄"掉的项目还有多个,比如生物工程、制药、DVD

等。科学决策使小天鹅获得了一份难能可贵的清醒,始终以一种理性的姿势专注于洗衣机的相关领域全力扩张。

资料来源:贾品荣:《参与文化:董事会治理核心》,载《中国中小企业》2004 年第 6 期。

(2) 董事会自我管控维度

董事会要强化自身的管控。一方面是对董事会整体的管控,主要关于董事会的评估;另一方面要加强对董事个体的管控,涉及董事的提名与选聘、薪酬与激励等内容。

董事会评估是指对照董事会的职责目标和评价标准,运用一定的评价方法,确定董事会的职责履行程度、任务完成情况和机构发展状况的管理过程。董事会评估是董事会自我监管、自我督促的积极行为,也是董事会履行说明责任的重要内容,有利于明确董事会责任,校正董事会行为,提高董事会效率,也有利于董事会与投资者的沟通。

然而,董事会评估存在两大难题。首先,董事会评估的内容难以确定。从评估内容看,评估方法一般可分为基于投入产出的输入端的系统资源评估法、基于中间行为过程的内部过程评估法以及基于输出端的目标评估法。无疑,目标评估法是最普遍的评估方法,然而这一方法在董事会评估中遇到困难。董事会尽管是公司法人代表,但是公司资产经营权主要由经理行使,因而很难直接用财务指标来要求董事会。而董事会的直接行为,例如对经理的监督、对控制股东的制衡,又无法量化,甚至无法行为化。于是,对董事会的评估必将重视系统资源评估法和内部过程评估法的应用,主要考评董事会职责履行的前提以及职责履行的过程。

其次,董事会评估的主体难以确定。从内部治理机构设置来看,董事会的监管者应该是股东大会,在受托责任的逻辑结构上股东大会是董事会的委托方。但是,股东大会却无法承担评估责任。一方面,如果这是一个股东分散的公司,那么没有任何一个理性的股东愿意额外负担一项吃力不讨好的任务,而靠股东大会整体来负责评估工作,其成本也过高。另一方面,如果这是一个存在大股东的公司,这个大股东会有参与治理的意愿,然而一般情况下这个大股东本身就在董事会里,即便大股东不在董事会,董事会也会以避免控制股东剥夺的合理理由,拒绝大股东的考评。鉴于此,监事会的制度被设计出来,德国模式中的监督董事会、中国的监事会都具有监督董事会的职责。但是,至少中国的监事会在多数实践中对董事会的监管仅仅是纸面上的。中国的监事会由职工监事与大股东代表构成,前者本身自己就是董事会的"下级",后者也遇到如上所述的大股东任"考官"的问题。于是,由于难以找到合格的"上级",董事会评估就以自我评估为主了。

自我评估会遇到过于宽松的问题,而不以目标为导向的评估也会遇到不客观的问题,所以,董事会评估系统的事先设计就非常重要了。第一,要建立董事会评估及评估报告的披露制度。向股东大会或公众披露董事会评估的过程和结果,就将董事会评估推动成一种"公开述职"活动,如果股东大会(也可以包括监事会)在董事会述职后还可以对其述职情况给予评价和反馈,则公开述职前提下的董事会评估就会相对注重客观性和严格性。第二,事先明确董事会的任务安排和议事规程。每一年度董事会要完成的工作,要一条一条地事先列明,每一工作要达到的目标也要有事先预期,甚至每一工作的时间计划也要事先安排。表5-5 所示的"董事会年历示例"是一个很好的案例。这些事先既定的职责就是董事会评估的重要内容。另外,董事会的议事规程要严格制定,会议组织、议程管理和表决管理等既定安排是否被执行,是董事会评估的重要部分。第三,董事会设计是否合理也是评估董事会的重要内容。本节所论述的董事会制度设计维度给出了完整的董事会设计原则,每家公司要事先明确我们需要一个什么样的董事会,与外部系统的关联如何?董事个体具备何种特质?董事会结构如何安排?第四,要关注董事会履行职责的资源是否满足,主要包括信息、时间、权力等。所谓信息,指的是董事会要评估其决策信息是否被充分提供、是否被及时提供、其质量如何;所谓时间,包括会议次数、会议延续时间、会议准备时间等;所谓权力,评估的是董事会的权力范围如何?决议的效力如何?决策中是否受到经理和控制股东干扰?第五,要评估董事会内部运行情况。董事会及各专门委员会是否有清晰的带头人?董事成员之间是否能友好合作?特别是外部董事与内部董事之间是否能友好相处?董事会评估是否促进了董事会的改善?第六,董事会对其成员的管理也是一项重点。主要包括,董事的提名与遴选是否规范?是否对新董事给予了培训?是否对董事个人履行勤勉责任和忠实责任进行了评估,如出席率、参与度、合作情况等?是否对评价结果较差的董事给予帮助?董事的薪酬结构如何,是否存在激励不足或过度的情况?第七,公司的业绩表现也是反映董事会绩效的指标。虽然它仅是董事会工作的间接结果,但却是董事会工作的终极任务。

六、董事会设计的功能维度

在图5-9 所示董事会制度设计模型中,功能维度下各要素具有调节变量的性质。就是说,此前所论述的边界跨越维度、个体维度、结构维度、行为维度下的各项制度安排与董事会绩效之间的关系,受到功能维度的影响。反过来说,就是以上维度要与功能维度相匹配,才能发挥正面效果,才能带来好的董事会绩效。而在两类维度的设计次序上,功能维度为先,它决定了董事会要"干什么",随后其他维度再决定董事会"如何干"。所以,功能维度的各要素又可以理解为董事会制度设计的关联性权变变量。

　　董事会设计的功能维度,首先包括两个独立性变量,即独立于经理和独立于股东。是否独立于经理,决定于董事会在对经理制度的治理上,是"监管经理"还是"决策制定"。显然,如果董事会定位为"监管经理",那么是否独立于经理的制度选项就是"是"。为什么"监管"必须与"独立"相联系,想一想各类比赛的裁判管理就知道了。生活常识告诉我们,裁判的能力、动力固然重要,但是最重要的是裁判要公正公平。而如何保证公正公平,用道德标准去选拔、要求裁判?似乎不靠谱。法治的基本精神说明,执法者必须独立,不能"既是裁判又是运动员"。所以,董事会设计中要发挥"监管经理"功能,要点是保证董事会与经理间的相互独立。反过来,如果公司的经理革命不彻底,董事会的功能定位是"决策制定",则反而要建立董事会与经理之间的联系;另一方面,董事会是否独立于股东,决定于董事会在对股东风险控制制度的治理上,是"法人独立"还是"利益仲裁"。基于同样的道理,如果董事会彻底实现了有限责任和有限风险而选择"法人独立"功能,独立于股东就是董事会在功能维度设计上的选择。

　　董事会选择独立于经理还是股东,反映了公司治理任务在代理型问题和剥夺型问题上的不同侧重。然而,董事会除了公司治理及其相关活动外,董事个体投身于董事会活动中,也成为公司契约的缔结者。根据资源依赖理论,董事会被看作是某些资源的提供者和引进者。这些资源包括董事个人的信息、知识和声誉等人力资本,更包括借由董事的社会网络获得的社会资本。进而,董事会具有社会资源渠道职能。董事会对于此类职能强弱的安排,要依据公司的经营环境与战略选择而定。

　　当功能维度各变量确定以后,根据此定位就可以依次设计其他维度变量。举例来说,如果选择了对经理的较强的独立性,则意味董事会的一项工作重点是解决代理型公司治理问题,因而其他维度的设计原则是:在边界跨越维度上,必须降低与经理的关联性,适当增加与股东的关联性;在董事个体维度上,董事的能力重点在于监管而非经营,适度提出对董事的持股要求;在结构维度上,加大独立董事比例,设立监管类的如审计、薪酬、提名委员会;在行为维度上,要避免经理对董事会会议组织、董事管治的反向控制。当然,董事会制度设计中还要注意对外部环境的响应。董事会制度设计的各维度及其关系体系如图5-10所示:

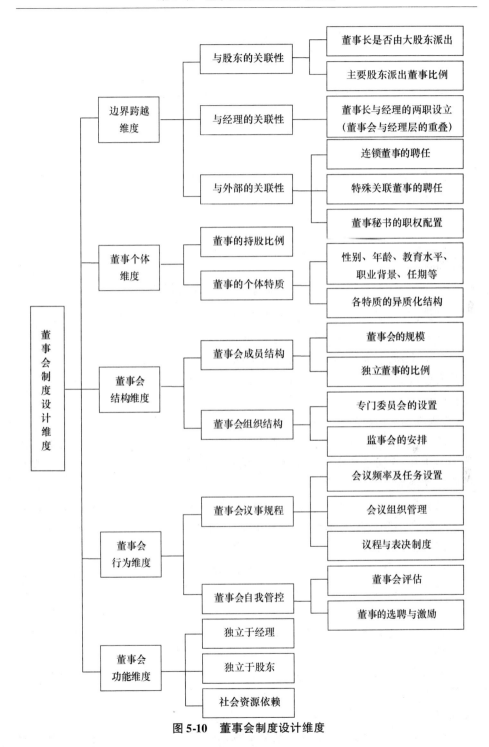

图 5-10 董事会制度设计维度

5.3 董事治理

郑百文,一家早已被重组的上市公司,是我国早期公司治理"乱象"的典型代表。下例,来自郑百文"闹剧"的一个片段。这里,并非讨论郑百文的公司治理问题,而是透过文章记者对案例主角言语的记录,给读者呈现一个真实的董事会运作情况。并请读者在阅读时思考这样一些问题:具备什么样的条件才适合担任董事或独立董事?在年龄、学历、政治身份、专业背景等方面有无要求?董事或独立董事对自己的行为应该承担何种责任?如何在激励董事或独立董事时,又保持其行为和判断的独立性?

案例 5-6

郑百文"花瓶董事"陆家豪的迷惑

今天,71岁的陆家豪在河南郑州大学的教师宿舍里,等待来自北京的确切开庭时间。这位原"郑百文"的独立董事,最近把中国证监会告上了法庭。

今年5月,同是老师的儿子请假陪他去北京递诉状,不久就得到北京第一中级人民法院已经立案的消息;6月5日,陆家豪收到了法院寄来的中国证监会的答辩状。

"现在,快开庭了。"他说。

让这位大学外语老师走进法庭的,是中国证监会一张10万元的罚单。那是去年9月,中国证监会对郑百文公司的行政处罚内容之一。他是这个上市公司的独立董事。

"10万元?!我们家6年不吃不喝,也拿不出来。"目前陆家豪每月有1600元的退休金。今天他对记者说:"我太冤枉,我成了一些人的替罪羊!得到消息,当时我就火冒三丈。"

他的夫人王老师在电话里,用河南俗语来形容丈夫的冤枉命运——"掏力还得挨磨杠",说他是"老知识分子稀里糊涂当了什么独立董事,像驴子一样出力辛苦拉磨,结果还得挨(磨杠)打"。

和郑百文扯上关系之前,陆家豪是一所大学教公共外语的老师。他在上海长大,早年到北京外国语学院读书,毕业后支援新成立的郑州大学,在这里成家。

陆家豪是在1995年当上郑百文的独立董事的。"我在政协做了一个关于股份制的发言,被李福乾看上了"。当时,陆家豪是河南省政协委员。作为人大代表的李福乾,是郑百文的董事长。

陆家豪对记者说:"他要我当独立董事,说这是好事。原来董事会里都是中专毕业戴的大专帽,让我这个大学老师来提高公司的素质,对公司有好处,也不用我参与经营。我想,人家是头上有那么多牌子帽子的'明星企业',看得起我这个60多岁的退休老知识分子,我还推让什么?再说,这不也是给社会作贡献?"很快,材料被证监会批下来了。

陆家豪的夫人委屈地说:"到今天,他连独立董事的聘书都没看到,也没有拿过郑百文一分钱的报酬。当了独立董事,家里反而还贴进不少钱。在重组时,70多岁的人找政府,找各个部门;小股民来到家里,我们只好自己招待吃饭。"

陆家豪现在持有2.2万股郑百文股票。他说:"为买这些股票,我前后投进了4年工资。"

他介绍,当独立董事前的1992年,他在社会上买了1万股,当时花了家里3年的工资,后来配股到现在这个数,又花了1年的工资。在股价最高时,因为自己是董事,不能卖。"现在,变成了一无所有"。

说起独立董事,这位老人语透无奈:"说千遍,说万遍,都是空的。上市公司里,真正起作用的只有3个人———董事长、总经理和财务经理。我这个独立董事的作用就是一年开两次会。"

他反问记者:"你说,当时,郑百文该有的桂冠都有了,我能够凭什么怀疑一切?再说,交易所、证监会审查过的年报,上面还有会计师的签名。我不是学财经的,在两个钟头的会议里,我能从年报里看出什么东西?我能负起这个责吗?"

他说,一个当过独立董事的知识分子有很多话,要在法庭上说。

资料来源:王尧:《告证监会的"花瓶董事"陆家豪》,载《中国青年报》2002年6月11日。

5.3.1 董事的义务与责任

之前论述经理和股东问题时,特别强调权责的对等,指出公司治理问题产生的由来正是权责的不对等。在治理董事的问题上,这个逻辑同样存在。董事会作为公司的法人代表,对法人财产负责,董事被赋予大量的权力。于是,要董事不滥用其权力,一定需要董事承担必要的责任。这个责任来自董事会所处的受托人地位,是受托责任的反映,其在法律上被界定为两项义务——忠实义务和勤勉义务。严谨地讲,在法律上与权利对应的概念是义务,责任是违背义务而承受的后果。

一、董事的忠实义务

董事所应承担的忠实义务(Duty of Loyalty),又被译为忠诚义务、诚信义务等,是指公司董事(也包括经理、控股股东等,以下不再另作说明)不能利用公司的资源来谋取个人的利益,即董事要忠实于公司的利益,不得将董事或董事关联人的个人利益置于公司利益之上,当其自身利益与公司利益发生冲突时,董事必须以公司的最佳利益为重。

小贴士 5-8

《公司法》中关于董事义务的规定

第一百四十七条 董事、监事、高级管理人员应当遵守法律、行政法规和公司章程,对公司负有忠实义务和勤勉义务。

董事、监事、高级管理人员不得利用职权收受贿赂或者其他非法收入,不得侵占公司的财产。

第一百四十八条 董事、高级管理人员不得有下列行为:

(一)挪用公司资金;

(二)将公司资金以其个人名义或者以其他个人名义开立账户存储;

(三)违反公司章程的规定,未经股东会、股东大会或者董事会同意,将公司资金借贷给他人或者以公司财产为他人提供担保;

(四)违反公司章程的规定或者未经股东会、股东大会同意,与本公司订立合同或者进行交易;

(五)未经股东会或者股东大会同意,利用职务便利为自己或者他人谋取属于公司的商业机会,自营或者为他人经营与所任职公司同类的业务;

(六)接受他人与公司交易的佣金归为己有;

(七)擅自披露公司秘密;

(八)违反对公司忠实义务的其他行为。

董事、高级管理人员违反前款规定所得的收入应当归公司所有。

小贴士 5-9 列示了我国《公司法》对董事义务的具体规定,不过略显零散,这里结合国外经验,作一个归纳说明;第一,关于董事关联交易的规定。当董事代表公司与自己或者与同自己有利益关系的其他人或企业交易时,就发生了关联交易,也称自我交易。关联交易的风险是,在交易中公司利益将可能失去代表方,公司有可能在这种交易中受到不公平的对待。所以,各国早期对董事的关联交易采取严格禁止的态度,无论该交易对公司是否公平,都一概无效。但是随着公司集团化经营的普遍,以及董事社会资源渠道职责的被接受,关联交易中公司一方并不一定是受害者。于是,各国立法对关联交易的态度从严格禁止转变为有条件的允许,其条件一般是:① 股东大会批准;或者② 公司章程含有授权条款,允许董事这样做;或者③ 董事向董事会全部披露其个人利益。[47]

第二,关于董事篡夺公司商机的规定。董事把属于公司的商业机会转归自己利用而从中取利,是董事与公司利益冲突的另一形态。信息、知识是公司竞争力的主要源泉,商业机会的流失是公司财富和资源的重大损失。而董事作为公司决策控制机关,对公司商机往往有全面深入的了解,甚至可以利用公司资源主动对商机进行评估和判断。因而,忠实义务要求董事不得篡夺公司机会。但是,在实际商业世界里,公司无法、也不能去利用每一个商机。对于公司从自身利益考虑而主动放弃的商机,严格禁止董事对其利用,于情于理似有不妥。所以,对其有条件允许是普遍立法原则,一般要求董事在利用商机前充分披露,同时在一定程序下被正式允许,我国对此的要求是经股东大会同意。

第三,关于竞业禁止的规定。它要求董事不得为自己或他人的利益从事与公司业务相竞争的活动。一般认为董事竞业禁止义务是忠实义务派生出来的,因为广义地看抢夺公司机会和进行关联交易,也有竞业行为的特征。所以,这里取其狭义含义,专指董事为自己或者为他人进行属于公司营业范围内的行为。显然,当董事与公司有竞争关系时,无法同时要求董事把公司的利益放在首位。但是,要求董事的个人活动完全地规避在公司经营范围之外,也似有不妥。随着公司多元化战略的普及,以及特殊关联董事、连锁董事的价值的发现,"竞合关系"成为商界常态。鉴于此,同以上两类行为的规定一样,对于董事的竞业行为采取有条件允许原则。

第四,关于董事薪酬管理的规定。随着公司实践中股东大会中心主义向董事会中心主义的转移,董事薪酬管理的职责全权落在董事会自己的身上,变为自己给自己发工资的格局。于是,如何管理董事薪酬就成为忠实义务的一部分。在这方面的忠实义务规定,重点是判别该薪资与市场价格相比是否公平合理,以及信息披露的程度如何。同时,该类义务还要关注董事在制定经理薪酬制度时,是否沆瀣一气。

第五,若干对公司资产的禁止性义务。除了以上董事将其个人利益凌驾于公司利益之上的需要权衡处置的限制性行为外,忠实义务也规定若干禁止性行为。董事不得侵占公司财产,既包括有形资产,也包括公司专利、商标等无形资产;董事不得利用职务之便收受贿赂,或者进行内幕交易;董事不得泄露公司商业秘密;董事不得将公司资金借贷给他人,或者将公司资产为他人债务提供担保,如此等等。

二、董事的勤勉义务

董事的勤勉义务(Duty of Care),常被直译为注意义务,也称善管义务,是指董事处理公司事务时必须付出适当的时间和精力,并按照公司的最佳利益谨慎行事。简单说,勤勉义务要求董事必须"尽心"和"尽力",这是对董事的工作态度的要求。如果忠实义务的规定是对董事损人利己行为的防治,那么,勤勉义务的规定则是避免发生损人不利己的行为。

所谓"尽心",就是董事要谨慎地为公司和股东的最佳利益而工作。谨慎,就是不粗心、不鲁莽,工作出现问题后不能以一时疏忽作为借口。所谓"尽力",就是董事必须付出必要的时间和精力来关注公司事务。即便董事对公司没有功劳,也必须付出"苦劳"。对于董事应尽的勤勉义务,我国 2006 年修订的《上市公司章程指引》有基本的说明。

小贴士 5-9

《上市公司章程指引》关于董事勤勉义务的规定

第九十八条 董事应当遵守法律、行政法规和本章程,对公司负有下列勤勉义务:

(一)应谨慎、认真、勤勉地行使公司赋予的权利,以保证公司的商业行为符合国家法律、行政法规以及国家各项经济政策的要求,商业活动不超过营业执照规定的业务范围;

(二)应公平对待所有股东;

(三)及时了解公司业务经营管理状况;

(四)应当对公司定期报告签署书面确认意见。保证公司所披露的信息真实、准确、完整;

(五)应当如实向监事会提供有关情况和资料,不得妨碍监事会或者监事行使职权;

(六)法律、行政法规、部门规章及本章程规定的其他勤勉义务。

注释:公司可以根据具体情况,在章程中增加对本公司董事勤勉义务的要求。

董事必须尽心尽力,显然是最基本的要求,但是执行起来会遇到三大问题:第一,董事工作的依赖性。董事会是会议体机关,不具体负责公司业务,董事会职责履行所必需的决策信息、财务报告等资料,高度依赖于经理或审计人员的提供。面对这些信息资料,董事如何"尽心"做到谨慎?要求经理完整地证明所有信息细节的可靠性,显然会干扰公司的正常经营管理活动。而若不查核信息的准确性,如果经理有意提供虚假资料,进而董事作出错误决定,算不算董事不谨慎?鉴于此,英国曾经规定董事无需因为没有察觉经理的欺诈行为而承担责任。第二,"尽心尽力"的主观性。我们在解释勤勉责任时,还大量地用到"适当的""必要的"等形容词。这些形容词的存在,说明我们无法拿出一个客观的评价指标,比如要求董事付出时间来关心公司发展,那么是每周付出10小时还是2小时就够呢?人到心不到,又怎么考核?第三,董事能力的异质性。董事的能力是有差异的,不仅平均值上有高低,每人擅长的领域也有差别。例如,面对经理出示的融资报告,财务专家出身的某执行董事发现了其中的问题,而某技术出身的独立董事对此茫然不知。与经理沆瀣一气的那个执行董事签字后,独立董事也签了字。现在的问题是,如果监管部门发现了欺诈行为,董事们是否承担违背勤勉义务的责任。如果承担,那个独立董事就很冤枉。如果不承担责任,显然那个执行董事钻了空子。

由于这些问题的存在,勤勉义务存在一个执行标准的确定障碍。各国法律在解决这一问题上进行了多种尝试。作为大陆法系代表的德、法两国,采用一种最严格的模式,认为董事本身应该具备专家能力,即使发生轻微的过失,也应承担责任;日本模式较德法模式宽松一些,董事出于善意的一般过失,可减轻或免除赔偿责任;普通法系下的英国和美国模式进一步宽松。美国的标准是"要像一个正常的谨慎的人在类似的处境下应有的行为那样注意"。它是指,对于一个正常人,如果为自己办事,尽心尽力也不过如此,那么他就尽到了勤勉义务。英国规定了分类管制的方法,从宽到紧分三类分别对待不具有专业资格和经验的非执行董事、具有专业资质的非执行董事,以及执行董事。[48] 也就是在前例中,那个执行董事要对其过失负责,而那个独立董事则无需承担责任。总之,英美模式的标准似乎比较"主观",但在英美的判例法下,其操作性反而更强一些。而中国关于董事的勤勉义务的理论研究、法律规定和实践积累还处于起步阶段。

三、董事的责任及免责

董事的责任是董事义务的延伸,董事违反法律法规和公司章程所规定的各项义务就要承担相应的法律责任。虽然董事会决议采用集体决策原则,但是这些决议的议案提出、最终决定,反映了董事个人的意思,董事行使了意思决定权。所以,董事要对董事会行为承担个人责任。在我国现行法律制度下,公司董事的法律责任,依据其行为人违反法律的性质分为行政、刑事和民事三类。[49]

董事承担的行政责任指公司董事违反国家行政法规的规定,由国家行政职能部门追究的责任。我国《公司法》专列了"法律责任"一章,对行政处罚的形式进行了规定,包括罚款、没收非法所得、取消资格、责令停止违法行为等。[49] 此外,证券法、证监会部门行政规章等对上市公司董事的证券交易行为作出更严格的义务和责任的规定。

> **小贴士 5-10**
>
> **上市公司董事进行证券交易的禁止性规定**
>
> 禁止内幕交易：董事不得利用内幕信息（涉及公司的经营、财务或者对公司证券的市场价格有重大影响的尚未公开的信息）从事证券交易活动；在内幕信息公开前，不得买卖该公司的证券，或者泄露该信息，或者建议他人买卖该证券。
>
> 禁止短线交易：上市公司董事将其持有的该公司的股份在买入后六个月内卖出，或者在卖出后六个月内又买入，由此所得收益归该公司所有，公司董事会应当收回其所得收益。
>
> 任职期间不得违规买卖公司股票：公司董事应当向公司申报所持有的本公司的股票及其变动情况，在任职期间每年转让的股票不得超过其所持本公司股票总数的25%；所持本公司股票自公司股票上市交易之日起一年内不得转让。
>
> 禁止敏感期买卖股票：上市公司董事在下列期间不得买卖本公司股票：(1) 上市公司定期报告公告前30日内；(2) 上市公司业绩预告、业绩快报公告前10日内；(3) 自可能对公司股票交易价格产生重大影响的重大事项发生之日或者在决策过程中，至依法披露后2个交易日内；(4) 证券交易所规定的其他期间。此外，深圳证券交易所还要求上市公司董事的配偶在上述期间也不得买卖本公司股票。
>
> 禁止买卖股票不及时申报或不及时公告：上市公司董事应在买卖本公司股份及其衍生品种的2个交易日内，通过上市公司董事会向证券交易所申报，并在证券交易所指定网站进行公告。
>
> 离任后一定期间内不得违规转让公司股票：董事离职后半年内，不得转让其所持有的本公司股票。
>
> 资料来源：国际金融公司、深圳证券交易所：《有效董事会——董事手册》（2012年）。

董事承担的刑事责任指因董事违反国家《刑法》中关于董事侵占、损害公司财产等方面的规定，由司法、审判机关所追究的法律责任。目前，董事所承担的刑事责任主要集中在欺诈上市和财务造假等方面；我国法律也对董事向公司承担的民事责任作出明确的规定，如《公司法》第149条规定："董事、监事、高级管理人员执行公司职务时违反法律、行政法规或者公司章程的规定，给公司造成损害的，应当承担赔偿责任"。但在司法实践中，却几乎没有公司董事因违背受托责任而承担了有实际意义的民事责任，董事民事责任的承担客观上被虚化。[49]

董事违章违纪、违反忠实义务的行为是无法免除其责任的,但是出于避免监管过度和调动董事的企业家精神的考虑(董事消极保护自己的极端做法是永远投反对票),在一定情况下董事责任是可以得到豁免的。2009 年发布的《上海证券交易所上市公司董事选任与行为指引》第 39 条规定:"董事存在下列情形之一的,可以向本所申请免责:① 相关行为人隐瞒相关事实,董事善尽职守未能发现的;② 董事已及时对上市公司违反公司章程的行为提出异议并记录在册的;③ 董事已及时向本所以及其他监管机构报告上市公司违法违规行为的。"另外,董事责任保险也是一种降低董事积极工作风险的办法。

小贴士 5-11

董事责任保险

董事责任保险,是指由公司或者公司与董事共同出资购买,对被保险董事在履行职责过程中,因被指控工作疏忽或行为不当(其中不包括恶意、违背忠诚义务、信息披露中故意的虚假或误导性陈述、违反法律的行为)而被追究其个人赔偿责任时,由保险人负责赔偿该董事进行责任抗辩所支出的有关法律费用并代为偿付其应当承担的民事赔偿责任的保险。董事责任保险是一种特殊的职业责任保险,也扩展应用至经理和监事。

5.3.2 董事的选聘与激励

除了从忠实义务和勤勉义务的角度要求董事外,加强对董事的治理,还需要从董事会运行管控的角度关注董事履行其职责的全流程。从这一角度看,董事会与股东大会构成代理与委托的关系。进而,对董事会乃至每一名董事的治理,完全可以建立在基于委托—代理理论的制度平台上。在第三章关于经理制度的介绍中,图 3-8 给出了一个经理制度架构,这个制度架构的基本设立思想完全适用于对董事的治理。对于经理制度,包括反映经理契约本质的控制权制度,经理契约缔结之前产生于逆向选择问题的经理聘任选拔制度,契约缔结之后产生于道德风险问题的基于激励相容策略的经理激励约束制度,以及基于信息显露策略的经理绩效管理制度。同样,这些制度安排的出发点也是治理董事会和董事的基本原则。首先,控制权制度适用于对董事会总体的治理,本章第一节已对其进行了完整的讨论;其次,聘任选拔是董事治理流程的关键环节;再次,对应于经理绩效管理制度的是董事会评估制度,此前也已有讨论;最后,对董事的激励约束也是董事治理工作的重要内容。

一、董事的选聘

（1）董事任职资格

什么样的身份适合担任董事？这里关注几个人们常常提到的要素：第一，法定消极资格。消极资格是指担任董事不得具备的情形。我国《公司法》第146条否定了一些有经济犯罪、过失的人和高债务负担者担任董事，见小贴士5-12。对于上市公司，证监会和证券交易所还有一些关于市场禁入的严格规定。另外，监事会成员不能兼任本公司董事，公务员不能担任公司董事（现实中存在公务员被委派为国企董事的情况）。

小贴士 5-12

《公司法》中关于董事消极资格的规定

第一百四十六条　有下列情形之一的，不得担任公司的董事、监事、高级管理人员：

（一）无民事行为能力或者限制民事行为能力；

（二）因贪污、贿赂、侵占财产、挪用财产或者破坏社会主义市场经济秩序，被判处刑罚，执行期满未逾五年，或者因犯罪被剥夺政治权利，执行期满未逾五年；

（三）担任破产清算的公司、企业的董事或者厂长、经理，对该公司、企业的破产负有个人责任的，自该公司、企业破产清算完结之日起未逾三年；

（四）担任因违法被吊销营业执照、责令关闭的公司、企业的法定代表人，并负有个人责任的，自该公司、企业被吊销营业执照之日起未逾三年；

（五）个人所负数额较大的债务到期未清偿。

公司违反前款规定选举、委派董事、监事或者聘任高级管理人员的，该选举、委派或者聘任无效。

董事、监事、高级管理人员在任职期间出现本条第一款所列情形的，公司应当解除其职务。

第二，年龄。首先，董事有无退休年龄？多数国家立法对此没有规定。在实践中常常见到，一些高龄的创始人或者创始家族成员担任董事甚至董事长，有利于公司的稳健经营。不过，一般非正式的看法是，70—75岁应该是一个退休的门槛。关于担任董事的最低年龄，我国是有规定的。我国《公司法》规定，"无民事行为能力或限制民事行为能力"的人不得担任董事。从年龄看，限制民事行为能力的人，指的是10周岁以上18周岁以下的公民。

第三,持股。从立法的角度看,多数国家包括中国,并不要求董事持有公司股份。但是,董事持有一定的股份,有利于实现激励相容,有利于董事与股东的目标一致性,却是一个普遍认识。因而,一些国家建议甚至要求各公司在其章程中,制定董事持股的最低标准和管理规范。比如,法国一些公司根据法律要求在公司章程中规定,董事任职时可以不持股,但此后3个月内必须持有某一定数额的股份,否则视为辞职。

第四,能力。能力自然是董事履行好职责的前提,但显然这是各家公司的"家务事",各家公司根据其董事会的功能定位和运作现状,可以有针对性地对董事提出能力要求。鉴于能力的不可测性,对能力的要求常常会转变为一些人口统计变量,如教育水平和职业背景等。另一方面,在这些能力要求中,如果存在各家公司的共性指标,进而对其从立法角度制定规则,也顺理成章。我国《关于在上市公司建立独立董事制度的指导意见》中规定,独立董事中至少包括一名会计专业人士,即具有会计高级职称或注册会计师资格的人士。

此外,对于独立董事还有若干强调其独立性的任职资格要求。另外,法人作为股东时,可以选为董事,但必须指定自然人代表行使职务。我国还规定董事会成员中可以有公司职工代表,通过职工代表大会、职工大会或者其他形式民主选举产生。

(2) 董事的选任

董事的选任工作涉及两项关键制度设计,一是提名制度,二是表决制度。我国《公司法》并未对董事的提名工作作出规定,因而设计董事提名制度就是公司章程制定的一项重要工作。董事会内常设的一个专门委员会是提名委员会,由其主要负责董事的提名管理。但是,提名委员会的设置本身就是一项制度的选择。让提名委员会真正全权负责董事提名(现实中的一些提名委员会仅仅是摆摆样子,算不上真正的提名委员会),是屏蔽控制股东和经理的一项举措。然而,如果董事会的功能定位并不强调公司对股东的独立,那么还要考虑股东直接提名董事的制度设计。在制度设计中要考虑的主要事项有:① 提名股东的持股资格。它规定股东要获得提名资格,应具备怎样的持股数量要求和持股时间要求。② 提名人数的限制。这涉及是否规定(以及如何规定)每满一定数额的股份可增加一定的提名人数。也就是可否让大股东多提候选人。如果可以,在这种制度下董事会就具有明显的利益仲裁的性质。③ 小股东的提名资格。前两项内容的不同设计,反映了对小股东的不同尊重程度。此外,在现实世界里,经理积极提名董事也是常见情况。这其实是一个两难问题。从积极的角度看,经理是最了解他需要怎样的决策参谋和公司需要怎样的资源渠道的;从消极的角度看,经理提名董事是经理反过来控制董事会、恶化代理问题的常见手段。所以,提名制度设计不仅要关心谁有权提名,还要加强提名的过程管理,而其中的重点是提名信息披露制度。它涉及是否在董事选举之前披露董事候选人信息?向谁披露?提前多少时间披露?披露哪些信息细节?如此等等。

董事选任的第二项关键制度是选举表决制度。董事选举的表决权归股东所有,这在《公司法》中被明确规定,而且《公司法》还对表决中的选票计算规则作出建议。《公司法》第106条规定,"股东大会选举董事、监事,可以依照公司章程的规定或者股东大会的决议,实行累积投票制。本法所称累积投票制,是指股东大会选举董事或者监事时,每一股份拥有与应选董事或者监事人数相同的表决权,股东拥有的表决权可以集中使用。"而在管制标准更高的《上市公司治理准则》中更明确要求:"在董事的选举过程中,应充分反映中小股东的意见。股东大会在董事选举中应积极推行累积投票制度。控股股东控股比例在30%以上的上市公司,应当采用累积投票制。采用累积投票制度的上市公司应在公司章程里规定该制度的实施细则。"累积投票制度是一种提高小股东权益的制度安排。

(3) 董事的离任

董事有任期的限制,设置任期有利于保持董事会中"新鲜血液"的流动。《公司法》规定"董事任期由公司章程规定,但每届任期不得超过三年。董事任期届满,连选可以连任"。连任的次数没有限制,但是对于独立董事而言,持续任职难免会影响其独立性。所以,我国规定独立董事连任6年后,不再认定为独立董事。

任期的存在,引发了换届的问题。在换届制度中,有一种交错任期的制度安排。它指的是全部董事的任期是错开的,每年届满的董事只占一部分。比如在常见的三年一届的董事会中,如果采用交错任期制,那么一般每年只更替三分之一的董事。可见,交错任期的好处是在促进更新和保持稳定间创造了平衡。然而,交错更替的问题是董事会更易被控制股东或经理所控制,对公司并购也起到一定的阻碍作用。

如果董事没有尽到应尽的职责,那么在任期届满前就应该主动地对其免职。小贴士5-12所示的《公司法》第147条规定的条款,是罢免董事的法定依据。此外,公司章程也应该事先作出规定,详述董事违背忠实义务和勤勉义务而应被免职的条例。既然存在免职,就应该有补选的规定。一般无论临时补缺的规定如何,下一次股东大会上都要正式选举。

二、董事的薪酬与激励

在委托—代理理论的平台上,董事的激励约束制度包含薪酬激励、控制权激励、声誉激励、外部环境激励四大子系统,在构成上与经理激励约束制度并无差别。其中,薪酬激励制度同样是人们关注的重点。控制权激励对董事的影响不如对经理的影响。由于原则上董事不能直接行使资产经营权,董事从控制权中获得的物质性收益并不多,更多的是来自权力需求满足的心理效用。声誉激励对于独立董事的激励作用十分明显,我们在下一节集中讨论。外部环境激励的价值是,一方面构成其他激励的基础,另一方面更多的是产生约束力量,包括法律规范、政府管制、舆论媒体监督等。

　　董事的薪酬包括三个组成部分:第一部分是董事津贴,是公司贴补给董事的车马费,一般以年薪形式发放。在结构上,一些公司会将该津贴分成两部分,一部分是固定的年度聘用金,另一部分由每次参会的会议津贴构成。对于同时担任专门委员会的董事,一些公司还会给予额外的专门委员会委员津贴。此外,一些公司还会对董事长、专门委员会主席等增加一部分岗位津贴。关于这类董事津贴水平的决定,要考虑职务内容、责任范围、履职频次、业务复杂性、公司业绩、员工薪资、行业特征等因素,但最重要的是要与当前的董事市场价格相当。一方面,如今特别是上市公司董事的薪酬被要求必须披露,董事薪酬已成为公开的市场信息。另一方面,单纯履行董事职务,即不考虑兼任公司经营管理者的履职情况(注意,这里所指董事薪酬也是将内部董事担任管理职务的薪资排除在外),相似公司间董事的职责内容和职责水平是大致相当的。所以,以市场价格为导向,是决定董事薪酬的基本原则。表 5-7 所显示的董事薪酬的市场水平,来自甫瀚咨询与中国社会科学院世界经济与政治所公司治理研究中心共同发布的《2012 年中国上市公司 100 强公司治理评价》。其中,独立董事的报酬相对稳定,也最能反映董事津贴的水平。因为独立董事除了担任董事,与公司没有其他的利益瓜葛。由于这里列示的是上市公司 100 强的情况,所以,14 万元左右的董事津贴大致是我国 2012 年前后董事津贴的上限。

表 5-7　中国上市公司 100 强的董事人均报酬(单位:万元人民币)

	2012 年	2011 年	2010 年
全体董事人均报酬	68.20	35.39	39.97
执行董事人均报酬	216.04	94.35	137.69
非执行董事人均报酬	11.57	25.29	21.51
独立董事人均报酬	14.80	13.01	14.27

　　资料来源:甫瀚咨询、中国社会科学院世界经济与政治所公司治理研究中心:《2012 年中国上市公司 100 强公司治理评价报告》,http://wenku.baidu.com。

　　董事薪酬的第二部分来自股票类报酬,与对经理的股权激励一样,也包括股票期权、限制性股票、影子股票、股票升值权等多种形式。在理论上,股票类报酬被认为是从激励相容的角度,解决委托—代理问题的基本手段。鉴于此,一些公司甚至规定了董事持股的最低限额,这些股票不仅来自公司对董事的激励性给付,还有一部分是公司要求董事自己出资购买的。股票类报酬的激励作用严重依赖于股票市场的质量,所以在我国的应用并不普遍。

第三类董事薪酬包括董事责任保险、金色降落伞等特别薪酬计划。董事责任保险和金色降落伞的内容见小贴士 5-11、5-13 所述,这些安排是针对董事职责的特殊性而设计的。

小贴士 5-13

金色降落伞

金色降落伞(Golden Parachute)是指聘用合同中有关于公司控制权变动后,对董事、经理等高层人员进行补偿的规定。其最初的设计与公司并购有关,它无疑提高了并购的壁垒,可以避免一部分恶意收购。从另一个角度看,金色降落伞所提供的补偿也可以促使公司高管放弃不利于公司的反收购抵制。如今,金色降落伞计划的应用扩展到各种原因的董事、经理退职补偿中,减少高管抵制退职的交易成本。比如,应用于创业者在公司"守业"阶段的功成身退,以及避免临退休高管的"59 岁现象"等。

董事薪酬安排在实践应用中是否具有激励性,是人们设计这些制度的基本起点。然而,答案很模糊。提高董事津贴单元中的基本聘用金,是否有利于激励董事恪尽职守,并没有定论,甚至可能是经理拉董事"下水"的手段。[50]另外,即便发现了董事津贴与公司业绩间的相关性,其因果关系也很难确定。而对于"计件"性质的参会津贴,具有怎样的激励作用也有不同意见。一种观点认为,董事并不在乎参会津贴的物质刺激,如果参会津贴会促使董事不缺席会议,董事更多的是基于个人声誉的考虑和对公司要求的响应。公司发放参会津贴的作用,是发放了一种公司意愿的"信号"。[51]还有一种观点认为,如果参会津贴发放的力度不够,不如不发,因为它会成为董事逃避职责的价格。[52]对于理论上认为具有激励相容作用的股权激励,多数的实证检验是支持的,但是其激励强度,即薪酬—业绩敏感度相对于经理而言要低得多。

所以,不能把薪酬计划作为董事激励制度的唯一主体,需要综合地调动声誉激励、控制权激励等多种手段。另外,完全从代理人的角度定义董事也需要反思,如何激发董事的"管家"精神(参见 3.2.1 所介绍的管家理论),需要进一步探索。此外,从行为科学的双因素理论理解,董事的薪酬计划更可能是一种保健性因素而不是激励性因素,做好对董事的薪酬管理的作用是避免董事的不满情绪和随之而来的卸责行为。

最后,要加强董事薪酬的管理制度的建设。根据我国《公司法》规定,股东大会决定有关董事的报酬事项。然而,这里的"决定"也仅仅是董事会所报方案的批核而已,在现实世界里基本是走走过场。即便董事会内部成立了专门的薪酬委员会,仍然是自己给自己发工资。在其他的一些实行双层董事会制度的国家,董事的薪酬管理由监事会负责,但在我国监事会制度基本形同虚设。所以,一项建议是公司章程中要事先制定详细的董事报酬管理制度,甚至可以事先设立董事报酬基于公司业绩或者员工收入的换算公式。国外的另一经验是加强董事薪酬管理的信息披露机制,通过强制性的薪酬披露政策,让市场机制发挥治理作用。

5.4 独立董事制度

5.4.1 独立董事的界定

一、独立董事的由来

独立董事制度创立于美国,逐渐成为英美市场控制型公司治理模式的标志性特征。随后,强烈影响着全球各国公司治理模式的发展,各国都在模仿或借鉴美国的独立董事制度。

美国证监会早在 20 世纪 30 年代开始建议公众公司设立"非雇员董事",以促使董事会能切实监督高级经理的行为。1940 年,美国通过《投资公司法》,明确要求董事会中至少有 40% 的成员是外部董事。20 世纪 60 年代后的越南战争、水门事件等使人们对大型公司的体制失去了信心,要求公司改革组织结构。1977 年经证监会批准,纽约证券交易所引入一条新的规定,要求每家上市的本国公司设立并维持一个专门由独立董事组成的审计委员会。进入 20 世纪末期,独立董事制度进一步规范化。1989 年修订的《密歇根州公司法》首先确立了独立董事的任职标准,并规定了独立董事的任命方法和特殊权力。1992 年英国发表世界第一份公司治理实践指导书《凯德伯瑞报告》,提倡广泛吸纳独立董事。2002 年为应对"安然事件",美国出台《萨班斯—奥克斯莱法案》,规定美国所有上市公司都必须设立审计委员会,并且全部由独立董事组成。[53]

我国引入独立董事制度是从赴境外证券交易所上市的公司开始的。1993 年青岛啤酒发行 H 股,按照香港联交所的规定设立了两名独立董事,成为第一家引进独立董事的内地公司。1997 年中国证监会发布《上市公司章程指引》,建议性地规定"公司根据需要,可以设立独立董事"。里程碑式的制度安排是 2001 年颁布的《关于在上市公司建立独立董事制度的指导意见》。其中明确规定:"各境内上市公司应当按照本指导意见的要求修改公司章程,聘任适当人员担任独立董事,其中至少包括一名会计专业人士。在 2002 年 6 月 30 日前,董事会成员中应当至少包括2名独立董事;在2003年6月30日前,上市公司董事会成员中应当至少包括三分之一独立董事。"2005年修订的《公司法》将聘任独立董事作为上市公司的法定义务。[54]

二、独立董事外延辨析

独立董事是指不在公司担任除董事外的其他职务,并与其所受聘的公司及其主要股东不存在可能妨碍其进行独立客观判断的关系的董事。与独立董事相近的概念有外部董事、非执行董事。

外部董事是相对于内部董事而言的,是那些不是内部董事的董事。而内部董事的"内部"两字说明,内部董事除了具有董事的身份,还是公司的内部人,是公司的受聘经理、职员,以及控制股东或其代表。一般情况下,内部董事往往是公司的高级经理,但也不尽然,比如我国建议设立的职工董事,本义上是希望模仿德国,让一般职工担任董事。在这个定义下,外部董事就不全是独立董事。外部董事中还包括非独立的外部董事,它们与公司、公司经理、公司控制股东等具有着千丝万缕的利益关系或人情关系,比如是公司的较大股东、战略伙伴、法律、管理或财务顾问、退任经理等,或者是公司经理、控制股东以及上述这些人的亲属。这类非独立的外部董事在履行董事职责时无法做到人情面子上的超脱和经济利益上的独立,它们与公司之间的界限是模糊的和非透明的,是灰色的,这类董事也被形象地称为"灰色董事"。灰色董事中有一类交叉任职的交叉董事需要引起注意,它指的是不同公司的高级经理同时担任对方公司外部董事的情况。比如,A公司的经理担任B公司的董事,同时B公司的经理又反过来担任A公司的董事。这就形成一种"互抬轿子"的格局,为相互包庇、相互吹捧,甚至共谋恶行,埋下条件。总之,外部董事是由独立董事和灰色董事构成的,它们再加上内部董事构成董事会的全体成员。

非执行董事也是相对于执行董事而言的,是那些不是执行董事的董事。执行董事译自Executive Director。Executive可以翻译成"执行",但其另一层含义——经营的、行政的,也许更为准确。也就是说,经营董事、行政董事的称呼更能直接体现执行董事的本质。执行董事就是那些来自公司经营管理团队的董事,是高级经理人兼任的董事。在设立专门的执行委员会、战略委员会或类似赋予决策功能的机构的董事会中,执行董事就是这些委员会的成员。个别暂时未担任公司高级经理职务的委员会董事,也会被聘为执行董事。另外我国规定,股东人数较少或者规模较小的有限责任公司,可以不设立董事会而设一名执行董事,执行董事可以兼任公司经理。所以,执行董事与内部董事的重叠性很高,如果董事会中没有非管理层的内部雇员担任董事的情况(现实中也极其少见),那么执行董事与内部董事同指一个群体。日常生活中,人们常常会探究执行董事与非执行董事权力大小的问题。如果在董事会层面,全体董事具有一样的权力,甚至在某些利益相关问题上,执行董事因为其兼任身份反而要回避一些活动。如果在公司经营管理层面,执行董事的行政职位决定了它们在公司业务活动中的领导地位和领导权力。当然,现实世界中,非执行董事担任董事长的情况并不罕见。

图 5-11 说明,独立董事是一个外延较小的概念,它加上非独立的外部董事,即灰色董事,构成外部董事群体。外部董事加上不是经营管理团队成员的内部董事,组成非执行董事群体。最后,非执行董事和执行董事构成全体董事。

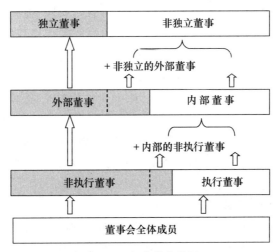

图 5-11　各类董事辨析

三、独立董事内涵解读

独立董事的存在价值来自于董事会的独立要求。从董事会的功能看,当董事会或者定位于监管经理以解决经理的代理问题,或者监管控制股东以解决控制股东的剥夺问题,甚至两者皆重时,公平公正就成为董事会监管活动的基本行为原则。而从法治建设中得到的经验是,公平公正的一切前提是独立,没有独立就不可能实现真正的公平公正。所以,独立性是独立董事制度的灵魂。让独立董事保持独立性,是推行独立董事制度的必要条件。[53]

第一,利益关联的独立性。面对公司治理行为客体,即经理、控制股东等,独立董事不得与他们具有利益上的瓜葛。俗话说,吃了人家的嘴软,拿了人家的手短。独立董事不能从经理、控制股东等处获得财务利益上的好处,是对独立董事最基本的要求。

第二,人情网络的独立性。在中国,这个文化上把人情、面子看作基本行为约束,把关系、路子看作重要社会资本的国度,对人情网络独立性的要求对独立董事显得格外重要。费孝通关于中国差序格局文化的研究揭示,中国人的道德标准存在着圈子内外的差别。[55] 如果一个"独立"董事和经理、控制股东在同一个圈子里,还何来"独立"?

第三,能力结构的独立性。独立董事需要在决策上保持独立的判断,这首先要求独立董事或独立董事群体具有完整的知识结构,有能力独自作出判断,而无需依附于他人的帮助。当监管是独立董事的核心功能时,具备财务审计知识是对独立董事群体的基本要求。而在会议体的决策活动中,具备实际经验是独立董事的任职前提。

第四,运作空间的独立性。为了保持判断的独立性,独立董事要有独立的运作空间。一方面,独立董事虽然需要从公司内部人那里获得信息,但是不能被动地依附于内部人,独立董事需要有主动出击的行为空间。另一方面,独立董事与非独立董事,特别是执行董事之间构成一定的制衡关系,因而独立董事在董事会内部应该有独立的运作空间,比如全部由独立董事组成的审计委员会、薪酬委员会等。

以上四项内容构成了独立董事的独立性内涵。前两项可归纳为利益上的独立性,强调独立董事没有主观性的非独立诉求。后两项可归纳为判断上的独立性,强调独立董事在客观条件上能独立地行使职能。

四、独立董事的任职标准

独立董事是为实现董事会的独立性要求而出现的,而董事会的独立性要以其功能定位为导向。在不同的公司,其董事会具有不同的职能,对于未完成公司革命的所谓公司而言,独立也许是不必要的。所以,需不需要设立独立董事,以及独立董事的独立性标准如何设定,公司之间应该是存在差异的。以下以一个具有完全现代公司制度特征的公司为例,说明独立董事的任职标准界定。

关于独立董事的任职标准,有三点说明:第一,独立董事的首要身份是董事,所以必须满足董事的任职资格。第二,前述独立董事的独立性可归纳为利益上的独立性和判断上的独立性。其中,判断上的独立性主要涉及独立董事制度运行过程中的机制设计,因而,独立董事的任职标准主要考察利益关联的独立性和人情网络的独立性。第三,判定独立董事,同样采用消极资格的判别标准,即列举不适合做独立董事的条款。

独立董事的消极资格可以归纳为四类:第一,独立董事必须独立于公司管理层。首先,独立董事不能是公司(及其子公司)的职员,更不能是高级经理本人。甚至在一定期限内不能是前任雇员,比如中国证监会对上市公司规定的期限是1年。其次,也不能是公司职员、经理的亲属。在国外,所谓亲属一般指的是直系亲属,而我国对上市公司的规定中还包括主要社会关系。显然,在我国的家文化观念下,这一扩充是理智的。最后,近期也不能与上述人有重大业务往来。对于这个业务往来,一般会有时间间隔和数额高低的规定。不过,我国对此条款没有规定。

小贴士 5-14

《关于在上市公司建立独立董事制度的指导意见》的一些规定

下列人员不得担任独立董事:

(一)在上市公司或者其附属企业任职的人员及其直系亲属、主要社会关系(直系亲属是指配偶、父母、子女等;主要社会关系是指兄弟姐妹、岳父母、儿媳女婿、兄弟姐妹的配偶、配偶的兄弟姐妹等);

(二)直接或间接持有上市公司已发行股份1%以上或者是上市公司前十名股东中的自然人股东及其直系亲属;

(三)在直接或间接持有上市公司已发行股份5%以上的股东单位或者在上市公司前五名股东单位任职的人员及其直系亲属;

(四)最近一年内曾经具有前三项所列举情形的人员;

(五)为上市公司或者其附属企业提供财务、法律、咨询等服务的人员;

(七)中国证监会认定的其他人员。

第二,独立董事必须独立于主要股东。一方面,独立董事本身不能是大股东,其持股比例有上限要求。这里有绝对和相对两重标准,我国对上市公司的绝对指标是直接或间接持股不超过1%,相对指标是不能是前十大股东。另一方面,独立董事不能是大股东的代表,也不能是大股东单位的雇员。认定大股东单位也有绝对和相对两重标准,但标准略宽。此外,独立董事同样不能与这些主要股东的直系亲属或者近期有重大业务往来关系。

第三,独立董事要独立于其他董事。这类规定相对而言的主要目标是实现人情网络的独立性。首先,独立董事不能是现有其他董事的亲属,也不能与之有业务关系。由于独立董事以实现董事会整体独立为目标,而董事之间的相互独立,没有利益小团体,才能实现整体的独立性。其次,特别强调不能与公司经理、执行董事交叉任职,而互为独立董事。再次,独立董事任职一定时间后,如果留任,将不认定为独立董事。我国对上市公司的规定是,独立董事连任时间不得超过6年。最后,离任的公司高级经理只能是灰色董事,甚至有的监管部门认定其为内部董事。对照小贴士5-14我国证监会的规定,可以发现我国针对此类条款的规定是比较薄弱的。

第四，独立董事必须独立于公司业务。独立董事不能是公司的利益关联者。首先，独立董事个人不能直接或间接与公司在近期有重大的交易关系，独立董事所供职的单位也不能直接或间接与公司在近期有较重大的交易关系。这项国外普遍规定的条款没有被中国证监会所采纳，有些意外。其次，独立董事不能是为公司服务的律师和投资、财务及其他管理咨询顾问。再次，独立董事或其供职单位近期不能从公司获取较大捐赠。最后，独立董事不能是上述人员的亲属。

5.4.2 独立董事制度建构

一、独立董事制度的作用

从独立董事制度演进历程的现实情况看，独立董事是伴随着董事会独立性要求的加强而出现的，而董事会独立的必要性则是伴随着公司制度的现代化改造而加强的。于是，独立董事的核心作用是，加强董事会本质功能中的监管经理功能和法人独立功能。

当公司实施了职业经理制度后，在治理经理的代理问题成为董事会主要任务的前提下，聘请独立董事是有利的。完全独立在经理的利益关系和人际网络之外的独立董事，能够保证监督的公正性。而若公司全体股东平等地面对公司风险，对经营后果承担平等的有限的责任时，解除个别股东的特权，事实上消灭控制股东就是董事会的责任。这时，独立董事制度是实现董事会的法人独立功能的最佳方案。在利益上、人情上与任何大股东没有关联的独立董事，是隔离在公司与股东之间的屏蔽装置，确保董事会受托的是全体股东的愿望，而不能成为某些股东的"傀儡"。

显然，当公司仍保留着古典企业的特征时，董事会以原生的决策制定功能和利益仲裁功能为己任，这时若实施独立董事制度，就是"扬短避长"了。让一个对公司甚至行业都陌生的独立董事来参与公司决策，不是"外行领导内行"吗？有些人批评独立董事不"懂事"而否定独立董事制度，这是不对的。独立董事的核心价值不是制定决策，而是审核决策和监督经理。这就好像绝大多数的体育比赛，比如跳水，裁判远远无需像运动员那样高专业水平，难的是如何做到公正；另一种情况下，当董事会主要执行利益仲裁任务时，这也不是独立董事的专长。所以，在一些文献中提到独立董事具有参谋职能，有些还提到有制衡职能，我们对此的意见是：独立董事作为董事会的成员，自然不能排除独立董事去从事参谋和仲裁活动，甚至不能排除独立董事在参谋和仲裁活动中的积极效用，但是必须强调，这不是独立董事的特长，不是实施独立董事制度的原因。

董事会除了针对两类公司治理问题的权变性功能外，还由于董事个人进入公司契约,从而将其个人的信息资源、关系资源、品牌资源等间接地投入到公司法人财产中,具有社会资源渠道功能,或一些文献所称的资源依赖功能。[24]而这一功能对于独立董事,显得更为重要。这是因为,独立董事本身在定义上就与公司、公司经理、公司大股东不存在人际网络上的联系,于是独立董事所掌握的或者能联系到的社会资源,与公司资源的交叠并不大。进而,独立董事给公司引入了冗余程度较低的资源,其价值更显重要。在社会经济学领域,大量概念强调了这种非冗余社会联系的重要性,比如"弱联系"(交流和接触少、联系较弱,但所传递信息更加重要的人际交往纽带)[56]、"结构洞"(指的是社会网络中个体之间存在的拥有互补资源或信息的空位)[57]、"社会桥"(社会网络中一个行动者关系丛与另一个行动者关系丛之间的联系)[58]。其中,社会桥的桥梁型拟态形象地将独立董事刻画为公司与外部世界相联系的桥梁。笔者对独立董事的社会桥功能进行了研究,不仅验证了公司通过独立董事这个社会桥可以获得更多外部资源,进而具有研发积极性,还发现社会桥功能的强弱与构成社会桥的独立董事群体的规模、非冗余构成和活动密度等指标显著相关。[59]

所以,独立董事具有三类作用:第一是来自公司治理的本质功能,可细分为监管经理功能和法人独立功能两项。独立董事承担这两项功能是独立董事制度设立的初衷,但是偏向于其中之一还是两者皆重,要以公司治理的制度定位为前提。第二是由于董事会整体可能需要承担的原生功能,而在决策制定和利益仲裁活动中发挥的作用。但是,这并不是独立董事的特长。第三是借由独立董事的社会桥结构,在吸纳外部信息、关系、声誉等资源中发挥的独特作用。

二、独立董事的特殊权利

独立董事的核心作用在于监管经理和屏蔽控制股东或其他大股东,而经理和控制股东是公司控制权的"天然"获得者。所以,要真实实现独立董事的价值,必须给予独立董事特殊的权力,以抗衡经理和控制股东的特权。实施独立董事制度的国家都会从立法的角度赋予独立董事特殊权利,我国的相关规章是证监会2001年发布的《关于在上市公司建立独立董事制度的指导意见》(以下称《指导意见》)。由于上市公司是公司制度现代化改造相对完全的公司,因而,非上市公司若需聘任独立董事,可以以下内容为依据,应用中可以作出适当调整。《指导意见》中规定,"为了充分发挥独立董事的作用,独立董事除应当具有公司法和其他相关法律、法规赋予董事的职权外,上市公司还应当赋予独立董事以下特别职权":

(1)重大关联交易认可权。重大关联交易应由独立董事认可后,提交董事会讨论;独立董事作出判断前,可以聘请中介机构出具独立财务顾问报告,作为其判断的依据。这里所称重大关联交易是指上市公司拟与关联人达成的总额高于 300 万元或高于上市公司最近经审计净资产值的 5% 的关联交易。显然，这是应对剥夺型公司治理而授予独立董事的特别权利，真正体现了独立董事是将公司与相关利益人隔离开的屏蔽装置。独立董事在这件事情上，要先于董事会整体，负责评估关联交易是否有侵害公司和其他股东的情况，切实保护全体股东，特别是中小股东。公司可以设置由独立董事组成的审计委员会掌握此项职责，或者在全体董事的简单多数表决原则下行使该权利。

（2）向董事会提议聘用或解聘会计师事务所。独立董事的价值首先在于其独立性，虽然独立董事具有专家能力十分重要，但也仅是第二位的要求。所以，在监管公司业务时，可以依赖会计师事务所等专门中介机构。为了保证这些中介机构所提供信息的准确和全面，中介机构的聘用或解聘的权利应该掌握在独立董事的手中。这项活动一般也由审计委员会负责。

（3）向董事会提请召开临时股东大会。我国《公司法》规定，三分之一以上的董事提议召开临时股东大会的，应当召开临时股东大会。而《指导意见》进一步赋予了独立董事更大的权利，全体独立董事中只要二分之一以上同意，就可提请召开临时股东大会。鉴于股东大会是公司的最高权力机关，独立董事在此项权利上的加强，就等于赋予了独立董事比内部人更高的制衡权，从而有利于减轻公司的内部人控制问题。

（4）提议召开董事会。董事会的权利效力来自董事会集体决策，独立董事在监管中发现了突发问题，一般也不可独自行动。所以，必须给予独立董事提议临时召集董事会的权利，这是发挥独立董事作用的基础。

（5）独立聘请外部审计机构和咨询机构。独立董事有权对公司的财务报表、分红方案和内控系统等进行全面监管，确保公司行为的合法性和合规性，并符合公司和全体股东的利益。要实现这一任务，独立董事必须有权独立地聘请审计、咨询等中介机构，实现监管的独立性和主动性。

（6）在股东大会召开前公开向股东征集投票权。投票权代理，是股东以委托书方式书面授权他人出席股东大会，并就该股东所持股份进行表决的制度。这种制度安排，可以促使中小股东将他们分散的股权集中起来，用以监督经理的行为、影响公司决策，也形成了对控制股东的制衡力量。但是，如果这些投票权被经理或控制股东获得了，则适得其反，成为经理或控制股东巩固其地位的"堑壕"手段。有鉴于此，让独立董事向股东征集投票权，可以一举两得。

《指导意见》规定，独立董事行使上述六项特殊权利时，应当取得全体独立董事的二分之一以上同意，如独立董事的提议未被采纳或上述权利不能正常行使时，上市公司应将有关情况予以披露。另外，如果上市公司董事会下设薪酬、审计、提名等委员会的，独立董事应当在委员会成员中占有二分之一以上的比例。

《指导意见》还规定，独立董事应当对上市公司重大事项发表独立意见，包括提名、任免董事；聘任或解聘高级管理人员；公司董事、高级管理人员的薪酬；上市公司的股东、实际控制人及其关联企业对上市公司现有或新发生的总额高于 300 万元或高于上市公司最近经审计净资产值的 5% 的借款或其他资金往来，以及公司是否采取有效措施回收欠款；独立董事认为可能损害中小股东权益的事项。

三、独立董事的激励机制

激励，往往会被狭义地理解为薪酬激励。然而，薪酬激励在独立董事制度中存在着两难悖论。首先，在独立董事的"独立性"的要求下，独立董事在个人收入上不能依赖于公司，不能被公司"收买"。于是，传统上的独立董事制度设计者一般要求公司不得向独立董事支付"车马费"以外的报酬。《指导意见》也将独立董事的收入定性为"津贴"。但问题是，如果不给独立董事薪酬激励，不实现激励相容，如何吸引优秀的董事？如何促使其努力工作？如何补偿其承受的风险？于是，所谓的独立董事激励的两难悖论出现了：一方面，如果没有相应的激励，独立董事难免成为"橡皮图章""花瓶董事"；另一方面，如果独立董事从公司获得了可观的报酬激励，又如何保住其独立身份？

为了解决这个两难问题，一些学者努力寻求独立与激励中的平衡点，设计所谓"最佳"的薪酬模式；另一些学者则力图设计多种"巧妙"的制度方案，比如，建议设立第三方的"独立董事协会"来承担独立董事的薪酬激励，或者直接由证监会来承担此职责。这样的理论探索仍在继续，但一直未达成共识。

案例 5-7 关于美国公司的独立董事制度的运行情况可以给我们以启示。但在阅读案例前，需要先了解独立董事制度中的"门当户对"原则，即一家公司聘请的独立董事，其能力、经历需要与公司经理大致相当，甚至更高，否则如何监管经理，甚至指导经理？举例来说，A 公司的某独立董事来自 B 公司，那么 B 公司就应该与 A 公司具有大致相当的市场地位，而且该独立董事在 B 公司也应从事经理级工作。在此逻辑下考察案例 5-7 所提供的数据：一家成熟公司的独立董事的年收入是 6 万美元，那么他在其主业单位的收入是多少呢？按照门当户对原则，应当是 1030 万美元的水平。这种情况下，如何激励这个独立董事？给他涨 10 倍工资，激励力度足够了吧！可是也仅仅是从 6 万变为 60 万，而他主业的收入是 1030 万！同样，案例中的成长公司，一样是如此数量级的比例关系。这个案例告诉我们，在独立董事制度的发源地，薪酬激励多少有点伪命题的含义，至少薪酬激励不是推动独立董事制度的主要动力机制。纠缠在薪酬激励问题上，可能会陷入自己给自己制造的两难悖论中。

案例 5-7

美国公司的董事会

表 5-8 显示了 2001 年《财富》杂志评出的美国 500 强中两类公司的董事会特征指标。其中,所谓成熟公司是排名前 20 强的公司,包括通用汽车、沃尔玛、IBM 等。所谓成长公司是这 500 强中发展最迅速的前 10 家公司。

表 5-8 美国大公司的董事会

指 标	成熟公司	成长公司
平均股票资本市值	1320 亿美元	40 亿美元
董事平均人数	14 人	7 人
董事会内部董事的比例	19%	36%
多元化(性别及种族)	中	低
董事平均年龄	60 岁	52 岁
董事平均任期	9 年	6 年
董事平均年收入	6 万美元	1 万美元
董事会委员会数量	5 个	1 个
董事来自同一行业的倾向	低	高
董事会会议频率	9 次/年	6.5 次/年
委员会会议频率	4 次/年	2.5 次/年
CEO 的平均年度现金报酬	1030 万美元	97 万美元
CEO 与董事长的关系	75% 相同	80% 相同
CEO 的平均年龄	59 岁	48 岁

资料来源:〔美〕小约翰·科利等:《公司治理》,刘江译,中国财政经济出版社 2004 年版。

事实上,关于独立董事的激励问题,早在 1983 年的经典研究中,法玛和詹森就直接指出,建立和维护独立董事的声誉,是独立董事制度的核心激励机制。[2] 大部分公司的独立董事都是其他公司的主要决策者或在其他组织扮演专家角色,这是他们的主业。主业中获得的薪酬,是其经济收入的主要来源。但是,由于信息不对称引发的逆向选择问题,这些经理、专家在其主业领域,面临着其人力资本不能被市场识别的难题。于是,根据信号传递机制的启示,他们需要一个信号来表明自己的价值,这个信号就是担任独立董事的声誉。首先,是否担任独立董事,担任何家公司的独立董事,就是一种信号。在一项关于独立董事的跳槽(辞去一家公司的独立董事一职,去另一家公司任职)的行为研究中发现,跳槽的动机主要是公司的知名度和任职风险等声誉因素,而不是薪酬收入和现实成本等经济因素,跳槽是为了获取更大的声誉激励,而不是更多的经济收益。[60]其次,独立董事任职后,声誉信号继续发挥作用,声誉是促进独立董事忠实、勤勉的重要动力。一项针对破产重组公司的研究发现,当破产重组发生后,不仅半数以上的董事失去了他们的职位,他们在其他公司获得董事合约的机会也大大减少。[61]可见,独立董事声誉的获得和维护在本质上是一种人力资本投资,投资的效果是产生一种信号,这个信号可以解决独立董事的人力资本定价的逆向选择问题,进而为其获得更多的在其主业领域的经济利益。[62]

当然,独立董事声誉激励机制发挥作用具有一定的前提:首先,必须有完善的经理人市场。一方面,经理和董事的人力资本价值是由市场机制决定的,而不是来自所谓上级部门之类的指定。另一方面,董事及其公司的行为可以被市场识别,并且该信息可以被市场较长时期记忆。其次,独立董事选聘的"门当户对"原则必须坚持。这其实提高了独立董事的任职条件,表面上只有那些较高社会地位和较强经济实力的人才能任职独立董事,而其内在逻辑是:"门当户对"后,独立董事才能抵御小恩小惠的诱惑,切实保持独立性。更重要的是,只有"门当户对"才能让声誉变成一种有效的信号,让独立董事用以在其主业领域获得更高的经济收益。现在,我国独立董事制度的实施情况与美国有很大的不同,我国的独立董事群体中占最大比例的是高校教授,而美国独立董事的主要来源是其他公司的高级经理。显然,美国的情况才符合"门当户对"原则,而中国的教授们却让声誉机制大打折扣。这也反过来使得独立董事的薪酬激励的两难悖论,在我国真正成为一个问题。这也说明,完善公司治理是一项系统工程,引进国外的制度安排,要全面考察该制度运行的机理,及其与相关制度子系统之间的联系。

当认同了独立董事的声誉激励的核心作用后,另一个问题是如何对独立董事的薪酬进行管理。首先,要认识到董事的薪酬计划是一种保健性因素而不是激励性因素,做好对董事的薪酬管理的作用是避免董事的不满情绪和随之而来的卸责行为。因此,独立董事定薪的一项原则是不能低于经理市场上对同行业、同地区、同规模公司独立董事的市场定价。其次,意图在市场标准之上增加独立董事的薪资,在"门当户对"原则下,不但不能起到激励作用,还会破坏经理人市场的市场规律,继而破坏原有的声誉机制的激励作用。[62]若未实行"门当户对"原则,经济刺激的作用就不是激励,而是"贿赂"。总之,严格遵照市场定价,就是独立董事薪酬管理的基本原则。

》讨论案例

国美夺权战

"国美夺权战"指的是 2010 年至 2011 年间,发生在国美电器控股有限公司的创始大股东黄光裕家族和以陈晓为代表的经理层之间的公司控制权之争。事件的主角之一黄光裕是国美创始人,于1987年创办国美电器,长期位列同行业企业榜首。2008年11月黄光裕因经济犯罪被调查,2010年5月一审被判有期徒刑14年,罚金6亿元,没收财产2亿元。现在黄光裕仍是国美电器最大股东。另一主角陈晓,于1996年创建永乐家电,一度位列同行业企业第三名,是国美主要竞争对手。2006年永乐被国美收购之后,陈晓任国美总裁。2008年11月黄光裕被调查后,兼任董事会主席。2011年3月陈晓辞职。

一、事件始末

(1) 第一阶段(2006年7月—2008年11月),黄光裕收购永乐电器,陈晓担任国美电器CEO。

2006年7月,国美电器宣布以52.68亿港元"股票+现金"的形式收购永乐(中国)电器90%股权。7月25日,我国香港联交所发布公告,国美电器(HK.0493)与中国永乐(HK.0503)正式启动合并。8月28日国美电器发布公告称,公司以8.11亿元人民币向总裁兼董事陈晓等购入永乐(中国)电器余下的10%股权。交易完成后,永乐(中国)电器成为国美电器的全资子公司。10月17日,香港联交所发布公告,国美电器并购中国永乐已得到超过90%的永乐股东接纳;永乐(中国)电器的香港上市公司地位由于被国美并购而被撤销。在两公司组建的新公司中,黄光裕持有新公司51%的股份,陈晓通过合并公司和管理层持有12.5%的股份,摩根士丹利持有2.4%左右。2006年11月22日,新国美集团正式成立,黄光裕担任董事会主席,陈晓则担任CEO。经过短短两三年的发展,国美拥有了1200家门店,占据了18%的市场份额,而排在行业第2位的苏宁拥有650家门店,只及国美门店数的一半。

(2) 第二阶段(2008年11月—2010年5月11日),黄光裕入狱,由陈晓任董事局主席,同时引入贝恩资本。

2008年11月17日晚,黄光裕因涉嫌经济犯罪被警方带走。随后,陈晓出任代理董事局主席,2009年1月18日,黄光裕正式辞职,陈晓出任董事局主席,并初步完成了权力过渡。黄光裕入狱以后,国美电器的股价一路直跌,资金缺口巨大。为解决国美电器的资金问题,2009年6月22日,国美电器召开董事会,全票通过了贝恩资本注资国美电器的方案:贝恩资本向国美电器注入资本15.9亿元购买其发行的于2016年到期的可转换公司债券。但国美电器同时与贝恩资本签订了黄光裕认为"极为苛刻"的绑定条款和索赔条款:委任贝恩资本的3名人选担任非执行董事;同时,如果现任董事会中陈晓、王俊洲、魏秋立3个执行董事中两个被免职,属国美电器违约;如果国美电器违约,贝恩资本有权要求国美电器以1.5倍的代价即约24亿元回购债权。

大股东(黄光裕)认为,融资条件未能第一时间通知大股东,贝恩资本要求董事席位过多且与管理层捆绑,已经超出了财务投资者对投资安全的需求,有明显控制公司的意图。为表达对管理层不满,在 2010 年 5 月 11 日国美电器股东周年大会上,黄光裕夫妇连投 5 票否决票,其中包括否决董事会任命贝恩资本竺稼等 3 人为非执行董事。而管理层认为,贝恩资本要求更多的董事席位来确保其投资利益是一个相对合理的条件,且融资决策在董事会的职权范围内,无须第一时间通知大股东。随后国美电器紧急召开董事会会议否决了股东大会的决议,宣布委任竺稼先生、Ian Andrew Reynolds 先生、王励弘女士为非执行董事。

(3)第三阶段(2010 年 5 月 11 日—2010 年 9 月 28 日),双方围绕股权和董事会的控制权进行一系列的较量。

2010 年 5 月之后,大股东和管理层通过公开信的方式展开论战。2010 年 8 月 4 日,黄光裕致函董事会。在信函中,黄光裕提出 5 项动议:撤销公司 2010 年股东周年大会通过的一般授权;撤销陈晓公司执行董事及董事局主席职务;撤销孙一丁公司执行董事的职务,但保留他为公司行政副总裁职务;提名邹晓春为公司执行董事;提名黄燕虹为公司执行董事。对于黄光裕 8 月 4 日的信函,国美电器管理层作出了反击,8 月 5 日国美电器起诉黄光裕要求其为违规行为赔偿。8 月 17 日,国美电器的大股东 Shinning Crown Holdings Inc. 发布了《致国美全体员工的公开信》,对陈晓进行了公开谴责。8 月 19 日,国美电器董事局也发布了《致国美全体员工的公开信》,对大股东的批评进行了逐一反驳。

8 月 23 日,国美电器在香港联交所发布通告,宣布将于 2010 年 9 月 28 日在香港召开股东特别大会,并提出届时将就 8 项提议进行表决:(1)撤销公司 2010 年股东周年大会通过的配发、发行及买卖本公司股份之一般授权;(2)撤销陈晓的公司执行董事及董事局主席职务;(3)撤销孙一丁的公司执行董事的职务,但保留他为公司行政副总裁职务;(4)委任邹晓春为本公司执行董事;(5)委任黄燕虹为本公司执行董事;(6)重选竺稼先生为本公司非执行董事;(7)重选 Ian Andrew Reynolds 先生为本公司非执行董事;(8)重选王励弘女士为本公司非执行董事。于是,控制权的争夺双方开始为 9 月 28 日的股东特别大会作准备,双方都在努力加大自己的筹码。

9 月 28 日,国美电器特别股东大会如期召开,在大会上就 8 项议案进行了一一表决,黄光裕提出的五项决议案除撤销一般授权外,其他四项都被否决。

(4)第四阶段(2010 年 9 月 28 日至今),陈晓出局,国美电器进入大股东(黄光裕)与贝恩资本共同执掌的时代。

在 2010 年 9 月 28 日的股东大会上,黄光裕未能如愿。但是,大股东并没有完全失去对董事会的影响力。2010年11月10日,国美电器公告表示,国美电器已经与黄光裕的控股公司Shinning Crown订立了具有法律约束力的谅解备忘录。根据备忘录,双方约定将许可的董事会最高人数从11人增加到13人。新增加的两名董事人选均是大股东方面的提议人员,其中邹晓春被任命为执行董事,黄燕虹(黄光裕胞妹)被任命为非执行董事。

2011年3月10日,国美电器发布公告称,陈晓辞去国美董事会主席、执行董事、执行委员会成员兼主席及授权代表职务。公告还称,国美董事会宣布委任张大中先生为国美电器非执行董事及董事会主席。

至此,黄光裕在2010年9月28日股东大会上提出的5项提案基本实现。在国美电器大股东与管理层之间的控制权之争基本结束之后,创始股东、跨国资本乃至管理层和离职者,每个角色都找到了自己新的位置。

二、旁观者说

"国美夺权战"的另一精彩之处是各方人士的评判。从发展公司治理理论的角度看,这些观点的价值甚至超过事件本身。以下观点摘录于主流网络媒体,发言人均为有一定学术和社会地位的公众人物。但由于经媒体转述,以下内容不一定是其原话。为表示尊重,隐去发言人名字。

(1) 袁×:国美之争的榜样意义

这次的争执中双方各自公开提出了自己的理由与主张,还要以不断调整的策略来拉票,因此这次小股东们的选择成了最后双方取胜的关键。以往大股东只需要表达自己的意志,这次他们需要不断调整自己的立场,甚至需要争取围观公众与媒体的同情票。设想,如果没有黄光裕的"进去",下面人发表异议的机会都没有;如果没有当局政策的调整,在"里面"的人能够指挥并运筹帷幄这样一场复杂的博弈也是不可能的;而如果不是因缘际会,陈晓也不大可能策动这样一场大的对抗战。如果没有以上这些因素,不可能在众目睽睽之下了结此事。股权、投资者、高管、家族;权利、权力、规则、策略;放话、发狠、调人、纵横;离场、出山、回战、交锋——黄陈之战的精彩非一部好莱坞大片所能尽然表现。

(2) 王×:现代企业制度要先保护小股东

或许有人会问:难道百分之零点零零零几的小不点股东的利益会比黄总百分之三十几的利益更重要吗?是的,保护小股东和少数者是整个现代企业制度和资本市场——甚至也是整个文明社会——的基石。现代企业制度和资本市场的出发点不是为了成全企业和创始人"关门打狗",而是为了推动企业和创始人"开门迎客"。如果我们不能有效地尊重和保护小股东,最终的结果一定是大股东的权力滥用。这是因为:对小股东好的事,对大股东至少不会更坏,因为大股东一定可以确保自己获得同小股东同样的权益;但是反过来却不一定。或许还有人会问,一家公司如果连大股东的利益都保证不了,它又如何保护小股东?

(3) 谢××:所有者控制才是公司治理核心

有很多人,现代公司制度常挂嘴边,但是对现代公司制度的核心并没真正领会。作为职业经理人,要尊重股东利益,服从股东意志;要承担信托责任,受人之托,忠人之事。股东利益至上是公司治理的根本原则。股东利益至上,全部利益相关者的利益才有最终保障。当然,大股东是股东,小股东也是股东,股东之间利益不一致怎么办?这就要求一股一票,而不是一人一票。资本市场提供了协调他们之间利益的机制,用脚投票,不行开脚走之。

(4) 刘×:黄光裕事件是中国公司治理的失败

黄光裕没有证明他管理了国美能如何保护中小股东利益。目前国美有一些非上市店面,这是一个很让人费解的情况,这些非上市的店面可能存在着关联交易。不理解为什么有那么多人同情黄光裕。个人不看好国美前途。黄光裕事件是中国公司治理的失败。居然有人认为犯罪的人可以对股东负责,这着实令人费解。如果黄光裕是一个对大家负责的人,那么像他这么精明的人,绝对不会因为失误而被判 14 年,黄光裕入狱很大程度上是故意犯错。这样的人,怎么值得中小股东信赖?从另一个角度来讲,一个上市公司的大股东只信任自己的家人,看看黄光裕在关键时刻总是把自己的家人派出来为其代言,这是极其悲哀的。

(5) 王××:陈晓十宗罪

黄光裕进了监狱,但是罪罚否定不了黄光裕是国美老板这个事实。陈晓要挑战的是中国自古以来的基本伦理和基本商业秩序。在日本社会,背叛老板的陈晓,是要被唾弃的,是没有立足之地的。陈晓十宗罪之三:野心无所不用其极。引入贝恩资本时,陈没有知会黄,并进行了绑定:贝恩资本的董事人选中的两个被免职就将以 1.5 倍的代价回购 24 亿元赎回可转债。还规定,陈晓如果离职,只要出现 1 亿元的不良贷款,贝恩即可获得 24 亿元。陈晓十宗罪之五:低俗、庸俗、媚俗。趁火打劫,是为低俗;明义暗利,是为庸俗;引狼入室,是为媚俗。

(6) 鲁×:家族企业面临的公司治理问题

家族企业向现代企业转型需要的基本外部条件之一是健全的法制环境,特别是对私有产权的有效保护。西方商业史上关于创业股东与职业经理人的博弈并不鲜见。在"个人财产神圣不可侵犯"的理念下,美国法律界已经形成了一种惯例,即在合同条款如公司章程和协议的设计中,体现对创始股东的保护条款,创业股东的股权不管被稀释到什么程度,都要占据董事会,或由其提名的人占据董事会的多数席位。在另一方面,从现实经验看,发达国家普遍股权相对分散,而落后国家普遍股权高度集中,其背后的原因是发达国家的公司法制健全和公司治理良好,使公司能够有效地通过股权分散来实现资本的积聚和企业的扩张。

资料来源:祝继高、王春飞:《大股东能有效控制管理层吗?——基于国美电器控制权争夺的案例研究》,载《管理世界》2002 年第 4 期,第 138—152 页;新浪财经、搜狐财经频道相关报告。

➡ **讨论以下问题:**

1. 请预测国美在 2011 年后的控制权变动趋势。随后,查阅相关资料,查核自己的预判。
2. 对于以上各方人士的评论,你赞同谁? 反对谁?
3. 你对国美夺权战的完整观点是什么?

≫ 讨论问题

(1) 请应用董事会功能定位模型,对引导案例中的央企董事会后期"少用外人"策略和"专职化"策略的动因和有效性作出判断。

(2) 如果取消监事会,中国公司治理体系中会留下什么缺口?

(3) 董事会制度建设中,如何依据功能维度的不同定位,确定其他维度各变量的设计原则?

(4) 在中国的法律体系下,如何监管董事勤勉义务的履行情况?

(5) 中国推行独立董事制度,尚需加强的配套制度建设有什么?

≫ 参考文献

[1] Fama, E. Agency Problems and the Theory of the Firm[J]. *Journal of Political Economy*, 1980, 88: 288—307.

[2] Fama, E. and M. C. Jensen. Separate of Ownership and Control[J]. *Journal of Law and Economics*, 1983, 26: 301—325.

[3] 李维安,武立东. 公司治理教程[M]. 上海人民出版社, 2002.

[4] 邓峰. 董事会制度的起源、演进与中国的学习[J]. 中国社会科学, 2011, (1): 166—176.

[5] 宁向东. 公司治理理论(第 2 版)[M]. 中国发展出版社, 2006.

[6] Hilmer, F. G. The Functions of the Board: A Performance-Based View[J]. *Corporate Governance: An International Review*, 1994, 2(3): 170—179.

[7] Monks, R. and N. Minow. *Corporate Governance*, Third Edition[M]. Blackwell, Oxford, 2004.

[8] 李维安, 牛建波, 宋笑扬. 董事会治理研究的理论根源及研究脉络评析[J]. 南开管理评论, 2009, (1): 130—145.

[9] Hart O. Corporate Governance: Some Theory and Implication[J]. *Economic Journal*, 1995, 105: 678—689.

[10] 于东智. 董事会与公司治理[M]. 清华大学出版社, 2004.

[11] [美]奥利弗·E·威廉森. 治理机制[M]. 王健、方世建等译, 中国社会科学出版社, 2001.

[12] 张维迎. 产权、激励与公司治理[M]. 经济科学出版社, 2005.

[13] 华锦阳. 论公司治理的功能体系及对我国上市公司的实证分析[J]. 管理世界, 2003, (1): 127—132.

[14] 吴炯. 现代公司制度的内涵延伸及治理：一个分析框架[J]. 改革, 2006, (11): 86—91.

[15] 吴炯. 从公司治理起源看其制度治理内涵[J]. 经济管理, 2007, (19): 86—88.

[16] 吴炯. 董事会的功能范畴与功能定位——一个动态匹配框架及来自中国的经验证据[J]. 经济经纬, 2012, (3): 100—105.

[17] 国际金融公司, 深圳证券交易所. 有效董事会——董事手册[R]. 2012.

[18] [美]斯蒂芬·P·罗宾斯. 组织行为学(第10版)[M]. 孙健敏等译, 中国人民大学出版社, 2005.

[19] 黄善东, 杨淑娥. 公司治理与财务困境预测[J]. 预测, 2007, (2): 63—67.

[20] 唐建新, 李永华, 卢剑龙. 股权结构、董事会特征与大股东掏空——来自民营上市公司的经验证据[J]. 经济评论, 2013, (1): 86—95.

[21] 朱红军, 汪辉. "股权制衡"可以改善公司治理吗？——宏智科技股份有限公司控制权之争的案例研究[J]. 管理世界, 2004, (10): 114—123.

[22] 祝继高, 王春飞. 大股东能有效控制管理层吗？——基于国美电器控制权争夺的案例研究[J]. 管理世界, 2012, (4): 138—152.

[23] Donaldson, L. and J. Davis. Stewardship Theory or Agency Theory: CEO Governance and Shareholder Returns[J]. *Australian Journal of Management*, 1991, 16: 49—64.

[24] Pfeffer, J. and G. R. Salancik. *The External Control of Organizations: A Resource Dependence Perspective*[M]. Harper and Row Publishers, New York, 1978.

[25] 段海艳, 仲伟周. 网络视角下中国企业连锁董事成因分析——基于上海、广东两地314家上市公司的经验研究[J]. 会计研究, 2008, (11): 69—75.

[26] Schoorman, F. D, M. H. Bazerman and R. S. Atkin. Interlocking Directorates: A Strategy for Reducing Environmental Uncertainty[J]. *Academy of Management Review*, 1981, 6, (2): 243—251.

[27] Wincent, J, A. Sergey, etc. Does Network Board Capital Matter? A Study of Innovative Performance in Strategic SME Networks[J]. *Journal of Business Research*, 2010, 63 (3): 265—275.

[28] Fich, E. M. and L. J. White. Why Do CEOs Reciprocally Sit on Each Other's Boards?

[J]. Journal of Corporate Finance, 2005, 11 (1/2): 175—195.

[29] Faccio, M., R. W. Masulis, and J. J. Mcconnell. Political Connections and Corporate Bailouts[J]. The Journal of Finance, 2006, 61 (6): 2597—2635.

[30] Claessensa, S., E. Feijend and L. Laeven. Political Connections and Preferential Access to Finance: The Role of Campaign Contributions[J]. Journal of Financial Economics, 2008, 88 (3): 554—580.

[31] 邓建平, 曾勇. 金融关联能否缓解民营企业的融资约束[J]. 金融研究, 2011, (8): 78—92.

[32] Hambrick, D. C. and P. A. Mason. Upper Echelons: The Organization as a Reflection of Its Top Managers[J]. Academy of Management Review, 1984, 9 (2): 193—206.

[33] 谢志华, 张庆龙, 袁蓉丽. 董事会结构与决策效率[J]. 会计研究, 2011, (1): 31—37.

[34] 高雷, 罗洋, 张杰. 独立董事制度特征与公司绩效——基于中国上市公司的实证研究[J]. 经济与管理研究, 2007, (3): 60—66.

[35] Richard, O. C. and R. M. Shelor. Linking Top Management Team Age Heterogeneity to Firm Performance: Juxtaposing Two Mid-range Theories[J]. The International Journal of Human Resource Management, 2002, 13 (6): 95—97.

[36] 袁萍, 刘士余, 高峰. 关于中国上市公司董事会、监事会与公司业绩的研究[J]. 金融研究, 2006, (6): 23—32.

[37] 赵昌文, 唐英凯, 周静, 邹晖. 家族企业独立董事与企业价值——对中国上市公司独立董事制度合理性的检验[J]. 管理世界, 2008, (8): 119—126.

[38] 魏刚, 肖泽忠, Nick Travlos, 邹宏. 独立董事背景与公司经营绩效[J]. 经济研究, 2007, (3): 92—105.

[39] Vafeas, N. Length of Board Tenure and Outside Director Independence[J]. Journal of Business Finance and Accounting, 2003, 30 (7/8): 1043—1065.

[40] Defond, M. L., R. N. Hann and X. Hu. Does the Market Value Financial Expertise on Audit Committees of Boards of Directors[J]. Journal of Accounting Research, 2005, 43 (2): 153—193.

[41] Morck, R., A. Shleifer and R. Vishny. Management Ownership and Market Valuation: An Empirical Analysis[J]. Journal of Financial Economics, 1998, 20: 293—315.

[42] Lipton, M. and J. A. Lorsch. Modest Proposal for Improved Corporate Governance [J]. Business Lawyer, 1992, 48 (1): 59—77.

[43] Jensen, M. The Modern Industrial Revolution, Exit and the Failure of Internal Control Systems[J]. Journal of Finance, 1993, 48 (5): 831—880.

[44] Loderer, C. U. Peyer. Board Overlap, Seat Accumulation and Share Prices[J]. European Financial Management, 2002, 8 (10): 165—192.

[45] Johnson, J., C. Daily and A. Ellstrand. Boards of Directors: A Review and Research Agenda[J]. Journal of Management, 1996, 22 (3): 409—438.

[46] 牛建波,刘绪光. 董事会委员会有效性与治理溢价——基于中国上市公司的经验研究[J]. 证券市场导报,2008,(1):64—72.

[47] 郝红. 董事忠实义务研究[J]. 政法论丛,2005,(1):57—64.

[48] 任自力. 公司董事的勤勉义务标准研究[J]. 中国法学,2008,(6):83—91.

[49] 上海证券交易所研究中心. 中国公司治理报告(2004年):董事会独立性与有效性[M]. 复旦大学出版社,2004.

[50] Brick, I. V., O. Palmon and J. K. Wald. CEO Compensation, Director Compensation, and Firm Performance: Evidence of Cronyism? [J]. Journal of Corporate Finance, 2006, 12, (3): 403—423.

[51] Adams, R. B. and D. Ferreira. Do Directors Perform for Pay? [J]. Journal of Accounting and Economics, 2008, 46 (1): 154—171.

[52] Gneezy, U. and A. Rustichini. Pay Enough or Don't Pay at All [J]. Quarterly Journal of Economics, 2000, 115 (3): 791—810.

[53] 徐向艺. 公司治理制度安排与组织设计[M]. 经济科学出版社,2006.

[54] 李维安,牛建波等. CEO公司治理[M]. 北京大学出版社,2011.

[55] 费孝通. 乡土中国[M]. 江苏文艺出版社,2007.

[56] Granovetter, M. S. The Strength of Weak Ties [J]. American Journal of Sociology, 1973, 78 (6): 1360—1380.

[57] 〔美〕罗纳德·伯特. 结构洞:竞争的结构[M]. 任敏等译,格致出版社,上海人民出版社,2008.

[58] 林南. 社会资本:关于社会结构与行动理论[M]. 上海人民出版社,2004.

[59] 吴炯. 独立董事、资源支持与企业边界连结:由上市家族公司生发[J]. 改革,2012,(7):138—145.

[60] 周繁,谭劲松,简宇寅. 声誉激励还是经济激励——独立董事"跳槽"的实证研究[J]. 中国会计评论,2008,(2):177—192.

[61] Gilson, S. C. Bankruptcy, Boards, Banks, and Blockholders: Evidence on Changes in Corporate Ownership and Control When Firms Default [J]. Journal of Financial Economics, 1990, 27 (2): 355—387.

[62] 吴炯,胡培,耿剑锋. 人力资本定价的逆向选择问题研究[J]. 中国工业经济,2002,(4):74—82.

第6章　公司治理的环境基础

▶▶ 章首语

本章将公司治理的外部环境分为三类：一是市场环境，涉及资本市场、信贷市场、产品市场和经理市场；二是监管环境，涵盖法律规范、政府管制、舆论监督三个领域；三是服务环境，主要介绍信息中介和金融中介。它们交互影响、互为条件，共同成为公司制度运行的约束条件。

本章所阐述的重要理念是，公司制度是社会文明的产物，是社会经济文化协同发展的内生物。

▶▶ 引导案例

为何来到中国就不安分？

2013年跨向2014年的短短两个月内，世界第一大零售企业沃尔玛在中国门店事端不断。

【济南狐狸肉事件】2013年11月28日，一位王姓市民在泉城路沃尔玛超市购买了五香驴肉。食用后觉得口感不好，怀疑产品存在质量问题。12月4日左右，将肉品送到山东省出入境检验检疫局进行检测。检测结果显示，送检肉品中未检测出驴肉成分，却检测出了狐狸肉。2014年1月2日，沃尔玛宣布召回其在中国一些门店销售的驴肉产品，并对购买了涉嫌造假产品的顾客予以合理补偿。1月6日，山东省食品药品监督管理局行政约谈了沃尔玛中国区高层。

【海外反贪调查】2013年12月5日路透社报道，沃尔玛卷入美国政府的海外反贪调查事件中，涉及30多名高级管理人员。美国司法部正在调查沃尔玛是否在墨西哥贿赂官员以获取在当地开设新店的许可，以及该公司的高管是否掩盖了一次有关支付贿赂的内部调查。值得关注的是，美国司法部还在调查沃尔玛在巴西、中国和印度可能涉及的贿赂行为。事实上，此前，沃尔玛中国方面对记者证实，就其内部有关贿赂外国官员的调查已经从墨西哥扩展到了中国。

【特批潜规则】2014年1月23日，中央电视台焦点访谈栏目报道，沃尔玛存在特批入场的潜规则。即一些没有生产许可证、没有检验报告、没有食品流通许可证等不符合入场销售条件的商品，通过沃尔玛管理方的自行特批，堂而皇之进入市场销售。而沃尔玛公司的内部资料显示，沃尔玛全国几百家门店近几年因违规销售不合格产品被相关部门查处的情况并不少见,其中包括销售假冒飞天茅台等名牌产品。以 2011 年为例,沃尔玛因此受到相关部门的经济处罚达 250 多万元。知情人称,政府的报告显示行政处罚是对沃尔玛罚款,但沃尔玛并不会出这笔钱,而是让供应商来出。

【还有哪些公司上了头条】《朗讯涉嫌在华行贿,资助中国官员旅行 314 次》《四跨国 IT 巨头卷入建设银行原行长张恩照受贿案:IBM、日立、思科、NCR》《辉瑞自曝行贿,中国成跨国公司行贿"重灾区"》《西门子三家子公司在华行贿,涉 10 亿美元地铁项目》《UT 斯达康行贿中国电信官员,被罚 300 万美元》《强生花 7000 万美元和解受贿指控》《美药企礼来中国行贿细节:胰岛素献金一年 3 千万》《雅芳在中国陷"贿赂门",董事长曾试图掩盖行贿调查》《大摩前高管:我不是行贿,我只是入乡随俗》

资料来源:根据相关新闻报道整理。

《大摩前高管:我不是行贿,我只是入乡随俗》点出了设计这篇案例的初衷。正如此前章节一直强调的,如果没有相应的公司治理系统去填补漏洞,公司制度是一个有缺陷的制度。但是,仅依靠公司的内部治理制度去填补漏洞是远远不够的。以上案例中的这些来自西方市场经济体制下的跨国公司的内部治理制度应该不会不"规范"和"先进",但为什么来到中国就不安分了呢?摩根斯坦利的那位高管点出了问题的根本,中国的外部治理系统存在重大问题,也就是他说的那个"入乡随俗"中的"俗"还不足以支撑现代公司制度的良性运转。

本章讨论公司制度的外部治理系统。一方面,要掌握从哪些方面推进社会文明发展,才能保证现代公司制度的健康运行。另一方面,更要清楚在具体的外部环境条件下,公司如何有针对性地作出制度设计,才能与环境系统相协调,避免案例公司的"规范"和"先进"的公司制度的水土不服现象。注意,这里"规范""先进"都打上了引号,是因为恰恰没有什么"规范"和"先进"的公司制度。

6.1 市场环境系统

在所有的治理环境因素中,市场环境系统对公司治理的影响最深刻、最复杂。市场,从表面看,可以定义为一些资源的交易场所,也可以指向交易活动本身。比如,说起股票市场,可能指的是股票交易场所,更常指的是股票交易本身。而说起中国股票市场,人们又常常加之以"不完善"的认定。这个"不完善"更多的是指向中国股票市场的市场机制不完善。所以,市场这个概念的核心是市场机制。市场是否存在、是否完善的判断标准在于市场机制的构建情况。因此,市场是市机制的实现过程或场所。而市场机制指的是通过市场竞争来配置资源的机制,它通过市场价格的波动、市场主体对利益的追求、市场供求的变化,通过自由竞争与自由交换来实现资源的优化配置。以下所讨论的各种公司外部市场,如果说存在所谓的外部治理机制的话,其本质可以归为市场机制。不过不同的市场类型,其市场机制会从不同侧面对公司制度运行施以不同治理作用。

6.1.1 资本市场及其治理机制

一、资本市场的结构与治理机制

公司生存和发展自然少不了"钱",金融市场的发展状况自然就是公司运行的重要外部环境因素,也构成了外部治理力量的重要来源。金融市场是一个极其庞杂的系统,本书重点关注金融市场的两方面影响:其一是信贷市场对公司的影响,这其实是关注商业银行作为资金提供人在公司治理中的参与问题。其二是资本市场对公司治理的影响,在有的文献中不用"资本市场"一词,而称为"证券市场"。到底是资本市场还是证券市场?以下小贴士 6-1 说明了金融市场的结构组成,从中可以了解资本市场或证券市场的概念边界。

小贴士 6-1

金融市场的构成

金融市场是指资金供应者和资金需求者双方通过信用工具进行交易而融通资金的市场。从市场机制的角度定义,金融市场是交易金融资产并确定金融资产价格的一种机制。金融市场为公司的设立和运行提供了资金支持,是公司的资金市场。金融市场按照融资交易期限可以划分为短期资金市场和长期资金市场。前者又称为货币市场,是一年以下的短期资金的融通市场,如同业拆借、票据贴现、短期债券及可转让存单的买卖。后者可称为资本市场,主要供应一年以上的中长期资金,包括中长期信贷市场和证券市场。中长期信贷市场是金融机构与工商企业之间的贷款市场,证券市场是通过证券的发行与交易进行融资的市场,包括债券市场、股票市场、基金市场、保险市场、融资租赁市场等。所以,股票市场包含在资本市场的概念范畴内。股票市场又可分为股票发行市场和股票交易市场两部分,前者又称一级市场,后者是二级市场或流通市场。而二级市场又可分为证券交易所市场和场外交易市场。人们常常所说的股票市场一般指的是证券交易所市场,是交易上市公司股票的市场。场外交易市场的主要交易对象则是未在交易所上市的股票。

公司治理系统中，资本市场是重要的组成部分。但是在不同的文献中，资本市场的概念并不统一。最宽的一类界定，是将资本市场与整个金融市场等同，这其中就包括货币市场。由于货币市场并非公司运营资金的基本来源，并且毕竟融资时间很短，所以，学术界未见专门讨论货币市场的公司治理作用的文献，基本可以认定其作用微不足道。

另一些较常见的文献中关于资本市场的界定比较准确，即指的就是小贴士6-1中所定义的中长期资金的融通市场。这里又包含两大类分支：一是以商业银行为市场主体的中长期信贷市场，二是由股票市场和债券市场为主组成的证券市场。前者进行的是间接融资，体现为银行作为企业与投资人之间的间接桥梁的存在，后者则是直接融资。总体而言，资本市场起着沟通资金提供者和企业间的信息，在企业间配置资金的作用，同时决定着资金提供者对企业进行监督的方式与企业风险及经营成果的分配方式。[1]其中，信贷市场以及债券市场不同于股票市场的特点是，债务存在一个还本付息的概念。这对于公司而言是一个强大的硬约束，如资不抵债，公司就面临破产的危险。这是治理力量中最强大的手段。当然，这种硬约束的治理也相对简单，体现为债权人对公司的要求的简单——只要能还本付息，不在意公司能否"锦上添花"，一般也不会在意公司是否有长远发展后劲。所以，基于债券市场的治理机制虽然强大，却不是学者们关心的重点。然而，信贷市场与债券市场存在差异，所承担的风险要大许多。一般来说，一家公司的借贷银行不会太多，即一对一地来看，银行对公司的资金输送量会较大，且银行与公司间往往会形成较长期的合作。于是，银行就比一般债权人有更大积极性不间断地监督公司财务质量甚至经营细节。换言之，银行是具有治理公司的动力和能力的。所以，无论是研究层面还是实践层面，银行是否应该参与公司治理，以及如何参与公司治理是一项重要课题。因此，我们将在下一节专门讨论借贷市场的治理问题。

此外，很多公司治理文献在讨论资本市场的时候，其实指向的是证券市场。证券市场主要包括债券市场和股票市场。正如刚刚所说，单独来看债券市场的治理力量虽然强大但是简单，所以学界对此兴趣不大。导致这一现象的另一层原因是，长期以来公司的运行原则被人为地设定为股东利益最大化。然而，股东和债权人之间是存在利益矛盾的，主要是两者对待风险的态度是不一样的。债权人希望公司选择风险小的项目，只要公司能还本付息即可。而股东却更渴望高风险高回报，因为在有限责任制度下股东的风险被限定了，但是回报在扣去了债权人的固定部分之后却由股东自己独享。面对这一矛盾，债权和股权的匹配成为一项重要的公司治理课题，涉及资本结构的优化。事实上，关于公司治理理论构建阶段的标志性起点，早在1976年，詹森和麦克林在《企业理论：经理行为、代理成本与所有权结构》中就讨论了这一问题。[2]

此外,很多研究资本市场或证券市场的文献其实专指的是股票市场,特别是上市公司的股票二级交易市场。具体而言,股票市场还包括一级股票发行市场和二级股票交易市场。而公司治理一方面要根据公司条件选择相应治理制度安排,另一方面要在信息披露制度、程序保障制度等方面尽到合规职责和自治职责。后者是一级股票发行市场的主要治理功能。一家公司的上市发行会经历改制阶段、辅导阶段、申报阶段和股票发行及上市阶段。公司股票能否在一级市场发行并被合理定价,所取决的一个关键因素是公司的制度安排是否合规。实证研究发现,经历过一级市场治理的公司,即所谓 IPO 直接上市公司,比通过二级市场买卖上市的公司,明显有更好的公司表现。[3]在二级股票交易市场方面,人们一般仅关注交易所市场的情况,即上市公司的股票市场。因为场外市场还不发达,市场机制的竞争性特质还不成熟。

公司治理研究有一个传统,即特别关注上市公司的公司治理。消极地看大概源于学者的"懒惰",因为上市公司的数据最公开、最易获得。积极地看则是因为上市公司是公司制度的典范,是科学研究的"理想坐标"。所以,大量的有关资本市场或证券市场的公司治理研究专指上市公司的股票二级交易市场。一般来说,股票市场的公司治理机制体现在两方面:第一是股票市场的反映机制。它指的是一个有效率的股票市场可以准确地用股价反映公司的经营情况,表示公司的价值。该机制有利于股东判断公司的经营状况,降低监管公司的信息成本。第二是股票市场的纠正机制。它指的是如果股票市场具有足够的流动性,则公司的控制权就会由效率低的所有者转向估价比较高的收购者。[4]这就是通过变更股东,继而变更经营者的方式,对公司行为的彻底扭转。这一机制,又可称为接管机制。在接管机制下,股票市场又可以称为控制权市场,即配置控制权的市场。针对英美等上市公司股票市场发达的国家,《新帕尔格雷夫货币与金融大词典》的"公司治理"条目下写道,接管被看作是过去 25 年英美公司治理的有效的、简单的和一般的方法,它的本质是使经营者忠于职守。[5]资本市场与资本市场机制如图 6-1 所示。

二、股票市场的效率

股票市场的反映机制和纠正机制可以成为治理公司的重要手段,但是前提是这个股票市场是有效率的或者基本有效率的。那么,什么是有效率的?如何测定股票市场的效率?实证测定后,现实中的股票市场是有效率的吗?需要说明的是,在许多文献中人们用的是"资本市场效率"一词,实际仅指上市公司股票交易市场的效率。[6]本书不刻意区分股票市场和资本市场。

对于股票市场效率的研究,突出贡献者当首推 2013 年的诺贝尔经济学奖得主尤金·法玛。法玛于 1965 年正式提出了资本市场效率研究的有效市场假说

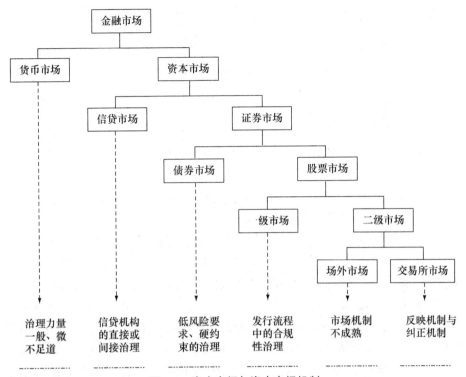

图 6-1 资本市场与资本市场机制

（Efficient Market Hypothesis，EMH），并随后在 1970 年和 1991 年的两篇文献中进行了重要完善。[7][8][9] 有效市场假说认为资本市场效率取决于股票价格对市场信息的吸收程度。所谓的有效，体现在当股票投资者得到公司价值的有关信息后立即行动，并且所有的投资者都如此行动，则市场上的股票价格将正确反映所有这些与公司价值有关的信息。也就是说，如果市场是有效的，则企业的真实价值层面和市场价值层面就具有即时的、同步的变化关系。[4] 有效市场假说理论是衡量市场信息分布、信息传递速度、交易的透明度和规范程度的重要标志，反映了市场调节和分配资本的效率，是判断资本市场资源配置效率的一种可行的途径。[10]

当然，现实世界不可能都是理想化的，法玛把有效的资本市场分为弱式有效、半强式有效和强式有效三种。所谓弱式有效，是指股票价格已充分反映出所有历史的股票价格信息，包括股票的成交价、成交量，卖空金额、融资金额等。这时使用历史价格的技术分析无助于发现价值被低估的股票。所谓半强式有效，是指股票价格不仅反映了历史价格所包含的信息，而且反映了所有其他公开的信息，包括盈利情况、管理状况及其他公开披露的财务信息等。这时在市场中利用技术分析和基本分析都失去作用，但内幕消息有可能获得超额利润。

所谓强式有效,是指股票价格反映了所有公开信息和内幕信息,任何人都不可能持续地发现价值被低估的股票。

　　法玛对股票市场有效性的全面界定,推动了市场有效性测定方法的开发。自法玛以后,各种方法被发展出来,包括各种随机游走检验方法、混沌相关维度检验方法、时间分析法,等等。这些方法的应用细节本书不拟介绍,关键问题是,实证测定的结果是否表明股票市场是有效率的? 研究表明,美国的纽约证券市场至少是一个半强式有效的市场,甚至它还能通过一些强式效率的检验。英国的伦敦证券市场则是一个弱式有效的市场。[4] 而对于中国的情况,研究分歧较大。

　　鉴于三种市场有效形式是递进的关系,后一种市场有效形式都包含了前一种的内容,所以目前有关中国股票市场的研究主要还在弱式有效性问题上争辩不休。在较早的研究中,有文献认为深圳股市已经达到弱式效率,而上海股市1993 年以前不能通过弱式效率检验,1993 以后则可以认为已达到了弱式效率。[11] 随后的一项研究加大了对市场有效性的动态演进过程的重视,检验结果认定中国股市从 1997 年开始呈现弱式有效。[12] 然而,反对的声音也很强大。最早的一篇讨论中国股市效率问题的文献给出的结论是,中国股票市场是非有效的市场。[13] 随后,有研究表明,沪市和深市两个股票市场的有效性在后期都有所提高,但还没有达到弱式有效。[14] 总之,中国股票市场是否有效尚未有定论,不过基本都认同中国股票市场正向着完善的方向发展。遗憾的是,最近未见关于中国股票市场效率性研究的权威文献,虽然个别研究表明,沪深两市都基本达到弱式有效。[15]

　　令人尴尬的是,在学术界还在股票市场是否有效率的问题上争论不休的时候,实践界早已行动起来,利用股票市场开始了大量的治理实践。其中最突出的活动有两类:其一是充分利用股票市场的反映机制,应用股价作为指标的各种股权、期权激励;其二是发挥股票市场的纠错机制的控制权市场活动。

　　从根本上说,所谓股票市场的有效性,本质就是接近完全竞争状态,让资源配置是有效的及接近最优的。[13] 因而,问题的答案就是让市场回归到市场的本质,通过市场配置资源,发挥市场的基础性作用。而市场的根本又在于"竞争"二字。有效市场假说理论实质上体现了参与人对市场信息利用的一种竞争均衡。有效市场的形成是竞争的结果,竞争程度的不同相应地导致不同有效程度的市场。[10] 所以,建设股票市场要尊重市场规律,更多地让市场的"无形的手"自我调节、自我约束,管制和干预的力量应放在维护市场公开、公平、公正的竞争方面。

　　首先,保证股票市场的流动性,继续消除股权分置制度人为造成的市场流动壁垒。股票市场本身就具有高流动性特征,这是股票市场更接近完全竞争市场的原因。流动才能促进市场均衡的形成,使市场更有效率。事实上,已有证据表明股权分置改革对提升资本市场效率发挥了重要作用。[10]其次,完善信息发现和传递机制。信息不对称约束的弱化是不断提高资本市场资源配置效率的必要条件。要强化上市公司信息披露的及时性和平滑性,一些突发信息的披露要及时、真实、充分,而定期信息披露要平滑、完整、客观。要建立外部投资者信息共享机制,由政府和上市公司出头,通过互联网或其他中介手段建立外部投资者信息共享平台。要规范和强化券商的代理功能,券商要无偏见地及时提供可读性强、综合程度高、真实可靠的信息。[16]最后,规范市场参与者行为,特别要杜绝内幕交易。股票市场的强式有效本身就包含了消灭内幕交易的含义,而股权分置改革后的全流通环境又面临着内幕交易的压力,为此必须加大对内幕交易的监管、处罚力度。

股票市场是公司治理的重要环境基础,在股票市场效率不高的情况下,一方面是加以整改,但这却不是市场上众多公司的主要事情,所以另一方面是公司面对这样的市场应该如何应对。中国的现代公司制度建设和公司治理手段的应用,毫不讳言,一直学习西方,尤其是美国。但是,美国在半强式甚至强式的股票市场的基础上开发出来的方法适合中国吗?以面对公司高管的股权、期权激励为例。资本市场的有效性是股权激励生效的前提。于是,股权激励在美国被广泛应用是逻辑上成立的,但在中国就存在问题。大多数研究对我国上市公司的股权激励持负面评价。比如,一项研究从盈余管理的角度分析了 CEO 股权激励的公司治理效应。实证结果表明,持股比例与盈余管理的正常关系,在提出或通过激励预案的公司中不再成立,盈余管理加大了 CEO 行权的概率,而且 CEO 行权后公司业绩大幅下降。这表明股权激励具有负面的公司治理效应。一些研究发现有些公司将股权激励视为高管奖励而不是激励,有些公司利用股权激励操纵价格,进行套利活动。[17]一份同样对股权激励持负面评价的文献有一个很好的标题,即《股权激励,到底是谁的"盛宴"?》[18]。在市场效率仍较低的中国股票市场,是垄断者的盛宴,是投机者的盛宴,是广大投资者身上的"寄生虫"的盛宴。

在多数否定目前股权激励方案的文献中,在最后的对策建议里,基本都提到要"培育成熟理性的资本市场"[17]。这当然没有错误,但是问题的关键是面对尚不成熟的资本市场,公司是不是应该调整治理对策呢?西方国家在公司治理中应用股权激励,是其市场进步的结果。而我们的资本市场机制尚不成熟,一成不变地引入"先进"的治理方法显然是不理性的。

三、控制权市场机制

股票市场的反映机制和纠正机制得以发挥的基础是有效的股票市场,它将公司的经营绩效传递在股价之上,进而对内传达股东"用脚投票"的结果,决定经理或董事股权激励的收益,对外释放接管信号,将股票市场转变为控制权市场。事实上,能够发挥股票市场的反映机制和纠正机制的最大效用之处,就是控制权市场机制,至少在英美市场环境之下。LLSV 指出在美国等以市场为中心的公司治理模式中,控制权市场扮演核心的治理角色。[19] 甚至股票市场就可直接称为控制权市场。[20]

(1) 控制权市场的作用机理

企业理论指出,企业是一系列契约的联结,但契约却有不完备性,那些无法通过契约明确分配给企业参与各方的剩下的权力就是剩余控制权,剩余控制权进而可以理解为企业所有权。[21] 这个剩余控制权或者企业所有权,就是控制权市场上所交易的控制权。但是,这样的定义在现实生活中无法操作,于是就要寻找相应的替代工具。在现实世界里,公司主要由经理经营,经理由董事会选择,董事会由股东大会确定。因此,归根到底,在形式上公司控制权就表征为在股东大会上的表决权,或称投票权。进而,在多数情况下,股东表决权由股东持股额决定。所以,一般情况下,往往直接用控股权来代表控制权。也因此,股票市场的另一面就是控制权市场。但是,在存在表决权代理、表决权信托等情况下,投票权与控股权是分离的,此外还有各种影子董事、契约控制等例外情况。以下,主要从控股权方面来阐述控制权市场的市场机制。

曼尼最早提出公司控制权市场问题。[22] 曼尼认为,公司应该追求股东价值最大化,股价则反映了公司实现这一目标的状况。当企业经营不善,偏离了本应达到的收益状态时,其股价就会下降,就反映出公司价值被市场价格低估,收购该企业便有利可图。这时,资本市场上就会有人以等于或略高于市场的价格向股东收购股票。在达到控股额,进而具有足够高的股东大会投票权比例后,就会改组董事会,任命新的经理,使公司重新回到正常的经营轨道上,创造正常的利润,继而股价上升,接管者从中受益。

从公司控股权的接管和被接管的意义上看,这类控制权市场机制可称为接管市场。接管有善意和恶意的区分。善意接管下,接管方和被接管方以协商的方式就转让股价、资产重组、人事安排等问题进行谈判,平稳友好地实现企业控制权转移。而恶意接管则存在被接管公司及公司经理、董事会、大股东或其他控制者的抗拒,接管者仍以强硬手段完成接管,如在股市公开招标收购股票。接管市场,特别是恶意接管的公司治理功能在于,最终替换不称职的经理和董事会,使公司重新回到正常运营状态。当然,接管也有不成功的情况,即便如此,接管也有积极作用,因为公司一旦成为被恶意接管的目标,在位的经理和董事会犹如被"踢了一脚",会引来资本市场上最严苛的目光。

完整说来,控制权市场的公司治理机制可归纳为三点:第一,控制权转移将直接导致公司内部权力结构的重整。如果发生恶意接管,一般会出现董事会的重组,也会伴随着被接管公司经理,甚至是整体经理层的离职。如果是善意接管,有可能会出现某些或明或暗的契约,被接管方经理也许会暂时保住职位,但其具体资产经营权内容会发生变化。第二,控制权转移有利于公司资产的重组。一般情况下,接管发生后往往会紧随着公司全方位的整改,包括使命目标重新定位、经营战略调整、组织结构整合,以及公司资产的重组。某些业务单元可能会被放弃,另一些业务单元可能会被发展。从宏观角度看,控制权转移引起的资产重组活动正是资本市场的重大价值所在,这时的资本市场成为一国经济的过滤器,夕阳产业透过资本市场的过滤逐渐被淘汰。第三,控制权市场构成激励约束经理的持续压力。以上两点直接体现了控制权市场的纠正功能,但是即便直接的纠正行为未发生,控制权市场对公司经营状态的反映同样具有治理功能。也就是说,如果接管未获成功,被资本市场"踢了一脚"的管理层也会受到原股东群体的质询和调整。此外,依赖于资本市场的各种激励方案也能促使经理恪尽职守,降低代理成本。

可见,控制权市场的治理功能是很强大的,其价值的发挥在于控制权的两个特征:一是控制权的可流动性,二是控制权的可收益性。股权只有发生流动才能实现控制权的转移,才能实现自由竞争,才能体现市场机制的作用。然而,我国过去存在的、其负面效应如今犹存的股权分置制度,阻碍了控制权的流动,确实是非改不可。此外,控制权的可收益性是利用市场经济杠杆的基础。控制权的收益无非三项——红利收益、控制权买卖价差收益以及控制权私人收益。其中的私人收益往往就是控制股东剥夺公司利益的来源,来自关联交易、违规占用、在职消费等。所以,正确地发展控制权市场,应该处理好控制权的收益来源。然而在过去,不分红成为上市公司的"默契",股权分置消除了控制权转移的价差利润,那么,控制权市场反而不是公司治理的积极工具,而是成为作恶手段。中国多数实证研究发现,在股权分置的制度背景下,经历过控制权转移的上市公司的经济绩效以及其他公司治理表现远远不及 IPO 上市公司。[23]

案例 6-1

健力宝在控制权市场上的沉浮

2013 年的两则新闻让健力宝再次成为新闻重点。2013 年 4 月 22 日原健力宝公司董事长李经纬在三水病故。2013 年 11 月 4 日爆出新闻并被官方逐步证实,健力宝公司的另一个前董事长张海在监狱中虚假立功获释并已外逃。两人的命运转折均与健力宝的收购活动有关。

百度百科关于两人的介绍是:

李经纬,1984年创建"健力宝"品牌;1990年创建"李宁"品牌;1994年把全球第一颗以企业命名的行星命名为"三水健力宝星";1998年当选全国人大代表;2002年,63岁的李经纬因涉嫌转移国有资产6000万元被有关人士检举后,以"涉嫌贪污犯罪"被捕;2009年9月3日,原健力宝董事长李经纬出庭受审;2011年11月2日,佛山中院对此案进行一审宣判,李经纬被依法判处有期徒刑15年,并处没收个人财产人民币15万元。2013年4月22日,在故乡——广东省佛山市三水区因病离世,终年74岁。

张海,男,1974年5月出生,河南开封人。其父为当地公务员,母为中学教师。健力宝原总裁,2005年3月因涉嫌做假账、虚假投资、侵吞健力宝资金等被健力宝集团举报,后被立案调查。2005年3月被佛山警方拘捕,后因职务侵占罪与挪用资金罪获刑10年,后相继两次减刑,最终于2011年年初提前出狱。由广东省高院、省检在不同场合言简意赅的通报,张海减刑所涉的弄虚作假问题已被证实,撤销其立功表现,监狱请公安协助将其收监。

1983年,时任国有企业三水酒厂厂长的李经纬创造了健力宝品牌。1994年,健力宝销售额超过18亿元,品牌价值超过60亿,健力宝被称为"东方魔水"。1997年健力宝在中国香港联合交易所上市的方案行将通过,在此方案中,包括经营层的股权分配,结果三水市政府却拒绝予以批准。1999年三水政府换届之后,一些和李经纬交情不错的官员或退休或调职,李经纬的境地更加不堪。当时,李经纬开出4亿多的价格自筹资金买下当地政府所持有的健力宝股份,这是一套管理层收购方案,却被政府拒绝。到2001年,健力宝的销售量已经从顶峰的50多亿下滑到30亿左右。于是,出售健力宝的想法被当地政府提上日程。2002年1月,当地政府终于同意让李经纬拿出4.5亿元买走全部的健力宝股份。但是诡异的事情发生了,张海突然出现了。这个当时28岁的年轻人最终以3.38亿元获得健力宝75%的股份。9天之后,李经纬突发脑溢血住院。10月,李经纬因涉嫌贪污犯罪被罢免全国人民代表大会代表职务。检察院称其"伙同他人利用职务之便,以购买人寿保险的形式,侵吞国有财产331.88万元"。

张海是近30年中国企业史上最神秘的人物之一。上初中时,张海突然开了"天眼",成了一个有特异功能的神奇少年。1992年,刚满18岁的张海在湖北荆门创办了一个藏密健身中心。半年之后,河南省社会科学院设立了藏密瑜伽文化研究所,张海出任所长。从1995年起,张海南下涉足商海。他入主了一家名叫凯地投资公司的企业,然后在1998年以关联交易的方式进入上市公司中国高科,25岁时担任了中国高科董事长。其后短短几年内在中国资本市场上构筑起了一个威名赫赫的"凯地系"。张海进入健力宝并不是一个预谋中的事件。2001年12月下旬,他从广州到上海办事,在飞机上无聊地翻阅报纸时,突然看到健力宝股权即将转让的报道。飞机一降落上海,他当即买了一张回程机票,匆匆赶往三水市。1月15日,在三水的健力宝山庄,一场仓促筹备的签约仪式在众目睽睽下举行了。现在轮到年轻的张海来操盘健力宝了。"法师"张海在健力宝的所有经营决策,都可以一言以蔽之:步步臭棋毁天物。2004年8月,因经营业绩不佳,张海被免去健力宝集团董事长兼总裁职务,祝维沙继任总裁。祝维沙与张海同为资本炒家,据称张海购买健力宝的第一批付款的1亿元就来自祝维沙。两个月后,健力宝又要出让。先是与统一集团的并购意向破裂,随后一个据称手握20亿现金的李志达闯了进来,不过不久被占8.9%股权的政府赶了出去。2005年3月23日,张海在广州被警方刑事拘留。2006年11月,检察机关以"职务侵占和挪用资金2.38亿元"为案由提起公诉,3个月后,佛山市中级人民法院一审判处张海有期徒刑15年。

资料来源:根据相关资料整理。

(2) 公司并购

以上从股权接管的角度说明了控制权市场的作用机理,这种接管方式可称为公司并购。而实际上控制权的获取、保护不仅仅局限于直接作用于股权转移,除了并购之外,还有代理权竞争、托管运营和司法裁定等。[24]

并购是兼并和收购的总称。兼并是指两家或者更多的独立公司合并组成一家新公司。在我国《公司法》中对应的名称是公司合并,包括吸收合并或者新设合并两种方式。一个公司吸收其他公司为吸收合并,被吸收的公司解散。两个以上公司合并设立一个新的公司为新设合并,合并各方解散。收购则指一家公司用现金或者有价证券购买另一家公司的股票,以取得该公司大部分股权,从而占据控制地位。收购不强调公司合为一体,仅要求一方对另一方的控制。兼并和收购同属公司接管机制的范畴,但收购更能体现公司控制权的转移,直接反映了公司控制权的争夺。

我国2006年1月实施的《证券法》第85条规定,"投资者可以采取要约收购、协议收购及其他合法方式收购上市公司"。同年9月实施的《上市公司收购管理办法》专门规范了上市公司的收购活动。其中,第三章规范了要约收购,第四章规范了协议收购。

要约收购的形式是,收购方通过向目标公司的所有股东发出购买其所持该公司股份的书面意见表示,并按照依法公告的收购要约中所规定的收购股份、价格、期限以及其他规定事项,收购目标公司股份。要约收购是美国上市公司采用的最主要的收购形式,其优点在于能平等地对待所有股东,中小股东也能了解公司被收购的信息,而且通过公平交易制约了收购方和目标公司的股东或高级管理人员之间的欺诈行为。[24]

协议收购是发生在证券交易场所之外的控制权转移活动,收购方与目标公司的控股股东或其他大股东就股票价格、数量等方面进行场外协商,达成并签订股份收购协议,以期达到对目标公司控制的目的。我国股权分置制度下,多数公司的大股东持有的是非流通股,这决定了长期以来,协议收购是我国上市公司控制权市场的主要活动。协议收购具有程序简单、收购成本低等特点,但是其场外交易的性质决定了其市场机制的弱化,难免发生低效率交易,甚至幕后行为。

杠杆收购是传统公司收购的衍生形式,是投资银行家和战略投资者面向价值低估公司,争夺公司控制权的重要方式,具有显著的公司治理力量。杠杆收购下,收购方通过大量债务融资获得资金而收购目标公司。而债务融资,或者是向各种金融机构举债,或者是大量发行各类债券,但一般都会利用收购目标的资产及未来收益作为债务抵押。第4章介绍的管理层收购就是杠杆收购的一种,其收购方是目标公司本身的经理层。

小贴士 6-2

并 购 浪 潮

20世纪,美国企业先后经历了横向并购、纵向并购、混合并购、融资并购和跨国并购五次并购浪潮。贯穿一个世纪的并购潮,不仅适时调整了美国的产业结构,而且奠定了美国在全球经济中的主导地位。诺贝尔经济学奖获得者施蒂格勒曾经说过:"没有一个美国的大公司不是通过某种程度、某种方式的并购而成长起来的,几乎没有一家大公司是靠内部扩张成长起来的。"

20世纪70年代中期开始的十几年里,美国发生了第四次并购浪潮。这次并购浪潮不仅规模比以往任何时期都大,还出现了大量的金融创新,开发出的各种并购和反并购手段成为今天控制权市场上的基本策略组合。比如,杠杆收购和垃圾债券的普及使用就发生在这一阶段。垃圾债券的发行,可以使小公司用杠杆融资方式筹到巨款,完成收购活动。1988年,亨利·克莱维斯为了收购雷诺烟草公司,发行垃圾债券筹资,结果以250亿美元的高价买下了雷诺烟草公司,其中99.04%的资金是靠发行垃圾债券筹得的。并购浪潮席卷下,为了防止被并购,"毒丸计划""绿色邮件""白衣骑士"等反并购措施被开发出来。

在小贴士6-2中,我们见到"毒丸计划""绿色邮件""白衣骑士"等术语,这大部分是上世纪 80 年代在美国率先出现的防范公司被并购的应对措施。小贴士 6-3 对其有简要介绍。需要注意的是，在许多并购与反并购的博弈中，中小股东、公司职工、债权人等有可能搭了便车，但常常利益被侵犯，成为"资本大鳄"游戏的"炮灰"。

小贴士 6-3

反并购策略

绿邮包 (Greenmail, 又常译为绿色邮件)：企业的经理人以高于市场价值的价格买断潜在的接管者手中持有的股票，以换取其放弃进一步收购的计划。它相当于经理人支付给潜在收购者一个溢价的好处，而作为条件，收购者要放弃收购的计划。

毒丸计划 (Poison Pill)：是一种股东购股权计划，即目标企业赋予其股东以折扣价格购买股票的权利，或溢价出售股票的权利。在前一种情况下，毒丸计划可以提高股东在收购中愿意接受的最低价格，从而提高收购者收购企业的成本；在后一种情况下，目标公司以很高的溢价购回其发行的购股权，比如，100 元的优先股以 200 元的价格被购回。而敌意收购者或触发这一事件的大股东则不在回购之列。这样，就稀释了收购者在目标公司的权益。

公平价格条款 (Fair Price Provision)：接管者必须以相同的价格购买所有股票，而不是只对获得控制权的股票支付溢价。当收购方收购一个企业时，他可能只需要购买该企业 20% 的股票就可以获得企业的控制权。公平价格条款规定收购方不仅要对获得控制权的股票支付溢价，而且要以相同价格购买所有的股票。

白衣骑士 (White Knight)：在敌意收购发生时，目标公司的友好人士或公司作为第三方出面购买相当数量的股票，从而解救目标公司、驱逐敌意收购者。

售卖"冠珠"(Crown Jewel)：将公司最有价值的资产售卖或抵押出去，从而消除收购的诱因，粉碎收购者的初衷。

帕克曼防御术 (Packman Defense Strategy)：当公司遭受到收购袭击的时候，不是被动的防守，而是以攻为守，通过收购收购方公司的方式进行反收购，从而实现抵御收购的目的。

资料来源：张维迎：《产权、激励与公司治理》，经济科学出版社 2005 年版。

(3) 控制权市场的其他市场机制

除了直接针对股权的并购接管方式之外，控制权市场尚有其他一些市场行为。其中代理权竞争更为人们所重视,甚至可以简单地将控制权市场活动分为两种,一是并购,二是代理权竞争。

代理权竞争是公司股东中的持异议者或群体,通过争夺其他股东的委托投票权,以获得股东大会控制权,进而达到控制董事会、掌握公司控制权的目的的一种行为。代理权竞争的客体不是公司股票,而是附着在股票上的投票权。如果说公司并购中存在着非治理因素的话,比如接管者出于自身战略布局、规模经济等的考虑,代理权竞争的治理功能更单纯一些。一般情况下,代理权竞争发生的原因主要是由于持异议股东对公司的绩效表现、发展战略等经营状况存在不满,并且与管理者协商后双方意见无法调和。如果说公司并购是大股东的游戏的话,则代理权竞争更需要中小股东的广泛参与。因为代理权竞争的发生就在于持异议股东没有足够资本达到直接控股的目的,需要更多的股东共同参与。如果说公司并购在公司治理中有可能发生"才出狼口又入虎穴"的风险的话,则代理权竞争的长期性风险会降低很多,因为表决权委托书的有效期决定了代理权的阶段性。所以,代理权竞争是一种十分重要的公司治理举措,并且具有目标明确、成本较低、风险较小、信息披露更公开、更能反映中小股东意愿等特点。

案例6-2介绍了发生在1994年的一起代理权竞争事件。如果此事没有发生,也许没有今天万科公司在中国房地产市场上的旗帜地位。该案例说明了代理权竞争对公司治理的积极意义。然而,任何事物都具有两面性,代理权竞争也有一定的弊端:可能会诱发公司管理者的短视行为,挑战者的机会主义行为问题会较突出,代理权竞争的频繁发生不利于公司战略的长期稳定。[25]

案例6-2

代理权竞争下的万科

1994年春的"君安事件"是我国公司控制权市场首起有轰动效应的代理权争夺。当时,由于在熊市中包销大量余额B股而成为深万科大股东之一的君安证券公司,通过取得委托授权的形式,联合持有深万科总计达12%股权的四大股东突然向原董事会发难,提出对公司经营决策进行全面改革,但随后不久挑战者同盟中的一名大股东临阵倒戈,撤销了对君安的委托授权,并表明支持原管理层,最终使君安改组万科的计划不了了之。

尽管代理权竞争没有成功,但是万科在后来的发展中却表现出对部分君安所提建议的逐步吸收。君安建议的主要内容是:收缩战线,放弃贸易、零售、投资、工业等活动,集中力量发展房地产业。在君安建议公布后的第一个年度,万科公司的贸易及商业收入就比上年度下降46.82%,这使得房地产收入占总收入的比重大幅度上升。1996年起,房地产收入一直占主营业务收入的60%以上,实现了君安建议中收缩战线、提高业务透明度的建议。君安减持所持申华流通股的举动也表明,君安建议中对万科投资业务的批评,逐步被采纳。君安建议中要求万科对非房地产业务的子公司,除保留文化经营项目外,其余应当或转卖或清算。万科对这一建议也是逐步"接纳",如转让或清算怡宝饮料有限公司(1996年)、万科工业扬声器制造厂、万科供电公司(1997年)、深圳万科工业有限公司、万科机械加工厂、万科礼品设计制造公司、深圳国际企业服务公司(1998年)等。其中,转让当时盈利能力颇强的怡宝饮料有限公司,尤其能说明万科公司收缩非主营业务的战略。

资料来源:李维安、牛建波等:《CEO公司治理》,北京大学出版社2011年版。

控制权市场还存在着所谓托管经营的活动。托管经营在所有权不变的条件下,以契约为形式,在一定条件下将公司法人财产权的部分或全部让渡给其他公司或自然人经营。托管经营本质上属于一种信托关系。托管经营一般分资产托管和股权托管两种形式。前者让渡的是资产经营权,后者让渡的是股权。此外,控制权市场上还存在着行政管理色彩较浓的行政划拨,以及法律强制下的司法裁定等行为。

6.1.2 信贷市场中银行的公司治理参与

严格说来,中长期信贷市场属于资本市场范畴。然而源于长期以来的学术习惯,在公司治理命题下讨论资本市场时,人们往往狭义地专注于股票市场,基本不涉及信贷市场问题。另外,信贷市场所涉及的重要问题,即银行在公司治理中的参与深度和方式,也基本与股票市场所考虑的控制权市场机制这个核心课题无关。所以,本节单独讨论信贷市场中的商业银行的公司治理参与问题。

小贴士6-4

商业银行与投资银行

商业银行经营间接融资业务,它通过储户存款与企业贷款之间的利息差额赚取利润。而投资银行是经营直接融资业务的,它在资本市场上为企业发行股票、债券,也提供资产重组、公司理财、基金管理等业务服务,并从中抽取佣金。投资银行是在美国的名称,在中国、日本称为证券公司。所以,在中国,提及银行一般指的都是商业银行。

一、银行参与公司治理的理论分析

企业的本质是一系列契约的联结,[26]这一系列契约的订立者是企业的利益相关者。利益相关者向企业投入各种资产——股权资本、人力资本,也包括债权资本等,而利益相关者从企业获得各种利益——红利、工资,也包括债务利息。如果这一系列契约是完备的,那么,利益相关者只有两件事情要做:第一件是按照契约投入资产,"有钱出钱,有力出力";第二件是按照契约"坐收渔利"。而在两件事情的中间,是一个周期的资产经营活动。资产经营活动由企业经营者负责。在现代公司中,他是所谓的职业经理,当然在很多情况下其实直接或间接地由控制股东担任。企业经营者一方面按照契约规定行使资产决策权,另一方面成为企业的"中心签约人",从利益相关者那里按约收取资产,再按约分配利益。也就是说,如果契约是完备的,利益相关者在资产的经营活动中是没有工作的,也就没有什么公司治理的任务,除非他成为那个资产经营者。

但是,契约是不完备的。资产的投入、经营、分配契约都是不完备的。这集中反映在企业经营者收取资产、经营资产、分配利益的权利是不完整的。总有一些决策权无法在契约中完全规定,总有一些权利被"剩下"。这些"剩下"的权利就是剩余控制权,谁拥有了剩余控制权,谁就拥有了企业所有权。[27]在现实世界里,如果没有所谓的公司治理的制度安排,这些剩余控制权就落在了企业经营者手中,对于现代公司,就落在了经理或者控制股东手中。为了避免经理或者控制股东滥权,一些利益相关者就要主动掌握剩余控制权,也就是要参与到公司治理活动中,成为公司治理的主体。那么,哪些利益相关者应该掌握剩余控制权,也就是应该参与公司治理呢?我们提供了两项便于考察的评断原则:其一,这个利益相关者获得的收益是否来自剩余收入。剩余收入是公司收益中扣除了全部已被契约完备规定了并必须完全履行的支付之后的收益。显然,谁的收益来自剩余收入,谁的收益最没有保障,谁就最应该参与公司治理。其二,这个利益相关者投入到公司的资产是否容易被抵押。利益相关者的利益一旦受到侵犯,最简单的保护措施就是收回投入、撤出契约。于是,那些越不容易撤走的利益相关者越应该参与公司治理。显然,这里的参与公司治理,指的是获取剩余控制权,成为公司的"主人"而"用手投票"。

按照上述两项原则,银行是否应该参与公司治理呢?假如公司能够正常经营,未来没有还本付息的问题,那么,银行就没有主动参与公司治理的动机。可以付息,意味着收益固定。可以还本,意味着投入不会被抵押。在这种假设前提下,银行自身没有必要参加公司治理,而且银行对公司决策的影响还会打乱公司的正常经营。其根本原因在于银行与公司或者公司其他利益相关者的偏好是存在差异的,存在一个利益相关者利益加总的障碍,即不能在企业决策时对应该以什么样的目标为决策目标作出明确的回答。[20]对于银行,能确保还本付息就是其基本利益诉求,还本付息后公司是否有剩余给付红利、吸引人才、扩大生产、创新扩展等与其无关。在此目标下,公司现金流越高越好,投资项目风险越低越好,只要到期公司能还本付息即可。于是,公司的长期发展、公司的创新突破就会受到银行的压制。另一方面,强调银行在公司治理中的参与还会抵消其他公司治理力量的发挥,比如在银行参与公司治理较普遍的日本、德国,控制权市场的发展程度就不高。所以,在公司治理的正常经营阶段,让银行扮演主动的公司治理角色会扰乱公司经营的合理秩序,也不符合市场机制的基本原则,必然会导致资源配置的低效率。[4]

但是,假如公司确实存在着无法还本付息的风险,银行参与公司治理就符合理论逻辑了。因为在有限责任制度对股东的保护下,在公司资不抵债后,银行就实际成为公司剩余的索取者,借贷出去的本金也事实上被抵押了,而且一旦银行与股东构成利益博弈,银行就处在下风,输在了"起跑线上"。首先,股东通过控制董事会、经理间接地,甚至直接地掌控公司的经营,具有信息的优势和行动的主动权。其次,在股权证券化的条件下,股权的自由转让基本可以随时地让具体的股东个体撤离,以最小化损失。所以,银行又存在着参与公司治理的需要。

问题的复杂性在于谁能够确保公司长期盈利下去,没有财务风险呢?所以,这里构成了一个两难困境:银行不参与公司治理,则自己利益有风险,而参与公司决策,又会影响公司经营。这一困境其实是所有利益相关者普遍面临的问题。然而,市场总是最有智慧的,真实的世界其实早已创造出了解决方案。大体说来,银行参与公司治理的渠道有三类:一是"状态依存,相机治理";二是"身份转换,股权治理";三是"系统互补,协调治理"。

"状态依存,相机治理",指的是根据公司经营状态而选择对应的治理策略。简单说,公司正常经营时,银行与公司就是简单的债权债务关系,而一旦出现财务风险,则主动参与公司治理,并依据风险程度选择不同的治理原则。这种治理方式的典型代表是日本的公司治理模式。"身份转换,股权治理",指的是利益相关者通过获取公司股权,以股东身份来声张自己的要求。股权的获得既可以是直接持有公司股份,也可以是征集表决权委托书而获得投票权。在这方面,德国公司治理模式是典范。"系统互补,协调治理",指的是并不通过获取公司剩余控制权参与公司的内部治理,而是在自己与公司的专属契约系统内保障自己的权益。这是一种特别强调市场机制的公司治理模式,美国就是其典型代表。

二、银行参与公司治理的国际实践比较

（1）美国的分业管制与债权治理

美国长期以来执行对金融机构业务范围的分业经营制度，其管制分为三个层次：其一是指金融业与非金融业相分离；其二是金融业中的银行、证券和保险机构相分离；其三是银行、证券和保险业内部有关业务进一步分离。上世纪后期，美国对分业银行制度有所突破，但商业银行持有非金融公司股票的管制依然比较严格。银行若干涉公司行为，将受到多种法律管制。在中国，也执行分业银行制度。

小贴士 6-5

格拉斯—斯蒂格尔法案与美国银行管制

格拉斯—斯蒂格尔法案，也称作 1933 年银行法，是美国在反思 1929 年华尔街股灾所引起的经济危机后的立法。该法案将商业银行业务与投资银行业务严格划分开，保证商业银行避免承担证券业务的风险。该法案禁止银行包销和经营公司证券，只能购买由美联储批准的债券，但允许商业银行以信托的名义代客买卖公司股票。随着时间的推移，在银行业的游说下，上世纪后期，美国逐渐废除了格拉斯—斯蒂格尔法案的部分内容，1999 年立法允许一个公司可以同时控制一个商业银行和一个投资银行。然而，2007 年起席卷美国及全球金融市场的次贷危机，让部分学者认为是银行管制放松的结果，部分政客再提重塑格拉斯—斯蒂格尔法案。

在美国金融业的分业管制制度之下，确定了美国银行与公司的治理关系是一种消极的距离型治理。[24]银行主要通过其债权人身份，在信贷契约系统内保护自己的权益。在信贷契约订立前，银行必须识别贷款公司的信用风险以及相关项目的经营风险，期间贷款公司有责任提供必要信息，规范自身行为。一般贷款公司与银行会有长期的合作，这时银行就可以建立合理的信贷结构，通过长、短期的信贷搭配，以及循环借贷结构，持续要求贷款公司提供相关信息和降低经营风险。在信贷契约订立和执行过程中，银行可以通过信贷契约规定来约束公司的行为。银行建立完善的风险管理程序和方法，同时在信贷契约中规定严格的保障条款，对公司的债务资金的使用和管理形成一定的限制。一旦公司违约，银行可以及时采取措施，保证贷款的回收。在信贷契约到期后，执行强硬的履约机制。债务到期的还本付息是债权区别于股权的基本特征，其对公司的要求是一项硬约束。要发挥此项约束，"硬"是基本条件。美国执行强硬的破产保护机制，进入破产阶段，银行将先于股东握有公司所有权。这也是一种相机

治理的机制。在银行发挥相机治理作用时,公司面临着破产,经理面临着失业,这比控制权市场上的接管对公司及其经理的压力都要大。

美国银行的距离型治理,当然是嵌入在美国特有的社会、市场、法律环境之中的。美国社会文化对自由平等和契约精神的价值观追求,让人们相信信贷契约的完全履行是社会行为底限。美国股权市场发达,使控制权市场机制能充分发挥外部治理作用。事实上,美国相对其他国家,公司资金更多地来自直接融资而不是通过银行的间接融资。另外,法律体系的完善也弱化了银行主动参与公司治理的愿望。比如,"揭开公司面纱原则"的实施在一定程度上避免了股东对银行的利益剥夺。

(2) 德国的全能银行与委托投票权治理

不同于美国对金融机构的分业经营要求,德国执行的是全能银行制度。德国的银行不仅仅承担商业银行业务,也经营证券、保险以及各种金融衍生品业务,而且还能持有非金融公司的股份。德国的全能银行制度的产生有一定历史原因。德国的资本主义制度的建立以及工业革命的发生晚于英法等欧洲邻邦。这样的后发展国家要追赶现代国家,需要政府的大力推动,而政府往往比市场更在意发展速度,也更在意标志性成果的出现,进而政府更希望能将本来就稀缺的资金集中起来使用。于是,政府在政策法规方面就倾向于让银行对企业的支持更有力一些。二战战败后,德国面临的在废墟上腾飞的要求也与之类似,这再次强化了德国的全能银行制度。

德国的全能银行对公司的支持体现在特殊的主办银行制度上。德国公司往往会有一家主办银行,即对公司发放贷款最多,为公司办理经常性业务,也往往持有公司股份的银行。首先,主办银行与公司建立了密切的信贷关系。在主办银行的支持下,公司无需直接融资就可满足资金需求。事实上,德国全能银行的发达与股票市场的疲软是相互影响而共同存在的。其次,主办银行的另一特点是持有公司股权。其中一部分股权是债权转化而来的。当一些公司贷款到期后,银行并不一定要收回本金,而是把自己的债权转化为股权,并向大众销售,从中银行还可赚取承销佣金。据统计,在早期,很多银行25%的净利润来自于承销等业务。[4]最后,银行不仅持有公司股票,更多的股权来自表决权代理和表决权信托。德国一些中小股东获得股份后,会把表决权留给银行。俾斯麦政府曾经颁布过一条法令,如果股票放在银行信托账户中,可以在税收上有减免优惠。[4]银行通过表决权代理或信托而间接持有公司股权是德国银行制度的重要特征。1992年的一项调查发现,德国银行在最大的24家上市公司年度股东大会上的实际投票权平均为60.95%。[28]

简言之,德国银行具有大债权人和事实大股东合二为一的身份。更关键的是,两者互为条件。事实大股东身份是维护大债权人利益的基础,大债权人身份也为发挥事实大股东的作用提供了帮助。首先,大债权人意味着与公司利益关系的持续绑定,这种契约上的锁定也就是风险上的锁定。美国的那种依靠市场契约减轻风险的方式在德国无法实现,银行不仅随时有可能成为剩余索取者,而且投入会被抵押。于是,掌握剩余控制权,积极参与公司治理就是德国银行的选择。其次,由于银行与公司的长期信贷合作,银行对公司及其经理的行为比较了解,信息不对称程度较低。这为大股东积极地开展治理创造了条件,有利于缓解股东与经理之间的委托—代理冲突,降低代理成本。

所以,德国银行对公司的治理通过债权和股权两种渠道完成。虽然债权治理不及美国模式强硬,但通过股权治理得到补充。这里还必须强调的是,德国银行进入公司内部治理系统,并不是简单的利益相关者的"共同治理",而是通过"身份转换"后的"股权治理"。银行在行使剩余控制权时,其身份是股东或者是股东的代理人,其利益追求与其他股东没有太多的差异。因为如果违背中小股东意愿,将无法获得委托投票权,也难以获得以后的股票承销业务收入。银行代表公众对公司的治理与公众对银行的治理,是环环相扣的。

(3) 日本的主银行制与相机治理

日本的银行制度,在形式上介于美国和德国之间。日本也执行分业银行管制,然而不如美国严苛,日本允许商业银行持有非金融公司股票,但要在5%以内。日本也有主办银行,但是不像德国银行能够从事股票承销业务。在这样的形式下,日本银行形成独具特色的主银行制和相机治理模式。

日本的主银行制并不是简单地存在着一个主办银行,而是一整套包含了银企关系、企业集团关系、金融集团关系,甚至政商关系的经济模式。从公司的角度看,日本的主银行制体现六项特点:第一,与德国类似,公司会选择一家银行作为主办银行,公司贷款主要来自主办银行,也由主办银行处理经常性业务。较少的情况下,个别大公司会有两家以上主办银行。第二,主办银行会持有公司的股份。但不同于德国的是,没有获取其他股东委托表决权的习惯,因而其实际股权要弱于德国。第三,主办银行会更深入地影响公司实际运营,会派员参与公司财务管理。第四,同一家主办银行下的多家公司,以主办银行为中心,形成企业集团结构。第五,公司也可以从其他银行处得到贷款,但往往由主办银行牵头协调。第六,公司经营危机一旦发生,或者即将发生,主办银行将积极行动,根据事态发展对应地采取行动,这就是主银行制下的相机治理。此外,日本的主银行制还表现为银行与银行之间的关系密切、银行与政府的关系密切。

日本主银行制的产生同样有其特殊历史背景,特别是二战的影响。二战之前的一系列事件,以及二战中的备战活动,加强了政府对银行的管制,并形成了银行规模较大且地域内竞争较弱的特点(所谓一县一行)。二战之中,日本政府将各军需企业与银行配对,这一配对关系是此后主银行制中银企关系的基础。二战后,日本企业大部分濒临破产,银行不得已派人在各家公司处理不良债权。在银行直接干涉公司财务处理的过程中,战后的通货膨胀竟然销蚀了这些不良债权。通过清理账目,银行派驻公司的人员掌握了公司财务活动,与公司管理人员建立了密切的联系,加之二战后财务人员匮缺,即便不良债务清理了,很多银行人员仍在公司兼任职务。这种做法得到银行、公司,甚至政府的支持。主银行制就是在银行清理不良债权的过程中建立起来的。[29]

日本的主银行体系之下,银行参加公司治理的模式可以概括为相机治理。这个相机治理包含两个层面的含义,一是根据公司经营状况决定介入程度,二是根据财务危机程度决定介入后的金融援助方式。

首先,在公司经营处于良好的状态下,主办银行通常并不主动干预公司的内部管理事务。这时主办银行作为最大的债权人,在与公司的密切信贷往来中,发挥债权治理的功能。而债权治理内容与美国模式无大的差别,不再赘述。当然,这里所谓的不主动干预,与美国银企间的距离相比要近得多。这种近距离的主要功能是减少银企间的信息不对称程度,其方式主要是银行向公司派驻外部人董事和财务审计。日本的董事会规模较大,其中包含外部人董事,而主办银行是外部人董事主要供给者之一。派驻财务审计则是日本主银行制的传统。通过外部人董事和财务审计,银行可以近距离跟踪公司的财务与经营状态,这是主办银行自身财物风险预警的基本机制。外部人董事和财务审计也对公司的财务计划和方案提供专业建议。此外,虽然日本主办银行也会持有银行股票,但不同于德国的股权治理,这些股票在日本的主要功能只是强化银企的关系。

其次,一旦公司经营出现问题,陷入财务困境,主办银行的金融援助的相机治理模式就会启动。主办银行会根据财务危机程度,选择各种金融援助手段,包括推迟支付利息、降低贷款利率、减少或豁免企业应付的利息、推迟或暂停偿付贷款本金、向企业注入新的资金等等。主办银行在实施金融援助时,会要求公司提出恢复计划。计划的内容甚至可能包括更换经理层或者业务结构的完全重组等,严重时还可包含由银行主导的公司接管行动。该计划在与主办银行的磋商、协助下制定,并且得到主办银行批准后才能执行。除了金融援助,根据财务困境的严重程度,主办银行可能会直接向公司派遣经理人员,直接干涉公司经营。

综上,没有什么规范的公司治理模式,一国的社会发展进程决定了其公司治理选择。也没有什么最优的公司治理发展方向,事实上在全球化的今天,各国的银行制度和公司治理模式都在发生变化,比如日本的主银行制的各方面特点越来越不明显,美国的分业经营体制也不是铁板一块。

6.1.3 产品市场和经理市场

在公司治理理论的构建过程中,当人们把注意力放在内部治理系统里而考虑诸如两权分离命题、委托—代理问题的时候,法玛提出,公司所有权并不是唯一重要的因素,市场机制也能有效地监督与激励经理,降低代理成本,其中包括产品市场和经理人市场等。[30]

一、从超产权理论看产品市场的竞争机制

公司首先是一个盈利组织,其创造的产品,包括实体产品,也包括服务、品牌等,可否盈利,反映了公司基本使命的完成情况,是公司治理绩效的最终反映。于是,公司在产品市场上的竞争力,体现了消费者和竞争者对公司治理状况的最终裁决。而超产权理论的出现,充分表达了产品市场的竞争机制对公司治理的影响。

超产权理论的提出与国有企业改革出路的争论有关。一段时间以来,人们认为私有化改造是国有企业制度建设的唯一出路。根据产权理论,产权的排他性存在是实现财物经济价值的基本前提。而国有企业事实上形成的"所有者缺位"格局,使企业缺乏具有内在动力以提高企业效益的"主人翁"。在这样的逻辑下,上世纪80年代以来西方国家掀起了一股国有企业私有化的浪潮。然而,浪潮过后,结果却并不全遂人愿。一项针对英国国有企业私有化后经营绩效的研究发现了权变的规律:在竞争比较充分的市场上,企业私有化后的平均效益有显著提高。但在垄断市场上,企业私有化的效益改善却不明显。通过比较,该研究发现在竞争较充分的市场上,企业面临着生死抉择,而经理本人也面临着人力资本贬值、信誉下降,甚至丢失职位的压力,因而经理在企业的市场竞争面前,不得不加倍努力。但在相对垄断的市场上,经理无需增加投入,只需提高产品价格就可获得额外利润,这种"坐地收租"的"金饭碗"不会因为产权变化有更大的改善。所以,企业效益与产权的归属变化没有必然关系,而与市场竞争程度有关,市场竞争越激烈,企业提高效率的努力程度就越高。[31]进而超产权理论被提出。超产权理论认为经营者由剩余索取权获得的激励,只有在市场竞争的前提下才能发挥作用,企业的产权私有化改造也只有在市场竞争的条件下才有价值。

超产权理论并不是"反"产权理论,也不否认产权改革的意义,只是认为产权改革的前提是企业环境的市场化。这个市场所发挥的机制就是一种强大的外部公司治理机制。从超产权理论中所得到的启发是,只有在市场竞争环境中,才能塑造高效的公司。这也契合了本章的主题——公司制度是社会文明的产物,是社会经济文化协同发展的内生物。事实上,反观西方国家的私有化浪潮,其实不仅仅涉及产权改革,而是企业私有化、经营自主化、市场竞争化的三位一体改革,其中,市场竞争化更是核心。在这里,所强调的市场是企业本身所在的市场,市场上参与竞争的是企业的产品和服务,也就是本节所讨论的产品市场。

那么,为什么竞争性的产品市场能产生强大的公司治理力量呢?超产权理论自身的一项理论基础可以给出解答。竞争激励理论认为,竞争能产生一种非契约式的"隐含激励",其激励来自于三个方面:[31]第一是信息比较动力。产品市场的竞争态势、竞争过程的众多指标,如市场占有率、新产品开发周期、利润率等等,可以提供有关经理(也可以扩展到董事会、控制股东)行为、能力的有价值的信息。特别在与竞争对手的比较中,这些指标包含的信息量更大,这样就可以建立起基于相对业绩比较的激励机制,投资者"用手""用脚"投票也更有依据。而在垄断市场上,横向的相对比较没有了,来自于垄断的绝对指标也很难体现经理的努力和能力。第二是生存动力。市场竞争是消费者和竞争者对企业的最终裁决,在充分竞争的市场上,最终的结局是"生"或者"死",只有最有效率的公司才能生存。生存的压力是最强大的公司治理力量,竞争的失败可能造成公司的破产、经理的失业。这一点上,与控制权市场机制的结局是一样的。第三是信誉动力。企业经营者的能力、素质,进而其人力资本定价只有在竞争中才能体现出来,也只有在市场上通过信誉反映出来。产品市场上的信誉是经理人市场上反映最强烈的信号。

在实证方面,产品市场的竞争机制对公司治理的贡献得到证明。姜付秀等以中国上市公司为样本,考察了产品市场竞争、公司治理与代理成本之间的关系,研究发现了产品市场竞争对公司代理成本降低的促进作用。[32]更重要的是,研究发现不同的产品市场竞争环境下,公司治理机制的作用有所不同。比如他们的样本数据显示,"当产品市场企业数目较少、行业集中度较高时,可以利用部分监督机制降低代理成本。随着竞争的逐渐加剧,这些机制的监督作用趋于消失,与产品市场竞争之间形成了完全的替代。而当产品市场竞争达到最高水平时,监督机制与产品市场竞争形成互补。"所以,要加强公司治理,应当综合考虑市场环境,结合企业具体问题,配合使用不同的治理机制。[32]

二、经理市场及其声誉机制

企业是一系列契约的联结,其中有关经理人力资本的交易市场就是经理市场。公司的经理层、董事会,以及一些高级管理人才队伍的建设,都要依赖经理市场。既然是市场,经理市场就有着市场机制的配置资源的一般规律,通过市场价格以及供求双方的竞争完成经理人力资本的均衡配置。然而,人力资本的一项基本特征使得经理市场的重要性更加突显,这就是人力资本供求双方的信息不对称性。

如果以经理聘任契约的订立为标志,在缔约前后由于人力资本的信息不对称性,会分别产生逆向选择问题和道德风险问题。这里的逆向选择问题突出的是滥竽充数者冒充优秀人才的问题,道德风险问题突出的是在经理岗位上的各种代理问题。那么为什么经理市场能够解决这些问题呢?是声誉机制在发挥作用。市场对经理行为进行判断、记忆,并将之转变为声誉,而声誉将经理市场上的一次次交易转变为重复博弈,最终消除经理为获取眼前利益而进行的机会主义行为。以下举例说明经理市场如何用声誉机制解决逆向选择问题:[33]

考虑这种情形,某人应聘一家公司的经理职位,他知道自己的能力,也知道转换为人力资本的市场定价是多少,但是公司却不知道。假设这个人(以下称其为经理)的策略为二选一,不说谎或者说谎。不说谎就是说出其真实价值,这里假定为10000。而公司不知道经理的人力资本的真实信息,但知道像该经理这样学历、经历的人的人力资本定价在2000到14000之间平均分布。这一信息是双方的共同知识。为了讨论的简便,假设如果经理选择说谎,那么无论其谎称自己的人力资本是多少,被发现的概率都是一样的。于是经理一旦选择说谎,说出的一定是自己所能谎报的人力资本的最高值。同时,假设公司的战略选择是相信或者不相信经理的报价。公司选择不相信时,知道若经理说谎一定是说出其能够说出的最高值。即,当代理人说14000,他则判断为(2000+14000)÷2=8000;当代理人说10000,他则判断为(2000+10000)÷2=6000,并以此给出人力资本定价。假如经理接受契约后会根据公司的定价来决定自己工作的努力程度,其策略原则是如果低于我的真实价值,我会降低努力程度,而且定价越低越偷懒。但当公司开价高于其人力资本价值时,经理最多只能发挥其全能价值。于是形成表6-1所示的效用分布,以及6-2所示的博弈矩阵:

表6-1 效用分布

	第一种情况	第二种情况	第三种情况	第四种情况
人力资本定价	6000	8000	10000	14000
总效用	8000	11000	15000	15000
经理效用	6000	8000	10000	14000
公司效用	2000	3000	5000	1000

表 6-2 一阶段博弈矩阵

		经理	
		不说谎	说谎
公司	相信	5000,10000	1000,14000
	不相信	2000,6000	3000,8000

在表 6-2 中,不说谎是代理人的严格劣战略。因为无论给定公司是相信还是不相信,经理说谎的支付均大于不说谎。而在经理一定会说谎的前提下,公司不相信的支付大于相信的支付。所以,在这个博弈中存在一个严格占优战略均衡——(不相信,说谎)。显然,它与公司所希望的(相信,不说谎)相比,并不是帕累托最优均衡,这就是所谓的逆向选择问题。如果引入经理市场,考虑声誉机制,形成签约多次性,即引入重复博弈,结果又会怎样呢?

仅考虑一个两阶段的重复博弈,各阶段的战略空间、支付函数等不变。在第一阶段,经理与公司签订合同,确定人力资本的定价。合同期满后,经理重新进入经理市场,与公司进行第二阶段博弈。注意,第二阶段的公司有可能还是原公司。但为了表述方便,我们在讨论中只用公司一个名词,因为我们假设两阶段公司的战略思路是一致的。更进一步,可以把这个公司考虑为经理市场的代表,而不是某个具体公司。此时,假定公司的战略是"冷酷战略",即公司开始时选择相信,并且在随后的阶段如果公司未发现经理在前一阶段说谎,就仍选择相信,否则,就一直不相信。但是,公司不一定会发现经理曾说谎,这里假设公司能够了解经理在前一阶段是否说谎的概率为 P,不了解的概率为 $1-P$。这个概率与经理市场的信息披露机制有关,信息披露机制越强,概率越大。同时,假设这个信息披露机制仅能披露出经理在前一阶段是否说谎,即是否多报,却不能披露出经理的真实人力资本。这样假设,一方面是为了讨论的方便,另一方面是因为尽管后一阶段的公司可能知道经理从前的人力资本报价,但经理可以谎说从前对自己的人力资本不了解,报价低了,或者谎说自己的人力资本在"干中学"中提高了。

在以上假定条件下,由于第二阶段是最后的选择,经理此时的战略一定是"机会主义"的,一定会选择与原一次性博弈相同的战略,即说谎。而在第一阶段,经理知道自己的行动将会影响公司对自己的判断,因此,经理会综合两阶段的总效用,考虑是选择说谎还是不说谎。我们假设经理第一阶段的战略为 X,委托人第二阶段在信息披露机制起作用的情况下的战略为 Y。如果 X = 说谎,则 Y = 不相信;如果 X = 不说谎,则 Y = 相信。根据这些假设建立表 6-3:

表 6-3 二阶段博弈战略

	第一阶段	第二阶段	
	战略	信息披露状况	战略
公司	相信	披露	Y
		未披露	相信
经理	X		说谎

如果 X = 说谎,经理的总期望支付是:

$$14000 + [P \times 8000 + (1-P) \times 14000] = 28000 - 6000P$$

其中,等式左边中括号一项为代理人第二阶段的支付,前一项为第一阶段的支付;如果 X = 不说谎,代理人的总期望支付是:

$$10000 + [P \times 14000 + (1-P) \times 14000] = 24000$$

因此,当下列条件满足时,代理人在第一阶段选择不说谎:

$$24000 \geqslant 28000 - 6000P \Rightarrow P \geqslant 2/3$$

也就是说,如果信息披露的概率大于 2/3 时,在两阶段的人力资本定价过程中,在第一阶段可以走出人力资本定价的逆向选择问题的困境,达到(相信,不说谎)帕累托最优状态。其实,以上是一个相对宽松的博弈。如果公司对说谎经理的战略是从此不再录用,或重复博弈的次数增加,经理将更不愿意说谎。至此就证明了解决人力资本定价的逆向选择问题的途径之一是引入经理市场,引入重复博弈,而重复博弈起效的关键就是健全信息披露机制,而信息披露的就是经理的声誉。

对于经理契约订立以后的道德风险问题的分析,也大同小异,都是强调经理与公司之间是一个重复博弈的过程,公司通过经理市场上的声誉给经理定价,经理出于对声誉的关心,继而是对自己长期利益的关心会抑制各种机会主义行为。另一方面,经理市场上不仅有经理的声誉,也传递着公司的声誉。公司违背契约,也将受到市场的惩罚。

以上博弈模型反映了经理市场声誉机制的构建条件。首先,要保证经理与公司的博弈是重复的。这里的公司不一定是同一家公司,只要在传递声誉信息上处于同一个市场即可。这就要求经理市场的统一性和开放性,经理市场的行业壁垒和区域保护是不可取的。一些大公司还存在着内部经理市场,这自然是有益的实践,但要发挥更大作用,还要建立内外市场的连接渠道。重复博弈还要求博弈双方有足够的意愿在经理市场上保持下去。比如,一些行将退休的经理更可能发生机会主义行为,出现"59 岁现象",其基本解释就是博弈将终结、声誉无所谓。此外,我国近些年普遍的"行为短期化"价值观,对声誉机制的影响是负面的,人们必须对未来的收入有信心和耐心。其次,要保证声誉的发现、传递和记忆,也就是以上博弈模型中的 P 值要大。经理人市场建设质量的核心指标就在于此。要让经理的突出行为,无论好坏,都能够被及时发现、迅速传递和长期记忆。最后,公司要积极地对经理的不良行为实施惩罚。我们不能指望说教提高经理的敬业程度,我们只能通过激励相容让经理从自身利益的角度克制自己的行为。这里公司的惩罚应该是代表市场的惩罚,要在经理市场上形成"社会正气"。反过来也是如此,公司的不良行为也应受到市场的报复。

6.2 监管环境系统

若缺乏公司治理体系,则现代公司制度是一个不完美的制度,代理型公司治理问题和剥夺型公司治理问题的诱发是其主要制度"缺口"。而监管环境系统是来自公司边界之外的另一种力量,"推动"公司治理去填补这个"缺口"。图 6-2 整合了公司治理环境系统的治理机制:

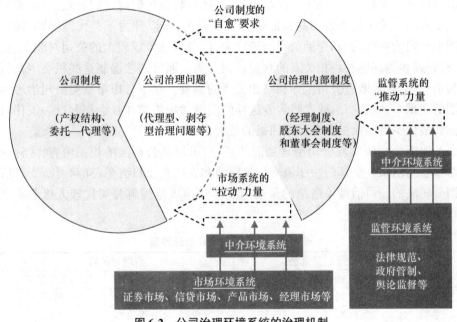

图 6-2 公司治理环境系统的治理机制

6.2.1 法律规范

世界经济合作与发展组织在 2004 年的《OECD 公司治理原则》中的"确保有效公司治理框架的基础"的条目下指出:"公司治理的要求和实践受到公司法、证券规章、会计和审计准则、破产法、合同法、劳工法及税法等一系列法律法规的明显影响",并要求"一个法域内,影响公司治理实践的那些法律的和监管的要求应符合法治原则,并且是透明和可执行的"[34]。

法律体系至少在两个层次上影响公司治理活动:其一是作用于公司经营管理活动,通过合同法、劳动法、税法等对公司与其利益相关者的缔约行为进行约束。其二是通过公司法、证券法、破产法等,直接规范公司治理系统的建设。以下从较宏观的角度讨论两个论题:一是法律规范的公司治理功能与策略,二是从投资者法律保护的国际比较中体味现代公司制度所匹配的法律环境应具备的特征。

一、法律规范的公司治理功能与策略

本书采用广义的公司法定义,即各种规定公司的设立、组织、活动、解散以及公司对内对外关系的法律规范的总称。

汉斯曼和克拉克曼将公司法的功能界定为两项:一是为公司提供所应具备的法律形式,实现法人独立、有限责任、股份自由转让、董事会结构下的授权经营和投资者所有权权能;二是遏制公司的各方利益相关者从事那些减少公司价值的机会主义行为。[35]显然,后者就是公司治理,是我们讨论的重点,是前者派生出来的。关于侵害公司利益的机会主义行为,可以分为三类代理问题,即代理型公司治理行为、剥夺型公司治理行为,以及目前争议较大的公司对职工、债权人、顾客等其他利益相关者的利益侵犯行为。而公司法遏制这些机会主义行为的目标,就是增进公司全体利益相关者的福祉。在不考虑第三类公司治理问题的文献中,或者明示或者暗含着这样的假设:"增进整体社会福利这一宏伟目标的最佳手段是保护股东投资回报的最大化"[35]。

关于公司法实现公司治理功能的路径,可以从公司法的相关内容,或称策略中总结出来。全部的法律策略被汉斯曼和克拉克曼归纳在表6-4中。[36]其所谓公司法的公司治理策略指的是运用实体法律规范缓解公司代理人机会主义行为的一般方法。

表6-4 公司法的公司治理策略

	规制型策略		治理型策略		
	代理人约束策略	从属条件	任免策略	决策策略	代理人激励策略
事前	规则	准入	选任	提议	信托
事后	标准	退出	罢免	否决	奖励

资料来源:〔美〕亨利·汉斯曼,莱纳·克拉克曼:《代理问题与法律对策》,载〔美〕莱纳·克拉克曼等:《公司法剖析:比较与功能的视角》,刘俊海等译,北京大学出版社2007年版。

汉斯曼和克拉克曼将公司法的公司治理策略分为规制型策略和治理型策略。[36]规制型策略具有规范性,要求制定具体的规则,以明确委托人与代理人关系的基本内容,以及设立、终止该关系的相关事宜。治理型策略则针对特定的委托—代理关系,通过强化委托人权力、重塑代理人动机等,间接地保护委托人。根据表6-4,这里有四种规制型策略和六种治理型策略：

（1）规则与标准。这是两种直接约束代理人行为的法律策略。它明确命令代理人不得实施损害委托人利益的决策行为或交易行为。在委托—代理关系确立的事先,由规则来规制双方行为。一般用于保护债权人和公众投资者,比如世界各国公司法对债权人的保护规则有股利限制、最低注册资本要求和资本维持要求等,资本市场监管机构也会出台要约收购和投票权代理等的详细规则。要注意,鉴于公司内部关系的复杂,是无法让公司完全依靠一套完整的禁止或豁免的规则体系来运转的,它或者会留下法律漏洞,或者制造出没有任何实效的严苛规则。

于是,事后的标准成为另一类约束代理人的规制策略。标准不像规则那样条文化,内容趋向开放,需要赋予裁判者事后认定是否发生违规行为的自由裁决权。标准也常用于保护债权人与公众投资者,但标准类的法律规范更多地与公司内部事务有关,如对董事勤勉义务、关联交易等的规制。

（2）准入与退出。这两种规制策略直接规范委托—代理关系的建立和撤销行为。准入策略面对的主要难题是潜在代理人的逆向选择问题。比如,相对于经理和控制股东而言,外部投资者对公众公司的信息的了解是极不充分的。因而为了吸引投资、保障投资者的利益,必须建立面对公众投资者的系统化的信息披露制度。强制这种信息披露的法律规范就是建立在准入策略之上的。

退出策略主要用于允许委托人在事后脱离发生机会主义行为的代理人。在第4章中讨论过一种解决剥夺型公司治理问题的策略——应用股东退出机制。股东退出机制,包括两类方式：一是退股,即在特定条件下股东要求公司以公平合理价格回购其股份从而退出公司,由此建立的是异议股东股份回购请求权制度。二是转股,是指股东将股份转让给他人从而实现退出公司的目的。这时,降低转股壁垒十分重要,一方面股份的自由转让正是现代公司的基本特征,另一方面控制权市场机制的运转以转股为行为基础。

（3）选任与罢免。以上规制型策略主要用于保护公司契约中的弱势主体,而治理型策略则涉及委托—代理关系中的特定活动。顾名思义,选任与罢免即公司法人资产的经营管理者的任免,包括董事会的组成和经理选聘等。其中,董事会作为公司制度运转的枢纽,处于代理型公司治理问题下的股东与经理的中间,也处于剥夺型公司治理问题下的控制股东与其他股东的中间,以及第三类代理问题下的公司与利益相关者的中间,董事的任免问题是选任与罢免法律策略的核心。

（4）提议与否决。这是有关公司法人资产的经营决策权的配置策略。在董事会监管下的职业经理制度成为公司制度基本特征的前提下,委托人和代理人的决策权配置已无太多的裁决问题。比如,根据国际惯例,在事前,股东大会已无提出经营决策动议的立法,在事后,股东大会的表决活动与其说批准不如说是否决。

(5) 信托与激励。这两类治理型策略用于在激励相容的原则下提高代理人的工作动机。其中,事后的激励策略最为常见。激励策略一般分为两类:一类是共享策略,通过把代理人与委托人的利益直接挂钩来提高代理人的忠诚度。比如,按股分红就是让控制股东即便从自己的利益考虑也会同时实现小股东的利益最大化。另一类是按业绩付酬制度。比如各国关于股权激励的立法就是这类策略的法律实现。而事前的塑造代理人动机的策略被汉斯曼和克拉克曼称为信托,它是在事前消除利益冲突,从而确保代理人的"恶行"不会得到奖励。[36]它一方面涉及切断代理人的利益来源,另一方面也与声誉机制隐性激励策略有关。比如,关联交易中的表决权排除制度,就是事前消除利益诱惑的策略。

二、投资者法律保护的国际比较与国际经验

各国的法律规范都不尽相同,但从策略角度看面向公司治理的公司法都包含以上内容,而其目的无非是一方面促进公司的运营效率,而更重要的一方面是保护公司关系中的弱者。鉴于经理、董事会、控制股东是天然的公司剩余控制权的获得者,所以保护弱者就是保护中小投资者,或者笼统一点讲就是保护投资者。由于我们大体上赞同"增进整体社会福利这一宏伟目标的最佳手段是保护股东投资回报的最大化"[35],所以为了表述的简便,关于保护其他利益相关者的内容以下不再强调。

保护投资者是各国公司法立法的应有之义,但是,法律规范是否以及如何保护投资者利益?LLVS 这四位学者掀起了一场有关投资者法律保护的国际比较的研究高潮。在 1998 年的《法与金融》的文章中,LLVS 系统分析了 49 个国家的法律规范对投资者保护的程度,以及对应的证券市场和国民经济的发展水平。[37] LLVS 把世界上的法律体系分为四种:英美判例法系,以美国、英国为代表,还包括中国香港,以讲英语为特点,也称盎格鲁—撒克逊体系;法国成文法系,以法国、西班牙为代表,包括南美、东南亚一些国家;德国成文法系,以德国、日本为代表,还包括韩国、中国台湾;北欧成文法系,也称斯堪的纳维亚模式体系,北欧四国采用。

随后,LLVS 设立了 10 项指标来观察这 49 个国家(地区)关于股东保护的立法情况。这 10 项指标是:① 是否执行严格的一股一票制度(发现只有 11 个国家(地区)执行);② 股东是否可以邮寄委托投票权的代理书;③ 股东大会前是否冻结股票;④ 是否采用累积投票制选举董事,或者允许董事会的比例代表机制;⑤ 是否存在特别的少数股东保护权利,诸如诉讼、退股的规定;⑥ 股东是否有新股的优先认购权;⑦ 股东召集临时股东大会时所必需的股本比例(以 10% 为限作为评判标准);⑧ 对抗董事能力指数,由以上②至⑦项加总而来;⑨ 是否执行强制分红制度。

LLVS 的分析发现,英美判例法系的股东受保护情况最好,法国成文法系最差,德国成文法系略好于法国成文法系,北欧成文法系又略好于德国成文法系。以对抗董事能力指数为例,英美判例法系的得分为 4.00,北欧成文法系为 3.00,德国成文法系和法国成文法系都是 2.33。

通过利用或者改进 LLVS 的研究,大量文献开始讨论法律保护差异下的公司制度、公司行为和公司价值的差别。许年行等对主要研究成果作了总结,汇总在表 6-5 中。[38]举例来说,在投资者法律保护较差的国家,投资者为了避免遭受管理层的剥夺,尽量持有大量股权,这造成了法律保护与股权集中度的负相关关系。又比如,当投资者受到法律较好保护时,公司会更积极分红,这促使投资者愿意为股票支付更高的价格,进而法律保护与公司价值正相关。

表 6-5 法律保护及其效应

	主要研究领域	关系
1	法律保护与股权集中度	负相关
2	法律保护与公司价值	正相关
3	法律保护与控制权私利	负相关
4	法律保护与资本成本	负相关
5	法律保护与股利支付率	正负效应并立
6	法律保护与现金持有	负相关
7	法律保护与盈余管理	负相关
8	法律保护与 CEO 变更	正相关

资料来源:许年行、赖建清、吴世农:《公司财务与投资者法律保护研究述评》,载《管理科学学报》2008 年等 2 期。

在 LLVS 的研究中,英美判例法系对投资者的保护明显好于各种成文法系的情况,引起了法律体系本身的差异对公司治理影响不同的问题。世界各国的法律根据其结构、形式、历史传统等外部特征,以及法律实践的特点、法律意识和法律在社会生活中的地位等因素,可以分为两大法系,即判例法系和成文法系。当然,再细致些,还可分出伊斯兰法系、社会主义法系等。判例法系的更常见名称叫普通法法系,或直接叫英美法系,是以英国普通法为基础发展起来的。英美法系的主要特点是注重法典的延续性,以判例法为主要形式。所谓判例法,就是基于法院的判决而形成的具有法律效力的判定,这种判定对以后的判决具有法律规范效力,能够作为法院判案的法律依据。简单解释就是,以前怎么判,现在还是怎么判。成文法系的更常见名称叫大陆法系,这个大陆指的是欧洲大陆，大陆法系是以欧洲大陆的罗马法为基础建立起来的。我国倾向于大陆法系，特别是大陆法系下的德国法，此外也有法国法和英美法的规则，还有社会主义法系的影子。成文法系的主要特点是以比较精确的条文形式作出各种规定。

那么，为什么看起来判例法系比成文法系对股东保护更充分、对资本市场发展更有利呢？成文法强调事前作出有预见性的判断，判例法则相对灵活地允许事后再依据标准建立具体裁决规则。而公司关系是一种集合各种契约的关系，其复杂程度之高以致难以建立完善的治理规则。这是判例法系比成文法系在规制公司行为方面更有优势的根本所在。具体来看，在判例法系下，如果发生纠纷且之前已有类似判例，则遵从前例就是裁决的原则，若无先例则在既定的标准下由法官依程序作出判决，重要的是该判例对下级法官和以后的判决产生约束，更重要的是这样的判例会越积越多，法律也会越来越完善。相反，在成文法系下，如果出现了法典条文没有说明的纠纷，则结局很可能是，没有法律依据而不予受理。

所以，判例法相对于成文法更具优势。一方面是因为一个个判例就是一个个故事，不仅包含法律标准，细节也十分详细、鲜活，因而判例能促进法律的确定性和可预测性。当事人自己能更准确预测法官的判决，律师向当事人提供的咨询和帮助也更具体，而且还有助于遏制法官的专横和偏见，从而有助于实现公平正义的法律原则。另一方面随着判例的积累、更新，有助于法律的与时俱进，这是判例法最重要的优势。[4]

具体说来，在我国目前的法律环境下，公司治理要注意两点：第一，不要迎合所谓先进的公司治理模式。比如，股权分散的确是美国股权结构的特点，但这是在美国的社会环境下内生出来的，东施效颦、邯郸学步的教训已经太多了。第二，每家公司都要根据自身情况，加强公司章程的建设。公司法与章程，在本质上是通用契约与特殊契约的区别。当通用契约不完善时，必须补充性地加强特殊契约的制定。

6.2.2 政府管制

LLVS应用《法与金融》一文的结论和数据，又发表了《投资者保护与公司治理》，再次强调了法律规范的重要性，指出不能对金融市场放任不管，而监管的渠道包括市场机制本身、法律规范，还有来自政府及其代理机构的管制。[39]同时，在《OECD公司治理原则》中，世界经济合作与发展组织指出"为了确保一个有效的公司治理框架，需要建立一套适当且行之有效的法律、监管和制度基础"，更进一步说明"监督、监管和执行部门应当拥有相关的权力、操守和资源，以专业、客观的方式行使职责,对它们的决定应给予及时、透明和全面的解释"[34]。

可见,来自政府的管制是公司治理的重要力量。广义来说,法律规范也属于政府管制的范围。一般而言,政府对经济组织的监管可划分为法律机制和行政机制。

一、政府管制的动因与内容

政府管制的必要性首先来自于市场机制的失灵,关于市场失灵存在多种视角不同但内容有交叠的解释:第一,自然垄断说。即为了实现自然垄断行业的规模经济性,以及避免其垄断租金的社会危害,政府对自然垄断行业应当实行进出、价格等方面的管制。第二,信息不对称说。面对市场行为中的信息劣势方,比如中小股东、消费者等,政府有义务保护其权益。第三,外部性说。一方面,面对负外部性活动的当事人成本小于社会成本的现象,政府应当对其遏制。另一方面,面对正外部性下个人收益小于社会收益而导致的投资不足问题,政府则应主动承担。[40]

其次,法律制度不完备是要求政府管制的另一原因。从法律的性质上看,法律具有一般性、持久性、可测性。一般性要求法律适用对象的普遍,持久性要求法律适用时间的长久,可测性则反映了法律后果便于人们事前判断。但是,由于语言上的歧义、社会经济和技术变化等原因,法律具有内在不完备特征。[28]事实上,法律也是一种契约,而契约本身就是不可能完备的。此外,法律的制定也有一个过程,特别在中国法治化建设仍任重道远的今天,法律体系在解决市场失灵仍存在众多盲点的时候,依靠政府管制也是顺理成章的事情。

再次,政府自身的功能也包含着监管经济组织的任务。政府要发展经济、促进就业、稳定社会,一方面要通过税收政策影响公司行为,从税收角度看政府其实是公司"最大的小股东"[41];另一方面,消除公司治理引发的强烈的社会冲突和社会动荡,也是政府责无旁贷的责任。例如,面对两房危机引起的金融、社会动荡,2008年9月美国政府不得不接管美国两大住房抵押贷款机构。

最后,文化也是解释政府管制的一项因素。中国自古是一个中央集权的国家,起始于管仲、延绵两千余年的"盐铁官营"政策,让政府管制经济成为习惯。文化上形成的尊重政府、依靠政府的价值观,表现在公司治理上就是典型的政府主导型的内部监控模式。[42]

从狭义的行政监管的角度看,政府管制是指各级政府行政机关及派出机构,依法律的授权和规定对公司治理中各主体和客体的行为所进行的监督。[28]不过人为地割裂政府的法律监管和行政监管也有不妥之处。因为政府的行政监管具有立法和执法双重职能,对于存在的公司治理制度漏洞,政府行政机关往往会采用制定行政法规,或者通过立法建议的形式,以法律机制来完成管制工作。行政监管在执法上具有主动性和强制性的特征,这对提高法律执行的效率具有决定性的意义。[28]

行政监管的主体主要有国务院证券委和中国证监会及其派出机构、财政部、国资委、保监会等。证券委和证监会主要负责上市公司和证券公司的治理组织结构、信息披露、中小股东的保护等的监管;银监会和人民银行主要负责对商业银行的治理进行监管;国资委主要负责对国有企业的治理进行监管;财政部门主要负责对会计师事务所等中介机构的行为进行监管,并负责会计准则等的统一制定;保监会负责对保险公司的治理进行监管。此外,还有审计部门、税务局、工商局等行政机关通过不同的形式对公司治理进行监管。[28]

二、政府管制的程度

小贴士6-6

明朝的反腐与腐败

有明一代,应该说是反腐败非常起劲的一个朝代:朱元璋建国之后,吸取了前代官逼民反、腐败亡国的教训,开始严惩贪官污吏,其整肃吏治法令之严峻、牵涉面之广泛、手段之酷烈,都达到了前所未有的地步。他制定的法律规定:官吏受贿枉法者,赃一贯以下杖刑七十,每五贯加一等,至八十绞;监守自盗仓库钱粮等物者,赃一贯以下杖刑八十,至四十贯斩;官吏贪污至六十两银子以上者枭首示众,并处以剥皮之刑。他是这么说的,也是这么做的——当时许多衙门门口就挂着塞满稻草的人皮:那就是因贪污而被剥了皮的该衙门前任官员!令继任者触目惊心。据野史记载,明朝刑罚中还有一种叫"醢":就是把那些犯了贪污罪的官员剁成肉酱,然后分给各地官员吃下——意思当然很明显:你们可得小心了,谁要是贪污,可就是这味道啦!可就这样一个靠严刑峻法"反腐倡廉"的朝代,最后也闹到贪污成风不可收拾——比如嘉靖41年(1562年)内阁首辅大臣严嵩垮台被抄家时,竟抄出黄金三十万两,白银二十万两,其他珍宝不可胜数,与此同时,国家银库太仓里的存银不到十万两!而明朝最后灭亡的结局也与贪官污吏甚嚣尘上大有关系。这是什么缘故?

资料来源:佚名:《明朝"反腐"为何越反越腐败?》,http://www.21fd.cn/a/shuangyuuedu/2012040944375.html。

政府管制的程度达到何处最合适?张维迎从企业信誉与政府管制的均衡的角度,回答了这一问题。[43]

张维迎研究的是我国目前存在的信任危机问题。而具体到企业,就是企业信誉普遍不高的问题。再进一步看,企业信誉与代理型、剥夺型公司治理问题互为因果。所以,企业信誉不高实质等同于公司治理效率低下,或者说企业信誉就是公司治理效率的指示指标。那么,企业信誉与政府管制有何关联?张维迎认为,在目前市场秩序混乱的情况下,人们首先想到的就是加强监管。但过度的监管对企业信誉带来损害,一味地依赖政府管制,忽视其对信誉可能带来的影响,则产生了更严重的信任问题。以下用三个简单的模型说明这一现象:

在图 6-3 中,横坐标代表政府管制的程度,纵坐标是企业信誉的程度。另外,企业信誉与政府管制的关系用需求曲线和供给曲线刻画。需求曲线表示,企业信誉越差越需要政府的管制,这符合人们的基本经验。供给曲线的情况比较复杂。按照"官方"逻辑,政府管制有助于增强企业信誉。一般地说,有助于识别交易主体身份、提高博弈的重复性、传递交易者行为信息和对欺骗行为实施有效惩罚的政府管制,会有助于市场信誉机制的建立。[20] 但是当政府管制达到一定程度以后,比如超过图 6-3 横坐标中的 X 点,管制越多,企业讲信誉的积极性越小。这大致源于三个原因:第一,管制降低信誉的价值。管制越多,政府的自由裁量权就越大,企业面临的不确定性就越大,企业就会越追求短期行为。博弈的重复性得不到保障,今天的守信不能得到未来的好报,企业自然就不会太关心信誉。第二,管制创造垄断租金。在政府管制下,只有政府批准的事情才能办,拿到批件的企业就获得了垄断权,垄断给企业带来垄断租金,企业可以靠垄断租金生存,还在乎什么信誉啊!第三,管制引起腐败。面对垄断租金,寻租才是企业的策略。企业最重要的"客户"是政府部门,没有必要对市场讲信誉。

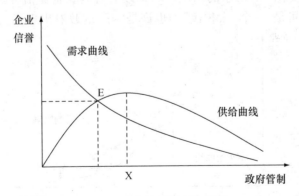

图 6-3 政府管制与企业信誉

资料来源:张维迎:《信息、信任与法律》,三联书店 2003 年版。

在这样的需求曲线和供给曲线之下,如果政府管制的效率不是太差,如图

6-3 所示,政府管制还是有效的。这时需求曲线和供给曲线会有一个交点 E,在 E 点形成政府管制与企业信誉之间的一个均衡,达到了社会稳定。

但如果政府管制的效率不高,增加管制供给产生的信誉增加的速度不够快,那么,E 点就会向右移动。政府"很忙",但企业的信誉度却不高。如果政府管制的效率非常差,差到供给曲线尚未与需求曲线相交就下降了,所谓的"管制陷阱"就出现了。企业不讲信誉,于是政府要管制,但管制后企业信誉不但不见好转反而更差,进而政府再增加管制,结果是政府管得越多,企业越不讲信誉。供给曲线和需求曲线永远不相交。如果任凭恶性循环持续下去,最后的结局是,只有管制、没有信誉,所有的交易都只能在政府的管制下进行。这就是图 6-4 所表现的情况:

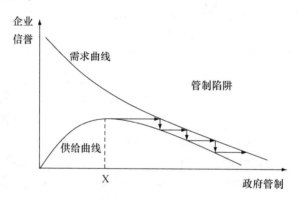

图 6-4　管制陷阱

资料来源:张维迎:《信息、信任与法律》,三联书店 2003 年版。

更复杂的是图 6-5 所示的情况。本来政府管制和企业信誉是可以在 E 点达成均衡的。可是,一个"太积极"的也许是"好"的政府出现了,它想让企业变

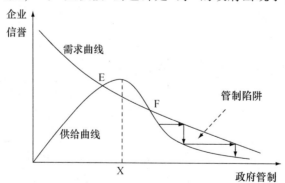

图 6-5　多重均衡与管制陷阱

资料来源:张维迎:《产权、激励与公司治理》,经济科学出版社 2005 年版。

得更完美,于是加大监管。如果监管力度超过了 X 点,则新的企业信誉的均衡点只能出现在 F 点。但是,F 点是不稳定的。假如 F 点上的企业信誉略微向下波动一点,或者"好"政府又"积极"了一下,管制陷阱再次出现,极端情况是只有管制、没有信誉。

6.2.3 舆论监督

案例6-3

顾雏军的倒下

顾雏军是格林柯尔系的创始人,旗下控制科龙电器等五家上市公司,善玩各种左手倒右手的资本游戏。2005 年 1 月登上了第二届"胡润资本控制50强"的榜首。2005 年 9 月顾雏军正式被捕,2008 年因虚假注册、挪用资金等罪一审获判有期徒刑十年。这样一个资本大鳄是如何倒下的呢?

2004 年 8 月 9 日,我国香港中文大学教授郎咸平在复旦大学发表了《格林柯尔:在"国退民进"的盛宴中狂欢》的演讲。他认为,顾雏军先后收购了科龙、美菱、亚星客车以及 ST 襄轴等四家公司,号称投资41 亿元,但实际只投入 3 亿多元。其间顾雏军采取了多种手法巧取豪夺。郎咸平将顾雏军的巧取豪夺归纳为"七大板斧",即:安营扎寨、乘虚而入、反客为主、投桃报李、洗个大澡、相貌迎人以及借鸡生蛋。郎咸平认为,顾雏军这种以较小成本"撬动"整体产业的操作,是一种时机、条件、谋略和操作手法上精心设计的共同结果。而这种看似奇迹的"撬动",已经在许多爆出丑闻的上市公司中重复上演。"资本神话"的背后,是疯狂运动的资本控制"黑手",是巨额国有资产的悄然流失和违法者的一夜暴富。郎咸平教授宣称发现了顾雏军的"并购神话"的真相,认为后者采取了不正当的财务手段来侵吞国有资产。郎咸平发表该言论后数日,格林柯尔集团委托的香港齐伯礼律师行向郎咸平递送了措辞严厉的律师警告函。这一律师函直接导致郎咸平将那篇名为《在"国退民进"盛筵中狂欢的格林柯尔》的文章在国内门户网站上公布,顿时引起轩然大波。

2004 年 11 月,深交所联合香港联交所进驻广东科龙总部对顾雏军的财务问题进行集中核查;2005 年 1 月 25 日,香港联交所上市委员会对广东科龙电器(0921,HK)前 7 位执行董事进行了纪律聆讯;2005 年 3 月 29 日,香港联合交易所发布了对这 7 位科龙前执行董事公开谴责的通告。格林柯尔系成监控对象。2005 年 3 月,广东、江苏、湖北、安徽等地证券监管部门联合对格林柯尔涉嫌违规挪用其控股的上市公司科龙电器资金,收购美菱电器、襄阳轴承以及亚星客车三家上市公司的事件展开调查。4 月初,这些机构正式展开联合调查。

正当各地证券监管部门开始着手查证格林柯尔系企业时,不利的消息接踵而来,危机开始引爆。2005年4月28日,格林柯尔系科龙电器年报预告出炉,公告称,预计2004年度亏损金额约为6000万元人民币。消息传出,科龙在深交所挂牌的A股在按例停牌一小时后,复牌股价即直落至跌停板,下滑10.12%;港股方面同样狂泻16.31%。之所以市场反应这么剧烈,是因为科龙上年前三个季度的利润在2亿元左右,而在科龙主业空调、冰箱市场基本正常运营的情况下,短短三个月内却来了个大变脸,原先2亿元的利润不见踪影,而且还额外出现6000万元的亏损。

2005年5月10日,科龙电器正式发布公告:科龙公司因涉嫌违反证券法规被中国证监会立案调查。更重要的是,原来负责香港格林柯尔和科龙的会计师事务所德勤表示不再担任格林柯尔科技和科龙电器的审计师。虽然调查结论尚未最终公布,但科龙危机已经开始愈演愈烈,股票一再狂跌,直接影响了金融机构、供货商、经销商等对科龙的信心,银行不敢放款,供应商不敢供货,生产经营趋于严重困难,使科龙在银行融资和赊账方面遇到困难,现金流的紧张对供货商的供货及与经销商的合作构成连锁性冲击,令科龙错过了本年度冰箱及空调的生产和销售旺季,导致科龙2005年5月和6月的营业额较上年同期减少50%以上。

2005年7月12日,一封"致科龙电器全体股东书"把上海律师严义明推到聚光灯下。在"拷问"科龙独董"失职"的同时,严义明联合香港著名律师林炳昌,以及财务专家朱德峰宣布竞选科龙独董,调查科龙危机。作为仅持100股股票的小股东、多次为上市公司中小股东代理证券民事诉讼案件的上海律师,严义明已经展开一场声势浩大的"独董独立运动"。而对于外界对其就此事"自我炒作"的质疑,严义明在接受记者采访时则自称是"中国市场上第一个有意识地推动保护投资者权益的律师"。

2005年7月下旬,证监会首次在北京找顾雏军谈话。7月29日17时左右,在北京奔走"公关"多时的顾雏军,在北京首都机场被警方带走。

2012年9月6日,顾雏军提前获释。9月14日,顾雏军在北京举办新闻发布会,他头戴白纸做成的高高的帽子,上面写着"草民完全无罪"。

资料来源:根据相关资料整理。

一、舆论监督的媒体效应

在顾雏军倒下的案例中,郎咸平发表在各大网站的文章,是推倒顾雏军的第一把力量。在其他中外的公司治理大案中,从银广夏到亿安科技,从安然到世通,舆论监督无疑也扮演着重要的角色。舆论监督的实施主体主要分为公众和媒体两个层次。公众是舆论话题的发现者和提供者,其舆论发布的平台是各类媒体。同时,媒体本身也是专业信息的发现者,也可独立地成为舆论监督的源头。[28]媒体也是公众舆论的引导者和推动者,是个别舆论成为社会舆论的转化器。另外,随着互联网技术的发展,社交网络、博客、微博、微信等自媒体形式相继出现,媒体和公众已经比较难以分清彼此。所以,关心舆论监督的公司治理作用,核心就在于理解媒体的公司治理力量,包括媒体的治理机理、治理效果等,即所谓舆论监督的媒体效应。

小贴士 6-7

第 四 权 力

三权分立,是西方国家基本政治制度的建制原则,是指立法权、行政权和司法权相互独立、互相制衡。在这三权之外,还有一个"第四权力"的比喻,即把新闻媒体理解为与立法、行政、司法并立的一种社会力量,能对这三种政治权力起制衡作用。美国 1923 年伊利诺伊州最高法院关于"芝加哥市对《芝加哥论坛报》案"的判决确定了报纸批评政府的绝对权利原则。1964 年,最高法院关于"《纽约时报》对苏里文案"的判决确立了报纸批评官员的权利。1971 年由"专业新闻人员协会"提议创立的"盾牌法"保证了新闻人员对新闻来源的保密权,防止官员钳制舆论。

在西方国家,新闻媒体有"第四权力"的比喻,强调其在独立性基础上的对政治权力的制衡,说明了新闻媒体力量的强大。一般来说,媒体力量源自其三项功能:一是信息披露,二是舆论监督,三是引导舆论导向。[28]现在的问题是,媒体的力量是如何转化公司治理行为的呢?

第一,声誉机制的作用。在经理人市场上,经理和董事的价格与其说来自于其人力资本,不如说来自于其声誉。声誉不仅能实现经理和董事的社会性需要,也是其获得经济利益的基础,给他们带来薪资奖励和职业前景。来自媒体的声誉损害(不考虑媒体被操纵的话,媒体在这方面一般是报忧不报喜的),对那些希望在未来职场有所发展的经理和董事来说,是一个可信的严厉的惩罚,促使他们更加关注媒体,对媒体的报道作出及时反应。[41]在实证方面,国外的一些研究支持了这一结论。比如,如果公司被美国《商业周刊》评为"最差董事会",那么公司治理改善往往会随之展开。[44]

然而,媒体声誉机制的效应也受到质疑。一方面,媒体报道的独立、公正、客观性是值得商榷的,特别在某些特定的社会环境下。另一方面,经理市场的发展状况，直接决定了声誉机制是否成立。所以，一些文献并未发现媒体声誉机制的实证效果。比如贺建刚等追踪分析了五粮液公司若干年的媒体报道和公司行为，发现媒体并没有起到抑制大股东剥夺行为的作用。[45]另有一些文献，虽然发现了媒体的治理效用，但在我国经理市场尚未成熟的情况下，被证明出其作用并非来自声誉机制，而是引导监管部门的介入。[46]

第二，引起监管部门的反映。在市场导向的经济制度下，声誉机制是解释媒体公司治理作用的基本因素。但在中国，可能媒体报道对公司的压力主要来自于监管部门获悉后的介入。假如监管部门与公司之间没有不正常的关系，而一般情况下监管部门与公司间的信息不对称程度较高，那么媒体的报道将起到一种投诉机制的作用，有助于引导监管部门的介入。假如监管部门与公司之间由于寻租而关系不正常，则媒体的报道有助于引入更高一级监管部门的反腐行动，或者促使该监管部门出于自身声誉和政治前途考虑而自我修正。

在自媒体时代，在社交网络、博客、微博等新媒体上，公众自发形成的舆论意见，也产生类似的投诉或者信访机制。过去，公众舆论只有透过媒体或者引起群体事件，才能触动公司或监管部门。所以，过去的公司治理研究仅考察到媒体层面。虽然今天，自媒体反腐已初见成效，自媒体治理应该被重视，但是，网络信息的碎片状、可靠性略低、流逝快等特征下，自媒体治理是否能起到切实的作用，还有待考察。

第三，产生市场压力。在这方面，媒体发挥的是一种信息中介的作用。事实上，媒体本质上是信息中介，公司的信息披露渠道是各种媒体，媒体发布的公司点评也是一种信息。媒体越积极、越公正，市场对公司的信息不对称性越小，越有利于市场机制的发挥。特别在资本市场上，没有媒体的存在，股东"用脚投票"的机制无从谈起。实证研究也证明，媒体关注的程度会影响资本市场对股票的定价，甚至不论媒体报道是否准确，高曝光率公司的股票回报都要低一些。[47]所以，媒体的舆论效应可以改善投资者信息环境。

二、学者的专业意见

媒体能够发挥舆论监管的作用，是因为如果能守住职业道德底限，它将是一个独立的第三方，基本没有利益的牵绊。此外，在职业道德假设下的另一个独立的第三方，是学者，而且还具备更加专业的特点。在顾雏军的案例中，虽然是媒体让顾雏军曝光于天下，但是最初的推动者是郎咸平教授。郎咸平教授也是敲响德隆系"丧钟"的人。而之前揭穿蓝田股份内幕的也是刘姝威研究员的一篇600字的短文。

学者是社会的良心，学者对于社会的影响是巨大的，是潜移默化的。一个社会必须要尊重学者的意见，创造让学者努力研究、发挥作用的机制。[4]学者的专业意见成为重要的舆论监管力量,是因为只有学者有时间和专业技能去研究并揭示那些不为常人所见的机制。[4]学者求真、创新的职业特点,也决定了学者是最不应声附和或迎合潮流的独立群体。可叹的是,在今天的中国,御用文人、利益集团代言人破坏了学者的独立性,学术混子、学界骗子破坏了学者的专业性名声,而社会整体科学素养不高也限制了学者专业意见的传播效应。

6.3　服务环境系统

媒体首先是一个信息中介,信息传递功能是包括舆论监督功能在内的其他功能发挥的前提。不仅舆论监督需要通过一定的中介结构,其他的外部治理机制,甚至一些内部治理机制的运转,都要依赖于各种中介结构。这些中介机构形成了公司治理的服务环境系统。

6.3.1　信息中介与信息披露制度

公司治理制度的必要性来自于公司制度本身的"缺口",这个"缺口"是契约不完备性造成的。契约的不完备使得有关公司资产的决策权不能完全地在公司参与者之间分配,总有一些权利会"剩下来",即剩余控制权。如果不对剩余控制权严格管理,它们就实际上留在公司经营者的手里,即经理或者控制股东手里。在权责不对称下,这些权利就会被滥用。所以,就应该将剩余控制权分配给应该掌握剩余控制权的人,他们是以股东为核心的各类利益相关者。于是,公司治理的主体和客体就明确了,他们分别是应该获得和实际上容易获得剩余控制权的人。从资产使用的角度上讲,他们也构成了一种委托与受托关系。但是,剩余控制权本身就来自契约的不完备之处,不仅一些权利的使用只能确定一个原则性框架,而且即便稍微明确一些的权利义务发生了,其信息也实际掌握在公司治理客体的手里。所以,必须有一种机制能够保证公司治理客体处于主体的治理之下。这种机制就是确保说明责任的履行。所谓说明责任,是指公司治理客体有义务向公司治理主体报告其行为、行为的原因、行为的结果或预期结果。所谓说明也就是信息披露,而确保说明责任履行的机制就是实施信息披露制度。

一、强制性信息披露制度

信息披露制度是公司治理制度体系的必要组成部分,是公司资产的受托者向各方委托者汇报必要信息的制度安排。在内部治理系统内,经理向董事会、董事会向股东大会尽其说明责任是信息披露制度的内容。非上市的、非股份制的公司也存在信息披露制度的建设问题。不过一般情况下,人们所谈信息披露制度更多的是面向上市公司的外部利益相关者群体的。鉴于这类公司的信息不对称度更高、影响面更广，各国往往会立法规制相关信息披露事宜，因而在这个意义上，又称为强制性信息披露制度。以下就从介绍强制性信息披露制度入手，说明公司治理制度建设的信息披露部分的特点。

强制性信息披露制度，也称公示制度、公开披露制度，是上市公司为保障投资者利益、接受社会公众的监督而依照法律规定必须将其自身的财务变化、经营状况等信息和资料向证券管理部门和证券交易所报告，并向社会公开或公告，以便使投资者充分了解情况的制度。它既包括发行前的披露，也包括上市后的持续信息公开，主要由招股说明书制度、定期报告制度和临时报告制度组成。[28]强制性信息披露制度源于英国。1720年由南海公司信息欺诈引起金融危机，导致了整整100年里英国没有发行过一张股票。在刚刚恢复元气的1844年为了避免重蹈覆辙，英国《合股公司法》出台，其中规定了公司制度的三项原则。前两项原则用以推动公司制度的普及，而第三项原则就是强制性信息披露原则，规定公司注册登记情况必须向社会公开，从而防止欺诈，保护公众利益。由此可见信息披露的重要性，没有信息披露制度就没有现代公司制度。

强制性信息披露制度的核心特征就在于"强制"二字。"强制"也意味着公司其实并没有进行全面信息披露的动力，将其判定为一件吃力不讨好的事情。"吃力"表现在信息披露是有成本的，不仅信息准备、披露发布要消耗资源，披露还有可能引起争执和分歧，甚至股东诉讼。"不讨好"表现在市场环境下让自己处于竞争的"明处"，公开的信息使竞争对手、供应商、客户等对公司的长短处一目了然，甚至在控制权市场上也落在下风。另外，一旦披露的是坏消息，或者让人误解的信息，更是自找麻烦。当然在有的情况下，公司如果出台对自己利好的消息，也类似于向市场发布了一个"信号"，有利于解除市场对公司的各种逆向选择问题的困扰，提升市场对公司的信心。所以，信息披露制度具有强制性的本质特征，但自愿性的信息披露行为在目前市场上也并不少见。

总体而言，在强制性特征下，信息披露的方式和内容被确立下来。首先，信息披露被要求在规定的时间，按照规定的统计方法，甚至规定的书写格式向规定的群体发布，公司在其中的自主余地很小。其次，信息披露的内容被严格规定。我国2007年施行的《上市公司信息披露管理办法》规定了公司信息披露的文件包括招股说明书、募集说明书、上市公告书、定期报告和临时报告等。招股说明书、募集说明书和上市公告书的发布可总称为初次信息披露。定期报告包括年度报告、中期报告和季度报告。年度报告应当在每个会计年度结束之日起4个月内，中期报告应当在每个会计年度的上半年结束之日起2个月内，季度报告应当在每个会计年度第3个月、第9个月结束后的1个月内编制完成并披露。

临时报告指的是对重大事项的披露。我国《上市公司信息披露管理办法》规定了 21 种重大事件，小贴士 6-8 节选了前 10 种，由此可见公司说明责任的范围。定期报告和临时报告的发布又可总称为持续性信息披露。

小贴士 6-8

上市公司应该披露的部分重大事件

《上市公司信息披露管理办法》的一些规定：

第三十条　发生可能对上市公司证券及其衍生品种交易价格产生较大影响的重大事件，投资者尚未得知时，上市公司应当立即披露，说明事件的起因、目前的状态和可能产生的影响。

前款所称重大事件包括：

（一）公司的经营方针和经营范围的重大变化；

（二）公司的重大投资行为和重大的购置财产的决定；

（三）公司订立重要合同，可能对公司的资产、负债、权益和经营成果产生重要影响；

（四）公司发生重大债务和未能清偿到期重大债务的违约情况，或者发生大额赔偿责任；

（五）公司发生重大亏损或者重大损失；

（六）公司生产经营的外部条件发生的重大变化；

（七）公司的董事、1/3 以上监事或者经理发生变动；董事长或者经理无法履行职责；

（八）持有公司 5% 以上股份的股东或者实际控制人，其持有股份或者控制公司的情况发生较大变化；

（九）公司减资、合并、分立、解散及申请破产的决定；或者依法进入破产程序、被责令关闭；

（十）涉及公司的重大诉讼、仲裁，股东大会、董事会决议被依法撤销或者宣告无效；

……

二、信息中介及其功能

信息披露当然要依靠相关媒体发布，这些媒体就是从事公司治理服务的信息中介。除此之外，信息中介还有其他一些形式，包括会计审计机构、信用评级机构等，它们是信息披露制度不可或缺的组成部分。

(1) 会计师事务所

会计师事务所是由注册会计师组成,受当事人委托承办有关会计和税务咨询,以及审计等方面业务的中介服务机构。从业务内容看,会计师事务所既是提供公司经营管理服务的会计师事务所,也是为社会公众服务的会计师事务所。前者是为了帮助公司完成相关企业专业职能,包括会计咨询、税务咨询、管理咨询、代理记账等。后者则是为了确保公司实现信息披露机制,包括审查企业会计报表、验证企业资本、办理企业合并、分立、清算事宜中的审计业务等,该类活动的结论要形成面向社会公众的审计或验证报告。前者可统称为咨询业务,后者可简称为审计业务。而谈到会计师事务所的公司治理功能,自然指的是审计业务,即通过审计活动解决公司与公众的信息不对称问题。

为什么社会中要出现一个专门的审计机构呢?因为人们相信自利的公司总是会有说谎的可能。那么,怎样让会计师事务所不会帮助公司说谎?应该建立让会计师事务所不能说谎的制度。其实,公司发展史上有太多说谎的会计师事务所,让人记忆犹新的是安然事件中的安达信会计师事务所(参见本章末的讨论案例)。这个安达信最终的下场是倒闭,原本世上号称的"五大事务所"变成了"四大"。究其原因,关键在于它既帮安然做审计业务,也从事咨询业务,每周的收入达到百万美元。可见,一个不独立的会计师事务所是不能保证公正、客观的。所以维护独立性是治理会计师事务所的基本原则。近年来,呼吁会计师事务所审计、咨询业务分离的呼声很高,这就是基于维护独立性的考虑。

另外,在会计师事务所的制度选择中,不同于工商企业,合伙制的产权形式较常见。这其实是市场对其治理结构的决定。会计师事务所之类的组织机构主要依靠人力资本运转,这是难以被抵押的资产。因而,如果采用有限责任制度,则破产对于注册会计师们的压力太小。但如果采用无限责任的合伙制,合伙人约束自己行为的动力就会增强,或者说与被审计公司合谋的风险就会增大,公众对其出示的审计报告的信任度就会高些。

(2) 信用评级机构

信用评级机构是由专门的经济、法律、财务专家组成的,对证券发行人和证券信用进行等级评定的组织。信用评级机构关心的主要是公司偿债的信用,不单独对普通股股票评级。但在评级中会涉及对公司治理的评价。我国的信用评级机构成立较晚,发展也不快,中间还发生了"福禧短融"事件。

案例 6-4

福禧短融事件

2006 年 7 月 17 日,上海市劳动和社会保障局局长祝均一因涉嫌违规使用

32亿元社保基金而被审查,涉案金额达百亿人民币的上海社保基金案也随之浮出水面。随着案例的审理,不仅牵连出原上海市委书记陈良宇,还引发了造成我国信用评级行业地震的"福禧短融"事件。

福禧投资是我国第一家发行短期融资券的非上市民营企业,成立于2002年,注册资本为人民币5亿元。2006年3月,该公司发行了10亿元1年期的短期融资券。上海远东资信评估有限公司给予该债券的级别是A-1,即"具备很强的短期债务偿还能力,受外部环境变化的影响很小"。注意,短期融资券不同于公司债需要银行提供担保,它的定价是通过评级公司的信用评级而定。然而到了7月份,有关部门查出福禧投资曾违规拆借32亿元上海社保基金,用于购买沪杭高速上海段30年的收费经营权。东窗事发后,福禧投资的主要财产遭遇法院冻结,10亿短融券投资者直面偿付风险。2006年8月21日,上海远东出具资信评估报告,称福禧投资筹备发行短期融资券期间未披露合计34.5亿元的债务,并将其评级降为C级。尽管上海远东有所行动,而且在各方协调下福禧短融券也获全额偿付,但是,业内人士对评级机构为债券出具评级报告的动机产生了根本性的怀疑,信用评级行业的市场信誉严重受损,我国本土信用评级机构更难与外国知名机构抗衡。

资料来源:根据相关资料整理。

美国的标准普尔和穆迪是世界最知名和最成熟的两家信用评级机构。以下以标准普尔的例子,说明信用评级机构在公司治理中的信息中介作用。

标准普尔的信用评级共十级,通过分别计算全部公司信用影响因素后,加权汇总算出。其中,包含对公司治理因素的评价。标准普尔对公司治理因素的评价基于四项原则:第一,公平性。考察公司对待全体股东的公平程度,注重剥夺问题的防治。第二,透明性。考察公司对其行为的信息披露,包括信息披露的程序规范性。第三,可信性。考察公司控制体系的建设情况。第四,可靠性。考察公司经营的合法性,以及与利益相关者关系的长期稳定性。在此原则下,标准普尔从两个方面计算公司治理分数。一方面基于内部治理系统,分析所有权结构和外部利益相关者的影响、投资者权利和关系、透明度与信息披露、董事会的结构与过程管理共四个维度的情况。另一方面基于外部治理系统,分析市场基础设施、法律基础设施、管制环境系统、信息基础设施共四个维度的情况。

(3)公司治理评价指数

标准普尔对公司治理的评价,构成了一个公司治理评价系统,是信用评级机构评估证券风险的重要工具。在标准普尔的带动下,以及远溯于上世纪50

年代的学术探索,今天国内外一些专门机构和学术团体建立起了专门的直接评估公司治理的评价指标体系,甚至将评估结论指数化。其中,南开大学公司治理研究中心发布的中国上市公司治理评价指标系统,及中国公司治理指数 $CCGI^{NK}$,在中国影响最为广泛。

南开大学公司治理研究中心认为公司治理评价与治理指数系统的功能在于:加强监管,促进资本市场的完善与发展;为投资者的投资提供评价标准,并指导投资;有利于公司科学决策的完善与诊断控制;有利于对公司形成强有力的声誉制约,并促进证券市场质量的提高;建立公司治理实证研究平台,提高研究水平。[48] 可见,公司治理评价与治理指数系统起到的是信息中介的作用。

$CCGI^{NK}$ 指数的评价指标包括六个一级指标。其中,在股东权益与控股股东行为一级指标下,有关联交易状况、上市公司独立性、股东大会状况、中小股东权益保护状况四个二级指标;在董事与董事会治理一级指标下,有董事权利与义务、董事会运作效率、董事会组成结构、董事薪酬、独立董事制度五个二级指标;在监事与监事会治理一级指标下,有监事能力保证性、监事会运行有效性两个二级指标;在经理层治理一级指标下,有任免制度、执行保障、激励机制三个二级指标;在信息披露一级指标下,有完整性、真实性、及时性三个二级指标;在利益相关者治理一级指标下,有公司员工参与程度、公司社会责任履行状况、公司投资者关系管理、公司和监督管理部门的关系、公司诉讼与仲裁事项五个二级指标。从中可以了解 $CCGI^{NK}$ 指数关心的公司治理因素。

6.3.2 金融中介及其功能

除了信息中介,构成公司治理服务环境系统的,还有金融中介。金融中介是指在经济金融活动中为资金盈余者和资金需求者提供条件、促使资金供需双方实现资金融通的各类金融机构的总称。[49] 金融中介是一个弹性较大的概念,广义的理解中各类金融市场都可归为金融中介。即便按照较窄的定义,仅从金融机构的角度界定金融中介,所包含的范围也很宽泛,商业银行、专业银行、财务公司等均属于金融中介,甚至此前所讨论的信用评级机构也属于信息类金融中介。所以,这里所讨论的金融中介是一个最窄的概念,基于"股东至上"视角,专指在股东与公司之间完成金融媒介或桥梁作用的机构。一般而言,在公司治理语境下所讨论的金融中介主要有三类:一是证券公司,二是投资基金,三是股票交易所。

(1) 证券公司

证券公司是在资本市场上经营证券业务的金融机构。证券公司是中国和日本的称呼,在美国称为投资银行,在英国则称为商人银行。

综合型的证券公司的业务范围较宽,其中证券承销是证券公司最基本、最核心的业务活动,是指证券公司依照协议或合同为发行人包销或代销证券的行为。包销是指证券承销商将发行人的证券按照协议全部购入或者在承销期结束时将售后剩余证券全部自行购入的承销方式。包销的特点由"包"反映,"包"的本质是发行风险由证券公司"包圆"。代销是指证券公司代发行人发售证券,在承销期结束时,未售出的证券将全部退还给发行人的承销方式。

我国《公司法》第87条规定,股份有限公司发起人向社会公开募集股份,应当由依法设立的证券公司承销,签订承销协议。为什么股票发行必须由证券公司完成,而不能由公司自己完成?这里除了政府管制和调控的原因,以及证券公司的专业能力考量之外,还有一个信誉问题使得公司无法实现直接兜售。[20] 公司的股票发行往往是一次性的,即便算上再融资活动,也是偶然发生的,同时股东购买股票后,资金不可抽回。所以,股票发行过程中,股票购买者要承担较大风险。如果都是由公司自己出售股票,资本市场将无法形成,举目之间只有一些流动摊贩而已,今天做了交易,明天就找不到人了。理论解释是,公司自己出售股票就是一种一次性的博弈,人们不会有约束自己机会主义行为的经济动力。但如果由证券公司专门承办这项交易,则在资本市场上股票承销构成了重复博弈,所谓"跑得了和尚跑不了庙"。为了长远利益,证券公司就会保证自己当下的信誉,不会欺骗投资者。

把问题再向前推一步,证券公司以及其他机构组成的资本市场上,市场机制能够保证证券发行的正当性,杜绝各类欺诈、内幕行为吗?这就涉及证券发行的核准制与注册制的选择问题,也就是公司治理系统中政府管制和市场机制之间的权衡问题。核准制是指公开相关信息、确保证券发行的实质条件后,由主管机构决定是否予以批准其发行证券的一种审核制度。我国是核准制的代表。美国在联邦管制的层面上采用注册制,也称申报制,是指发行人负责向证券主管机构申报注册,而主管机构只负责审查其是否履行了信息披露义务的一种审核制度。我国是否应该走向注册制,是当前理论、实践界热议的问题。一种观点是"市场程度较高的注册制虽能成为我国证券市场新股发行体制改革的目标,但我国证券市场新股发行体制改革的成功与否、进度如何,则取决于与之配套的法律基础制度和环境是否完善"[50]。案例6-5中神舟电脑的IPO之路留给我们一个悬念,如果在注册制下,它是已经上市了还是早就断了上市的念想?

案例6-5

神舟电脑坎坷上市路

神舟电脑在IPO就差临门一脚的时候放弃了。不少人在2013年5月31日证监会公开的最新终止名单中看到神舟电脑时大感意外,这家九年来四度挣扎上市的公司，终究因为没有提交自查报告，导致申请最终按照程序予以终止审查。该公司上市之路如此折腾依然未果，可谓 A 股第一"奇葩"。

事实上，从专项检查开展以来，终止审查的企业不断增加。据证监会上周的披露信息显示，截至 5 月 31 日，共有 269 家企业被终止审查，约为此前 900 余家"堰塞湖"的 1/4 左右。但神舟在其之列令人感到意外的原因是，公开信息显示，2012 年 7 月 31 日，神舟电脑 IPO 申请获得了证监会方面的首肯，可以说是只差一纸批文了。

神舟电脑的上市之路并不平坦。2005 年，赴 H 股上市流产；2008 年，冲击深圳中小板因金融危机搁浅；2011 年 3 月，创业板上市申请因财务问题被发审委拒绝；2012 年 7 月 31 日，创业板发审委终于通过了神舟电脑的 IPO 申请，没想到最终却是企业自己放弃了。

但事实上，如果回头看神舟 IPO 进程，不难发现失败端倪早现。神舟电脑在过会后，并没有在 3 月 31 日提交自查报告。而按照证监会的要求，在 3 月 31 日前无法提交自查报告，发行人和保荐机构可提出终止审查申请，补交报告的时间延长至 5 月 31 日。但神舟电脑 5 月 31 日前仍未递交自查报告，其 IPO 申请最终按照程序予以终止审查。

对于神舟电脑过会后的蹊跷表现，各方猜测纷起。需要注意的是，根据证监会的要求，对于申报主板上市的企业，其净利润跌幅不得超过 30%；对于申报创业板上市的企业，只要业绩下滑即不允许上市。因此，上述要求也一度被市场认为是创业板成为 IPO 审核风暴"重灾区"的原因之一，而神舟电脑获准登陆的正是创业板。

实际上，神舟电脑在第四次冲击 IPO 的过程中，始终身披"粉饰"业绩的嫌疑。2012 年神舟电脑提交的 IPO 材料中，其净利润与经营性净现金流背离、存货周转率畸慢、毛利率畸高、核心收入增长停滞等问题就已暴露。时间回到 2011 年，当时神舟电脑提出 IPO 申请，被拒的理由包括：公司净利润与经营现金流存在明显差异；未能合理解释存货周转率逐年下降但毛利率逐年上升现象；公司 2010 年营收增长主要来自电脑零配件销售，可能对公司持续盈利能力构成重大不利影响。但时隔一年，上述硬伤却迅速改善，而这也遭到了众多媒体的质疑，最新的质疑包括"客户多变且采购数额暴增""PC 硬盘或少计成本""笔记本库存与当年产销量不匹配"等。

另有业内人士指出，除涉嫌"美化报表"之外，PC 市场不景气，也是神舟电脑梦碎 IPO 的另一大"致命伤"。2012 年，全球 PC 出货量出现了十年来首次下滑，今年一季度，PC 市场出货量下滑趋势更明显，神舟电脑很难"独善其身"。

资料来源：刘珊：《神舟电脑九年四次冲击 IPO 无果》，载《羊城晚报》2013 年 6 月 6 日。

证券公司的第二类基本业务是证券经纪,是指证券公司通过其设立的证券营业部,接受客户委托,按照客户要求,代理客户买卖证券并从中收取佣金的业务。由于一般投资者不能直接进入证券交易所进行交易,故此只能通过特许的证券经纪商作中介来促成交易的完成。证券公司的另一类常见业务是自营业务,是以自己的名义和资金买卖证券从而获取差价利润的证券业务。在这个层面上,证券公司可认定为机构投资者。另外,证券公司也是一些投资基金的发起人,是吸纳社会资金的机构投资者。此外,证券公司还常会设立投资咨询的业务,这层面上,证券公司的身份是信息中介。事实上,严格区分信息中介和金融中介仅是一种教科书式的提法,证券公司在承销、经纪等核心业务上也必须承担信息中介的功能。另外,在证券私募发行、公司并购、项目融资、公司理财等金融活动方面,证券公司都承担着重要的工作。

(2) 投资基金

投资基金是一种利益共享、风险共担的集合式、间接式证券投资制度,它通过发行基金份额集中投资者的资金,形成独立资产,由基金托管人托管和基金管理人员管理,以投资组合的形式从事股票、债券等证券投资活动,并将投资收益按投资比例进行分配。这是关于投资基金的狭义定义,是对证券投资基金管理公司的简称。关于证券投资基金的公司治理问题,主要涉及机构投资者以及股东积极主义行为问题。有关内容在前文中已有讨论,这里不再赘述。

广义地理解投资基金,除了投资于有价证券,还可投资于创业风险项目,所以投资基金也可指创业风险投资基金管理公司。创业风险投资基金,以一定的方式吸收机构和个人的资金,然后向未上市公司进行股权投资,其投资重点一般是高新技术企业,以期在公司发展成熟的适当阶段,通过转让股权获取资本增值收益。不严格区分的话,VC(Venture Capital)和 PE(Private Equity)两种常见形式,都可归为创业风险投资。如果说证券投资基金是否应该成为积极股东尚有争议的话,创业风险投资基金一定是积极股东。创业风险投资基金既有参与治理的动力,也有参与治理的条件和能力。

从治理动力看:一是创业风险投资不同于一般证券投资,其投入资金比例一般较高,而且在投资契约约束下,被"套牢"的程度高。二是所投向公司一般属于高新技术企业,且常处于创始人控股创业阶段,加剧了信息不对称程度。三是创业风险投资本身就追求着高风险、高收益,赚的就是风险的溢价,投资风险极高。因而,为了保住自己的利益,创业风险投资者无论如何也不愿意成为一名旁观者。从治理的条件和能力看:一是较高的持股比例,提高了创业风险投资者投票的影响力。二是投资契约的订立过程,创造了创业风险投资者确立治理者地位的时机。三是过往多个项目的操作经验,增强了创业风险投资者参与公司治理,甚至决定经营决策的能力。因而,在创业风险投资的实际流程中,参与公司治理成为不可缺少的环节。

创业风险投资基金参与公司治理的常见途径是直接进入公司董事会,直接面向公司创始者,甚至在投资契约和公司章程中规定创业风险投资基金特殊董事会权力的情况也不少见。比如,在重大业务方向变更、重大资产变更等事项上,创业风险投资基金可以要求拥有一票否决权。另外,被投资公司如果尚处于初创阶段,一方面信息不对称性、经营风险性更严重,另一方面创业者也比较缺乏经营经验,创业风险投资基金就会积极派遣专业管理人员进入公司管理层,直接指导和监督公司的各项经营活动。在实证研究方面,有证据表明创业风险投资机构对公司治理的正面影响。[51]

(3) 证券交易所

证券交易所是依法设立的集中进行证券交易的有形场所。证券交易所本身不从事证券买卖业务,只是为证券交易提供场所和各项服务,并履行对证券交易的管理职能。

证券交易所就是证券交易的市场。从市场的平台形态和交易机制看,证券交易所提供了证券交易的场所,披露了市场交易的信息,形成了市场交易的价格。从证券交易所作为市场的管理主体来看,还有制定市场规则和维护市场秩序的功能。这两大功能对公司行为的影响成为公司治理的重要环境因素。

证券交易所依照相关法律和政府监管要求,会制定上市退市规则、交易规则、信息披露规则、会员管理规则等。这种统一的规范减少了公司自行决定制度的余地,划定了公司的行为边界,有利于降低市场的系统风险。甚至证券交易所会深入公司制度建设中心,直接决定相关公司治理的制度安排。比如《上海证券交易所上市公司董事选任与行为指引》《上海证券交易所上市公司关联交易实施指引》《上海证券交易所上市公司现金分红指引》等,就直接对上市公司的内部行为作出明确规定,甚至还有更直接的《上海证券交易所上市公司治理指引》。

在市场规则下,证券交易所积极维护市场秩序,对证券交易实行实时监控,并报告、处理异常交易,督促上市公司全面、准确、及时披露必要信息,等等。随着股权分置改革的完成,在全流通环境下,证券交易所对内幕交易的监管成为一项重点工作。2010年8月,上海证券交易所召开监管工作专题会,制定了严打内幕交易的七项措施——① 加强内部监管资源整合,加大打击内幕交易力度;② 强化内幕交易违规线索发现能力;③ 加强信息披露监管,从源头上治理内幕交易行为;④ 充分发挥舆论监督作用;⑤ 加强上市公司培训和投资者教育;⑥ 加强监管合作,推动内幕交易综合防控体系建设;⑦ 进一步强化券商客户管理责任。

围绕着制定市场规则和维护市场秩序这两大功能,证券交易所还从多方推动公司治理的完善。比如,深圳证券交易所主办了《证券市场导报》,这是全国第一家证券类月刊,并入选 CSSCI 经济学来源期刊,在入选的 7 种金融类期刊中排名第 3 位。上海证券交易所撰写的《中国公司治理报告》,从 2003 年开始每年出版一本,每年研究一个主题,成为研究我国公司治理问题的必读专著。

讨论案例

安然事件:一场"完美风暴"

一、安然事件概况

安然公司成立于 1985 年,是由美国休斯敦天然气公司和北方内陆天然气公司合并而成,公司总部设在美国得克萨斯州的休斯敦,首任董事长兼首席执行官为肯尼斯·莱,他既是安然公司的主要创立者,也是安然公司创造神话并在后来导致危机的关键人物。从 1990 年到 2000 年的 10 年间,安然公司的销售收入从 59 亿美元上升到了 1008 亿美元,净利润从 2.02 亿美元上升到 9.79 亿美元,其股票成为众多证券评级机构的推荐对象和众多投资者的追捧对象,2000 年 8 月,安然股票攀升至历史最高水平,每股高达 90.56 美元,与此同时,评级媒体对安然公司也宠爱有加,2000 年,在美国《财富》杂志的"美国 500 强"中位列第 7 名,在世界 500 强中位列第 16 名,并在《财富》杂志的调查中连续 6 年荣获"最具创新精神的公司"称号。

然而真正使安然公司在全世界声名大噪的,却是这个拥有上千亿资产的公司在几周内破产。事件的起因竟然是一件在国内习以为常的财务数据造假事件。2001 年年初,一家有着良好声誉的短期投资机构老板吉姆·切欧斯公开对安然的盈利模式表示了怀疑。他指出:"虽然安然的业务看起来很辉煌,但实际上赚不到什么钱,也没有人能够说清安然是怎么赚钱的"。到了 8 月中旬,人们对于安然的疑问越来越多,并最终导致了股价下跌。11 月 8 日,安然被迫承认做了假账,自 1997 年以来,安然虚报盈利共计近 6 亿美元。最终,安然于 12 月 2 日正式向法院申请破产保护,破产清单中所列资产高达 498 亿美元,成为美国历史上最大的破产企业。首任 CEO 肯尼斯·莱审判前突然病逝,前董事会副主席接受调查前自尽,前 CEO 入狱 24 年零 4 个月。安然的审计公司、曾名列世界五大审计公司的安达信也名誉扫地,被迫关门。美国国会迅速通过了《萨班斯法案》以整顿公司治理和加强信息披露,稳定面临信任危机的市场。

二、安然事件的记忆碎片——一些新闻报道的内容摘录

■《安然与资本市场》:在就职于安然公司之前,斯基林的身份是麦肯锡咨询

公司顾问,为安然提供咨询服务。1989 年,为了帮助天然气生产商和批发供应商规避风险,在斯基林的极力推动下,安然公司推出了天然气银行。双方可以按固定价格安排期货合同,而安然可以向其他感兴趣的投资者出售金融衍生合同以转移期货合同的风险。1990 年,安然在纽约商品交易所进行期货和掉期交易,成了一个天然气市场的庄家和金融清算所。同年,莱聘请斯基林担任安然天然气服务公司的首席执行官,而斯基林聘请法斯托出任首席财务官。安然天然气服务公司后来被重新命名为安然资本和贸易资源公司。安然资本和贸易资源公司的作用有两个:首先,它为安然天然气和石油实体公司提供资产证券化服务,使这些实体公司可以获得更多利润。其次,它使安然公司进一步朝着莱的梦想,即使公司成为多种商品的"庄家"迈进。随着风险管理和资本流转的实现,原则上讲安然可以买卖任何东西。在整个 20 世纪 90 年代,安然迅速成为以休斯敦为基地的商品交易市场。甚至天气变化风险也被商品化并可以交易了。作为补充的还有被斯基林称为 asset-lite 的计划(资产精简计划):将原来由安然公司控制的硬资产通过交易安排卖出去,大部分是卖给了由安然公司设立的特殊目的实体。

■《高举投资者保护大旗 美证交会支持安然股东索赔》:美国证交会已决定支持那些因安然公司破产而遭受投资损失的安然公司前股东们起诉华尔街的投资银行。安然公司破产前,该公司两万多名雇员将自己 2/3 的退休金投资于公司的股票,安然公司的破产使这些股票一下子变得一文不值,安然雇员损失惨重,并留下 20 多亿美元的养老金"黑洞";更重要的是,安然公司破产导致超过 600 亿美元的股票市值蒸发,股票投资者认为,华尔街的投资银行在安然财务欺诈案中负有责任,因此提出集体诉讼。

■《调查官抓住电邮把柄 安然总裁隐瞒真相欺骗员工》:8 月 14 日,安然公司的总裁莱先生向全体员工发送了一封电子邮件,宣布了首席执行官斯基林的辞呈,同时还表示,"对公司的前景从未像现在这样感觉良好",并称首要任务之一就是要恢复公司股票的辉煌业绩。8 月 21 日,莱先生再次向员工致信,称总裁要重建投资者们对安然的信心,"股票价格将大幅上涨"。而就在这封电子邮件发出之前,安然的股票已经从 85 美元跌至 37 美元。而莱先生本人仅去年一年就抛售了 4000 万美元的安然股票,自 1998 年 10 月份以来,莱总共出售了 1 亿多美元的安然股票。该公司的 29 名高级主管在股价崩跌之前已出售 173 万股股票,获得 11 亿美元的巨额利润。(相关报道,《安然破产调查有进展,美一官员承认抛售自家股票》:曾在美国安然公司任董事 11 年之久的现任美国国防部陆军部部长的托马斯·怀特在向国会政府事务改革委员会递交的报告中称,在其本人去年 10 月间做出出售 20 多万股安然股票决定之前,曾 13 次会见或以打电话的方式与安然公司的同事联系)

■《安然破产风波黑幕越抹越黑　安达信可能出局》：负责安然财务管理的安达信公司在黑幕曝光的初期还企图大事化小，它只是承认事务所在审计不列入安然公司财务报表的合伙经营项目时犯下了错误，没有发现它把债务放到这些合作伙伴账目上、以此掩盖财务困境、4年间虚报盈利5.86亿美元的问题。然而，随着对安然事件调查的深入，安达信在其中扮演着越来越不光彩的角色。据美国《时代》杂志最新披露，2001年10月16日，安然公司突然发布公告称，前3个季度亏损6.18亿美元。然而，就在公告发布前4天，负责安然公司财务审计的安达信会计师事务所曾内部传达一份紧急备忘录，该备忘录可能涉及安然财务腐败的黑幕。近日，安达信发表一篇简短声明，承认下属雇员在最近几个月内丢弃或销毁了"相当数量"、但具体数量和内容还有待核实的与安然公司相关的文件。

■《安然一员工去年曾致信总裁　警告假账将引发灾难》：国会的调查委员会称，这名雇员曾经分别写信给安然总裁肯尼斯·莱和公司会计师，就公司的财务问题向莱提出了质疑。调查委员会目前仍在对这两封信进行调查，还公布了信件的部分内容。这名雇员在信件中写道："随便哪个门外汉都看得明白，我们在隐瞒公司的损失，我们将不得不以安然的股票为代价弥补公司的损失。""我非常担心我们会引发一系列账目上的丑闻。"

■《布什与安然总裁通信曝光　彼此亲密关系可见一斑》：布什总统在担任得州州长期间与安然前总裁肯尼思·莱保持着"密切的"关系。一封布什在1997年4月14日写给莱的信说："亲爱的肯，在老朋友间有一件事真的让人很伤心，那就是我们看上去越来越老了。就像你，都55岁了！天哪！真够老的！"当热情的问候结束之后，两人开始交流有关生意的问题。布什要求莱组织一个游说团，要求政府解除电力规章、进行民事诉讼改革。莱请求布什会见一些外国代表团，而这些人一般都来自安然公司准备进入的国家。

■《"安然事件"：盈余管理游戏终结》：在安然破产所带来的一系列连锁反应中，人们往往会忽视该事件的本质。如果说安然的崩溃证明了什么的话，那就是为每股盈余进行管理的企业将会遇到大麻烦。事实上，我认为安然的"聚焦于每股盈余"策略是他们几乎所有失误的根源，然而我还要指出的是，即使是"关注"每股盈余也是个重大失误。必须承认，每股盈余的增长是个具有诱惑力的企业目标。其中一个原因在于从会计角度看，每股盈余是人们所接受的"底线"。然而显而易见的是，会计师们并不能决定股价。另外，看上去确实像是市场会对管理层实现季度每股盈余目标的能力作出强烈反应。但这只是个幻觉。而当有如此之多管理者的激励薪酬和每股盈余相挂钩时，想要跳离每股盈余马车就更不容易了。但我们有比每股盈余更好的方法来奖励和激励管理者。

■ 《独立董事如何"独立"》：安然事件中独立董事最大的诟病即是独立董事自身接受了安然公司的巨额薪酬，独立董事所负责或主持的相关机构接受了安然公司的巨额捐赠。毫无疑问，这是导致独立董事对于安然高管舞弊视而不见的重要因素。

■ 《一场波及全球的"完美风暴"》："安然事件"被 Ira A · Jackson 先生称为"完美风暴"，一场席卷未来的政治和经济海啸。这是因为安然的整个系统出现了故障——董事会、监管部门、政界、审计师和会计师、财务分析师、投资大众，甚至是财经新闻的撰稿人等任何一个环节都漏洞百出。安然事件的爆发，不仅仅使美国乃至全球的经济受到影响，更重要的是引起了人们对自己国家经济体系的反思。公司文化的失控是安然倒闭的重要原因之一。安然的外部董事只需每月参加一次董事会，而每年的报酬则是以股票支付的38.5万美元。如果安然的股票继续高涨，这些股票的价值将远远超过38.5万美元。正因为如此，如果公司管理层提出一些不能为公司创造内在价值而只是对公司的股价产生正面影响的提议时，外部董事都不会表示异议。这是一种自大的、欠缺责任心的公司文化，而且缺乏基本的约束机制。实际上，安然的公司文化不是失控，而是控制在某些人手中。

➡ 讨论以下问题：

1. 请分别关注安然事件的每一个"记忆碎片"，收集更完整的信息，从中领悟相关公司治理要素（建议采用小组讨论形式，小组成员分工完成此问题）。

2. 在你看来，导致安然事件的最重要原因是什么？

3. 如果安然是一家中国公司（可分别考虑公司产权性质），你预测它的结局会如何？

4. 安然事件对中国公司治理的启示是什么？分别从公司层面和宏观层面考虑。

讨论问题

（1）面对市场效率仍较低的中国股票市场，上市公司是否可以使用股权激励，如何使用？

（2）案例6-1中，健力宝公司在控制权市场上的几次折腾之后，一蹶不振。一种观点认为当初就应该让李经纬完成管理层收购，哪怕转让中政府吃点亏也行。你同意吗？如果你是政府代表，你会如何抉择？

（3）仿效日本的主银行制，一度在理论上被认为是中国改革的方向。这条路是否应该继续探索下去？

（4）对于上市公司的治理，是应该加强政府管制，还是让市场决定？任选上市公司的一类行为，谈谈你的观点。

（5）本章介绍了两个公司治理的评价指标体系，其影响力还是比较大的。但本书一直强调没有"最优的"或者"规范的"的公司治理模式。这两者之间是否有矛盾？

参考文献

［1］田志龙. 经营者监督与激励——公司治理的理论与实践［M］. 中国发展出版社，2001.

［2］Jensen, M. C. and W. H. Meckling. Theory of the Firm: Managerial Behavior, Agency Costs and Ownership Structure［J］. Journal of Financial Economics, 1976, (4): 305—360.

［3］吴炯. 家族经营权涉入对经理人薪酬业绩敏感度的权变影响［J］. 财贸研究，2013，(2): 122—128.

［4］宁向东. 公司治理理论（第2版）［M］. 中国发展出版社，2006.

［5］李维安，武立东. 公司治理教程［M］. 上海人民出版社，2002.

［6］刘伟，王汝芳. 中国资本市场效率实证分析——直接融资与间接融资效率比较［J］. 金融研究，2006，(1): 64—71.

［7］Fama, E. Random Walks in Stock Market Prices［J］. Financial Analysts Journal, 1965, 21 (5): 55—59.

［8］Fama, E. Efficient Capital Markets: A Review of Theory and Empirical Work［J］. Journal of Finance, 1970, 25 (2): 383—417.

［9］Fama, E. Efficient Capital Market: Ⅱ［J］. Journal of Finance, 1991, 46 (5): 1575—1617.

［10］刘维奇，牛晋霞，张信东. 股权分置改革与资本市场效率——基于三因子模型的实证检验［J］. 金融研究，2010，(2): 65—72.

［11］陈小悦，陈晓，顾斌. 中国股市弱型效率的实证研究［J］. 会计研究，1997，(9): 13—17.

［12］张兵，李晓明. 中国股票市场的渐进有效性研究［J］. 经济研究，2003，(1): 54—61.

［13］俞乔. 市场有效、周期异常与股价波动［J］. 经济研究，1994，(9): 43—50.

［14］陈灯塔，洪永淼. 中国股市是弱式有效的吗——基于一种新方法的实证研究［J］. 经济学（季刊），2003，3 (1): 97—124.

［15］朱孔来，李静静. 中国股票市场有效性的复合评价［J］. 数理统计与管理，2013，(1): 145—154.

［16］黄泽先，曾令华，江群，段忠东. 信息揭示与资本市场效率——信息有效与配置有效［J］. 经济学（季刊），2008，7 (2): 665—684.

［17］苏冬蔚、林大庞. 股权激励、盈余管理与公司治理［J］. 经济研究，2010，(11):

88—100.

[18] 马会起,胡建平. 股权激励,到底是谁的"盛宴"——对上市公司高管辞职套现行为的反思[J]. 华东经济管理, 2008, (12): 150—154.

[19] La Porta, R., F. Lopez-de-Silanes, A. Shleifer and R. Vishny. Investor Protection and Corporate Governance[J]. *Journal of Financial Economics*, 2000, 58: 3—27.

[20] 张维迎. 产权、激励与公司治理[M]. 经济科学出版社, 2005.

[21] Hart, O. Corporate Governance: Some Theory and Implications[J]. *The Economic Journal*, 1995, 105: 678—689.

[22] Manne, H. G. Mergers and the Market for Corporate Control[J]. *Journal of Political Economy*, 1965, 73 (2): 110—120.

[23] 王力军, 童盼. 民营上市公司控制类型、多元化经营与企业绩效[J]. 南开管理评论, 2008, (5): 31—39.

[24] 李维安, 牛建波等. CEO公司治理[M]. 北京大学出版社, 2011.

[25] 周新德. 代理权争夺利弊探讨[J]. 经济与管理, 2003, (2): 56—58.

[26] Alchain, A. A. and H. Demsetz. Production, Information Cost and Economic Organization[J]. *Academia Economic Review*, 1972, 62 (5): 777—795.

[27] Hart, O. *Firms, Contracts, and Financial Structure*[M]. Oxford: Oxford University Press, 1995.

[28] 高闯. 公司治理:原理与前沿问题[M]. 经济管理出版社, 2009.

[29] 李扬. 日本的主银行制度[J]. 金融研究, 1996, (5): 56—58.

[30] Fama, E. Agency Problems and the Theory of the Firm[J]. *Journal of Political Economy*, 1980, 88 (2): 288—307.

[31] 刘芍佳, 李骥. 超产权论与企业绩效[J]. 经济研究, 1998, (8): 3—12.

[32] 姜付秀, 黄磊, 张敏. 产品市场竞争、公司治理与代理成本[J]. 世界经济, 2009, (10): 46—59.

[33] 吴炯, 胡培, 耿剑锋. 人力资本定价的逆向选择问题研究[J]. 中国工业经济, 2002, (4): 74—82.

[34] 经济合作与发展组织. OECD公司治理原则(2004)[M]. 张政军译, 中国财政经济出版社, 2005.

[35] 〔美〕亨利·汉斯曼, 莱纳·克拉克曼. 何谓公司法[A].〔美〕莱纳·克拉克曼等. 公司法剖析:比较与功能的视角[C]. 刘俊海, 徐海燕等译, 北京大学出版社, 2007.

[36] 〔美〕亨利·汉斯曼, 莱纳·克拉克曼. 代理问题与法律对策[A].〔美〕莱纳·克拉克曼等. 公司法剖析:比较与功能的视角[C]. 刘俊海, 徐海燕等译, 北京大学出版社, 2007.

[37] La Porta, R., F. Lopez-de-Silanes, A. Shleifer and R. Vishny. Law and Finance[J]. *Journal of Political Economy*. 1998, 106 (6): 1113—1155.

[38] 许年行, 赖建清, 吴世农. 公司财务与投资者法律保护研究述评[J]. 管理科学学报, 2008, (2): 101—109.

[39] La Porta, R., F. Lopez-de-Silanes, A. Shleifer and R. Vishny. Investor Protection and Corporate Governance[J]. *Journal of Financial Economics*, 2000, 58, 3—27.

[40] 茅铭晨. 政府管制理论研究综述[J]. 管理世界, 2007, (2): 137—150.

[41] Dyck, A. and L. Zingales. Private Benefits of Control: An International Comparison [J]. *The Journal of Finance*, 2004, 59 (2): 537—600.

[42] 邓莉, 张宗益. 公司治理复杂性分析[J]. 重庆工商大学学报, 2004, (2): 82—84.

[43] 张维迎. 信息、信任与法律[M]. 三联书店, 2003.

[44] Joe, J. R., H. Louis and D. Robinson. Managers' and Investors' Responses to Media Exposure of Board Ineffectiveness[J]. *Journal of Financial & Quantitative Analysis*, 2009, 44 (3): 579—605.

[45] 贺建刚, 魏明海, 刘峰. 利益输送、媒体监督与公司治理: 五粮液案例研究[J]. 管理世界, 2008, (10): 141—150.

[46] 李培功, 沈艺峰. 媒体的公司治理作用: 中国的经验证据[J]. 经济研究, 2010, (4): 14—27.

[47] Fnag, L. amd J. Peress. Media Coverage and the Cross-section of Stock Returns[J]. *The Journal of Finance*, 2009, 64 (5): 2023—2052

[48] 李维安等. 公司治理评价与指数研究[M]. 高等教育出版社, 2005.

[49] 杜朝运. 金融中介学[M]. 上海财经大学出版社, 2013.

[50] 付彦, 邓子欣. 浅论深化我国新股发行体制改革的法制路径——以注册制与核准制之辨析为视角[J]. 证券市场导报, 2012, (5): 4—9.

[51] 吴超鹏, 吴世农, 程静雅, 王璐. 风险投资对上市公司投融资行为影响的实证研究[J]. 经济研究, 2012, (1): 105—119.